U0641308

小学语文

新课程标准研究与实施丛书

课程标准

丛书主编／张茂聪 林治金

研究与实施

林治金／主编

山东教育出版社

图书在版编目（CIP）数据

小学语文课程标准研究与实施/林治金主编. —济南：
山东教育出版社,2004(2015 重印)
（课程标准研究与实施丛书/张茂聪,林治金主编）
ISBN 978 – 7 – 5328 – 4233 – 9

Ⅰ.小…　Ⅱ.林…　Ⅲ.语文课—课程标准—小学—
教学参考资料　Ⅳ.G623.203

中国版本图书馆 CIP 数据核字（2004）第 070910 号

新课程标准研究与实施丛书

张茂聪　林治金　主编

小学语文课程标准研究与实施

林治金　主编

主　　管：山东出版传媒股份有限公司
出 版 者：山东教育出版社
　　　　　（济南市纬一路 321 号　邮编:250001）
电　　话：(0531)82092664　传真:(0531)82092625
网　　址：www.sjs.com.cn
发 行 者：山东教育出版社
印　　刷：山东临沂新华印刷物流集团
版　　次：2015 年 4 月第 2 版第 2 次印刷
规　　格：787mm×1092mm　16 开本
印　　张：30.5 印张
字　　数：550 千字
书　　号：ISBN 978 – 7 – 5328 – 4233 – 9
定　　价：60.00 元

（如印装质量有问题,请与印刷厂联系调换）
印厂电话:0539—2925659

作者简介

林治金,1944年生,山东威海市环翠区人。1970年山东大学中文系毕业。曾任济南长清一中高中语文教师。1976年调入山东省中小学教材编写处,编辑省编中学语文教材和从事中学语文教学研究。1982年以后,主要参与小学教材编辑和从事小学语文教学研究。1997~2001年任中国教育电视山东台/山东教育电视台总编室主任,主要从事基础教育教学电视节目的规划、制作、播出等管理。中学高级教师。特级教师。现任山东省教育学会小学语文教学研究专业委员会理事长。曾参与编写省编中学语文、小学语文等教材百余册,发表教育教学研究文章百余篇,参加《山东省方言志》等编写。合著《古代文化常识》,山东人民出版社1983年版,1984年获省社科二等奖;主编《中国古代文章学辞典》,山东教育出版社1991年版;主编《1989~1991全国小学阅读教学观摩优胜课纪实评析》,山东教育出版社1992年版;主编《中国小学语文教学史》,山东教育出版社1996年版,1997年获省社科三等奖;主编《20世纪中国小学语文教育丛书》,分为《语文教学大纲汇编》、《语文教育名家评价》、《语文教育论述类编》、《语文教育论文选编》四卷五册600余万字,青岛出版社2001年版;编著《语文课程研究》,山东人民出版社2002年版。

编委会人员

主　编　林治金
副主编　刘恩德　杨士孟　孙敬东
编　委　(以姓氏笔画为序)

马新云　王传茂　丛筱燕　冯佳琳
孙敬东　孙传文　刘恩德　李芝兰
李冰霖　杨士孟　陈中杰　张义敏
林治金　赵　鉴　顾松堂　夏克花

再版序

新一轮基础教育课程改革所构建的新课程体系,在课程功能、课程理念、课程目标、课程内容、课程评价等方面都较以前有很大的突破和创新,对广大中小学教师提出了新的要求,赋予新的历史重任。它要求教师不仅要做课程的实施者,更要做课程的研究者和发展者。课程标准是国家课程的基本纲领性文件,是国家对基础教育课程的基本规范和质量要求。义务教育课程标准(实验稿)已伴随我们走过十年改革的历程。十年来,课程改革取得显著成效,构建了新的课程体系。随着基础教育改革的不断深入,教育部颁布并实施了修订后的义务教育课程标准(2011年版),这又标志着课程改革进入新的阶段。

当前关于2011年版课程标准解读的书已是琳琅满目,翻来看多为大部头的"理论经典",真正适合广大教师阅读和理解的,既有一定的理论性又有较强操作性的教学指导书并不多见。因此,本丛书的定位在于:一套真正适合一线教师口味的"解渴"的新版课程标准研究与实施指导书。

编写本丛书,主要基于以下几点思考:

第一,基础教育课程改革是一项系统工程,具有丰富内涵和深远意义,每一个课程实施者都要从整体上理解与把握本次课程改革的基本精神和内容。作为学科教师,如果依然像过去那样固守"学科本位主义",结果必然如同井底之蛙,亦或是"只见树木,不见森林"。要树立大课程观,跳出学科,站在"课程是为人的全面与和谐发展"的高度来审视自己所担任的学科课程,居高临下,使自己的教学活动成为大课程的有机部分,成为一部机器中的一个零件,司其本职又协同其他,共同合作,来完成机器的良好运转。本丛书理应为学科教师搭建走进大课程的阶梯和平台,帮助教师站到这样的高度上去。

第二,本书的读者对象是教学一线教师。现代意义的教师不能只是埋头教书,做"教书匠",而要做研究型、学者型教师。这就要求教师不仅要把握学科教学的基本要求,也要从整体上理解与把握课程的基本理论、意义和要求,把握教育教学、科研的基本理论和要求。因此,本丛书为教师提供课程辅导、教学辅导和教学科研辅导。既要帮助教师理解与把握本次课程改革的总体背景与主要精神,还要指导教师深入理解与熟练把握本学科课程的基本理念、主要内容和基本要求,更要指导教师在此基础上通过研究,准确而有效地进行教学实施活动,最大限度地减少从课改到课程、从课程到教学和从教学到学习的衰减,从而最大限度地提高教学效益,保证把课程改革目标真正落到实处。

第三,空洞说教和教条主义是最不受教师喜欢的,不管是"专家报告"还是"权威著作"。"实话实说"和"做个样子看"最合教师的胃口。因此,本书采取理性诠释与案例解析结合的形式,把必要的理论阐述和实例剖析结合起来,"理"融于"例","例"透射"理",理例交融。这样,"课程"、"设计"、"教科研"这样的大题目,通过一个个实实在在的实例得以剖析,教师就能够知其然又知其所以然了。

本丛书包括《小学品德与生活课程标准研究与实施》、《小学品德与社会课程标准研究与实施》、《小学语文课程标准研究与实施》、《小学数学课程标准研究与实施》、《小学科学课程标准研究与实施》。丛书编写者有曾经参与国家课程标准研究修订工作的课程专家,有通过国家审定的课程标准实验教材的执行主编和核心作者,有长期从事学科教学研究的知名教研员,有参与新课程实验、具有丰富教学经验的特级教师和省级教学能手。全体人员努力去落实丛书的编写思想,在充分表达个人研究成果的基础上,广泛吸收新课程研究的最新成果和课程改革实验区涌现出来的优秀案例,期望能为广大教师提供全新的和高质量的新课程指导材料,与教师们一道学习新课程,研究新课程,为新课程实施、为促进每一个儿童全面而富有个性的发展做出积极贡献。

张茂聪　林治金

再版说明

2011年12月28日教育部发出了《关于印发义务教育语文等学科课程标准(2011年版)的通知》。通知指出:"2001年,国家启动了新世纪基础教育课程改革。经过十年的实践探索,课程改革取得显著成效,构建了有中国特色、反映时代精神、体现素质教育理念的基础教育课程体系,各学科课程标准得到中小学教师的广泛认同。同时,在课程标准执行过程中,也发现一些标准的内容、要求有待调整和完善。为贯彻落实《国家中长期教育改革和发展规划纲要(2010—2020年)》,适应新时期全面实施素质教育的要求,深化基础教育课程改革,提高教育质量,我部组织专家对义务教育各学科课程标准进行了修订完善。根据教育部基础教育课程教材专家咨询委员会的咨询意见和教育部基础教育课程教材专家工作委员会的审议结果,经研究,决定正式印发义务教育语文等学科课程标准(2011年版),并于2012年秋季开始执行。"此次课程标准修订,主要体现了德育为先、能力为重、创新方法、力求减负、审慎设计等特点。这是继2001年印发义务教育各学科课程标准(实验稿)之后,我国义务教育课程改革的又一项重要举措。2011年版语文课程标准的印发,必将促进语文课程改革往纵深发展。

早在《全日制义务教育语文课程标准(实验稿)》公布三年以后的2004年,我们曾组织编写了《小学语文课程标准研究与实施》一书,借以总结我们当时学习研究实验稿语文课程标准的成果和实施语文教育改革的经验。2011年版语文课程标准公布以后,山东教育出版社乔友福先生提出,对2004年版《小学语文课程标准研究与实施》进行修订。十年来,社会在进步,研究在深化,理念在发展,实施在提升。因此,课程标准修订了,我们也很有必要登高望远,依据修改稿课程标准,对《小学语文课程标准研究与实施》做适当的修订。

修订后的《小学语文课程标准研究与实施》,仍保留了2004年原版的编写体例,以研究课题方式组编。

研究课题的排列,可大致分为三个部分:第一部分课程理念,主要是语文课程标准的"课程基本理念"的有关内容;第二部分教学理念,主要是语文课程标准"实施建议"中"教学建议"的有关内容,涉及"教学建议"中前言部分的教学基本理念和识字写字、阅读、习作、口语交际、综合性学习等教学理念的有关内容;第三部分评价理念,主要是语文课程标准"实施建议"中"评价建议"的有关内容。

每个研究课题,除了个别的以外,一般是由"课程标准解读"和"教学实施案例"组成的,另外附有"主要参考资料"或"附记"等。"课程标准解读"部分,主要是对课程标准中的有关研究课题的论述进行解读,一般包括三项内容:一是对课程标准阐述的有关问题的认识,二是教学实施中的几点建议,三是操作时应注意的问题。"教学实施案例"是研究课题的主体部分,或为教学纪实,或为教学设计,或为实验方案,或为实验报告等,以教学纪实案例为主。"教学实施案例"主要包括教学纪实和评注。教学纪实,努力做到详细、真实。为了研究学生是怎样学习的和怎样发展的,一般对学生做了全过程阿拉伯数码排序。评注文字,用方括号表明。间评,紧扣教师教学行为或学生学习行为;总评,位于教学过程结束之后。对编入的教学案例,一般地说可做多角度的研究,并且有可能是施教者在做某项课题研究,而并非是本课题的专门研究成果。因此,总评既撮要,归纳出该教学案例的主要特点,又有所侧重,着力提出该课题研究的重点;即总评文字对教学全过程进行评价,全面展开,又将该课题研究的重点紧束凸显,收拢要点。"主要参考资料"系该项研究编写所参考的主要书籍、文章资料。本研究课题所编入的教学实施案例,可能在某项研究活动中展示过,或在报刊上发表过。凡需要说明的,均以"附记"的形式出现,编排在文后。若"教学实施案例"是教学设计,或实验方案、实验报告等,编写体例与教学纪实案例略同。

《小学语文课程标准研究与实施》的修订,注意了以下几点:第一,时尚性。研究课题,选择当前普遍关注的语文教育热点问题,以凸显时代脉搏。第二,通俗性。所总结的学习课程标准的成果,语言力求通俗、易懂、简明,便于理解和掌握。第三,实用性。所选编的实施案例,即语文教学改革的新经验,力求有所创新,具有一定的典型性和可操作性,对语文课程标准的学习与实施有某些方面的启发性。第四,普遍性。所选编的实施案例,兼顾多种语文教科书,以便适合各种教科书的教学。

语文课程标准适用于小学和初级中学的语文教学。因此,我们也选编了部分初级中学的教学案例,供小学语文教学实施参考。

全书的编写所参考的有关论文和著作,编排在全书后面的"主要参考资料"里面。在此,向支持和帮助我们的专家学者和教师表示感谢!

这次修订,我们尽量地反映十年来的语文课程标准研究的新成果和语文教育改革的新经验,努力地走近 2011 年版语文课程标准。不过,在语文教育改革的大潮之中,智者见智,仁者见仁,修订后的《小学语文课程标准研究与实施》,肯定会存有许许多多的缺憾,敬请大家批评指正。不过,随着我们研究的提升和实施的深化,这些缺憾一定会不断地得到解决。

林治金

目　录

2

读《义务教育语文课程标准（2011年版）》

林治金

2001年开始实施的是《全日制义务教育语文课程标准（实验稿）》。课程标准中的"实验稿"三个字，说明了是一次课程方面的教育改革实验。将课程改革定为"实验"课程，体现的是变革现实理想与科学探索态度的结合。教育实验大致过程是：以新的理论为指导，设计实验措施，根据研究目的，在自然条件下，有计划地贯彻实验措施，在规定的时间内，就实验效果进行比较分析或重复实验，证明、修正或证伪原来的理论假设，揭示教育因果关系，改进教育现状。此次实验历经十年，《义务教育语文课程标准》终于在2011年定稿出版。

（一）修订实验稿语文课程标准的主要依据

第一，修订工作的基本指导思想。此次修订，以《国家中长期教育改革和发展规划纲要（2010—2020年）》和《中共中央关于深化文化体制改革推动社会主义文化大发展大繁荣若干重大问题的决定》的精神，作为标准修订的基本指导思想。

第二，十年来全国性的调查。2003年教育部对实验区教师、教研员，就课程标准的认识与建议，开展了第一次调查。2007年为配合实验稿的修订，按"教育部办公厅关于对义务教育各学科课程标准（实验稿）征求意见的通知"，在29个省市42个国家级实验区的城市、县镇、乡村，对不同办学水平学校的骨干教师、教研员进行问卷调查。这次调查规模大，内容丰富。问卷分客观题与开放题两种。对客观题的选项做频度分析，对开放题的问题做出归类——这些问题不做任何二次加工，真实保存原样——再对问题的类别做频度分析。修订组根据整体性的统计分析开展修订工作。

第三，各方对实验稿的评价与建议。十年来报刊书籍网络文章对实验稿的教育理论价值和应用价值做出判断。召开了多次座谈会，进行了多次听课考察，实地了解实验状况，听取各种意见，研究教学中的新问题、新经验。教育部还多次组织多学科专家、作家、院士、社会人士"会诊"语文课程标准,听取他们的宝贵意见。

第四,世界教育和母语教育的新发展。研究十年来世界教育的新变化、新进步,了解别的国家母语课程、母语教学的新发展,据此调整我国语文课程标准的目标内容和具体建议。

(二)修订实验稿语文课程标准的基本思路

修订实验稿课程标准的基本思路,主要体现在八个"坚持"上:

第一,坚持语文课程"工具性与人文性统一"的价值追求。

第二,坚持"知识与能力、过程与方法、情感态度与价值观"三个维度的课程目标系统。

第三,坚持"全面提高学生的语文素养",在语文教育中促进学生整体素质的良好发展。

第四,坚持在语文课程的实施中正确把握本学科的特点——人文性、实践性、本国通用语言文字教学的特点、汉语言文字特点以及课程的综合性,积极探索语文教育的规律。

第五,坚持推进学习方式以及教学、评价方式的转变,积极吸收当代教育的新理念,使学生在学习语言文字运用的实践中提高人文修养和创新能力。

第六,坚持实验稿"素养—养成"的课程基本模式。以"语文素养"作为新课程的核心概念,更好地体现了素质教育的精神,更加丰富了语文课程的价值追求,促进了学生在语文知识、能力和情感态度、思想观念等多方面的和谐发展。

第七,坚持我国语文教育的优良传统,认真吸取以往的成功经验,在学习语文的各种环节中,把读书放在头等重要的位置;注重积累、感悟和实践,注重整合各种可利用的课程资源。

第八,坚持不断探索语文课程的创新发展,使语文课程保持"开放"的态势,避免故步自封,适应时代的发展与变化。

(三)语文课程标准修订的具体内容

第一,加强社会主义核心价值体系在语文课程中的渗透。我国的语文课程标准应该以社会主义核心价值体系作为最根本的指导思想。加强社会主义核心价值体系的教育,应该"根据语文学科的特点",将思想情感的教育,渗透于学习语言文字运用的过程之中,融入课程实施的方方面面。加强社会主义核心价值体系的教育,要精心选择阅读、表达的内容,通过"熏陶感染,潜移默化"的方式,与帮助学生掌握学习方法、提高语文能力的过程融为一体。

第二,进一步突出培养学生的社会责任感、实践能力和创新能力。培养学生的社会责任感,要让学生在阅读、表达的活动中,使他们在精神上受到激励、感染,让这种意识成为自觉的行动。修订继续坚持学习方式、教学方式和评价方式的改革,对课程目标与内容、教学建议和评价建议再做适当的调整,在本课程里进一步促进人才培养模式的变革,引导学生关注社会和自然,关注自己的成长,学会学习,学会合作,学会创新。语文课程作为一门实践课程,必须要求学生在阅读、表达的实践上下功夫,让学生把语言文字的运用和生活联系起来,和各种学科的学习联系起来,根据生活和学习的实际需要,在运用中真正提高语言文字运用的实践能力。同时,语文学科也应高度重视发展学生的创新能力。语文课程要逐渐改变"告诉式"的教学方式,积极引导学生学会探究,学习从习以为常的语言现象和事实中发现问题;在自己的表达中,努力摆脱模式化的套路,寻求语言运用的创新。培养创新能力,强调创设生动、活泼、宽松的学习环境,让学生的思维活跃起来,让他们获得充分展示自己语文学习成果的机会。

第三,进一步突出语文课程的核心目标——学习祖国语言文字的运用。修订版强调目标与实施必须聚焦于"语言文字运用",突出"综合性"、"实践性"特点。语文课程是一门学生学习如何运用祖国语言文字的实践性课程,课程目标和实施必须围绕"学习祖国语言文字的运用"这个核心。在具体语言材料的积累、品味、感悟的基础上,根据需要和可能,帮助学生认识语文运用规律。

第四,进一步增强课程目标的切合性和教学实施的可操作性。根据儿童的认知发展规律和学习语文的特点,本次修订着重对相关内容的目标、建议进行了适当的调整。对原先设定目标难度过高的部分适当降低;有的进行了补充说明,强调改变烦琐的教学过程和过于理性、抽象的要求;有的修改了对"目标"、"建议"的表述,力求使各学段目标的梯度和层次及有关表述更加清晰。在"课程目标"和"实施建议"中,还进一步强调了关于语文学习的关键性要求,补充相应的措施和说明。

第五,针对语文教学和社会语言文字运用中的突出问题,采取一些新的措施,增强了改革力度。例如,汉字教育是这次修订工作重点考虑的问题之一,急切需要解决的问题主要有:错别字严重、质量偏低、负担过重等。修订版着力点:(1)关注写字姿势和习惯,注重书写的育人功能。学习写字的过程,其实也是学生规范意识、书写技能、习惯、性格养成的过程,是体会和认识民族文化的过程。在这个过程中增强学生对祖国语言文字的热爱和对中华民族文化的理解,提高审美感受力。(2)适当降低第一、二学段识字写字量要求。(3)强调"多认少写"的教学原则,希望扭转多年来形成的每学一字必须达到"四会"要求的教学观念和做法。(4)新增了《识字、写字教学基本字表》和《义务教育语文课程常用字表》,为写字教学、教材编写和教学评估等提供依据。

总之,2011 年版语文课程标准比 2001 年实验稿更加明确、清晰和充实,将使积极投身改革的教师更加充满信心,明确前进的方向。

主要参考资料

[1] 义务教育语文课程标准修订工作组.《全日制义务教育语文课程标准》修订工作说明. 2010 – 08 – 30.

[2] 义务教育语文课程标准修订工作组. 近年来关于义务教育课程标准的讨论及意见. 2010 – 08 – 30.

[3] 语文课程标准修订组. 专家学者解读点评:新课程标准,变在哪儿? 光明日报,2012 – 02 – 15.

[4] 温儒敏. 新的语文课程标准有哪些重要的修订. http://www. pep. com. cn/xiaoyu/jiaoshi/tbjx/kbjd/2011/201202/t20120223_1102926. htm.

[5] 雷实. 关于《义务教育语文课程标准》(2011 年版)的几点说明. http://www. vastman. com/Article/jiaoxue/zonghe/10655. html.

[6] 2011 年版《义务教育语文课程标准》修订解读. http://blog. sina. com. cn/s/blog_94762510010129il. html.

全面提高学生的语文素养：
《会摇尾巴的狼》教学设计

王　蓉　张瑞霞

一、课程标准解读

全面提高学生的语文素养,是贯穿于语文课程标准的一个基本理念。语文课程标准在"课程基本理念"中把"全面提高学生的语文素养"列为第一条。

（一）关于全面提高学生的语文素养的相关问题的认识

1. 怎样理解"全面提高学生的语文素养"

全面提高学生的语文素养就是使全体学生都能获得基本的语文素养。两个要点:一是面向全体学生,落实到人人;二是强调,落实到语文的方方面面。语文素养内涵十分丰富,其特点是综合性、实践性。课程基本理念的第一条对其进行了具体阐述:语文课程应激发和培育学生热爱祖国语文的思想感情,引导学生丰富语言积累,培养语感,发展思维,初步掌握学习语文的基本方法,养成良好的学习习惯,具有适应实际生活需要的识字写字能力、阅读能力、写作能力、口语交际能力,正确运用祖国语言文字。语文课程还应通过优秀文化的熏陶感染,促进学生和谐发展,使他们提高思想道德修养和审美情趣,逐步形成良好的个性和健全的人格。另外,在课程总体目标与内容中,又对整体提高语文素养提出了十项具体要求。我们从中体会到,语文素养重在综合,它以语文能力(识字、写字、阅读、习作、口语交际)为核心,是语文知识、语文能力、语言积累、审美情趣、思想道德、个性品质、学习方法、学习习惯的融合。全面提高学生语文素养,不仅表现为使学生有较强的识字、阅读、习作、口语交际能力,而且表现为使学生有较强的综合运用能力——在生活中运用语文的能力,解决实际问题的能力,以及不断更新知识的能力,并使学生形成良好的意志品格、健康的个性等。

2. 关于语文素养与语文素质、语文能力的关系

在一定范畴里,"语文素养"和"语文素质"都指语文教育的一种结果形态和存在(即通过语文课程达到我们希望在学生身上形成的东西),两个概念概括同

一个对象及其本质属性,二者相互通用。但如果对这种结果形态进一步做生成上的分析就会发现,"语文素养"这一概念虽然不便拆开,可是由动词性的词素"养",反映出学生在语文学习过程中持续的自主发展作用,对应了叶圣陶先生"国文教学的目标,在养成阅读书籍的习惯,培植欣赏文学的能力,训练写作文字的技能"的"养成"思想。它的形成不是单纯"教"的结果,更不是一种终结状态,而是必须由学生自己借助语文课程将优秀的语言文化成果内化成生命个体的一部分,内化的过程伴随语文教育过程不断地进行下去。显然,从概念的周全性看,"语文素养"要比"语文素质"概括得更准确,更能揭示学生语文素养生成的主要原因。

语文能力所包括的范围也是很宽泛的,有识字写字能力、阅读能力、写作能力、口语交际能力、掌握搜集和处理信息(包括网上)的能力,它是语文素养的核心,但不是语文素养的全面,更不可能用它来替代语文素养。

(二)实施中的几点建议

1. 要加强语文学习的实践性

我们知道,语文素养的核心是语文能力,而语文教育的实践性特点又决定了语文能力的提高必须靠大量的语文实践来实现。正如课程标准所说:"语文课程是实践性课程,应着重培养学生的语文实践能力,而培养这种能力的主要途径也应是语文实践。语文课程是学生学习运用祖国语言文字的课程,学习资源和实践机会无处不在,无时不有。因而,应该让学生多读多写,日积月累,在大量的语文实践中体会、把握运用语文的规律。"语文素养中的人文素养,如良好的品德、健康的情趣、正确的价值观,也必须在语文实践的过程中来培养。那么如何加强语文学习的实践性?首先在课堂教学中,我们必须加强学生的语文实践活动。在实践中,老师要尽量引导学生自己去阅读、思考、感悟,从而使学生不仅学到语文知识,形成语文能力,获得情感体验,学会学习,而且要通过自己的实践,悟出怎样读,怎样想,怎样说,怎样写,从而掌握学习方法,真正使学生的学习过程成为学会学习的过程。其次,要拓宽学生学语文、用语文的领域,提倡语文学习生活化。如果仅把语文教学局限在书面语言的学习上,忽视了语文的交际性和生活性,就会使语文教学失去了源头活水,成为脱离语言实际运用的机械训练。正如学游泳离不开水,学语文也不可脱离学生的生活。语文无处不在,它在课上校内,也在课下校外,它在课本里,也在生活中。书本以外的生活更是学生学语文、用语文的广阔时空领域。因此,沟通课堂内外,充分利用学校、家庭和社区教育资源,开展综合性学习活动,拓宽学生的学习空间,增加学生语文实践的机会,是培养学生语文能力、提高学生语文素养的重要途径,这也是构建开放而有活力的语文课程的要求之一。

2. 要提倡语文学习的开放性

语文教学的开放性是指开发和利用语文教育资源。构建语文教学的开放性应体现在：一是空间开放。学生的学习不再受教室的限制，大自然和社会生活、图书馆、电脑网络等也应成为学生学习语文的课堂，让学生在实践中积累语文知识，形成语文能力。二是内容开放。要打破封闭的学科知识体系，学生和教师都有自主选择学习内容的权利，对教材的内容可根据实际进行改换、增删，使学生从丰富的教学资源中获取语文知识。语文教学应注重课程的整合，有机渗透数学、音乐、美术、自然等知识内容，提高学生的综合素质。三是方式开放。要改变教师讲学生听、教师问学生答的接受式学习方式，指导学生收集和利用学习资源，帮助学生设计恰当的学习活动，选择不同的学习方式，如观察、实践、调查、实验、模仿、体验等，让学生自主探索，在教师的指导帮助下，养成良好的学习习惯，获得丰富的语文素养。

3. 要挖掘语文学习的民族特色

我们中华民族优秀传统文化不仅蕴含着崇高的人格美和深刻的智慧美，更沉积着一个伟大民族不灭的灵魂。它是智慧的源泉，是为人处世的准则，更是文化根源所在。学习经典文化，诵读优秀诗文，既是听又是说和写。学生从讲读中获得的是知识，而知识容易遗忘；从诵读中获得的是能力，而能力是持久的。诵读还是培养学生学习能力、记忆能力、思维能力，发展学生悟性的重要途径。更重要的是在此过程中，能培养学生热爱祖国语言文字的思想感情，培养学生深刻的审美思维能力，加强学生的文化修养，让学生获得无穷的知识和精神财富。

（三）操作时应注意的问题

1. 要注意尊重一个独特

在语文学习活动中，学生不是空脑袋来学习的，每个人都有自己的生活体验与精神世界。应尊重学生的独特体验，允许并鼓励他们创造性地理解作品表达的思想感情，引导他们发现问题，并支持鼓励他们去开展探究性学习。尤其是阅读教学，更要尊重学生的独特体验。阅读教学是学生、教师、文本之间对话的过程，不应以老师的分析来代替学生的阅读实践。

2. 要注意避免两个倾向

一种倾向是抹杀语文课程工具性的特点，人为地强化语文的人文性，用所谓的"思想教育"取代语文能力的培养；另一种倾向是过分强调语文的工具性，否定语文学科内在的人文性，或者用烦琐的分析肢解课文生动感人的整体形象，或者用无休止的做题、操练取代学生读写的语文实践，或者用僵化的标准答案限制学生的多元感受，扼制学生的创造性思维。

3. 要注意重视三个改变

第一，改变学习方式。全面提高学生语文素养，就必须实现学生学习方式的改变，使学生由被动的学习者转变为学习的主人。自主学习是基础，要切实实现学生学习方式的转变，学生是学习的主体，是"教学之本"。自主、合作、探究的学习方式是实现有效学习的重要方式。要倡导在自学、自悟基础上的各种形式的合作学习，通过互相启发、共同探究，达到有所发现、学有所得，培养合作精神和协作能力。因此，不仅要使学生在自主、合作、探究的学习实践中形成语文能力，受到情感熏陶，更重要的是培养学生自主发现、合力攻关、深入探究的意识和能力，以及在解决问题过程中形成的创新精神，从而为以后的学习和发展奠定坚实的基础。

第二，改变教学方式。教师要真正让学生掌握自主、合作、探究的学习方式，必须努力转变角色，充分发挥教学的创造性。教师不再是"一言堂"的堂主，而应成为情境的创设者、信息的提供者、探究的引导者、活动的组织者。一方面教师要实行教学民主，给学生更多的自主权，使学生有选择学习内容、学习方法、学习伙伴的权利；一方面教师要严格要求学生，对学生的学习给予有力的指导、引导、辅导、诱导，使学生的学习成为有效的学习、高效的学习。总之，教师要通过有效的学习活动，通过师与生、生与生的交流，使学生不断进行自我组织、自我建构，在这种组织、建构中，逐渐提高语文素养，形成适合自己的学习语文的方法。

第三，改变评价方式。评价对学生发展的反馈、激励、促进功能是至关重要的，必须重视对学生的评价。所以，我们强调要通过评价促进课程与教学的改进，促进学生的健康发展；强调对学习态度、学习过程、学习体验的评价；强调学生的自我反思性评价；强调形成性评价与终结性评价的结合；强调定性评价与定量评价的结合，而且定性评价要多于定量评价；强调对学生语文素养的综合性评价。

二、教学实施案例：《会摇尾巴的狼》教学设计

研究课题：全面提高学生的语文素养

研究教师：山东省威海市塔山小学王蓉撰写课程标准解读部分，设计教学；张瑞霞评析。

教科书简介：《会摇尾巴的狼》是人民教育出版社修订版五年制小学语文教科书第五册的一篇精读课文。教学的重、难点是狼和山羊的几次对话以及老山羊是怎样识破狼的本来面目的。

教学过程设计：

（一）导入新课

同学们，《会摇尾巴的狼》是个特别有意思的故事。谁能看着这幅图给大家讲讲？（出示课件指名讲故事）

你们是怎么知道这个故事的？对，这就是24课《会摇尾巴的狼》。

[**评**：如此导入新课，既检查了预习，使教师对学生的预习情况有了一定的了解，又锻炼了学生的口头表达能力。]

（二）初读课文

1. 现在请同学们打开课本24课，把课文默读两遍。

[**评**：默读是学生必须掌握的语文技能之一。将技能训练寓于日常教学之中，有助于提高学生的语文素养。]

2. 你觉得文中的狼是只什么样的狼？（板书：凶恶、狡猾）那这只老山羊呢？（板书：聪明）

（三）精读课文

1. 从课文中哪些地方可以看出狼非常狡猾、凶恶？请同学们边读边用"——"画出。哪些地方可以看出老山羊非常聪明？请同学们边读边用"〜〜〜"画出。

[**评**：这个问题的提出，给了学生广阔的思维空间。而且还要学生边读边想，边想边画，培养了学生"不动笔墨不读书"的良好学习习惯。]

2. 交流。哪位同学愿意起来谈谈，如果你能结合课文内容说出自己的看法就更好了。

[**评**：鼓励学生根据课文内容谈出自己的看法，也就是鼓励学生创造性地理解作品，尊重了学生的独特体验。]

（1）狼装出一副又老实又可怜的模样，说："我，你不认识了吗？我是又忠诚又驯良的狗啊！为了救一只掉进陷阱里的小鸡，我毫不犹豫地跳了下来，没想到再也爬不出去了。唉！可怜可怜我这善良的狗吧！"

① 学生读，并谈出自己的看法。

② 小结：狼伪装成又老实又可怜的狗，想让老山羊救它，可见它非常狡猾。

③ 指导朗读：那我们怎样读才能表现出狼的狡猾呢？（应该读出"假装"的语气）

④ 指名读，学生评价；再指名读；齐读。

[**评**：通过学生评价，老师评价，不仅充分发挥了评价的导向作用，使学生明白如何读才能表达出自己的感情，而且培养了学生的评价意识，提高了学生的评价能力。]

（2）狼连忙半闭着眼睛，说："我是狼狗，所以有点像狼。我的性情很温和，跟羊特别亲。你只要伸下一条腿来，我就得救了。我一定好好答谢你，给你舔毛，帮你咬虱子……"

① 学生读，并谈出自己的看法。

② 小结：狼一计不成又生一计，又装出性情温和的样子，它"半闭着眼睛"就是在进一步想欺骗老山羊的点子。

③ 指导朗读：谁能把这只狡猾的狼读到我们面前来？（要把狼费尽心机想出花言巧语来欺骗老山羊的语气读出来）

④ 学生练习读，师指名读。

（3）"别再花言巧语了。"老山羊说，"你骗不了我，狗都是老老实实的，不像你这样狡猾。"

① 学生读，并谈出自己的看法。

② 小结：老山羊并没有被狼的花言巧语所欺骗，可以看出它很聪明。

③ 请两位同学分角色朗读狼和老山羊的本次对话。

④ 学生评价。

⑤ 指导朗读：老师也想给他们提个建议，可以吗？请大家看这个标点符号，谁认识它？对，这是个省略号。在这儿，这个省略号表示什么呢？是的，狼的花言巧语还没有说完，就被老山羊打断了，那么读的时候要注意什么呢？（狼的话应读得连贯，而老山羊就应读出肯定的语气）

[评：抓住了一个小小的省略号，其实就是抓住了重要的教育时机。通过分析这个省略号，学生不仅可以掌握一定的语文知识，而且能掌握一个重要的朗读技巧。]

⑥ 同桌分角色朗读，师指名读。

（4）狼着急了，赶忙说："请您相信，我的的确确是狗。不信，你看我还会摇尾巴。"

狼把尾巴使劲摇了几下，扑扑扑，把陷阱里的尘土都扫了下来。

① 学生读，并谈出自己的看法。

② 小结：狡猾的狼在万般无奈的情况下，只好勉强用摇尾巴的招数来继续欺骗老山羊。

③ 指名读，学生评价。

④ 指导朗读：朗读仅仅做到正确、流利是不够的，还要读得有感情，这个要求就更高了。怎样才能读得有感情呢？老师这儿有一个方法，大家想知道吗？好，我来告诉大家，要想读得有感情，就要学会"过电影"。"过电影"啊，就是边读边想象课文描写的情境，请同学们读读这两个自然段，然后说说你读的时候，

脑子里出现了怎样的情境?

⑤ 学生自由谈自己脑子当中浮现的情境。

⑥ 请同学们边想象边读这两个自然段,读的时候还可以加上动作。

⑦ 指名读:要能让大家听了像真的看到狼在陷阱里着急地摇着它那条硬尾巴一样。

⑧ 学生评价后,齐读。

[评:引导学生入情入境,是语文教学特有的教学方法。如此一来,便能够启发学生展开想象,进入作者描述的情境之中,这样就理解了,也能读出感情来。]

(5)老山羊看到了这条硬尾巴,心里完全明白了,就说:"你再会摇尾巴,也还是凶恶的狼。你干尽了坏事,谁也不会来救你的。"

① 学生读,并谈出自己的看法。

② 小结:老山羊看了这条硬尾巴,真正明白了掉进陷阱里的不是一只狗,而是一只凶恶狡猾的狼。

③ 指导朗读。

④ 指名读,评价;齐读。

(6)狼终于露出了凶相,咧开嘴,龇着牙,对老山羊恶狠狠地叫嚷:"你这该死的老东西! 不快点过来,我就吃掉你!"

① 学生读,并谈出自己的看法。

② 师小结:狼见欺骗不成,便露出凶相威胁老山羊。

③ 指导朗读:你读了这句话,眼前会浮现出一只怎样的狼? 对,一只凶恶的狼。谁能读出它凶相毕露后的凶恶?

④ 指名读,齐读。

3. 同学们,学了这篇课文,你们有什么想法呢?

4. 师小结:是啊,在我们的现实生活中,真正的大灰狼是没有的,但也有不少坏人,我们要像老山羊一样善于识破他们的伪装,不要上当受骗。

[评:学习至此,学生自然就明白了课文所讲的道理,此时让学生说出来,真可谓顺其自然,水到渠成。而且教师巧妙地将课文的中心与现实生活联系起来,真正体现了语文"生活化"的教学理念。]

(四)拓展练习

1. 编顺口溜。老师想把这篇课文的内容编成一首顺口溜,可是有几个地方还没想好,同学们愿意帮忙吗? 那好,请同学们读一读,想一想怎样把它补充完整。

(出示课件)

一只掉进陷阱的(   ),遇到善良的(   )。

狼硬说自己是条（　　　　　），还说它的心很（　　　　　）。

老山羊，不上当，看透了狼的（　　　　　）。

狼的下场会怎么样，同学们好好想一想。

2. 想象狼的下场。（① 老山羊走后不久，猎人就来了，把大灰狼打死了。② 狼在陷阱里，没有人来救它，它没吃的，没喝的，最后死了。③ 老山羊来到大森林里，把大灰狼掉进陷阱的消息告诉了其他小动物。这些小动物都恨透了大灰狼，它们来到陷阱旁，朝陷阱里扔石头，把大灰狼砸死了……）

［评：在一堂课的教学中，学生的注意力总要经历一个由集中到逐渐分散的过程。顺口溜这个环节，可以巧妙地把学生趋于分散的注意力又集中起来。顺口溜读起来朗朗上口，易于背诵，既概括了课文内容，又集中了学生的注意力。最重要的是最后一句"狼的下场会怎么样，同学们好好想一想"。"一石激起千层浪"，调动了学生活跃的情绪，激起了学生思维的火花。它为学生开拓了一片想象的天地，使学生展开了想象的翅膀。一个小小的顺口溜，真可谓是一举三得。］

（五）表演课本剧

1. 学生以小组为单位准备。

2. 请两个小组的同学表演，给他们戴上头饰。

3. 小结：今天，我们请两组同学到前边表演，好吗？

［评：虽是一次小小的模拟表演，但反映的是学生的综合素养，如对课文内容的理解程度、朗读水平、语言积累、口语交际能力等等。］

（六）布置作业

课后请同学们把这个故事讲给你的家人听听，然后请他们说说你讲得怎么样。

［总评：本教学设计，有以下几个特点：

第一，在具体语文实践中学用语文。教学中以读代讲，使学生读中求懂，读中学会，读中获得多种能力。读的方式很多，有指名读、齐读、自由读、分角色读等；读的面很大，可谓是全员参与；读的要求又逐渐提高，由读得正确、流利，到有感情，使学生的朗读水平逐渐提高，体现了学习的过程性。这样，学生在朗读的过程中，读出"形"，在头脑中唤起语言所描绘的形象；读出"情"，读出语言文字中所蕴含的情感；读出"神"，读出语言文字所包含的寓意、精髓以及言外之意。

第二，留给学生自由发挥的空间。教学中教师所提问题不多，却给了学生很大空间，因为这些问题的答案都不是唯一的，学生有话可说。如"从课文中哪些地方可以看出狼非常狡猾、凶恶"这个问题，学生就可以从多个角度去回答，而且即使找到了课文中的同一段话,每个学生根据自己的理解也可以说出与别人不同的见解。这也体现了尊重学生阅读的独特体验。再如"狼的下场会怎么样"这个问题,给学生留的空间就更为广阔,学生就可以展开想象的翅膀,大胆联想,说出自己想说的话。

第三,在教学中让学生掌握一定的语文知识。如通过一个小小的省略号教给学生一定的读书方法;培养了学生良好的学习习惯,如"不动笔墨不读书";丰富了学生的语言积累,更重要的是帮助学生树立了正确的是非观,做到了培养学生综合的语文素养。]

主要参考资料

[1] 唐懋龙.旧瓶装新酒,迎接新一轮课改的美丽转身.小学语文教师,2012(3).
[2] 陆红兵.儿童深度:小学语文教学的重要命题.人民教育,2011(15).

尊重学生独特体验：
《巨人的花园》教学纪实

李怀源　孟祥芹　孙敬东

　　2011 年版语文课程标准指出："语文课程丰富的人文内涵对学生精神世界的影响是广泛而深刻的,学生对语文材料的感受和理解又往往是多元的。因此,应该重视语文课程对学生思想情感所起的熏陶感染作用,注意课程内容的价值取向……同时也要尊重学生在语文学习过程中的独特体验。""独特"就是与众不同,就是个性化的解读。"独特体验"充分反映学生的精神世界。

一、课程标准解读

（一）关于尊重学生的独特体验的相关问题的认识

语文课程的特点要求在语文教学中要尊重学生的独特体验。

1. 尊重学生的独特体验是由语文课程的基本性质决定的

"工具性与人文性的统一,是语文课程的基本特点。"语文课程中有大量具体形象的、带有个人情感和主观色彩的内容。人们对于语文材料应该有理解一致的地方,否则人际交流就无法进行。但是在很多情况下,由于各人的知识背景、生活体验、体悟的角度等方面的差异,面对同样的作品,特别是文学作品,人们会有不同的理解和感受。因此,语文教育特别需要提倡师生之间的平等对话,也特别需要注意尊重学生独特的情感体验和有独创性的理解。

2. 尊重学生的独特体验是由语文学习过程的独特性决定的

对话理论认为,作者与读者的关系,就其本质而言,体现了人与人之间的精神联系,阅读行为也就意味着在人与人之间确立了一种对话和交流的关系。这种对话和交流是双向的、互动的,是互为依存条件的,阅读成为思维碰撞和心灵交流的动态过程,是主体与主体之间的关系。读者的阅读,尤其是阅读文学作品的过程,是一种共同参与以至共同创造的过程。所以,读者绝对不是消极被动的,读者也是文学活动的主体。学生阅读态度的主动性、阅读需求的多样性、阅读心理的独特性,必须在阅读教学的过程中得到很好的体现。

语文课程标准在阅读教学的教学建议部分,这样说明:"阅读是学生的个性化行为。阅读教学应引导学生钻研文本,在主动积极的思维和情感活动中,加深理解和体验,有所感悟和思考,受到情感熏陶,获得思想启迪,享受审美乐趣。要珍视学生独特的感受、体验和理解。教师应加强对学生阅读的指导、引领和点拨,但不应以教师的分析来代替学生的阅读实践,不应以模式化的解读来代替学生的体验和思考;要善于通过合作学习解决阅读中的问题,但也要防止用集体讨论来代替个人阅读。"

既然每个学生的生活经验和个性气质都不一样,就应鼓励学生对阅读内容做出有个性的反应,如对文本中自己特别喜爱的部分做出反应,确认自己认为特别重要的问题,做出富有想象力的反应甚至是"突发奇想",将自己的阅读感受与作者的意图进行比较,为文本的内容和表达另做设计等等。在文学作品阅读教学中,不要刻意追求"标准答案"。萨特说:"阅读是一种被引导的创造。"学生在阅读中,并不是消极接受、索取意义,而是积极主动发现、建构意义,甚至创造意义。语文课程标准多次提到"体会"一词,"体会"更注重过程,注重学生的自主感悟,鼓励学生自由表达,所以必须要关照学生的个体差异,必须尊重学生的独特体验。

写作是语文学习的重要形式,语文课程标准在教学建议中这样描述:"写作是运用语言文字进行表达和交流的重要形式,是认识世界、认识自我、创造性表述的过程。"从这些描述中我们可以看到,写作的终极目的是创造性的表述自我,那么写作中就必然要尊重学生的独特体验。课程标准中还多处提到了关于尊重学生的独特体验。"为学生的自主写作提供有利条件和广阔空间,减少对学生写作的束缚,鼓励自由表达和有创意的表达,鼓励写想象中的事物。加强平时练笔指导,改进作文命题方式,提倡学生自主选题。"在阶段目标部分也多次提出了如何尊重学生的独特体验。"观察周围世界,能不拘形式地写下自己的见闻、感受和想象,注意把自己觉得新奇有趣或印象最深、最受感动的内容写清楚。""不拘形式"就是让学生自由地表达,尊重学生自己的生活经验,自己的人生体验,让他们写出自己最想写的内容,表达自己的真实感受。"养成留心观察周围事物的习惯,有意识地丰富自己的见闻,珍视个人的独特感受,积累习作素材。""珍视"就是要特别重视,要小心翼翼,要视若珍宝,可见学生的独特感受是多么珍贵。我们必须顺应规律,充分尊重学生的体验,才能使语文学习更有意义。

3. 尊重学生的独特体验是由语文学习评价的开放性、生成性决定的

课程标准指出:"阅读的评价,要综合考察学生阅读过程中的感受、体验和理解,要关注其阅读兴趣与价值取向、阅读方法与习惯,也要关注其阅读面和阅读

量,以及选择阅读材料的能力。重视对学生多角度、有创意阅读的评价。""精读的评价,重点评价学生对阅读材料的综合理解能力,要重视评价学生的情感体验和创造性的理解。""文学作品阅读的评价,着重考察学生感受形象、体验情感、品味语言的水平,对学生独特的感受和体验应加以鼓励。"由此可见,对学生阅读的评价不是单一的、固定的,而是在阅读的过程中不断变化的,所以要在评价中鼓励学生有创造性的见解。要重视学生的阅读感受,必须具有开放的观点,必须注意到学生多角度有创造性的阅读。

在写作的评价建议中,这样写道:"写作的评价,要重视学生的写作兴趣和习惯,鼓励表达真情实感,鼓励有创意的表达。"而这种有创意的表达是在写作的过程中,渐渐地生成的,受到情境的刺激,学生才会调动自己的生活经验。对学生有创意的表达予以鼓励,就是用积极的评价影响学生,为他们继续进行有创意的表达提供动力。

(二) 实施中的几点建议

1. 重视学生在阅读过程中的主体地位

在阅读教学中存在着多重对话关系,如学生与作者(文本)的对话,教师与学生的对话,教师与作者的对话,学生、教师与编者的对话等,这些都为学生的个体阅读提供了良好的环境和条件,但对话的中心是每一个学生个人,所以必须强调学生阅读的自主性和独立性。文本的意义是学生在阅读过程中自行发现、自行建构起来的,要让学生自己阅读、自己学会阅读。从这层意思说,我们的语文课本首先不是教本,而是读本。学生不是阅读的间接受益者,而是直接受益者。所以,学生的阅读水平的提高、阅读体验的加深就决定了学生必须成为阅读的主人。教师必须保证学生的读书时间,要给学生充分的读书时间,确实实现自主阅读,自主感悟。让学生真正深入学习,保证他们能够积极投入地学习,让学生能真正实现多重对话。

教师作为语文学习的参与者,作为文本的对话者之一,可以把自己对文本的解读通过交流的形式传达给学生,对学生的阅读起到正确的引导作用。要通过教师的引导让学生对文本的认识更加充分和主动,让学生真正成为语文学习的主人。

2. 营造良好的课堂教学氛围

课堂阅读教学在一个集体中实施,与完全个人化的阅读毕竟不同,这里还有学生与学生之间的对话,因此,营造良好的课堂教学氛围是十分重要的。在一个刻板呆滞的课堂氛围中,富有活力和创意的对话是难以实现的,轻松、活跃、和谐的环境气氛,更有利于激发学生的思维和想象力。

要建立平等、和谐的师生关系。教师和学生的关系如何决定了教学氛围。老师是以学生学习伙伴的角色参加到学生的阅读中来的。所以教师和学生在阅读中的地位是平等的。教师可以帮助学生,可以和学生、和作者同悲共喜。让学生感受到教师的亲切,感受到课堂的轻松和自由。在轻松的课堂上学生可以自由发表言论,表达自己的见解和主张,学生可以和其他任何的学习者进行交流、探讨,甚至是辩论。

3. 创设多种多样的学习情境

语文学习要激发学生的情绪体验,要唤起学生的生活体验,让学生的生活和语文学习紧密结合在一起,让学生的情感和作者、和学习的伙伴产生共鸣。让学生深入体验作者的情感,就必须在学生的情感体验和作者的情感表达之间建立一种联系。这种联系就是情境。教师要在阅读的过程中,创设多种情境让学生走进作者的内心世界,走进文本表述的世界,走进自己的心灵世界。

创设问题情境,创设生活情境,创设交往的情境,创设表达的情境……都可以加深学生的体验,可以和学生已有的生活经验相联系,从而激活学生的思维。

4. 改变学习方式

语文课程具有丰富的人文内涵,语文教育具有很强的实践性,决定了语文学习方式必须要改变。语文教学要积极倡导"自主、合作、探究"的学习方式。我们要鼓励和帮助学生自己探究问题,探索解决问题的方法,摸索适合于自己的获取新知和能力的途径。这"新知"可以是对所有的人都是新的,也可以是对别人并不新,而对自己是新的。要时时鼓励学生敢于说出与别人不同的想法,包括与老师不同的想法;要支持学生在现成的答案之外探寻"新解"的尝试。要让学生确实走出听讲的简单学习,让他们自己的情感、态度、价值观在语文学习中能够表现,并且得到锻炼。

5. 有正确的评价引导

教师是课堂阅读活动的组织者、学生阅读的促进者,也是阅读中的对话者之一。一般来说,教师作为文本与学生的中介,他的思想深度、文化水准、人生经验、审美水平要高于学生,他可以起到向导的作用。对于学生的理解,教师要及时做出判断。教师的评价在学生的学习过程中起着导向的作用。教师要用自己的评价,引导学生学会读书,感悟读书的方法。同时也要用自己的评价,让学生建立基本的是非善恶的价值标准,让学生始终能够获得积极的、健康的体验。教师可以用自己的观点引起学生的思考;也可以抓住学生中有代表性的问题,让学生进行讨论;还可以用类似的案例或名家的解读来影响学生。

(三)操作时应注意的问题

1. 要处理好共性和个性的关系

尊重学生的独特体验,要有一个最基本的原则,就是必须是在共性的基础上,符合事物发展的基本规律,符合事实。也就是说学生的个性化解读、个人的体验必须要合情合理。当然这个情理不是教师个人的主观感受,也不是某个人的想法,而是大家公认的事实和想法。所以在尊重学生体验的同时必须处理好共性和个性之间的关系,既不影响学生的学习热情,又能给学生的情感、态度、价值观正确的引导。不能让学生的主观意识脱离了客观世界,脱离了生活实际。

2. 要充分发挥教师的作用

尊重学生的独特体验,教师的作用非但不能削弱,反而应该不断加强。教师不能以尊重学生为由放任学生。教师本身对文本的解读,教师自己的学识水平、文化素养、道德观念在整个学习过程中有极其重要的作用。因此,教师必须提高自己的水平,在学生的学习过程中切实起到引导、点拨的作用。不分是非、不加分析的评价是不负责任的。科学、客观、公正的评价,才是对学生独特体验的真正尊重。教师必须不断学习,提高自己的文化素养,丰富自己的人生体验,在学生的语文学习中起到积极作用。

二、教学实施案例:《巨人的花园》教学纪实

研究课题:尊重学生独特体验

研究教师:山东省德州跃华学校小学部李怀源撰写课程标准解读部分,山东省德州跃华学校小学部孟祥芹设计教学并执教,德州市教研室孙敬东评析。

教科书简介:《巨人的花园》选自人教版实验教科书语文四年级上册第三单元。教学重点是联系句子内容、前后文内容、生活实际等把词句理解透彻。教学难点是带领学生学会总结学习方法,体会分享的快乐。

教学目标:

1. 能够正确读出文中的词语,并深入理解。

2. 了解巨人心理前后所发生的变化,体会分享的快乐才是真正的快乐。

3. 在教学过程中使学生学会深入理解词语、句子的方法。能够联系句子内容、前后文内容、生活实际把词句理解透彻。

4. 使学生在探究中体会到成就感与快乐。

教学过程:

(一) 导入

师:前面我们学过童话故事《幸福是什么》《去年的树》,童话故事深受同学们的喜爱,动人的故事和优美的语言,总能把我们带入美好的情境,使我们受到真、善、美的熏陶。

师:今天,让我们一起走进一篇新的童话故事《巨人的花园》,享受巨人的花园给我们带来的快乐。

（二）探索词语、朗读感悟

师：打开书《巨人的花园》，请你认真读课文，注意读好每一句话、每一个字词。（板书词语：禁止、不禁、火辣辣、训斥、叱责、任性、冷酷、四处逃散、纷纷逃窜）

师：看老师板书的词语，谁会读前两个？

生：禁(jìn)止、不禁(jīn)。

师：你要提醒大家注意什么？

生："禁"是多音字，不要读错。

师：这个词读什么？

生：火辣辣(là)。

师：我们以前学过一个词语叫"毛茸茸(róng)"。

师：一起读一遍这个词语。（出示图片）请你看图片用"火辣辣"说个句子好吗？

生：太阳照得大地火辣辣的。

生：太阳照着大地，人们感觉脸上火辣辣的。

师：请你看后面这些词语，你能帮助它们像前两个词语一样分类吗？小组一起来分一分，说出这样分类的理由。

生："训斥、叱责"为一组，意思相近。

"任性、冷酷"为一组，都是描写巨人的性格的词语。

"四处逃散、纷纷逃窜"为一组，意思一样。

师：同学们会思考，请看"训斥、叱责"，什么意思？

生：批评。

生：说别人。

生：很严肃地说别人。

师：很严厉地批评别人。（出示巨人图片）巨人就是这个表情训斥孩子们的。

师：打开书，迅速浏览课文，找到巨人训斥、叱责孩子们的话。

生："谁允许你们到这儿来玩的！都滚出去！"

师："训斥"的语气就是这样的！

生："好容易才盼来春天，你们又来胡闹。滚出去！"

生："喂！你赶快滚出去！"

师：你的"叱责"声让我感到了害怕。一起来读读这几句话吧！

师："任性、冷酷"这两个词语什么意思？

生:(不太明白)

师:看来要想理解词语的意思,还要看看词语所在的句子。(师出示这两个词语所在的句子——"换来寒冬的,是我那颗任性、冷酷的心啊!")

生:噢——就是指很无情,总不改正错误。

师:好,要理解词语就可以把词语放到句子中去体会,如果联系课文的内容就会理解得更加深入了。请同学们静静地默读课文,想一想:巨人哪些地方表现得任性? 哪些地方表现得冷酷?

(生读书)

生:他总是不让孩子们来花园里玩,孩子们来了就赶走他们,很任性!

生:孩子们那么可爱,巨人却严厉地训斥孩子们,还用围墙把他们挡在花园外面,太冷酷了!

师:是啊,巨人的任性之处在于一次次把孩子们赶走;冷酷之处在于一次次地训斥孩子们。巨人是多么任性、冷酷啊,让我们再来读一读巨人的话,读出巨人的任性与冷酷。

生:"谁允许你们到这儿来玩的! 都滚出去!"

生:"好容易才盼来春天,你们又来胡闹。滚出去!"

生:"喂! 你赶快滚出去!"

[评:重视学生理解的多样性;在教学过程中使学生学会深入理解词语:能够联系句子内容、前后文内容、生活实际把词句理解透彻,并力争让学生获得巨大的满足感、兴奋感和自信心。]

师:多么可怕呀! 巨人冷酷的训斥使得孩子们——四处逃散、纷纷逃窜。

师:"四处逃散、纷纷逃窜",什么情况下用到这两个词语?

生:被吓坏或着急的时候。

师:"散"和"窜"这两个字,你认为哪个更快?

生:"窜"字表达的意思更快。

师:"窜"一般用来形容比较不好的人或动物,比如老鼠见了猫立刻纷纷逃窜;小猴子调皮地在院子里窜来窜去……在这里,作者为什么把"窜"字用到了这些可爱的孩子们身上?

生:因为巨人太可怕了!

师:是啊,这样写出了巨人的可怕! 巨人可怕的训斥对孩子们的心灵造成了多大的伤害啊! 再来读一读巨人的话! 让你的语气使孩子们吓得"四处逃散、纷纷逃窜"!

女生:"谁允许你们到这儿来玩的! 都滚出去!"

16

男生:"好容易才盼来春天,你们又来胡闹。滚出去!"

男女生一起:"喂!你赶快滚出去!"

[**评**:学习过程是一个安静思考、大脑碰撞的过程,也是朗读感悟的过程。我们应该重视学生的朗读,要让学生在朗读训练中,在琅琅的读书声中去体会、去感悟。]

(三) 探究巨人的心理变化

师:就是这样一位任性、冷酷的巨人,却发生了变化。

再来看下面这些词语:寒冷、荒凉、孤独;温暖、愉快、幸福。

师:读一读,请说说这两组词语给你带来了什么样的感觉。

生:第一组给我的感觉是很可怜、很孤单的感觉。

生:第二组给我的感觉是非常温暖、快乐的感觉。

师:这就是童话中巨人心理的变化,请同学们再次静心读课文,思考:巨人前后在心理上为什么会有不同的感觉?

(生静静读书)

(生小组交流自己的认识)

[**评**:学习离不开学生的合作,因为合作和交流可以帮助学生按照一定顺序、规则展开讨论、争论,并学会把自己的想法向别人解释明白,在合作中"学会相互接纳、赞赏、分享、互助"。]

(生汇报思考结果)

生:巨人不让孩子们进花园,他的花园里总是冬天,我在课文中找到了相应的词语。如:北风呼啸、树叶飘落、鲜花凋谢、冰雪覆盖、寒风刺骨、狂风大作、雪花飞舞。

这些词语给我们的感觉就是寒冷、荒凉。

而后来,巨人让孩子们进入花园了,花园里又有了春夏秋三个季节。比如这些词语:鲜花盛开、绿树成阴、鲜果飘香、阳光明媚、草翠花开。

这些词语给我们的感觉便是温暖、幸福。

师:你分析得真棒!环境变化使得巨人内心有所变化。(板书:冬天—春天)

生:巨人砌起围墙把孩子们挡在外面,也就把春天挡在了外面。后来巨人拆除围墙让孩子们进入花园,也就迎来了春天。

师:真棒!(板书:砌起—拆除)

生:巨人想自己享受花园中的一切,结果得到的却是寒冷、荒凉与孤独。

而巨人和孩子们分享花园之后,得到的是温暖与幸福。

师：由此我们明白，什么样的快乐才是真正的快乐呢？

生：与大家分享的快乐才是真正的快乐！

（板书：独享快乐→共享快乐）

[评价：在教学过程中，教师要发挥自己的作用，帮助学生将原有的生活经验和原有的认知结构不断深化，形成新的认知结构，摒弃不健康的或低层次的情感体验，提升自身感悟能力，丰富自身情感体验。在本课中，教师带领着孩子们利用生活中的经验和认知去分析巨人心理的变化，体会与他人分享的快乐才是真正的快乐。]

（四）整体感知

师：最后，请同学们和老师共享这篇童话故事好吗？

（生看动画欣赏课文）

师：希望大家都能够把自己的快乐与别人分享，希望每一个人都能够得到真正的幸福、真正的快乐！把这篇童话带到我们的生活中去细细体会吧！

[总评：《巨人的花园》是一篇充满温情的童话故事，语言优美，内涵深刻，情境反差很大。课堂上，教师显得很轻松，学生却学得乐在其中。巨人的变化以及分享给大家带来的快乐给学生很深刻的感受。在教学过程中，执教者注意了这样三个问题：

第一，教学过程中重视了学生是学习的主人。教师在教学过程中让学生自己根据理解为词语分类、让学生通过读书或联系生活实际等深入理解词语、让学生去分析巨人的心理变化，这些都体现出教师对学生的尊重，真正把学生当作了学习的主人。

第二，重视教师的引导作用。首先，教师重视读书过程中导的作用：教师在教学过程中设计了几次读书，每一次读书都有目的，有的读是为了让学生联系课文内容理解词语或句子，有的读是为了让学生体会巨人心理发生的变化，有的读（朗读）是为了让学生了解巨人的性格……每一次读都对学生的学习起到了引导作用。其次，教师重视学习方法的引导，教师引导学生运用联系词语所在句子、联系前后文、联系生活实际等方法来理解词语、理解句子、理解内容，并总结这些学习的方法，运用到其他课文的学习当中去。

第三，重视过程与方法，重视学生的独特体验。我们现在都在讲语文素养，要知道，语文素养不只是表现为有较强的识字写字能力、阅读能力、写作能力和口语交际能力，而且还表现为有较强的综合运用能力，重视学生学习的过程与方法，让学生在学习过程中收获方法、收获能力。教师在教学过程中重视学生的独

18

特体验,引领学生独自分析巨人的心理变化,学生内心的体验与感悟有时候比外在的接受更加深刻。语文学习中有不少东西是只可意会不可言传的,虽然学生很难表达,但内心的体验与感悟却是真实存在的。]

主要参考资料

[1] 温儒敏.新的语文课程标准有哪些重要的修订.http://blog.sina.com.cn/s/blog_59432ccb0100xoas.html.

[2] 吴忠豪.期盼语文课的美丽转身——从"教课文"到"教语文".语文教学通讯,2011(2):11~13.

重视学生的语文实践：
《北京的春节》教学设计

李冰霖　郑淑梅

重视学生的语文实践,是语文课程标准的一个重要的基本理念。

一、课程标准解读

课程标准在课程基本理念中提出:"语文课程是实践性课程,应着重培养学生的语文实践能力,而培养这种能力的主要途径也应是语文实践。语文课程是学生学习运用祖国语言文字的课程,学习资源和实践机会无处不在,无时不有。因而,应该让学生多读多写,日积月累,在大量的语文实践中体会、把握运用语文的规律。"此外,在课程目标中提出"在实践中学习和运用语文";在"实施建议"中提出"教学中努力体现语文的实践性和综合性"等要求。可见,重视学生语文实践是语文课程标准的一个基本的理念。

（一）关于重视学生语文实践的相关问题的认识

汉语文教育是母语教育。母语教育的基本特点,一是有很强的实践性;二是语文学习的资源无处不在,语文学习的机会无时不有。汉语文教育要遵循母语学习的特点和规律,就必须重视学生的语文实践。

1. 母语的实用性要求学习与实践相交互

语言其意义在于用来表情达意、交流思想、沟通人际关系。母语的这种实用性决定着语文是实践性很强的课程。语文教育虽然会涉及语言、文字、文章、文学、文化的知识,但不是要系统地传授,其基本目标是培养学生运用语文的实践能力,提高语文素养。为使学生能够运用语文去实践,就"应着重培养学生的语文实践能力,而培养这种能力的主要途径也应是语文实践",必须注重在语文实践中学习语文。所以重视学生的语文实践,既应注重为实践而学习,又应注重为学习而实践,做到从实践中来,到实践中去,学习与实践相交互。

2. 母语的实时性要求课内与课外相沟通

母语对于学生来说是实时存在的,学生身处在使用母语的社会环境及民族文化背景之中。一方面,学生进入学校学习之前,就已在学前生活中获得了母语(口语),而且在不断的生活实践中学生的母语(口语)还将得到进一步的发展,因此,从小学到中学,母语学习的主要任务是在原有口语的基础上,通过识字写字和阅读写作的学习与实践,随着生活经验的丰富和语文素养的提高,培养起书面语的语感,与此同时进一步提高口头表达交际能力。另一方面,母语的学习,既有丰富的学习资源,又有大量的实践机会。正如课程标准所指出,"语文课堂资源包括课堂教学资源和课外学习资源",一切"自然风光、文化遗产、风俗民情、方言土语,国内外的重要事件,日常生活的话题等也都可以成为语文课程的资源",成为语文实践的渠道。为落实"给学生创设语文实践的环境,开展多种形式的语文学习活动"这一要求,从课程内容来说,就是要不断开发、充分利用学校、家庭、自然、社会中的语文教育资源,特别是那些鲜活的、密切联系现实、密切联系学生经验世界的教育资源;从课程实施来说,就是要拓宽学生的学习空间,增加学生语文实践的机会,通过课内外相沟通,使小课堂连着大世界。

3. 母语的实指性要求感性与理性相交融

母语来自于生产劳动,来自于客观世界,它是为了指认客观事物、描绘客观存在、表述内心情感的。因此,语言这一特定符号,是具有实指性的,是与特定的客观事物相关系的,或一个语言符号特指某一个、某一类客观事物,或数个语言符号同指某一个、某一类客观事物。客观事物是感性、具体的,语言符号是理性、抽象的,它们并不是珠联璧合、天然同体的。比如有这样的识字实验:通过某一形式,让幼儿反复去指认、去熟记生字卡片。一个阶段以后,当幼儿听到某一读音,就能指认出某一卡片。这种所谓的识字实质上并非真正的识字,幼儿通过"刺激(生字声音)——反应(生字卡片)"而建立起来的联系是没有实际意义的。尽管幼儿认得大量的生字,但所认的只是生字卡片,或者是某一字的图样,并没有真正把握这一语言符号的实指意义。这就是理性与感性脱节。只有通过具体的语文实践,才能把理性抽象的符号与具体感性的事物对应起来,统一起来,交融起来,从而发生关系,发生意义。

4. 母语的动态性要求过程与结果相统一

以往在课程目标方面普遍地存在着"重结果(知识掌握)轻过程"现象,因此,课程实施的过程中偏颇地认为学生语文实践能力的形成,要靠系统地讲授语文知识,要靠在严整体系指导下的语文训练,于是忽视了语文实践,以致造就了这样一些人,他们对语法修辞和文章作法的知识非常熟悉,能说得头头是道,但是语言贫乏,文章干巴而不通顺、不生动。其实,母语掌握和运用是一个动态的过程,语文规律的习得、语文实践能力的培养、语文素养的提升必须来自于大量语文实践经验的积累。而且,任何知识与观念的积累、能力的发展和素养的提升都必须经历一个循环反复的过程。这种"习得的过程"对个体的语言系统来说,也并非是一种纯粹由外而内的单向运动,而是一种在实践过程中内外交互的双向运动。如果单单机械地强调由外而内的吸纳,就会产生"死潭水"现象;只有不断在实践中感悟、在实践中积累,并不断地把积累的东西应用于实践,才能使语文学习处于一种激活状态,语文素养才能得到不断的提升。语文实践是"过程与结果相统一"的唯一渠道,是经验向能力、素养转变所必须经历的从量变到质变的渐进与飞跃过程。

5. 母语的丰富性要求体验与感悟相融合

母语是丰富多彩的,十分鲜活的,并非死板僵化。同一内容,可以有多种迥然各异的表述形式;同一语言形式,也可表达各种各样的内容。母语的这一特点,构成了特定各异的汉语言风格。这种个性化的、特色化的语言风格,构成了母语的丰富性和鲜活性。为了把握母语的这种丰富性、鲜活性,必须积极创造条件,让学生在语文实践中去体验、去感悟、去积累。因为语文实践是体验、感悟母语之妙的唯一渠道。

(二)实施中的几点建议

1. 在模拟语境中实践——语文生活化

语文教学必须重视语言情境的创设,通过课前"语言操"(如简要新闻、书评、影评、美文推介、侦探故事、故事接龙、成语接龙等)、课中"语言操"(将写得较笼统的原句原文写具体,对典型句段进行模仿,对课文进行创造性复述改编,对重点词句联系生活实际感悟等读后复述、读后表演、读后议论、读后习作等)、课后"语言操"(拓展性阅读、深化性探究、研究性学习等),把课文、课堂化为一种学习语言的动态情境和语言实践活动,让学生在听说读写的不断实践过程中学语言,用语言,形成自己的语言个性、语言风格。

2. 在现实语境中实践——生活语文化

要充分利用现实生活中的语文教育资源,优化语文学习环境,构建课内外联系、校内外沟通、学科间融合的语文教育体系,组织开展丰富多彩的语文实践活动,努力拓宽语文学习的内容、形式与渠道,使学生在广阔的语言时空里学语文、用语文,在语文的实践中不断地积累语言,提高语文实践能力。主要方式有:一是依托语文教材,开展语文实践活动。如口头表达类(课本剧表演、故事演讲、朗读比赛、话题辩论、消息发布会等)、书面表达类(制作卡片小报、读后感、小记者兴趣小组等)、阅读拓展类等。二是整合各科教材,开展语文综合实践活动。如结合品德与生活(社会)在对学生进行思想品德教育引导的同时,安排大量的调查、采访等语文实践内容;结合劳动与技术、科学等学科动手实践的活动,将自己的发现和独特的感想作为习作的素材;结合音乐、美术等艺术课,除了利用歌唱、绘画等学科特有形式,还可用语言来表达对作品的理解。三是开发地方资源,开展语文综合实践活动。要有效地开发散落在社区的语文教育资源,依据这些资源可以组织学生开展调查、访问、写作等形式的系列语文实践活动。

3. 在虚拟语境中实践——语文数字化

随着现代信息技术与语文教育不断交互、不断整合的"一体化"历程的逐步深入,网络世界即将成为语文学习的新天地,并产生一种新型的语文教育——"在线语文教学"与"在线语文学习"。这种基于网络环境的"在线语文",将与现实世界传统意义的语文不断"链接"和"交互",共同构成语文学习的大环境。所以,一是要注意拓展语文实践领域。通过区域网或互联网,把语文实践拓展到"虚拟语境"中,通过计算机进行跨国家、跨地区、跨民族、跨人群、跨领域的"语言交互、思想交互、情感交互、信息交互、文化交互"等语文实践活动。二是要注意拓展语文学习内容。引导学生通过网络,把网上图书馆、网上报纸杂志、网上书店、网上藏书屋等各种"超文本"语文资源与现行语文教材或紧密结合,或遥相呼应,最大限度地突破教材的极限,拓展语文学习内容。三是要注意拓展语文学习方式。要引导学生学会在线浏览、在线检索、在线下载、在线讨论、在线传递、在线登录等在线学习方法,并以计算机为沟通交际工具,构建"交互性"学习方式,让学生在虚拟语境中实践,在实践中发展。

(三) 操作时应注意的问题

1. 要正确处理课内与课外学习的关系

一方面,在教学活动的设计上要注意突出实践性、体验性。教师要创造性地进行教学,注意沟通课内外、学科间、校内外的联系,重视联系学生生活的多样性、具体性来感悟语文教材的抽象性、概括性,将学校、家庭、社会语文教育形成一个整体,利用取之不尽、用之不竭的语文教育资源,拓展语文学习与实践的领域与时空。

另一方面,要注意提倡实践性,并非要把语文课上成活动课、游戏课,情境的创设和活动的开展要注意把握一个"度"的问题。既要注意提倡开发课程资源,(但课外语文资源的使用也要注意适度,与语文教材密切配合与有机整合);又要注意教材自身资源的挖掘与使用,并适度、适时地跟其他课程相沟通。

2. 要正确处理综合性和实践性的关系

语文实践是一种综合性的实践活动。综合性和实践性是辩证统一的。其一,课程目标所规定的总目标,具体地阐明了语文实践活动所涉及的方方面面,它们是密不可分地综合联系在一起的。要注意综合地把握这些语文实践的目标要求。其二,在语文实践活动中,字词句篇的学习和运用,是结合在一起进行的;听说读写的活动,是相互作用的。它们之间是紧密相连,有机地综合在一起的。其三,在阅读实践中学生的眼、口、耳、手、脑并用,以思维为中心,相互结合;感受、理解、欣赏、评价、表述和交流相结合。在习作和口语交际实践中,观察、思考、想象、感受、评价和表达相结合;倾听、表达、文明态度和语文修养相结合。其四,语文综合实践能力的培养,各个学段分别有所侧重,但是不能人为地割裂、孤立,而应互相渗透,有机地衔接,循序渐进。

3. 要正确处理"三个维度"的关系

要从知识与能力、过程与方法、情感态度与价值观这三个维度,来设计语文实践和进行语文实践,不能有所偏颇。首先,要注意激发学生参与语文实践的主动性,增强语文实践的情感体验,培养学生进行语文实践的兴趣、态度。其次,要注意引导学生掌握一定的语文学习方法。任何一种实践,都离不开必要的工具和操作方法;掌握了方法,并且能自觉地运用于听说读写的实践之中,才有可能逐步形成语文实践能力。但是,方法并不是万能的,也不是适合任何人的,要注意鼓励学生选择适合自己个性的方法,因地制宜地学语文、用语文。学习方法的习得,应当是在教师的引导下,在多次反复的语文实践中感悟而来,而不应把学习方法当知识来灌输,来死记硬背。另外,要注意培养学生良好的语文实践习惯,培养学生在语文实践中的合作态度。

4. 要正确处理学生主体角色与教师引导角色的关系

语文实践是主体的实践活动。学生是学习、实践的主人,教师只是学习、实践的引导者和组织者、服务者。必须重新审视教师在学生语文学习、语文实践中的角色以及恰到好处的作用,转变以教师为中心的传统观念,重塑学生的学习角色,确立学生的主体地位,凸显学生的自主实践,大力创造自主学习、实践的机会,放手让学生充分地自主地参与语文实践,演好语文实践的"主角"。

二、教学实施案例:《北京的春节》教学设计

研究课题:重视学生的语文实践

研究教师:福建省安溪县凤城中心学校郑淑梅;课程标准解读部分及评析由李冰霖撰写。

教材简介:本课是人教版义务教育课程标准实验教科书语文六年级下册第6课,教学时数为两课时。

教学设计：

（一）渲染气氛，导入新课

1. 激趣导入。放《新年好》的音乐，在音乐声中教师进入谈话：这是一首我们很熟悉的歌曲，听到这首歌，你会想到什么？（这首歌让我想到了春节热闹的场面，穿新衣服，拿压岁钱，吃团圆饭……）——板书"春节"。

2. 播放视频。祖国幅员辽阔，即使是同样的春节，不同地区也有着许多不同的过法，请看——（播放一组关于各地欢度春节的新闻报道）

3. 交流资料。学生简要交流观感，教师引入：我们的春节有我们的特色，不同地区、不同民族的春节有各自的特色，这是老师搜集的资料，大家快速浏览哦——课件出示《各民族春节习俗》（见人教社小学语文《教学用书》六年级下册）——然后，让学生简要交流自己所了解的各民族或其他地区过春节的方式。

4. 揭示课题。那么，我们的首都——北京又是怎样过春节的呢，让我们跟随作家老舍，一起走进老舍笔下的《北京的春节》，体验体验北京独特的民俗文化吧。（板书：北京的，老舍）

5. 齐读课题。

（二）初读课文，整体感知

1. 读通读顺。让学生用自己喜欢的方式读课文，要求把生字读正确、句子读通顺，同桌间互读检查。如果有不理解的地方，做个记号，待会儿提出来。学生自学后，汇报交流：① 认读生字词，对易读错的生字做重点指导，如"榛、栗"等字。② 交流读懂的地方和不懂的地方，主要是对较难词句的理解，如"空竹、逛天桥、残灯末庙"等。

2. 理清脉络。学生自由读课文，边读边思考"作者写了春节中哪些<u>重要日子</u>的哪些<u>活动</u>"，然后完成如下读书卡，再交流汇报。

时间	风俗习惯
腊八	
除夕	
正月初一	
元宵	
正月十九	

3. 说说老北京的春节给你留下怎样的印象。

（引导学生结合阅读说出"忙乱、喜庆、热闹"等初步感受）

（三）**精读品悟,感受年味**

1. 读点设置。北京人真会过节日,在老舍笔下,北京的春节真是年味浓浓、情趣浓浓。请你反复读一读课文,品品北京春节的年味、北京春节的情趣,在空白中批注,看看能否品出北京的春节是个怎样的节日?(课件出示:北京的春节真是个_____的节日呀!)

2. 自读品悟。

3. 小组内交流。

4. 全班交流汇报。

学生可从不同的角度来品悟,如"隆重、忙乱、热闹、温馨、美好、红火、悠闲、轻松、香甜、丰盛、喜庆、娱乐、快活、团团圆圆、张灯结彩、有声有色、香味四溢、有滋有味、独具特色、小孩儿……"教师引导交流的方式和步骤:① 让生说说:北京的春节真是个_____的节日呀! ② 读出有关语句。③ 抓住重点词品悟。④ 带着自己的感受有感情地朗读。

比如:

北京的春节真是个香甜的节日呀!

① 找课文中描写有关饮食的语句(腊八粥、腊八蒜;杂拌儿;二十三,把肉、鸡、鱼、青菜、年糕什么的都准备充足;除夕家家赶做年菜,到处是酒肉的香味;在北京,家家过年时都吃饺子;正月十五,这一天,大家必须吃元宵啊……)。

② 品句:"这不是粥,而是小型的农业展览会。"首先引导学生领悟"农业展览会"指腊八粥里的米、豆、干果的品种很多,多得好像是聚在一起开展览会,体会作者用了"打比方"的表达方法,生动形象地写出了北京春节熬腊八粥这一民俗特点。然后有感情地朗读。

③ 再读其他句子,说说体会(充足、丰盛、洋溢着幸福感与满足感、香味四溢、有滋有味……)。

④ 教师引读:"北京的春节真是个香甜的节日呀! 在腊八这天——;除此之外,这一天还要——"

北京的春节真是个小孩儿的节日呀!

① 找出小孩子过春节的部分("小孩子准备过年……口琴等。""这一天,是要吃糖的……小孩子们最喜欢。""男女老少都穿起了新衣。""小孩子们特别爱逛庙会……还能买到那些新年特有的玩具。""小孩子买各种花炮燃放……在家中照样能有声有光地玩耍……")。

② 品味:引导学生先从吃、穿、玩等角度,结合自己过春节的情形,体会小孩子们过年的欢喜、兴奋、忙碌,再带着体会有感情地朗读。

③ 以口头表述的方式小结:北京的春节真是个小孩儿的节日呀! ……(说

一段话,注意用上书上的词句)

……

5. 总结全文。北京的春节真是个团团圆圆、红红火火、普天同庆的好节日,尽管活动很多,有些忙乱,但北京人咀嚼着浓浓的年味,享受着无尽的乐趣,沉浸在温馨、美好的幸福中。

(四)揣摩写法,学习表达

1. 美读全文。来,让我们跟着北京人一起咀嚼,一起享受,一起沉浸吧!

(让学生带着自己的感悟,自由地有感情地朗读课文)

2. 提出要求。同学们,读着读着,你们发现没有,老舍写的文章跟《各民族春节习俗》(点击课件显示课始已浏览的文章),真是有声有色、有滋有味、有情有趣,让北京的春节这一民俗给我们留下深刻印象。为什么老舍能写得这样好呢? 让我们一起来揣摩揣摩好吗? (课件显示:老舍是怎样把北京的春节这一民俗写得让人印象深刻的呢?)

3. 学生默读思考。

4. 汇报交流。

对于学生的体会,只要学生说得在理,均要肯定;但教师重点引导关注以下几点:

(1)老舍将自己的情感融于平易简约而又颇有幽默的"口语化"语言之中。

引导方式:找出具体语句,交流重点如熬腊八粥:"粥是用各种米,各种豆,与各种干果熬成的。这不是粥,而是小型的农业展览会。"体会到老舍先生语言的通俗和有趣。泡腊八蒜:"到年底,蒜泡得色如翡翠,醋也有了些辣味,色味双美,使人忍不住要多吃几个饺子。"着重突出"色如翡翠"和"色味双美"两个词,体会到老舍先生语言简练,给我们呈现出一幅鲜明的画面。"腊月二十三过小年,差不多就是过春节的'彩排'","整条大街像是办喜事"等,体会字里行间所透出的人们欢欢喜喜过春节的心情和热爱生活、追求美好生活的心愿。从具体语句中感受老舍朴实简洁、生动形象、耐人寻味的语言特点。

(2)按时间顺序写。

结合板书,引导体会怎样按时间顺序写春节人们的活动;全文按时间顺序可以分成三个时间段,非常有条理。

(3)有详有略。文章详细描述过春节有三次高潮:除夕夜家家灯火通宵,鞭炮声日夜不绝,吃团圆饭、守岁;初一男人们外出拜年,女人们在家接待客人,小孩逛庙会;十五观花灯、放鞭炮、吃元宵,给人们留下了非常深刻的印象。

首先,引导学生对详写部分进行品味与交流。方法如下:

① "除夕"部分:抓住总起句"除夕真热闹"来体会。

一是找出有关语段默读体会。

二是交流，可从人们活动的角度来体会。"家家赶做年菜"，"男女老少都穿起新衣"，"在外边做事的人，除非万不得已，必定赶回家来吃团圆饭"，还有"除了很小的孩子，没有什么人睡觉"，足以看出人们差不多全都在庆祝除夕，当然热闹了。还可从"味、色、音"的角度来体会。"到处是酒肉的香味"，"红红的对联"，"各色的年画"，"家家灯火通宵"，"鞭炮声日夜不绝"，老舍从香味，到色彩，到声音，进行了全方位描写，充分表现了除夕的"热闹"，足见老舍先生描写的细腻。

三是引读小结：这是一种普天同庆的热闹——（生：家家赶做年菜，到处是酒肉的香味。男女老少都穿起新衣，门外贴好了红红的对联，屋里贴好了各色的年画。）这是一种通宵达旦的热闹——（生：家家灯火通宵，不许间断，鞭炮声日夜不绝。除了很小的孩子，没有什么人睡觉，都要守岁。）这是一种团团圆圆的热闹——（生：在外边做事的人，除非万不得已，必定赶回家来吃团圆饭。）

②"正月初一"：主要通过人们的活动来体会。（与除夕"截然不同"：全城都在休息，多数铺户要到正月初六才开张。轻松自在：男人们在午前到亲戚家、朋友家拜年。女人们在家中接待客人。小贩们在庙外边摆摊，小孩子们则爱逛庙会，还有很多人参加赛马赛骆驼的比赛呢！）

（引导方法参照"除夕"部分）

③"元宵"部分：主要通过对灯的描写来体会。

一是引导方式：勾画出写灯的语句，自由朗读体会。

二是谈谈自己的体会。（灯的数量多、种类多）

三是老舍先生着力描写灯的数量多，种类多，目的是什么？（突出"元宵是春节的又一个高潮"，突出"元宵的确是美好快乐的日子"。这也是写元宵的总起句和总结句，作者采用的是总—分—总的段落结构。）

四是引读品味。

其次，引导学生对略读部分与《阅读链接》对比阅读，看看写法上有什么不同，对自己写作有什么启发。注意引导学生体会老舍在《北京的春节》里写"做年饭"和"吃团圆饭"都只写了一句话。但梁实秋和斯妤却写得很详细。同时懂得，同样除夕，可以有不同的写法。

最后小结：老舍在按时间顺序整体介绍春节习俗的同时，着力突出"腊八、除夕、正月初一和元宵"这四天，让春节的风俗习惯给我们留下更深刻的印象！这也是详略得当写法的好处。

（五）诵读童谣，总结全文

同学们，春节，是我国民间最隆重、最热闹的一个古老传统节日。不同的地区、不同的民族过春节,都有着自己独具特色的风俗习惯。本文作者——著名语言大师老舍先生,用他那如椽的大笔、"俗白"的风格、京味的语言,描绘了一幅幅北京春节的民风民俗画卷,展示了我们中国节日习俗的温馨和美好,来,让我们一起读读下面这则《北京春节童谣》(摘录于人教社小学语文《教学用书》六年级下册),再次感受那独具京味的春节民俗文化吧——

北京春节童谣

小孩小孩你别馋,过了腊八就是年;

腊八粥,喝几天,哩哩啦啦二十三;

二十三,糖瓜粘;二十四,扫房子;

二十五,磨豆腐;二十六,去买肉;

二十七,宰只鸡;二十八,把面发;

二十九,蒸馒头;三十晚上熬一宿;

初一、初二满街走。

(六)拓展练习,强化实践

1. 抄写词语。色味双美、张灯结彩、万象更新、日夜不绝、零七八碎、各形各色、男女老少、灯火通宵、万不得已、截然不同。

2. 小练笔。以"北京的春节真是个_____的节日呀!"为开头,结合课文中有关词句写一个片段。

3. 搜集、整理自己身边的春节习俗。

[评析:本课教学力求根据课文的特点,有针对性地进行听、说、读、写、思等语文实践活动。

一是将课文学习化为语文实践。教者很用心、很巧妙地设计了一系列的活动来创设语文实践情境,引导学生学语文,用语文。比如,通过填报读书卡的形式,引导学生阅读课文,概括主要内容,领悟作者以时间为经线、以人们的活动为纬线结构全文的写作方法;以"北京的春节是个怎样的节日?"这一核心问题,引导学生细读课文,品品北京春节的年味、北京春节的情趣,这些是读、思、说的实践情境的创设;再如,作者在"北京真是个香甜的节日呀!"这一片段教学时,以"北京的春节真是个香甜的节日呀! 在腊八这天……除此之外,这一天还要……"引读课文有关语句进行小结;在"北京的春节真是个小孩儿的节日呀!"这一片段教学时,以"北京的春节真是个小孩儿的节日呀!"为开头,引导学生口头表述一段话进行小结,注意用上书上的词句;在课后拓展练习中以"北京的春节真是个_____的节日呀!"为开头,结合课文中有关词句写一个片段。这些设计既是读的实践,又是说、写的实践。读是教师为后面说、写做引导,说、写是学生自主的语言实践。

二是将课外拓展化为语文实践。教者在课始设计交流课前搜集的各民族或其他地区过春节方式的有关资料;在课后设计搜集、整理自己身边的春节习俗。这些拓展练习,以课文的内容为引发点,引导学生广泛涉足社会课程资源,通过各种渠道、方式,引导学生进行阅读、整理、交流,为学生创设了语文实践的平台。]

主要参考资料

[1] 崔峦.《语文课程标准》问答. 人民教育出版社网站.

[2] 朱敬本. 关于语文实践——学习《语文课程标准》随笔. 语文教学通讯·小学版,2002(9).

[3] 巢宗祺. 关于九年义务教育语文课程的性质与理念. 复印报刊资料·小学各科教与学,2002(10).

[4] 舒镇. 学好新课程理念,搞好新教学设计. 语文教学通讯·小学版,2002(7,8).

[5] 李冰霖. 根本转变学习方式——《语文课程标准》的新呼唤. 福建教育,2002(2A,3A).

[6] 李冰霖. 在线语文:语文教育新概念. 课程·教材·教法,2002(9).

[7] 李毅然,李冰霖. 重视语文实践,提高语文素养. 小学语文教学,2004(10).

[8] 夏永明. 让语文实践活动变得"立体"起来. 小学时代·教育研究,2011(12).

附记:本设计刊于《小学教学设计》2010 年第 2 期,评析为本书编辑时所加。

引导学生自主感悟：《亲人》教学纪实

王传茂　吕荣珍

一、课程标准解读

课程标准在课程的基本理念部分是这样说的："语文课程应特别关注汉语言文字的特点对学生识字写字、阅读、写作、口语交际和思维发展等方面的影响，在教学中尤其要重视培养良好的语感和整体把握的能力。"关于阅读教学要引导学生自主感悟的研究课题，就是从这样的语言环境中提出来的。

（一）关于引导学生自主感悟的相关问题的认识

1. 语文教育具有语感性

课程标准中的话，前半句主要讲"语文课程应特别关注汉语言文字的特点对学生识字写字、阅读、写作、口语交际和思维发展等方面的影响"。什么"影响"呢？即"汉语言文字的特点对识字写字、阅读、写作、口语交际和学生思维发展等方面的"影响。这里主要涉及了两个方面的影响，一是汉语言文字对培养语文能力（"识字写字、阅读、写作、口语交际"）的影响；二是汉语言文字的特点对"思维发展"的影响。再简单一点说，就是汉语言文字的自身特点对语文学习的影响。这里只提"汉语言文字的特点"，并没有说汉语言文字的什么样的"特点"。这里只提有"影响"，并没有说明什么样的"影响"。从后半句里提到"语感"和"整体把握"，这里所说的"汉语言文字的特点"应该是说汉语言文字的模糊性和综合性比较强。汉语言文字的模糊性和综合性的特点，决定了语文教育的特点，这就是学语文和用语文主要依赖感悟。这是从汉语言文字的自身特点和学生领悟汉语言文字的关系的角度，来研究和描述语文教育的特点。总之，汉语言文字具有模糊性和综合性的特点。因此，理解和运用汉语言文字最习惯于运用整体性直觉体悟的方式。也就是说，语文教育具有"感悟性"。

2. 语文教学要引导学生自主感悟

首先，教师要做学生自主学习的引导者。教师要摆正自己的位置，变主角为配角。课堂上,学生是学习的主人,教师应是组织者、引导者、促进者。教师不能把自己的理解强加给学生。

第二,要尊重学生的独特体验。语文学习是极具个性化的学习,对文本的解读仁者见仁,智者见智。学生接触到的语文,都是文化的载体。由于文化内容的包容性及多维性,学生对其反应,必然是多元的。学生在语文学习中的独特体验,应该得到尊重,只要学生谈得言之有理即可,不必苛求。

第三,要注意培养学生的语感。汉字的感情色彩很强烈,学生对课文的理解,并非靠听讲,而是靠自己的感悟。因此,教师要加强学生朗读的训练,培养学生的语感。让学生在读中悟,在悟中读,读出理解,读出感情,读出自己独特的感受。

第四,要注意培养学生整体把握的能力。汉语的书写形式是方块字,语法结构的灵活性、思维方式的模糊性等特点,都要求教师要遵循语文学科的特点,培养学生整体把握的能力。

(二)实施中的几点建议

第一,课堂教学要做到"三让"。"三让"即让主角、让时间、让空间。教师要转变观念,切实把课堂还给学生,让学生成为学习的主人。

第二,要尊重学生的个体差异。在语文学习中,学生总是表现出个体差异。教师要对不同的学生有不同的要求,不要用一把尺子来衡量学生;教师要尊重学生的人格,要尊重学生的个体体验,不用他人的理解和体验强加于学生。

第三,加强朗读的指导。语文教学要在"读"上下功夫,让学生在读中理解,在读中感悟,在读中品味,使自主感悟落到实处。

第四,遵循"整体—部分—整体"的教学原则,切忌把一篇文章分解得支离破碎,忽视了学生的整体感知和整体把握。

二、教学实施案例:《亲人》教学纪实

研究课题:阅读教学中如何引导学生自主感悟

研究教师:山东省莱芜市莱城区汶源学校吕荣珍;王传茂撰写课程标准解读并评析。

教科书简介:《亲人》是人教版九年义务教育五年制小学教科书语文第五册第一单元看图学文第2课。教学设计两课时,此为第一课时。

重点与难点:图文对应,理解课文第五、六自然段。在看懂图意、感悟内容的基础上,体会老奶奶说的话的意思。

教学过程：

（一）创设情境，激趣导入

……

（二）指导看图，了解图意

师：（出示图片）请大家看图，边看边想图上有哪些人？她们在做什么？

生：图上有一位老奶奶和一个小姑娘。她们抱在一起。

生：图上有一位慈祥的老奶奶和一位可爱的小姑娘。她们很亲热地搂在一起。

师：请大家再仔细观察，从人物的穿着打扮和背景部分，你又体会到了什么？

生：她们不是一家人。从老奶奶围的头巾、穿的衣服来看，她是苗族人。而从小姑娘的穿着来看，她是汉族人。

生：从图的背景部分，我想，可能是小姑娘刚替老奶奶洗完衣服，正在晾衣服。老奶奶发现后，很感激她，就搂住了小姑娘。

师：（板书：苗　汉）哪位同学能看着图，充分发挥自己的想象力，把图中的故事具体地叙述下来？

生：一天，天气晴朗，小红放学回家，来到苗族老奶奶家。小红发现老奶奶刚换下来的床单、衣服还没来得及洗，她就悄悄地把衣物收拾好，放到竹篓里，拿上脸盆，来到小河边帮老奶奶洗衣服。洗完后，小红又悄悄地替老奶奶晾衣服，没想到被老奶奶发现了。老奶奶放下拐棍，一下子把小红抱在怀里，并不断地夸小红是好孩子。小红很不好意思，脸红红的，说：“不用谢，这是我应该做的。”

[评：这是一篇看图学文，教师在指导学生看图时，遵循“整体—部分—整体”的原则，从“粗知图意”到“抓住主体”再到“具体叙述”，环环相扣，每一环节，教师引导学生看图想象，自主感悟画面的内容。这样有利于培养学生观察与表达的能力。]

（三）初读课文，整体感知

师：作者是怎样叙述这幅图的呢？请大家用自己喜欢的方式自由读课文，读准字音，读通句子，并想一想，课文主要写了一件什么事？

[评：教师抓住“课文主要写了一件什么事”这一个问题，引导学生边读边想，自读自悟，从整体上感知课文的主要内容。]

生：课文写的是在一个苗家村寨里，“我”和妈妈经常帮助一位苗族老奶奶做家务事。“我们”和老奶奶相处得就像一家人。

生：课文写的是“我”帮苗族老奶奶悄悄地洗衣物，老奶奶非常感激“我”，说“我”和妈妈就是她的亲人。

[评：学生紧紧围绕老师提出的问题，边读边想，从课文整体入手，把握课文

33

的主要内容,达到了预期的目的。]

师:出示生字新词,指名读。

生:邻居、照顾、擦桌子、经济、替换、及时、毕竟、拐棍。

师:请大家再读课文,边读边画出自己能读懂的和读不懂的问题,在文中做出标注。

生:我知道了这位老奶奶的女儿在县城教书,老奶奶年纪大,行动不方便,需要人帮助。

生:我知道了这个村子很小,大多是苗族人,只有"我"家是汉族人。

生:我知道了妈妈是个热心肠的人,经常帮助老奶奶做家务,就像对待自己的亲人一样。

生:我知道了今天是星期天,"我"悄悄地帮老奶奶洗了床单和衣服。"我"替老奶奶干活,并不想让她知道。

生:我知道了老奶奶非常感激"我",把"我"搂在怀里,就像搂自己的孙女一样。

师:你们边读边想,都有自己的收获。边读边想是一种很好的读书方法。

[评:教师根据课文特点,鼓励学生自主感悟。学生由被动听讲转为主动探究,思维活跃,积极主动。你一言,我一语,基本上把握了全文内容。]

师:有一句话说得好,"发现问题比解决问题更重要"。你在读书过程中发现了哪些问题?

生:老奶奶为什么说"你们这样帮助我,照顾我,真比我的女儿还亲啊"?

生:我们是汉族人,老奶奶是苗族人,为什么还说是亲人?

生:课文为什么以"亲人"作为题目?

[评:引导学生在自读自悟的基础上,提出探究的问题,为进一步"自主感悟"打下基础。]

(四)抓住重点,引导感悟

师:请大家自由朗读课文的五、六自然段,边读边想:这两个自然段写了一件什么事?哪些地方写得具体?请用你喜欢的符号画出描写具体的语句。

[评:对重点段落的处理,仍是在引导学生自主感悟。先从整体入手,把握故事内容,再从重点句子、重点词语上进一步体会情感,领悟表达方法。]

生:这两个自然段主要写了"我"帮老奶奶洗衣物,老奶奶很感激,夸"我"是好孩子,并说"我"和妈妈是她的亲人。

生:描写具体的句子是:我正在晾衣服,老奶奶高兴地从屋里走出来,把拐棍立在一旁,双手捧着我的头,把热乎乎的脸紧贴着我的脸,笑眯眯地说:"你真是个好孩子!你们这样帮助我,照顾我,真比我的女儿还亲啊!我该怎么谢你们呢!"

生:我便悄悄地背起竹篓,拿上脸盆,到河边把衣物洗干净,然后又悄悄地回到院里。

师:(出示句子:我便悄悄地背起竹篓,拿上脸盆,到河边把衣物洗干净,然后又悄悄地回到院里。)读了这句话,你体会到了什么?从哪些词语中体会到的?

生:我体会到小姑娘帮老奶奶洗衣物并不想让老奶奶知道。我是从两个"悄悄地"中体会到的。

师:去掉两个"悄悄地"或换上两个"慢慢地",请大家再读读句子,体会一下与原句有什么不同?

[评:教师用删换词语的方法,引导学生体会语言文字对表达感情的作用。通过比较朗读,进一步体会作者用词的准确,并在读中体会情感。]

生:(读句子)去掉"悄悄地",虽然也能体会出小姑娘帮老奶奶洗衣物,但表现不出小姑娘做了好事不留名的好品质;如果换上"慢慢地"两个词,表达的意思就更不同了。

[评:学生已感悟到只有准确地运用词语才能完整准确地表达出真实的情感。]

师:(出示句子:我正在晾衣服,老奶奶高兴地从屋里走出来,把拐棍立在一旁,双手捧着我的头,把热乎乎的脸紧贴着我的脸,笑眯眯地说:"你真是个好孩子!你们这样帮助我,照顾我,真比我的女儿还亲啊!我该怎么谢你们呢!")请读读这段文字,谈谈自己的体会。

生:我体会到了老奶奶对"我"非常感激,同时也体会到"我"和妈妈对老奶奶就像对自己的亲人一样。我是通过"高兴地、双手、热乎乎的、紧贴、笑眯眯地"等词语体会到的。

生:我体会到不仅"我"帮老奶奶,妈妈对老奶奶更是照顾周到。我们就像一家人。

[评:让学生通过重点词语领会、感悟,鼓励学生说真话,吐真情,尊重学生的个性化阅读。]

师:(出示句子:我正在晾衣服,老奶奶从屋里走出来,把拐棍立在一旁,捧着我的头,把她的脸贴着我的脸,说:"你真是个好孩子!你们这样帮助我,照顾我,真比我的女儿还亲啊!我该怎么谢你们呢!")请再读读句子,看与原句有什么不同,并谈谈自己的体会。

生:这句与原句相比,少了"高兴地、双手、紧贴、笑眯眯地"这几个词语。我觉得不如原句好。

生:去掉这些词语后,老奶奶的感激之情表达不出来,也看不出老奶奶的心情和对"我"的亲热。

[评:学生畅所欲言,纷纷谈感受,说体会,说明学生已入情入境地读书。学生的独特感受是通过语言文字的训练获得的,这样抓住文章重点词句,引导学生自主感悟,让学生经历一个学习过程,使学生在自主领会课文内容、学习表达方法的同时,思想受到感染熏陶,这比单听老师讲解要真切,要实用。]

师:请大家带着自己的感情再读一读。(自由朗读、指名读)

师:哪位同学能评一评刚才这位同学读得怎么样?

生:吴琼同学读得很好。她读出了老奶奶的高兴、感激之情,同时读出了老奶奶对"我"夸赞的语气。

生:吴琼同学读得很好。让我们觉得老奶奶和小姑娘就像一家人。

师:再请同学读一读,把你的理解、你的体会读出来。

[评:在引导学生充分理解的基础上,加强了朗读的指导,突出了语感的训练。教师把指导学生读好书作为引导学生自主感悟的主要方法。让学生自评、互评读书情况,既能锻炼学生听的能力,又能提高学生的朗读水平,还能检查学生领悟课文内容的程度。]

师:妈妈又是怎样帮助、照顾老奶奶的?老奶奶为什么说真比她的女儿还亲?(板书:妈妈)

[评:教师设计这两个问题的目的是想通过老奶奶的话,引出全文的主要内容,引导学生自读自悟整篇课文,这就打破了从头到尾、面面俱到的陈旧教学模式。]

生:老奶奶年纪大,手脚不灵便,她的女儿在县城教书,难得回来一次。妈妈每天从地里劳动回来,总要到老奶奶家去看看,有时给她缝缝洗洗,有时替她买米买盐。妈妈还让"我"也懂得尊敬老人,照顾老人。平时我们相处得如同一家人。

师:这篇课文为什么以"亲人"作为题目?请说说你的观点。

生:妈妈和"我"平时对老奶奶就像对待自己的亲人一样,老奶奶对"我"和妈妈也像亲人一样。我们不是一家人却胜似一家人,所以,课文以"亲人"作为题目。

师:"我"和妈妈帮助、照顾老奶奶,老奶奶夸赞我们是她的亲人,可见,苗汉两族人民互相帮助,和睦相处,真是"不是亲人,胜似亲人"。(板书:帮助、夸赞、胜似亲人)

(五)图文对照,复述课文

师:(出示图片)请同学们看着图,回忆课文内容,用自己的话叙述图意。(生自由准备后复述课文)

生:我们村寨有十几户人家,大多是苗族,只有我家是汉族。

我的邻居有一位老奶奶,她年纪大了,手脚不灵便,该买的不能出去买,该做的不能及时做。她有个女儿在县城教书,难得回来一次。妈妈是个热心肠的人,经常帮老奶奶做家务,还教育我要帮老奶奶做点事。今天是星期天,我做完功课,想起老奶奶前两天替换下来的床单和衣服。我就悄悄地背起竹篓,拿上脸盆,到河边帮老奶奶洗衣物,然后悄悄地回到院子里。我正在晾衣物,老奶奶高兴地从屋里走出来,她把拐棍放在一边,双手捧着我的头,把热乎乎的脸紧贴着我的脸,笑眯眯地说:"你真是个好孩子!你们这样帮助我,照顾我,真比我的女儿还亲啊!我该怎么谢你们呢!"

我听了老奶奶的话,感到很不好意思,就说:"这是我应该做的。以后,我还要帮您做更多的事呢。"

[评:这是一篇看图学文,体现看图学文由图到文,图文结合的原则。复述课文训练了学生的口语表达,为习作打下基础。]

(六)拓展阅读,丰富积累

师:(出示阅读资料)苗族是我国最古老的民族之一,人口众多,分布广阔,湘西苗族属其中之一部。在长期的历史发展过程中,苗族在服饰、节庆、婚嫁、丧葬、娱乐、礼节、禁忌、饮食等方面,形成自己独特的风俗习惯。

苗族的礼仪有:客人来访,必杀鸡宰鸭盛情款待,若是远道来的贵客,有的地方还要在寨前摆酒迎接。吃鸡时,鸡头要敬给客人中的长者,鸡腿要赐给年纪最小的客人。有的地方还敬"牛角酒"、"梳子肉",客人一一接受,主人最高兴。

请同学们自由读文,你知道了苗族的哪些风俗习惯?你还知道哪些少数民族的习俗?请与同桌交流你的收获。

生:我知道了苗族人很有礼貌。怪不得课文中的老奶奶对"我"和"妈妈"那么感激!

生:我还知道藏族人用"手抓羊肉"招待客人;傣族人有个"泼水节"。

生:我知道蒙古族人大多数生活在草原上,会骑马。

……

师:我国是个多民族的国家,有56个民族。每个民族各有各的风俗习惯,但我们和谐相处,亲如一家。请同学们课后搜集关于少数民族风俗习惯的资料,可以是图片,也可以是文字,我们再交流。

[评:拓展阅读这一环节,一是增加学生的阅读量,二是更进一步体会我国是个多民族和谐共处的国家。]

(七)总结全文

师:《亲人》是一篇看图学文。我们按从整体到部分的顺序观察了图画,了解了图意。通过学习课文五、六自然段又加深了对图的理解,知道课文通过描写"我"和妈妈帮助、照顾苗族老奶奶的事,歌颂了我们的祖国各民族团结和睦、亲如一家。

[**总评**:这节课主要有以下几个特点:

第一,突出重点,以点带面。在学生初读课文,整体感知课文后,抓住课文重点,根据学生的实际认识水平,引导学生直奔课文中心。首先,抓住课文五、六两个重点段,引导学生理解人物的语言、动作和表情,体会人物的思想感情,攻克了教学的难点。其次,以点带面,向四面延伸,引导学生自读自悟整篇课文。

第二,以读为主,读中感悟。教师自始至终重视引导学生读书,在读中感悟。感知全文、概括总结、重点段落的学习教学环节都没有离开读,并且读书的指导方式也多种多样:体会感情读、删换词语读、用自己喜欢的方式读等。读前提出问题,让学生边读边思,读后让学生谈感受,讲读法,交流思想,做到读中有思,思中有悟,以此培养学生良好的语感和整体把握能力。

第三,图文对照,感悟图意。这是一篇看图学文,教师既注意体现看图学文的教学特点,又注意引导学生认真观察、感悟图意、掌握方法。学习课文内容时,则十分注意引导学生由图到文,由文到图,图文对照,自主感悟。这样,观察、思维、表达同步训练,有力地培养了学生的语文能力。]

主要参考资料

[1] 傅道春,徐长江.新课程与教师角色转变.北京:教育科学出版社,2001.
[2] 苏霍姆林斯基.给教师的建议.北京:教育科学出版社,2003.
[3] 朱永新.新教育.北京:文化艺术出版社,2010.
[4] 周洪宇.陶行知生活教育学说.武汉:湖北教育出版社,2011.

倡导自主学习方式:《梅花魂》教学设计

马新云　李均鹏　马聚隆

学习方式的变革是基础教育课程改革的基本目标和理念,也是我们研究和探讨的重大理论与实践课题。

一、课程标准解读

课程基本理念第三条"积极倡导自主、合作、探究的学习方式"规定:"学生是学习的主体。语文课程必须根据学生身心发展和语文学习的特点,爱护学生的好奇心、求知欲,鼓励自主阅读、自由表达,充分激发他们的问题意识和进取精神,关注个体差异和不同的学习需求,积极倡导自主、合作、探究的学习方式。教学内容的确定,教学方法的选择,评价方式的设计,都应有助于这种学习方式的形成。"课程标准倡导的这些学习方式,实质是实施由单向的接受性学习向双向互动的交互性学习的转变,构建交互性学习、接受性学习相结合的新的学习方法体系。这里所倡导的自主、合作、探究的学习方式,自主学习是核心,合作、探究学习是自主学习的生动体现。也可以说,自主学习是教学条件下的学生高品质的学习,是有效地促进学生主动发展的学习活动。

(一) 关于自主学习的相关问题的认识

1. 自主学习的内涵

所谓自主学习是相对于被动学习、机械学习和他主学习而言的,是指在教学条件下以学生的主动建构为特征的高品质的有效学习。与传统接受性学习相比较,自主学习作为一种现代化学习方式,是以学生作为学习的主体,通过学生独立的分析、探索、实践、质疑、创造等方法来实现学习目标。自主学习注重培养学生的自我导向、自我监控和自我评价的能力,要求学生对为什么学、能否学习、学习什么、如何学习等问题有自觉的意识和反应。我国学者庞维国认为,如果学生在学习活动之前自己能够确定学习目标,制订学习计划,做好具体的学习准备,在学习活动中能对学习进展、学习方法做出自我监控、自我反馈和自我调节，在学习活动后能够对学习结果进行自我检查、自我总结、自我评价和自我补救，那么他的学习就是自主的。他还将自主学习概括成了四句话，即建立在自我意识发展基础上的"能学"，建立在学生具有内在学习动机基础上的"想学"，建立在学生掌握了一定的学习策略基础上的"会学"，建立在意志努力基础上的"坚持学"。

2. 自主学习是课改的召唤

大家知道，课程改革的重点之一是促进学生学习方式的变革。当前学生的学习方式仍然存在着单一、被动的问题。教学中，教师很少让学生通过自己的活动与实践来获取知识、得到发展，依靠学生查阅资料、集体讨论为主的学习活动就更少了。机械被动、枯燥乏味的教学不仅仅导致了学生学习的重负，更可怕的是失去了自主学习的兴趣和热情。《基础教育课程改革纲要（试行）》明确指出，要"改变课程实施过于强调接受学习、死记硬背、机械训练的现状，倡导学生主动参与、乐于探究、勤于动手，培养学生搜集和处理信息的能力、获取新知识的能力、分析和解决问题的能力以及交流与合作的能力"。因此，在教学过程中，教师要与时俱进，转变教学观念，把学习活动交给学生，使其成为真正意义上的学习主人，促使其在教学活动中形成自主学习的品质和习惯。

3. 自主学习是深化素质教育的需要

从素质教育的角度来看，转变学习方式要以培养学生自主学习、创新精神和实践能力为主要目标，注重人文素养和人文精神的培育。而那种被动、封闭、接受式学习方式不可能培育出创新精神和实践能力。从表面上看，一部分学生成绩优良，表现出应考的过硬能力，但实际上是教育工作出现的一种表面达成现象，他们并不能完全达到素质教育对学生的期望目标。

众所周知，人类的学习活动主要有三种形式，一是体验学习，二是发现学习，三是接受学习。这三种方式在学生的学习中同时存在，互为补充。素质教育要求加强培养学生的创新意识和创新能力，也更多地需要学生经历体验和发现。因此，倡导自主学习方式，充分调动学生学习的积极性，激发学生的主动意识、批判意识和进取精神，积极引导学生进行动手实践活动，亲身经历体验和发现的学习过程，帮助学生掌握科学的学习方法，养成良好的学习习惯，是实施素质教育的一个迫切而长久的任务。

4. 自主学习是以学生发展为本的主要体现

课程标准特别强调学生是学习和发展的主体。"一切为了学生""为了每一个学生的发展"是课程改革的宗旨。我们所做的一切努力都应紧紧围绕着这个总体目标，而教学方式的革新也要把学生这个主体放在首要的位置上。学生是学习的主人,发展的主体,是"教学之本"。教师要正确面对一个个具有独特个性的学生,承认学生之间的差异,满足学生的不同需要,促进每个学生的个性发展。另外,教学是师生交往、互动交流、共同发展的过程。在这个交往的过程中,学生应成为互动的主体,教师应是活动的组织者、引导者,而不再是活动的主角。

5. 自主学习是现代社会发展对教育的诉求

倡导自主、合作、探究的学习方式,更多的是迎接时代的挑战,只有培养出适应世界的现代人,教育才完成了它的任务和使命。21 世纪是知识经济成为主流的世纪,今日一份《纽约时报》一天的信息量,等于 17 世纪一个人一生所能得到的信息量的总和。近 500 年来,人类的知识创新与发明创造如"雪崩"般涌现,16 世纪有 26 项,17 世纪有 107 项,18 世纪有 156 项,19 世纪有 546 项,20 世纪仅上半叶就有 961 项!因此,无论生存还是发展,学会自主学习、终身学习是未来人的通行证。基础教育必须给学生奠定终身发展的坚实基础,这个基础便是学生学会自主,学会合作,学会探究。

（二）实施中的几点建议

1. 要切实转变教学观念

传统的教学是以知识传授为主,过分强调教师的主导作用,忽视了学生的主体作用。教师对学生是"背着走"或"抱着走",学生离开了老师就寸步难行。新课程强调教师不仅是学生知识的传授者,更是学生学习的引导者和点拨者。因此自主学习的课堂教学应该不是教师教学生,而是在教师的启发、诱导、点拨下,学生通过自身的多种感官参与和亲身的活动来掌握科学的方法,自主、独立、创造性地实现学习目标。同时,我们还要帮助学生把学习过程拓展到课前及课后。

2. 要增强学生自主学习意识

实施自主学习教学策略,教师应坚定以学生为主体的信念,确立引导学生自主学习的意识。只有这样,才能实现教师角色的转变,才能从学的角度去思考并设计如何去引导学生自主地学习。同时,教师还要充分尊重和信任学生,注重培养学生自主学习的意识和习惯,让学生逐渐从"你问我答""你讲我听"的定势中解脱出来,注重自得、自悟,引导学生主动参与、积极体验、认真探究、学会发现。

3. 要确立学生自主学习的目标

学习目标是学习的意向动力,它具有导学、导教、导评的功能。以往的教学目标主要是"教"的目标,并且由教师、教参单向制订。这样的目标虽然体现了教学大纲和教材的要求,却忽略了学生的个性差异和不同需求。据专家研究,目标设置对自主学习具有重要影响。因此,要把引导学生确定教学目标作为实施自主学习的重要策略。自主学习的目标可从以下几个方面入手:根据课文后面的思考练习确定;根据需要解决的问题确定;按照学生认知的一般规律,由浅入深、由表及里、循序渐进地确定。

4. 要创设学生自主学习的情境

良好情境的创设，能够充分地调动学生主动学习的积极性，集中学生的注意力，培养学生的意志力。特别是小学阶段，那些形象生动、带有实际操作的内容，最容易引起学生的认识动机。除了认知情境，还应努力创设民主平等的对话情境，营造出自主学习的氛围，唤起学生良好的学习心境，热情鼓励学生主动参与、认真投入。人本主义教育家罗杰斯认为："成功的教学依赖于一种和谐安全的气氛。"这种氛围在"一言堂"上是不可想象的。因此，我们的课堂要允许交流讨论，允许实话实说，甚至允许有争论，有保留意见。"水尝无华，相荡乃成涟漪；石本无火，相击而发灵光"。

5. 要引导学生掌握自主学习的方法

实施自主学习，学生会学是关键。国内外教育家都赞同这样一句格言："学习就是学习如何学习。"教师设计的教法要服务于学法，变学生按照老师的教学思路去学为老师循着学生的学习规律去教；练习要扣住学法，学生有了学法还应转化为学习能力，设计练习时要注意把学生已习得的策略迁移到未训练的情境之中，形成解决实际问题的技能；要尊重学法的个性，倡导向别人学习，鼓励学生选择适合自己的学习方法进行自主学习；要积极开拓学习思路，给学生一把打开知识宝库的金钥匙，积极引导学生主动地去观察世界、体验生活、搜集资料信息等，让学生的学习生活更加丰富多彩。

6. 要进行有效的自主学习评价

评价是自主学习中的一个子过程，也是影响自主学习的一个重要的动机变量。学生通过自我、同学和老师的评价，能检验自己的学习效果，并在评价的过程中受到启发和鞭策，有效地调适自己的学习过程和方法。评价时要善于发现学生的闪光点，既给予肯定，也指出努力方向，让学生尝到成功的快乐，又明确该怎样做，从而增强自主学习的信心，保障自主学习的有效发展。

（三）操作时应注意的问题

自主学习作为一种新的教学方式，已得到许多教师的关注和在实践上的积极运用，语文教学正在发生着可喜的变化。但这种变革是一次深刻而长远的改革，不会在教学中一蹴而就。因此，对自主学习方式的运用要不断地进行研究和反思，既要防止自主学习浮于表面、流于形式，又要防止放弃教师主导作用的情况出现，应充分发挥师生双方的主动性和创造性。通过有效的学习活动，通过师与生、生与生的交流，使学生不断进行自我组织、自我建构，在这种积极组建中，不断提高素养，形成适合自己的学习方法。

要尊重学生自主选择学习内容、学习伙伴、学习方式，同时又要加强教师的指导和引导。苏联教育家马卡连柯说过,教师要尽可能多地尊重学生,尽可能多地要求学生,一方面教师要实行教学民主,给学生更多的自主权,使学生有选择学习内容、学习方式、学习伙伴的权利;另一方面教师要严格要求学生,对学生的学习给予有力的指导,引导、辅导、诱导,使学生的学习成为有效的学习、高效的学习。因此,我们既反对教师牵着学生走,也反对教师跟在学生后面走,要实现师生双方有效交流的融洽结合。

二、教学实施案例:《梅花魂》教学设计

研究课题:学生自主学习能力的培养

研究教师:山东省济宁市枣店阁中心小学李均鹏、马聚隆。

教科书简介:《梅花魂》是人教版六年制五年级上册的一篇精读课文。

设计理念:语文课程标准指出:"语文教学应激发学生的学习兴趣,培养学生自主学习的意识和习惯,引导学生掌握语文学习的方法,为学生创设有利于自主、合作、探究学习的环境。应尊重学生的个体差异,鼓励学生选择适合自己的学习方式。"在本节课中,我力求把语文课堂教学建立在学生自主学习的基础上,本着"以生为本""以读为主"的原则,采用自主探究的学习方式,充分发挥学生的学习潜能,积极促进学习方式的改变。通过检查预习、整体感知—自读质疑、读中感悟—品读释疑、品味梅花魂—随文练笔、升华爱国情,引导学生在自主阅读的过程中发现问题、提出问题,再通过自主阅读、合作探究来解决问题,升华情感,激励学生主动参与、主动实践、主动思考、主动探索。给学生营造一个自主学习的空间,使语文课堂焕发出生命的活力。

教学准备:

(1)教师准备:多媒体课件。

(2)学生准备:搜集关于梅花的资料、诗句和思乡的诗句。

课前交流:

播放有关梅花的视频。

看后引导学生结合课前搜集的梅花资料和诗句进行交流。

[设计意图:高年级的学生已经具备了一定的自主学习能力,预习课文时,布置学生搜集和整理有关梅花的资料、诗句。课前再安排交流环节,不但是对学生预习情况的一个检查,而且为学生创设了一个交流和展示的机会,实现资源共享,促使学生养成课前预习的习惯。同时,学生在搜集、整理、交流资料和诗句的过程中,对梅花的特点有了初步的了解,为课文的学习打下认知和情感的基础。]

教学过程:

1. 谈话导入,揭示课题

这节课就让我们一起学习一篇与梅花有关的课文。

板书课题。齐读课题。

2. 检查预习,整体感知

(1)学习生字词。指名读,跟读。

课件出示:抹净　稀罕　衰老　玷污　眷恋　秉性

缕缕幽芳　颇负盛名　葬身异国

指导"葬"的书写,了解"葬"字的演变过程,培养热爱祖国文化的情感。

(2)提问。通过预习,你知道作者在文中回忆了外祖父生前的几件事? 谁能试着用最简练的语言概括出来?

[设计意图]"授之以鱼,不如授之以渔。"在课堂教学中,词语分类出现,引导学生通过查阅工具书掌握由义定音法,进而实践,由"葬"字的演变过程感受祖国文化的博大精深,并指导书写,养成良好的书写习惯;梳理课文中的主要事件,旨在引导学生抓住要点,概括内容,从整体上认识课文。以上环节体现了教师的教要为学生的学服务,教的目的就在于引导学生会学,形成自主学习的能力。]

3. 自读质疑,读中感悟

(1)请同学们仔细默读课文,课文中的哪些语句或段落你还读不明白? 找到读不明白的地方做上标记,一会儿我们来交流。

(2)交流:

预设:

① 古诗不理解。

出示诗句和出处。引导:读着这些诗句,外祖父不由自主地落下了眼泪,你们知道这眼泪里包含了外祖父什么样的梦,什么样的愁吗? 让我们带着这种理解和感受一起读一读这些诗句。

② 一向慈祥的外祖父为什么会大发脾气? 他为什么这样珍惜这幅墨梅图?

③ 为什么说梅花是最有骨气的?

④ 有气节的人物指的是什么样的人物?

[设计意图]学贵有疑,小疑则小进,大疑则大进。"疑"是经过深入思考、主动探求才能产生的。教学中,鼓励学生在自主读书的基础上,勤于思考,善于发现问题,敢于提出问题,培养学生质疑问难的好习惯。在语文学习中学生习得了自主学习的方法,提高了自主学习的能力,会更加激发他们语文学习的兴趣。]

4. 细读释疑,品味梅花魂

这些问题比较多地集中在了第2、4两件事中,下面就请同学们默读这两件

44

事,看看通过读书,你能解决哪些问题。还可以拿起笔来快速地写下自己的理解和感受。

同位之间互相交流学习收获。然后集体汇报交流。

[设计意图:这一环节留下比较充足的时间引导和鼓励学生通过自主读书,披文入境,潜心会文,解决心中的存疑,必能事半功倍,促进思维发展。同时教给学生阅读批注的方法,帮助他们养成不动笔墨不读书的好习惯。]

(1)一向慈祥的外祖父为什么会大发脾气?从哪些词句中读懂了外祖父珍爱墨梅图?

出示:"有生以来……又用细绸子慢慢抹净。"

指名朗读,交流自己的理解和感受。

(2)课件变红:"有生以来……玷污得的吗?"

"玷污"是什么意思?我们能说课桌被玷污了吗?出示"玷"字解释:玉上的斑点。

从这个词中你能感受到这梅花在外祖父心中应该是怎样的呢?(像玉一样不能有任何斑点,应该是清白无瑕的)所以外祖父发现墨梅图被弄脏了才会如此生气。怎样说话才是训斥,谁能体会着读一读?

我们理解词语不仅可以借助工具书,还可以结合具体语言环境,同时我们理解了这些词语也就把这句话读好了。

(3)课件变红:"训罢……慢慢抹净。"

以读代讲,引导学生在有感情地朗读中,抓住关键词语"轻轻刮去"、"慢慢抹净"揣摩外祖父的内心。

(4)这段话字里行间都让我们真切地感受到外祖父对梅花的那份珍爱,谁能体会着再来读一读这段话?自由练读,指名展示朗读,读后评价。

[设计意图:叶老云:"作者胸有境,入境始与亲。"朗读既是学生理解课文内容,自悟自得的重要手段,又是培养学生语感和内化语言的一个重要环节。这一阅读板块抓住外祖父的细节描写,首先引导学生自读感悟,然后抓住关键词语细细品读,在读中咀嚼玩味,体会情感,最后是赏读,以评促读,引导学生以情带声,声情并茂,读中内化吸收,积累语言,让学生在有感情地品读中去领悟外祖父对梅花的那份珍爱,去体会作者遣词造句的匠心独运。]

(5)跟进追问:课文学到了这里,你的脑海里又产生什么疑问了吗?

一幅墨梅图有什么稀罕的,竟然让外祖父这样珍爱,这究竟是什么原因呢?谁从课文中找到了这个问题的答案?

① 出示:"这梅花……秉性才好!"

指名读。

② 出示:"这梅花……有骨气的!"(去掉三个"最"字)

引导过程:

a. 比较不同,要和不要这三个"最"字,意思一样吗?

[**设计意图**:通过比较,让学生在语言文字的推敲和揣摩中,深刻地感受到这三个"最"字是外祖父对梅花和中华民族有气节人物的赞誉,体会作者用词的准确性,避免烦琐的分析。]

b. 请你用一个词、一句话或一句诗来赞美梅花。

凌寒傲雪、坚强不屈,这就是梅花的秉性,这就是梅花的精神。

③ 因为梅花凌寒傲雪,坚强不屈,历代文人墨客赋予了她人的品格、人的风骨、人的意志、人的精神。外祖父在说这段话的时候,只是在介绍梅花吗?

是在表白着自己的内心。

a. 出示:"几千年来……秉性才好!"

读了这段话,你想到了我国哪些有气节的人物?你为什么会想到他们?

学生讲到哪位名人,就把人物名字换入句子当中有感情地读,再引导全班读。

比如:几千年来,我们中华民族出了许多有气节的人物,不管历经多少磨难,受到怎样的欺凌,从来都是顶天立地,不肯低头折节。文天祥就像这梅花一样。

b. 在中华上下五千的历史长河中,有气节的人物绝不仅仅就这几位,无论是留下名字的"有名英雄",还是没留下名字的"无名英雄",中国大地的的确确培育了许许多多有气节的人物——(全班齐读)

c. 之前同学们提出的"为什么说梅花是最有骨气的","有气节的人物指的是什么样的人物"这些问题解决了吗?指名交流。

d. 我们再来看课题,这里的梅花魂仅仅指的是梅花的精神吗?(更象征着中华民族的精神)再读课题。

[**设计意图**:实施自主学习,学生会学是关键。"请你用一个词、一句话或一句诗来赞美梅花","想到了哪些有气节的人物"等练习的设计使学生自身积累的语言得到激活和展示,有利于引导学生积极主动地去观察世界、体验生活、搜集资料信息等,让学生的学习生活更加丰富多彩,同时深化了学生对"梅花魂"的感悟和体验。]

④ 像这样明写梅花暗写人,就叫借物喻人。所以外祖父在说这段话的时候,又是在表白着自己怎样的心愿呢?不只是在告诫自己,更是在提醒莺儿,作为一个中国人,绝对不可以失去中华民族的精神。齐读。

5. 随文练笔,升华爱国情

这就是外祖父的爱梅情结呀!但终因年龄大了而不能回国,在临别前,外祖父将这幅珍爱的墨梅图和梅花手巾赠给了莺儿,从这里你体会一下,梅花在外祖父心中,仅仅是梅花吗?它还代表着什么?(代表他那颗眷恋祖国的心)齐读课题。

就在即将分别的那一刻,外祖父忽然想起,他想在那绣着血色梅花的手绢上写些什么?他会在上面写些什么呢?

学生自主练笔。

[**设计意图**:一个完整的阅读教学过程,不仅要实现"以言会意",也要教学生如何"以言表意"。设计随文练笔,找准"文"与"意"的契合点是关键。本环节写外祖父的临别赠言,意在引导学生自主思考,自主写作,既丰富了学生的想象力,又让读与写相互促进,提高了学生的语言实践能力,丰满并加深了学生对外祖父强烈爱国之心的感悟。]

6. 回应课题,巧作小结

都说"叶落归根",然而外祖父终究没有回到让他魂牵梦萦的故土,但他那颗眷恋祖国的心却随着墨梅图和梅花手绢回到了家乡。再次齐读课题。

教师小结:同学们,你们通过读书发现了问题,又通过读书自己解决了问题,真不简单。在以后的学习中都可以运用这种方法。

[**设计意图**:得法于课内,得益于课外。鼓励学生在阅读中善于发现问题、勇于提出问题、勤于解决问题,逐步形成自主学习的能力。]

7. 布置作业,拓展延伸

(1)摘抄积累课文中自己最受感动的语句。

(2)阅读《梅花魂,美丽的赤子之魂——〈梅花魂〉创作体会》,再次走进作家陈慧瑛,感受爱国情怀。

[**总评**:本教学设计,有以下几个特点:

第一,鼓励质疑,顺学而教,引导学生掌握自主学习的方法。本着教师的教是为学生的学服务这一理念,从学生的学习角度来设计教学方法,引导学生掌握自主学习的方法,逐步实现会学、乐学,形成自主学习的能力。自读质疑、整体感知——学生仔细默读课文,找到读不明白的地方做上标记;再读解疑、读中感悟——学生默读课文,试着通过读书解决问题;品读释疑、体会情感——抓住关键词语细细品读,在读中咀嚼玩味,体会情感,积累语言。本环节立足于学生的学情,以学定教,顺学而导,学生在充分自主读书的基础上,善于发现问题,勇于提出问题,乐于解决问题,从而培养学生质疑问难的好习惯。

第二,以生为本,多元评价,尝试构建有效自主学习评价策略。课程标准特别强调学生是学习和发展的主体,因此评价更要以学生的发展为本,自评和他评相结合。自评——针对自己读书、感悟给予恰当的评价;他评,包括同伴评价和老师评价——兼顾学生的语文学习方式、学习方法、学习水平、学习效果等内容,采用口头或书面等形式进行评价,善于发现学生的闪光点,既给予肯定,也指出努力方向,让学生尝到成功的快乐。有效的多元评价不仅能有效地检验学生的学习效果,而且可以增强自主学习的信心,保障自主学习的有效发展。

第三,根植语言,巧做练习,有效提高学生的读写能力。读写结合的方式很多,只要找准训练点,坚持以读为基础,从读学写,写中促读,多读多写,必能有效提高学生的读写能力。教学中当学生已经深深地被外祖父的爱国之心所感染之时,创设情境:"分别的那一刻,外祖父忽然想起,他想要在那绣着血色梅花的手绢上写些什么?他会在上面写些什么呢?"学生情动而辞发,千言万语涌动于笔端。这次练笔选择了学生深有感触之处,文章的"空白之处",同时也是学生易于发挥想象、具有拓展空间之处,这正体现了读写训练应以找准"文"与"意"的契合点为关键。学生在其间既提升了情感体验,又习得了方法,提高了能力,可谓一举多得。]

主要参考资料

[1] 庞维国.自主学习:学与教的原理和策略.上海:华东师范大学出版社,2003.
[2] 刘奔.小学语文自主性学习研究.北京:光明日报出版社,2009.
[3] 王立珍.自主探究学习在小学语文教学中的应用.吉林教育,2011(5).
[4] 孔凡艳.建构学路以学定教.小学语文,2011(11).

倡导合作学习方式：《颐和园》教学纪实

张广健　李岚岚　李芝兰

　　课程标准提出"积极倡导自主、合作、探究的学习方式"的课程理念，力主实现语文教学的重心由"教"向"学"的转移。其中合作学习是促进自主学习、探究学习的重要途径。

一、课程标准解读

　　课程标准在课程基本理念部分，明确提出："积极倡导自主、合作、探究的学习方式。教学内容的确定，教学方法的选择，评价方式的设计，都应有助于这种学习方式的形成。"课程标准的其他部分，也多处提到合作学习问题。

（一）关于合作学习的相关问题的认识

1. 合作学习是互助性学习

　　合作学习是指学生在小组或团队中为了完成共同任务，有明确责任分工的互助性学习。它不再局限于传统教学中师生之间的单向交流，而是将教学重心推延至师生、生生之间的多边互动，能有效激发和调动学生自主学习和探究知识的热情，从而进一步提高学习质量。合作学习主要有"小组—游戏—竞赛法"、"切块拼接法"、"小组分享法"、"共学式"、"讨论式"、"小组调查法"等多种实施策略，以及相应的评价策略。

2. 合作学习有助于改善学生的学习状况

　　合作学习通常以小组为单位进行。小组是一种重要的课堂学习组织形式。小组合作学习可以大大增加学生个体参与学习的机会，激发学习兴趣，提高学习效率，使学生获得支持，增强自信。

3. 合作学习有助于培养学生的合作精神和竞争意识

　　合作学习形成了"组内合作，组间竞争"的新格局，把个人竞争转化为小组间的竞争，把竞争的压力转化为合作的动力，既培养了学生的合作精神，又强化了集体荣誉感和竞争意识。

4. 合作学习有助于全面提高学生的语文素养

在小组内部,合理的搭配能够形成优势互补,促使学生彼此取长补短,互相启发,互相激励,有利于培养学生开放的视野和创新精神。在合作学习过程中,学生反复进行语言交流,有助于巩固语文知识,培养熟练的语言技能。

（二）实施中的几点建议

1. 教师首先要实现自身的角色转换,为合作学习奠定基础

教学过程是一个复杂的人际互动过程,是师生、生生之间进行多边合作的过程。教师应转变观念,以生为本,广泛实行教学民主,积极创设民主、和谐的合作氛围,不失时机地组织和协助学生开展合作学习。

2. 在语文教学中创设合作契机,引导学生开展合作学习

第一,关于识字与写字中的合作学习。教师可以利用"小组—游戏—竞赛法"巧妙设计识字游戏和课堂识字活动,调动学生识字与写字的兴趣,提高学习效率。

第二,关于阅读中的合作学习。阅读中的合作学习有多种方式:组内交流搜集的资料,分角色朗读或表演课文内容,对难点问题组织分组讨论,对有分歧的问题展开课堂辩论。篇幅较长且难点较多的课文,可运用"切块拼接法"组织各组同学对不同部分展开重点阅读,深入探究。

第三,关于习作中的合作学习。主要体现在三个方面:一是习作之前交流习作素材,二是在写作过程中进行合作,三是习作完成后彼此交流评改。写作过程中可以尝试一些趣味性的合作,如"故事接龙"（小组成员轮流续编故事,连接成篇）、"拼接合拢"（预先集体构思,再切分成几个部分,小组成员自由选择习作内容,最后拼接成篇）、"连词编故事"（小组成员每人写出一个词语,根据词语之间的随机联系,每个成员通过想像编写故事）等,这些方法能有效提升学生习作的兴趣。

第四,关于口语交际中的合作学习。要创设生活化的交际情境,指导学生合理分配角色,引导学生学会配合,自觉倾听别人的发言,灵活处理各个角色之间的关系,在交际中培养文明的言行举止。

第五,关于语文综合性学习中的合作学习。要善于指导学生通过合作完成具有开放性的学习任务,例如合作编写、表演课本剧,集体搜集、交流和运用有关资料,开展合作性的调查访问,策划和组织文学活动,合作创办刊物,定期举行演出、讨论、演讲等活动。

3. 要按照学生不同学段的特点,逐步培养学生的合作技能

第一学段应重点培养学生的合作意识。低年级应侧重通过小组游戏竞赛的

方法,使学生初步建立小组认同感和责任感,培养合作的兴趣,形成合作的习惯,使其乐于表达,乐于交流。

第二、三学段应重点培养学生的合作技能。应有步骤地教给学生合作学习的方法,使学生学会确定合作目标,合理进行分工,自觉完成小组分配的学习任务。还要让学生在合作交流中认真倾听他人意见,学会相互间的支持和配合。

第四学段应重点培养学生通过合作学习解决问题的能力。要根据具体课程资源,让学生学会确立合作目标,选择合作内容,设计合作策略,组织和策划合作过程,集体解决学习中遇到的疑难问题。

4. 要按照合作学习的特点,进行合理的评价。

合作学习的评价,不是针对学生个人,而是针对小组进行评价;不仅要对合作的结果进行评价,而且要重视对合作过程的评价。

(三)操作时应注意的问题

1. 分组要合理

小组成员应该按能力高、中、低水平进行搭配,每组以 4 人为宜,同时应兼顾学生的性别、爱好、特长等因素进行异质搭配。同时,全班各合作小组之间又应具有同质性,各小组的总体水平应基本保持一致,为小组之间开展公平竞争创造条件。

2. 目的要明确

合作学习是一项实践性的学习活动,要具有明确的目的性,要使学生明白"为什么合作"以及通过合作要解决什么问题,达到什么目的。要把握好合作的时机,确保合作的实效性。

3. 分工要具体

每个小组成员都应有各自明确的学习任务。根据每个学生的实际能力和个性特点,引导他们合理分配学习任务,使之责任明确,有的放矢,做到既自主探究,又彼此合作。

4. 评价要及时

任务完成之后,教师要根据各个小组的合作情况及时给予评价。评价要以鼓励为主,批评为辅,以便始终保持学生的合作热情,促进合作学习深入开展。

二、教学实施案例:《颐和园》教学纪实

研究课题:倡导合作学习方式
研究教师:山东省淄博市临淄区虎山小学李岚岚;课程标准解读部分由张广

健撰写,李芝兰评析。

教科书简介:《颐和园》是人教版义务教育课程标准实验教科书语文四年级上册第五单元中的精读课文。教学设计两课时,此为第二课时。教学重点是引导学生感受颐和园大而美的特点,教学难点是学习观察和描写景物的方法。

教学过程:

(一)导入新课,交流资料

师:上节课,我们初步理清了课文思路,并布置了一项任务:搜集有关颐和园的资料。下面,请你们把搜集到的资料拿出来,先在组内交流,然后各组推选一名代表,概括介绍一下你们组对颐和园的了解情况。(学生分组交流,教师巡回指导,要求学生在展示资料的同时,说出资料的来源和搜集过程)哪个组先来展示一下你们的资料?请注意,要说出资料的来源。

生1(袁宇皓):这是我们组在《中国少年百科丛书》中找到的资料。上面讲了颐和园的历史。

生2(赵宏达):这是我们组搜集到的颐和园的图片。有的是从网上搜集的,有的是我们组同学去旅游时拍的照片。

生3(谢之昕):我们组从互联网上搜索到许多颐和园的资料,这些是我们打印出来的材料,有长廊的彩绘图案,还有颐和园著名景点的图片和文字介绍。从这些资料中我们了解到,颐和园在北京西郊的海淀区,是一座美丽的大公园,里面有许多名胜古迹。

生4(刘仲敏):这几本书是我们从图书馆找到的,里面有专门介绍颐和园的文章,从这些文章中我们了解到建造颐和园的历史。

师:大家搜集到的资料真丰富!通过介绍,我们知道了颐和园位于北京西郊的海淀区,是一座风景秀丽、景色宜人的园林。你们想不想去游览一番?

生(齐):想!

[**评**:先利用课外搜集资料的途径进行个别学习,然后再合作展示交流搜集到的资料,弥补了资料来源的不足,开阔了视野,为学生开展合作学习奠定了基础。]

(二)分组准备

师:颐和园的景点这么多,一节课肯定看不过来。我建议把这次游览分为四站,我们采用"旅游接力赛"的方式,由各小组带领大家"游览"颐和园。下面请默读课文,完成这道填空题。

(课件出示:旅游接力赛

第一站:走进大门,绕过大殿,先来到;

第二站:游完长廊,在万寿山脚下抬头望,就能看到河;

第三站:登上万寿山,可以俯视;

第四站:从万寿山下来,走过堤岸,最后来到。)

(学生默读课文,思考上面的问题,举手回答)

师:我们就按照这四处旅游站点,来一场旅游接力赛好不好?

生(齐):好!

[评:用"旅游接力赛"作为这节课将要采用的合作学习策略,把学习当成"旅游",贴近儿童心理特点,易于激发学生的学习兴趣。]

师:[课件出示合作学习任务单:颐和园中的旅游站点(合作的目标):第一站、第二站、第三站、第四站;模拟导游采用的方式(合作的方法):讲解、提问、朗读;解决问题的主要依据(合作的依据):课文、工具书、搜集的资料、集体的智慧]下面,请每个小组首先选择一处你们喜欢的站点,作为小组合作学习的目标和内容。你们可以用导游讲解的方式,选出一名同学做导游,其余同学当游客;也可以采用提问的方法,就是把课文的主要内容设计成几个问题,由游客提出,导游回答;还可以采用朗读的方式,设计有特色的朗读,通过朗读让大家领会课文内容。对于不明白的问题,可以依靠分析课文、查找工具书来解决,也可以利用搜集的资料来解决,特别要依靠集体的智慧来解决。最后由各小组向全班介绍这一处景点。我们要评出最佳合作小组,看哪个组合作得最好。(学生分组讨论,选择各自喜欢的站点,商量"导游"的办法。然后,各小组开始合作学习。教师巡回指导)

[评:用出示"合作学习任务单"的方式,把合作学习的具体要求简单明了地告诉学生,将合作的目标、合作的方式和合作的依据分解细化,使得学生的合作学习具有可操作性。]

第一小组的合作情况:

生3(谢之昕):咱们选第一站点吧?

生5(田耿):好!我这里有几张长廊的图片。

生6(臧嫣然):用什么方法介绍呢?

生3(谢之昕):我觉得这个站点用讲解的方法介绍比较好。

生7(张志昊):谁当导游呢?

生3(谢之昕):我来当导游,你们当游客。

生(齐):同意。

生6(臧嫣然):怎么介绍呢?

生3(谢之昕):先介绍长廊的位置,再说一说长廊是什么样子的。

生5(田耿):最好配上长廊的图片。

……

第三小组的合作情况：

生8（梁强）：选第二站点吧？

生9（姜凯）：不，我喜欢第四站点。

生10（孙景博）：我也喜欢第二站点。少数服从多数，选第二站点。

生11（伏亚楠）：谁当导游呀？

生8（梁强）：我当。

生9（姜凯）：我当。

生11（伏亚楠）：让孙景博当导游吧。咱们可以用提问的方式，由游客向导游提问题，让导游回答。

生9（姜凯）：这个办法好！

生11（伏亚楠）：咱们提哪些问题呢？

生10（孙景博）：咱们先读读课文吧。（学生默读课文）

生8（梁强）：咱们可以问佛香阁和排云殿在什么地方。

生9（姜凯）：还可以问佛香阁和排云殿是什么样子的。

生10（孙景博）：我从网上查到佛香阁是颐和园的中心建筑，高41米，底部有20米高的石台基。

生8（梁强）：我还从书上看到，颐和园是慈禧太后为庆祝自己的60大寿建造的。排云殿就是她接受祝贺，举行庆典的地方。

生10（孙景博）：那就提问：排云殿是做什么用的？

……

[评：这是本节课合作学习的重要环节，采用"切块拼接"的方法，通过合作探究，各小组分别解决课文中的一部分内容。]

（三）分站旅游

师：刚才，各小组的同学合作得都很认真，讨论得也很积极。现在，我们的"旅游接力赛"正式开始。哪个小组先带我们去"游览"第一站？

生3（谢之昕）：我们组带领大家"游览"第一站，准备采用"讲解"的方式，向同学们介绍长廊。

师：好，游览开始。（一组的同学走上讲台）

生3（谢之昕）：我是一名导游，今天我要带领大家游览颐和园的第一站——长廊。进了颐和园大门，绕过大殿，请大家跟我走。（指着用实物投影仪投出的长廊图片）前面就是颐和园著名的长廊。它在万寿山脚下、昆明湖的北岸。请看，它有绿漆的柱子，红漆的栏杆，伸向远方，一眼望不到头。

生6（臧嫣然）：那它到底有多长呢？

生3（谢之昕）：请继续跟我走。长廊总共有700多米长，共分273间，是世界上最长的有顶盖的走廊。(用实物投影仪投出长廊的彩绘图片)请大家抬头看,在每一间的横槛上都画着五彩缤纷的画,有人物、花草、风景,还有历史传说故事,几千幅画中没有哪两幅是相同的。长廊的两旁还栽满了花木,它们分别在不同的季节开放,这种花还没谢,那一种又开了,一年四季都能让游客欣赏到美丽的景色。

生5(田耿):请问导游,什么是"横槛"?

生3(谢之昕):(指着长廊图片)横槛就是长廊每一间的这些横梁,因为它上下比较宽,所以人们在修建长廊的时候,就在上面描绘了许许多多的画。

师:导游的介绍让我们有身临其境的感觉。请大家快速阅读这一段,想一想,长廊有什么特点。(全班同学快速阅读课文,思考、回答上面的问题)

生12(邢达):长廊很长。

生5(田耿):长廊很美。

师:回答得很好。课文中的哪些词句,能够体现出长廊的长和美呢?请同学们一边默读,一边用笔把这些词语画下来。(学生默读课文)

生13(王晓东):从"700多米长"、"273间",能看出长廊的长。

生7(张志昊):从"几千幅画"也能看出长廊很长。

生1(袁宇皓):从"绿漆的柱子"、"红漆的栏杆"能看出长廊的美。

生14(高敬璇):从"五彩的画"、"栽满了花木"这些词句,也可以看出长廊很美。

师:课文是用什么方法描写长廊的长这个特点的?

生(齐):用数字来描写。

师:课文还用了什么方法来描写长廊的美?

生(齐):颜色!

师:同学们谈得都很好。在这一站的"游览"中,我们看到作者运用了数字和色彩来描写长廊的长和美这两个特点,既具体,又形象,给我们留下了很深的印象。下面,我们进入第二站。

[评:在小组展示合作学习成果的基础上,教师及时引导学生对课文内容深入学习,把小组合作学习与全班集体学习有机结合起来,保证了课文学习的完整性。]

(第三组同学上)

生10(孙景博):我们组采用提问的方式,带领大家"游览"第二站。走出长廊,请大家抬头看(用实物投影仪出示佛香阁和排云殿的图片),这就是佛香阁和排云殿。游客有不明白的地方,可以向我提问。

生8(梁强):请问导游,佛香阁和排云殿在什么地方?

生10(孙景博)：（指着佛香阁的图片）佛香阁在万寿山的半山腰上，排云殿在它的下面。

生11(伏亚楠)：它们是什么样子的？

生10(孙景博)：佛香阁是一座八角宝塔形的建筑，一共有三层。佛香阁高41米，底部有20米高的石台基，顶上是闪闪发光的黄色琉璃瓦，它是颐和园的中心建筑。下面这一排排的宫殿就是排云殿。

生9(姜凯)：它们以前是做什么用的？

生10(孙景博)：排云殿是慈禧太后过生日的时候，用来接受祝贺、举行庆典用的。

生11(伏亚楠)：谢谢导游。

生10(孙景博)：不用客气。

师：第三组的同学带领我们"游览"了第二站——万寿山上的佛香阁和排云殿，还让我们了解到许多课本以外的知识，可见他们的课外阅读的确很广泛。下面同学们朗读这一段，思考并回答：佛香阁和排云殿各有什么特点？（学生朗读课文，思考、回答问题）

生15(岳董豪)：佛香阁有八个角，呈宝塔形，共有三层。

生16(孙广超)：还有闪闪发光的黄色琉璃瓦屋顶。

生6(臧嫣然)：排云殿是一排排的，是一座金碧辉煌的宫殿。

师：回答很好，作者是用什么方法来描写这两处景物的呢？

生17(王楚天)：作者是通过形状来描写的。

生(齐)：还描写了颜色。

师：是的，作者通过形状和颜色，描写了佛香阁和排云殿的美丽壮观。现在，我们的"旅游接力赛"到了第三站，哪个组再带领我们"游览"这一站？

生18(张永林)：我们组（第四组）采用朗读的方式，带领大家"游览"第三站。（学生用"开火车"的方式朗读第四自然段，教师播放昆明湖的录像资料）

师：他们读得好不好？

生(齐)：好！

师：他们读得的确很好，朗读的方法也很新颖。还有谁想读这一段？（全班同学争相举手）

师：看来想读的同学还真不少，连我也很想读一读。咱们看着录像，来一次朗读比赛好不好？

生(齐)：好！

师：（播放昆明湖的录像资料，并朗读课文第四自然段）谁想来读一读？（出示昆明湖的录像资料，邢达和李双阳同学先后有感情地朗读课文）

师:我们几个谁读得好?

生19(李硕):我觉得老师读得好,因为老师读得很准确。

生17(王楚天):我觉得邢达同学读得好。她读得很有感情,而且和录像配合得很好。

师:说得很好,邢达同学把她对昆明湖的喜爱读出来了,我要向她学习,读出感情,读出形象。

[评:师生竞赛也是一种行之有效的合作方式,一方面能够激活课堂气氛,使学生思维活跃,另一方面也向学生表明,学生才是学习的主体,教师与学生是平等合作的关系。]

师:刚才听了我们的朗读,请同学们想一想,作者写出了昆明湖的哪些特点?

生20(王焘):作者写了昆明湖的绿色。

生21(王迪):作者还写出了昆明湖的宁静。

师:对,作者正是抓住了"绿"和"静"的特点来描写昆明湖的,请从课文中找出有关句子,说说作者是用什么方法写出昆明湖这些特点的。

生22(谭子宇):"正前面,昆明湖静得像一面镜子,绿得像一块碧玉。"作者用了比喻的方法。

师:作者把什么比作什么?

生13(王晓东):作者把昆明湖比作一面镜子,还把昆明湖比作一块碧玉。

师:还有一个句子也能突出昆明湖的"静",谁能把它找出来?

生23(陈素蕊):"游船、画舫在湖面慢慢地滑过,几乎不留一点儿痕迹。"

师:哪个词语突出了昆明湖的"静"?

生6(藏嫣然):"滑过"。

师:想一想,我们还能把这个词换成哪些词语?

生24(陈俊爽):可以换成"驶过"和"走过"。

师:请同学们比较一下这几个词,想一想用哪个词语好,为什么?

生5(田耿):我觉得用"滑过"比较好,因为"滑过"表示游船走得很慢,水面上没有波浪。

师:对,为了表现昆明湖的宁静,作者选择了"滑过",而没有用"驶过"、"走过"等词语。我们在朗读这一段的时候,要用平静、舒缓的语气读出这个特点,读的节奏不要太快。下面我们再试着齐读这一段。(看录像,齐读课文)

师:第四组的同学用朗读的方法带我们"游览"了第三站,哪个小组带领我们"游览"最后一站?

生2(赵宏达):我们组用搜集到的图片制作了幻灯片,带领大家"游览"第四站。(第八组同学上,用幻灯片向全班同学展示堤岸、湖心岛和十七孔桥)

生2（赵宏达）：走下万寿山，我们就来到昆明湖岸边。昆明湖围着长长的堤岸，堤上有好几座石桥（出示石桥的幻灯片）；其中最有名的一座，就是连着湖心岛的这座石桥（出示十七孔桥的幻灯片），远远看去，这座石桥像一条长虹，飞跨在昆明湖上。这就是有名的十七孔桥。

生12（邢达）：请问，这座桥为什么叫"十七孔桥"？

生2（赵宏达）：请你们数一数，这座桥总共有多少个桥洞？

生15（岳董豪）：十七个桥洞。

生2（赵宏达）：因为这座桥有十七个桥洞，所以叫十七孔桥。（出示桥栏上的狮子的幻灯片），再看桥栏杆上有上百根石柱，柱子上都雕刻着姿态各异的狮子，能让我们联想到另外的哪一座桥？

生19（李硕）：卢沟桥。

生2（赵宏达）：对。

师：好，八组的同学用幻灯片为我们讲解了十七孔桥，这样讲解比较形象直观。那么，颐和园是不是只有这几处景点呢？

生（齐）：不是。

师：你们怎么知道的？

生12（邢达）：我从查到的资料中知道，颐和园中还有"苏州街"、"石舫"、"四大部洲"等很多景点。

生22（谭子宇）：课文结尾写道："颐和园到处有美丽的景色，说也说不尽，希望你有机会去细细游赏。"

师：说得好。颐和园还有很多美丽的景点，请同学们课后再去搜集资料，更深入地了解一下。

［评：学完课文，教师引导学生深入了解颐和园，对课堂学习进行了有益的拓展。］

（四）评价

师：这节课，有四个小组的同学当导游带领我们"游览"了颐和园的长廊、佛香阁、昆明湖、十七孔桥的美丽景色，请同学们想一想：哪个小组展示最生动，合作得最好，给你留下的印象最深？

生19（李硕）：第一小组。

师：同意谢之昕小组的同学举手？（全班同学用举手方式表决）

师：有7个同学举手，谢之昕小组得了7票。（全班同学对其余三个小组逐一举手表决。经过统计，孙景博小组得了8票，张永林小组得了6票，赵宏达小组得了11票）

师：赵宏达小组以11票获得了最佳合作小组。祝贺他们！（同学们鼓掌）

师:其实,另外三个小组合作得也不错,每个组都有自己的长处。因为时间关系,其余小组的学习成果等以后有机会再展示。这篇课文语言生动优美,请同学们把你觉得写得美的段落,读一读,背一背。(学生自由诵读课文)

[评:采用举手表决的方法对各小组的合作情况进行评价,体现了评价的民主性。]

师:通过这节课的合作学习,同学们理解了课文内容,感受到了颐和园的美丽,既丰富了知识,开阔了视野,又提高了小组合作解决问题的能力。

(五)布置作业

师:在这篇课文中,作者采用了运用具体数字、抓住形状和颜色的特点等方法,来展现颐和园的美丽,我们要学习这种写作方法。课后,请每个小组选择一处景物,先一起参观游览,再集体协商搜集有关的资料,最后讨论一下应该写哪些内容。下节作文课,我们学习《颐和园》的写法,写一篇写景的习作。

[总评:本节课很好地运用了合作学习方式,通过师生多边互动,增加了学生学习与交流的机会,充分体现了课程标准“积极倡导自主、合作、探究”的课程理念。教学过程中运用了多种合作学习策略,如“切块拼接法”、“小组分享法”、“共学式”和“讨论式”等等,尤其是设计了“旅游接力赛”的教学活动,引导学生通过小组合作围绕课文重点内容展开探究,加深了对课文内容的理解和感悟。课堂教学各环节,如交流资料、确定学习内容、选择合作方式、设计展示方法等,均由学生通过小组合作共同完成,充分体现了学生的自主性,锻炼了他们利用合作学习解决具体问题的能力。]

主要参考资料

[1] 王坦.合作学习的原理和策略.北京:学苑出版社,2001.

[2] 肖川.论学习方式的变革.人民教育出版社网站,2002 – 12.

[3] 曾琦.合作学习研究的反思与展望.人民教育出版社网站,2002 – 12.

[4] 郭思乐.教育激扬生命.北京:人民教育出版社,2007.

[5] 刘同军.生本理念下的小组合作学习.齐鲁名师网刘同军工作室,2010 – 04.

[6] 贾剑峰.合作学习中的问题现象与原因分析.数学大世界,2010(07).

倡导探究学习方式：《桥》教学纪实

陈中杰　杨艳艳

2011 年版语文课程标准在"课程基本理念"部分，强调积极倡导探究学习方式，以培养学生问题意识和进取精神，形成良好学习品格。

一、课程标准解读

（一）对探究学习方式相关问题的认识

课程标准倡导的探究学习指的是在教师指导下，学生自主、独立地发现问题，围绕问题搜集资料，并通过对所搜集的资料进行分析、综合、判断，最后得出研究结果，从而培养自主学习能力和创新实践能力的一种学习方式。

1. 小学语文探究学习的基本特征

探究学习从本质上讲，是以弘扬人的主体性为宗旨、以促进人的可持续发展为目的一种现代学习方式。它主要具有以下几个方面的基本特征：

主动性。主动性是探究学习的首要特征，表现为学生对学习的一种内在需要（学习兴趣），学习活动对他来说不是一种负担，而成为一种愉快的体验。通常情况下我们也经常采用多种方法激发学生的学习兴趣，但效果往往是暂时的，不能从根本上使学生产生不断求知的欲望，其主要原因是学习方式不利于学生产生自觉求知的强烈欲望。

独立性。独立性是探究学习的基础。如果说主动性表现为"我要学"，那么独立性表现为"我能学"。每个学生都有一定的独立学习能力，每个学生都有一种表现自己独立学习能力的欲望，他们在学校的整个学习过程就是一个逐步形成独立学习能力的过程。

问题性。问题是探究学习的出发点。没有问题，就难以诱发求知欲；没有问题，感觉不到问题的存在，学生也就不会去深入思考，学习也就只能是表层和形式的。在此强调探究学习的问题性，一方面是要求教师通过问题来引导学生学习,把问题看作学习的动力和贯穿学习过程的主线;另一方面要求通过学习来生成问题,把学习过程看成发现问题、提出问题、分析问题和解决问题的过程。

实践性。实践性是探究学习的突出特征。在实际学习活动中,它一方面表现为强调身体性参与,学生不仅要用自己的脑子去想,而且用眼睛看,用耳朵听,用嘴说话,用手操作,即用自己的身体去经历,用自己的心灵去感悟。这不仅是理解知识的需要,更是激发学生生命活力、促进学生成长的需要。同时,课程标准提出要"努力建设开放而有活力的语文课程",强调让学生在大量的课内外语文实践中掌握语文规律;强调"活动"、"操作"、"调查"、"考察"、"体验"、"经历";鼓励学生对课本进行个性化阅读,允许学生有个人的感受和独特的见解。

综合性。综合性学习是探究学习的重要途径。课程标准指出:"综合性学习既符合语文教育的传统,又具有现代社会的学习特征,有利于学生在感兴趣的自主活动中全面提高语文素养,有利于培养学生主动探究、团结合作、勇于创新的精神,应该积极提倡。"综合性学习超越了传统的单一学科课程的界限,包含有关学科知识的综合运用;同时探究性学习培养的是综合素质,既包括语文能力,又包括情感、态度、价值观、个性品质等。

2. 小学语文教学倡导探究学习的意义

探究学习有利于调动学生自主学习的意识,能激发学生学习语文的兴趣,使学生主动地学习,积极地求知;探究学习强调学生的语文实践,能够让学生在丰富多彩的语文活动中提高语文素养;探究学习能有效地连接课内外,促进学生运用研究性的学习方式,由课内向课外延伸,拓宽知识视野,提高语文能力;探究学习有利于促进学生的个性发展,培养创新意识,能够使学生形成良好的个性品质。因此,我们应积极倡导探究学习方式。

(二)探究学习的实施策略

1. 选题策略

小学语文探究学习只是一种学习方式,其目的是使学生在语文学习过程中自主阅读、独立思考、有所感悟,并不是要求学生对某一领域的科学问题进行研究得出严密而科学的结论。因此,在教学中应以学生发现并提出探究问题为主要选题方式,或由师生讨论共同确立探究性问题,低中年级也可由教师提供探究性问题。教师提供的探究性问题,要充分考虑学生的年龄特点和心理特点,了解学生的关注点和兴趣点,使学生对教师提供的问题能够产生浓厚的兴趣和持久的注意力,以提高探究学习的效果和质量。

2. 组织策略

语言所蕴含的情感,很多是"只可意会,不可言传"的,每个人的理解、体会因其知识储备、生活经验、个性品质、学习能力的不同而不同。只有经过自己独特的体验,语言蕴含的情感才能成为学生的独特感受;另一方面,人们在没有受到自身以外的信息干扰的情况下,感受和见解往往更加真实、自然。但是,在语文学习中,有一些问题是学生不能独立探究的,所以教师要以学生个体的自主探究为基础,在学生充分的独立探究的基础上进行合作探究、交流汇报。首先,要组织好自学探究,培养学生学习的独立性,其核心是使每个学生都能独立思考、独立分析、有所感悟、有所发现。其次,要组织好合作学习,在充分、有序地互动交流过程中把学习活动逐渐引向深入。

3. 指导策略

探究学习强调学生的自主阅读、自主感悟,但绝不是排斥教师的指导作用,教师要做探究学习的引导者和合作者。在探究的过程中,学生提出的问题需要教师指导筛选,学生疑点、难点需要教师点拨,学生生成的认识需要教师引导归纳、分析……教师要注重引导学生利用原有知识经验,去解决教材中包含的求知因素,让学生通过"学、思、疑、问、探"等多种方式,去挖掘自己的内在潜力,获得知识,增长能力。

4. 交流策略

学生是有差异的个体,每一位学生在探究学习过程中都会有不同的思考和感受,每一位学生的探究积累都是一种宝贵的学习资源。因此在个体探究或小组探究结束后,应该组织学生及时进行交流,互通有无、互相学习、取长补短,训练学生的倾听能力、逻辑思维能力、口头表达能力。同时,交流的过程也是一个再探究的过程,学生在此过程中要深入思考,结合自己的探究不断得出新的结论。

5. 评价策略

语文课程标准指出:"评价要尊重和保护学生学习的自主性和积极性,鼓励学生运用多种方法,从不同的角度进行探究。"在探究学习的过程中,要用发展的眼光看待学生,注重对学生参与学习情况的评价,注重对学生的探究意识和创新意识的评价,注重对学生探究过程的评价,注重对学生能力发展情况的评价,"要充分注意学生解决问题的思路和方法。对有新意的思路和表达以及有特点的展示方式,尤其要给予足够的重视。"

(三)运用探究学习方式应注意的问题

1. 倡导探究学习不要矫枉过正

人们的学习主要依赖于两种方式:一种是接受式学习,另一种是探究式学习。强调探究学习并不排斥接受学习,"为思维而教"(探究学习)与"为知识而教"(接受学习)是对立的教学观念,但二者可以并肩而行,并不矛盾。在语文学习中,教师的讲授、对课文难点和疑点的分析仍然需要。实际上不同的学习方式各有所长,相互之间应该相辅相成,互相促进,不可偏废。

2. 让每个学生都真正成为发现者

探究学习要关注学生的个体差异,满足不同学生的学习需要,使每个学生都能得到充分自由的发展。不要让探究学习成为优秀学生的"专利",每个学生都有探究的权利和能力,只不过是能力存在差异而已。我们应该给能力稍差的学生创造实践、探究、思考、发表见解的机会,使他们感受探究的乐趣,获得探究的信心,在学习过程中培养探究意识和探究能力。

3. 注意培养探究学习的习惯

班级学习形式下,有效的探究学习必须是有序、充实的,这有赖于教师对学习过程的有效调控、组织。要建立与探究学习相适应的学习常规,培养学生探究学习的习惯,防止探究学习流于形式。

二、教学实施案例:《桥》教学纪实

研究课题:探究学习在阅读教学中的应用

研究教师:山东省临沂光耀实验学校杨艳艳;陈中杰撰写课程标准解读并评析。

教科书简介:《桥》是人教版义务教育课程标准实验教科书五年级下册第四组的一篇精读课文。课文教学的重点是引导学生抓住课文中令人感动的地方,感悟老共产党员无私无畏、不徇私情、英勇献身的崇高精神。理解题目的深刻含义,是本课教学的难点。教学设计两课时,此为第一课时。

教学过程:

课前预习

学生根据"预习提示"自主阅读,初步探究:

1. 标画并自学生字新词,初步理解重点词句。

2. 初步概括文章的主要内容,理清文章的思路。

3. 赏析重点语句,标出文章中最能触动心灵的字、词、句、段,并做批注。

4. 提出不明白的问题,并想办法解决;记录预习中没有解决的问题。

[评:自主是合作、探究的基础。引导学生独立预习课文,扫除阅读障碍,初步了解课文内容,既是课堂中进一步合作探究学习的需要,也是培养良好语文学习习惯的需要。]

(一)创设情境,引发探究

板书课题,齐读课题。

师:以前我们曾学过关于桥的课文,谁还记得?

生:《赵州桥》。

生:《跨越海峡的生命桥》。

师:这两篇课文分别写了什么样的桥?

生:《赵州桥》是一座雄伟壮丽的桥。

生:《跨越海峡的生命桥》是一座充满爱心的生命桥。

[评:对两篇课文的回顾,既有具象的赵州桥,也有抽象的生命桥,有效地唤起学生已有的知识体验,为探究本课"桥"的深刻含义做好知识与情感的铺垫。]

师:今天学习的这篇课文中的桥又是怎样的桥呢?请同学们根据预习说说自己的理解。

(课件出示:课文78~79页插图)

生:是一座窄窄的小木桥。

生:是一座摇摇欲坠的桥。

生:这是一座救命桥。

师:正是这座摇摇欲坠的小木桥,挽救了全村人的生命,的确是一座救命桥。看来同学们对课题的内涵已经有了自己的理解,相信通过深入品读,大家的理解会更加深刻。

[评:呈现学生对"桥"的初步理解,为层层探究"桥"的含义,解决教学难点铺设台阶。]

(二)合作交流,尝试探究

师:通过预习,你还懂得了什么?

生:老汉心系群众安危,临危不乱。

生:洪水来临时,老汉为了保护乡亲们,自己和儿子都牺牲了。

生:这篇课文写洪水来临时老汉舍己救人的事。

师:你们通过阅读,把握了课文的基本内容。学贵有疑,小疑则小进,大疑则大进。在预习中,你还有哪些问题没解决?

生:文章写的是老汉,为什么用"桥"做题目?

师:是啊,用"桥"做题目,难道有什么深意吗?(板书:桥?)

[评:看似漫不经心的回应,实则把学生的探究思维引向深入,再次推动教学难点的解决。]

生:文中为什么说清瘦的老汉像一座山?(板书:一座山?)

生:咆哮是什么意思?

师:这个问题谁能解答?

生:就是大声喊叫。

师:读读这个词语所在的句子,体会一下在句子中指什么?

生：指洪水很凶猛,奔腾呼啸。

师：是的,相同的词语在不同的句子中意思不同,我们可以结合当时的语言环境来理解。同学们还有哪些问题没解决?

生：小伙子为什么起先"瞪"了老汉一眼,后来却"推"了他一把?

师：是呀!这不是很矛盾吗?(板书:瞪—推?)

生：老汉为什么一开始"揪"出小伙子,后来又把他"推"出去?

(板书:揪—推?)

生：为什么最后交代老汉和青年人的关系?(板书:关系?)

生：为什么洪水像野马,又像恶魔?(板书:野马? 恶魔?)

(教师为问题标序号,梳理未解决的问题:

① 为什么用"桥"做题目?

② 文中为什么说清瘦的老汉像一座山?

③ 小伙子为什么起先"瞪"了老汉一眼,后来却"推"了他一把?

④ 老汉为什么一开始"揪"出小伙子,后来又把他"推"出去?

⑤ 为什么最后交代老汉和青年人的关系?

⑥ 为什么洪水像野马,又像恶魔?)

[评:疑是思之始,学之端。学有所疑,才会有所思,有所得。只有当学生状况进入"不愤不启,不悱不发"之境时,探究学习才更有价值。]

师：请同学们用自己喜欢的方式再读课文、认真思考,如果还解决不了,可以和组内同学讨论解决。(学生读书,组内讨论、探究)

生：我们解决了问题④,老汉首先考虑的是乡亲们的安全,所以他把小伙子揪出来,但他也很爱自己的孩子,所以,在大家都撤离后,又把儿子推了出去。

师：你们组很会合作学习,解决了一个很有价值的问题。

生：我们解决了问题③,小伙子想逃生,却被父亲揪出来,他才瞪了一眼,但他也很明白父亲的心意,最后又去推父亲,想让父亲先走。

师：是的,这对父子其实是心连心的。

生：我们讨论了问题⑤,感觉这样写能吸引人往下读,如果上来就点明老汉和小伙子的关系,就没悬念了。

师：是的,悬念的设置可以引起读者的阅读兴趣,你们探讨得很到位。

生：我们解决了问题⑥,作者说洪水像野马,像恶魔,主要是想说明洪水的疯狂。

[评:引领学生对质疑问题分层分步处理:比较简单的结合课文自行解决;有一定价值的问题,引领学生通过再读课文、组内研讨、合作探究解决;统领全文的关键问题,则通过深入探究全班集体解决。]

（三）品读赏析，深入探究

师：同学们太棒了，每人都有一双善于发现的慧眼，有一颗善于思考的心灵，通过组内合作，大部分问题都已解决，只剩下问题①和②，相信通过我们的集体探究，这两个问题一定能得到圆满的解决。文中为什么说清瘦的老汉像一座山？请同学们边读边思考，勾画出相关句子。（学生细读，勾画句子）

生：这是一位非常冷静、镇定的老汉。

师：你是从哪些语句中看出来的？

生："他不说话，盯着乱哄哄的人们。""老汉冷冷地说：'可以退党，到我这儿报名。'"当时情况非常危急，大家都大惊失色、手忙脚乱，只有他站在那儿不动，也不说话，还很冷静。

师：你是对比着体会的，真细心。是的，当时的情况非常危急。从哪儿能看出情况的危急程度，请同学们找一找相关的语句。

生："黎明的时候，雨突然大了。像泼。像倒。"

生："山洪咆哮着，像一群受惊的野马，从山谷里狂奔而来，势不可当。"

生："死亡在洪水的狞笑声中逼近。"

生："水渐渐蹿上来，放肆地舔着人们的腰。"

生："水，爬上了老汉的胸膛。"（课件出示以上五句话）

师：短短的五句话，却为我们勾勒出了一幅洪水肆虐的场景，谁来读读这几句，把洪水的凶猛读出来。（生接读五句话）

师：真是个可怕的黎明，睡梦中，灾难毫无预兆地降临了，让我们再来齐读，走进那惊心动魄的一幕。（学生有气势地齐读）

师：作者到底是怎样表达的，让我们读后如临其境？（学生自由阅读，品味）

[评："读而未晓则思，思而未晓则读。"阅读，是学生探究文意、解读文本的重要途径。]

生：我发现这些句子中运用了比喻和拟人。

师：有哪些比喻？把什么比作什么？

生："山洪咆哮着，像一群受惊的野马，从山谷里狂奔而来，势不可当。"把洪水比作受惊的野马。

师：你见过这样的场景吗？数不清的、受惊的野马，咆哮着，狂奔而来。（播放洪水视频）

师：请同学们接着闭眼想象，洪水继续前进，你又看到了什么？

生：洪水迅猛地涌来，眨眼间就到了眼前，吞没了庄稼、田野。

生：无数的小动物在洪水中挣扎，洪水眨眼到了人的腿部、腰部、胸部……

师:你感受到什么?

生:洪水非常迅猛,情况很危急。

师:想象着当时的危急情景,再读。

(指名读,齐读)

[评:感情朗读、播放视频、想象情景,使学生的探究变得情趣盎然,既引领学生感悟文本、体味情感,又解决了预设问题,使探究不再是单一的提出问题、解决问题的过程,而是让学生在探究中体验、在体验中品味、在品味中感悟,使学习活动变得丰富多样,课堂变得丰满。]

师:刚才同学们谈到这几句话还运用了拟人,拟人是把事物当成人来写。在这几句话中,把洪水当成了什么?

生:疯狂的魔鬼,凶猛的野兽。

师:读读句子,你能感受到什么?

生:我感受到洪水像恶魔,马上就要吞没村庄的人们。

生:好像洪水在狞笑,已经张开了大口。

师:洪水既像野马,又像恶魔,在威胁着人们的生命。让我们读读这五句话,把洪水的凶猛、肆虐、情况危急读出来。(指名读,评价读)

师:后面两句,可以再缓一点、深沉一点,但仍要铿锵有力。再把后面两句读一读。

(此生再读)

师:有扬有抑,有急有缓,却同样体现出了洪水的疯狂与凶猛,正是因为情势危急,所以,人们都——

生:人们翻身下床,却一脚踩进水里。是谁惊慌地喊了一嗓子,一百多号人你拥我挤地往南跑……人们又疯了似的折回来……人们跌跌撞撞地向那木桥拥去。

师:用一个成语形容一下当时的情况?

生:落荒而逃。

生:惊慌失措……

[评:这些成语概括了当时的紧急形势、人们的惊慌心情,在总结、搜寻、提取、应用这些成语的过程中,学生的探究经历了由具体情境到抽象词语的转化过程。]

师:同学们体会得很深刻,谁能带着这种体会,读出当时的危急与心慌?(指名读)

师:作者为什么用这么多的笔墨来写洪水的凶猛和人们的惊慌?

生:这样写充分说明了洪水的凶猛可怕。

师:对,这样的描写让我们如临其境,如见其景,如闻其声。再想想,作者这样大力渲染环境描写,和文中人物有什么关系?

生:这样写更能衬托老汉的镇定。

师:是的,同学们已经体会到了作者的用意。就是在这样的绝境之下,老汉却——

生:站在那儿,不说话,盯着人们。

师:所以,我们说他——

生:很冷静,很镇定。

师:犹如一座深沉坚毅的大山,临危不乱。(板书:冷静如山)

[评:由"镇定"开始引发探究,引领体会作者写环境之恶劣、情势之危急、村民之惊慌正是为了反衬老汉的镇定冷静,将对恶劣环境的感知与老汉高大形象的品味融于一体。]

师:请同学们再静下心来,默默读读描写老汉言行、神态的句子,按着这样的思路想一想,这位清瘦的老汉怎么就像一座山?(生默读、勾画、思考、交流)

生:老汉坚定地站在那儿,身子就像一座不能动摇的山。

师:是呀!并不高大,但是很坚定;并不伟岸,但是很威严。就像一座山。

(板书:身躯如山)

师:你从这个"盯"字又会体会到什么?

生:坚定、沉着。

生:眼光如山。(板书:目光如山)

师:让我们有感情地读读这句话,体会老汉的目光如山、身躯如山。

(学生有感情地读)

师:我们继续交流,这是一位怎样的老汉?

生:舍己为人的老汉。

生:无私无畏的老汉。

师:说说理由。

生:在洪水面前,他把生的希望让给了别人,把死的威胁留给了自己。

生:他自己是第一个到木桥的,却没有先过桥,还把自己的儿子从过桥的人群中揪了出来。

师:他"揪"出的是什么?

生:其实是儿子生存的希望。

师:他当时犹豫过吗?

68

生:没有。他是突然冲上前,还吼着,凶得像只豹子。

师:从"吼"字中你体会到什么?

生:他很愤怒。

生:他很着急。

师:他不爱自己的儿子吗?

生:爱。

师:从哪句话中能看出来?

生:"老汉吼道:'少废话,快走。'他用力把小伙子推上木桥。"

师:一起来吼一吼,推一推。(学生表演读)

师:老汉的这个"推"和前面的"揪"刚好相反,在生的希望前面,他留下了自己,推出了儿子,正是所谓的"父爱如山"啊!(板书:父爱如山)

[评:为何先"揪"后"推",前面组内探究时学生理解较单薄,此处再次仔细体味,既丰富提升学生组内探究成果,又于感悟中勾勒人物形象。]

师:老汉将村民送上了跨越死亡的生命桥,自己和儿子却永远地消失在了茫茫的洪水中。

他有没有想到这种结局?

生:想到了。

师:他犹豫过吗?

生:没有。

师:老汉就是这样一个人,在巨大的灾难面前,始终把村民的生命放在第一位,如山一般深沉冷静,又如山一般无私无畏、英勇献身,只有这样的党员,才像是一座山啊!

(板书:精神如山)

[评:以"为什么说清瘦的老汉像一座山"这一统领全文的关键问题为线索,串起对全文的探究,使关键问题既是教学的开端,也是教学的主线,还是教学的归宿,达到"提领而顿,百毛皆顺"之功效。]

师:小伙子被洪水吞没了,老汉也被洪水吞没了,全村人却得救了。想一想,是什么挽救了村民的生命?还是那窄窄的木桥吗?

生:是老汉的无私。

生:是老汉的镇定。

生:是老汉的责任感。

师:挽救村民生命的到底是一座什么样的桥?

生:是老汉用生命架起的桥。

生:是老汉用无私架起的桥。

生:是一座用责任和奉献精神架起的生命桥。

师:所以,作者用"桥"来做题目。

[评:至此,问题①②已全部解决,在实施探究、解决问题的过程中,对文本的理解与感悟也同步完成,学生对课题"桥"的理解,已由导入时"小木桥是维系全村人生命的桥"升华为"老汉的沉着果决、无私无畏才是挽救全村人性命的桥"。]

(四)升华情感,延伸探究

师:这就是老汉,冷静如山、目光如山、身躯如山、精神如山的老汉,用自己的责任、自己的血肉之躯为村民们架起一座生命桥,自己却没来得及说上一句话就走了。如果你是村民、是小伙子、是他白发苍苍的老伴,你会对他说点什么?请大家选择角色,写一写。(学生写后交流)

生:如果我是村民,我会说,老支书,是您救了我们,您把生的希望留给了我们,自己却离去了,但您会永远活在我们心中。小木桥垮了,但您用生命搭起的桥却永远架在这条河上,架在我们心中。

生:如果我是小伙子,我会说,爹,我不怨您,我也不后悔,作为您的儿子,我骄傲。

生:如果我是白发苍苍的老太太,我会说,老伴,你放心地走吧,我没事。你虽然走了,却永远是我心中最坚定的山,无论风吹雨打都不会倒塌。

……

师:其实,像老汉这样在危急关头心系群众、无私奉献的党员和令人感动的父母官还有很多,犹如一座座深沉坚毅的山峰,矗立在祖国的角角落落,像在地震中舍家救人的才哇、身患绝症却心系村民的张广秀、带领群众脱贫致富的彭文华……

(课件出示:三人照片)

师:平时,他们千方百计地为村民着想,带领群众致富;灾难来临时,他们又用自己坚强的身躯为大家撑起一片希望的天空。请同学们课下利用网络、书籍等了解他们的感人事迹,学习课文洗练的写法,试着用一段简短的话语介绍他们的事迹。

[评:课堂是个小空间,生活是个大舞台。"感人父母官"调查活动的设置,让学生的探究突破了教学时间的限制和教学空间的束缚,从课内延伸到课外,使探究的触角伸向生活,使学生明白生活是探究学习的源泉。]

附板书:

16　桥　　　　　　老汉
　　　　　　　　　　────→

野马、恶魔　　　　冷静如山
　　　　　盯　　　　目光如山
　　　一座山　　　　身躯如山
　　　揪　推　　　　父爱如山
　　　吞没　　　　　精神如山

[**总评**:本课以问题为推进课堂、实施探究的主线,引导学生运用自主、合作、探究的学习方式,抓住课文中的关键词句,感受人物形象,感悟人物品质,体会表达方法。

第一,以问题的解决为主线组织课堂。本堂课的问题均来源于学生,体现以学定教的思想。对于学生提出的问题,老师引领分层解决,边缘问题当场解决,价值问题组内探究解决,核心问题"为什么说清瘦的老汉像一座山"则由教师引领全班集体解决。整堂课,学生的探究活动起源于问题,服务于问题,又结束于问题。

第二,抓住核心问题实施探究教学,使全文"提领而顺"。以对核心问题的探究为起点,将课文重点部分,如对暴雨和洪水的描写、对老汉言行的描写等,全部涵盖于内,使一切均为体味人物形象、感悟人物品质服务,主线分明而又浑然一体。

第三,探究形式多样,课堂丰满生动。面对课文,首先是细致深入的个体探究,其次是质疑解难的组内探究,最后是品读赏析的集体探究;在品读赏析一环节,则分别运用朗读探究、情境探究、想象探究等形式,使学生的探究活动丰富多彩,课堂厚重饱满。]

主要参考资料

[1] 季红海.授人以渔　自主探究.小学语文教学,2011(20).
[2] 葛晓光,宋玉良.中小学教育科研的理念与策略.济南:山东科学技术出版社,2010.
[3] 余文森.有效教学十讲.上海:华东师范大学出版社,2009.
[4] 葛平霞.《桥》教学设计.小学语文教学,2010(14).

加强语文综合性学习：
《遨游汉字王国》教学设计

李冰霖　孔祥明

国家课程改革首次提出综合性学习的命题,语文课程标准中也相应地提出了语文综合性学习的课型。

一、课程标准解读

语文课程标准把"综合性学习"纳入语文课程体系结构之中,与"识字与写字"、"阅读"、"写作"、"口语交际"并列,不但在课程的基本理念部分,而且在课程的阶段目标、教学建议、评价建议等部分非常详尽地阐述了"综合性学习"的目标、要求、内容、形式以及评价方法。这是此次语文课改的一个新内容。综合性学习能较好地帮助学生掌握"自主、探究、合作"的学习方式,有利于学生在整体性的听说读写活动中提高语文素养,有利于语文知识能力的学以致用,有利于培养学生的综合表达能力、人际交往能力、搜集信息能力、组织策划能力以及互助合作和团队精神等。它对培养学生的创新能力和实践能力,也有着深远的意义。

（一）关于语文综合性学习的相关问题的认识

1. 有关"语文综合性学习"的含义

从课程的组织方式来看,综合课程的模式大致有三个层面:第一是"学习领域",即知识技能的相关性,将学生原有的过于分化的学习内容统整为几种学习领域;第二是"综合学科",即将原有的分科课程统整为包容性更强的学科;第三是"综合实践活动",即以实践活动的方式组织课程内容,学生在实践中综合掌握并运用分科知识与技能。语文课程标准在教学建议部分提出,"综合性学习主要体现为语文知识的综合运用、听说读写能力的整体发展、语文课程与其他课程的沟通、书本学习与生活实践的紧密结合。"可见,课程标准所倡导的"综合性学习"实际上是第三层面模式的综合课程形态,即"语文综合实践活动"。

2. 提出"语文综合性学习"的目的

"课程标准还提出了'综合性学习'的要求，以加强语文课程内部诸多方面的联系，加强与其他课程以及与生活的联系，促进学生语文素养全面协调地发展。"在这里，着重讲了提出语文综合性学习的目的：一是为了加强语文课程与其他课程、与生活的联系，拓宽语文课程资源，让学生参与到广阔的生活实践活动中去。二是为了促进学生语文素养全面协调地发展。综合性学习看重的主要不是学习成果的呈现方式，不是学习的结果，而是学生学习、探究、实践的过程，是在一次次的综合性学习的过程中不断地提高听、说、读、写等语文能力，提高发现问题和解决问题的能力、搜集信息和处理信息的能力、综合运用语文的能力，提高创造性以及责任感、合作精神等等。三是培养课程资源意识。语文学科的课程资源是很丰富的，一切自然风光、文化遗产、风俗民情、方言土语，国内外的重要事件，日常生活的话题等都可以成为语文课程的资源，要培养学生开发利用资源的意识，引导学生开展丰富多彩的语文实践活动，拓宽语文学习的内容、形式、渠道，使他们在广阔的空间里学语文、用语文，拓宽视野，丰富知识，砥砺能力。

3. "语文综合性学习"与"全面提高语文素养"、"自主、合作、探究的学习方式"的关系

课程基本理念部分第一次提出"语文综合性学习"。有关表述是"综合性学习既符合语文教育的传统，又具有现代社会的学习特征，有利于学生在感兴趣的自主活动中全面提高语文素养，有利于培养学生主动探究、团结合作、勇于创新的精神，应该积极提倡"。这个包含三个分句的多重复句，强调了两个关系：

第一，"语文综合性学习"与"全面提高语文素养"的关系。课程标准在前言部分说，"语文课程致力于培养学生的语言文字运用能力，提升学生的综合素养"，要"全面提高学生的语文素养"。可见，全面提高以语言文字运用能力为核心的语文素养，这是语文课程的根本目标，而综合性学习能够促进学生全面提高语文素养，也就是说，综合性学习是一个促进语文课程达到目标的重要的学习方式。这种学习方式强调学生"在感兴趣的自主活动中"学习语文，具有鲜明的现实性、实践性和综合性，也是传统与现代的有机结合。

第二，"语文综合性学习"与"自主、合作、探究的学习方式"的关系。课程标准所倡导的课程理念之一，是积极倡导"自主、合作、探究"的学习方式。而"综合性学习"是培养学生"自主、合作、探究的学习方式"的重要途径。因为，综合性学习具有在实践中自主、合作、探究的鲜明特性，有利于学生在感兴趣的自主活动中全面提高语文素养，有利于培养学生主动探究、团结合作、勇于创新的精神。

（二）实施中的几点建议

1. 要突出"综合性"

第一，语文学习资源与渠道的综合。首先是课堂教学资源和课外学习资源的开发与利用。课程标准指出，"语文课堂资源包括课堂教学资源和课外学习资源"，一切"自然风光、文化遗产、风俗民情、方言土语，国内外的重要事件，日常生活的话题等也都可以成为语文课程的资源"。因此，要"沟通课堂内外"，"充分利用学校、家庭和社区等教育资源，开展综合性学习，拓宽学生的学习空间"。其次是语文课程与其他课程、其他领域的沟通与配合。课标标准建议："综合性学习的设计应开放、多元，提倡与其他课程相结合，开展跨领域学习。跨学科学习，也应以提高学生语文素养为目的。"因此，要注重语文与其他课程的沟通，以提高学生语文素养为目的，综合性地学语文、用语文。

第二，语文学习目标、内容和形式的综合。首先，在学习目标上，要体现识字与写字、阅读、写作、口语交际这四个方面的学习目标的综合，如用口头或图文等方式表达自己的观察所得，尝试运用语文知识和能力解决简单问题等。其次，在学习内容上，要体现自然、社会、人文领域的综合，比如观察周围事物，观察大自然，观察社会，参加校园社区活动，尝试研究学习、生活问题，关心和研究本学校、本地区和国内外大事及热点问题等。最后，在学习形式上，要体现观察性学习、探究性学习、体验性学习、个性化学习、合作性学习等多种学习方式的综合。

2. 要加强"实践性"

课程标准在四个学段所提出的目标要求，无不体现在多学科的交叉中促进"语文知识的综合运用、听说读写能力的整体发展、语文课程与其他课程的沟通、书本学习与生活实践的紧密结合"，但这些目的必须通过"实践"来实现。所以，设计综合性学习活动要和学生的实际生活联系起来，让学生运用语文去探究和解决与学习和生活相关的、大家共同关注的实践问题等。

要注重探索和研究的过程。综合性学习的课程目标，并不是单指某种知识或能力的达成水平，而是提出一些学习活动及其要求，实际上主要指"过程"。从某种意义上讲，学生富有个性的学习过程比所要追求的结果更重要。因此，每次综合性学习，教师都要认真指导，引导学生经历一个学习活动的过程。通常情况下，每次综合性学习都要提前两个星期或者三个星期布置，让学生有充分的时间自主、合作、探究有关的课题。具体的活动大致上可以这样安排：① 师生讨论，确定活动课题及具体方案。② 学生自由组合，以4~6人一组为宜。组内分工，明确个人职责，认领课题，自主完成搜集资料的任务。③ 个人完成后组内交流、展示，互相讨论切磋，进行信息筛选组合。④ 上课交流、展示、评价。⑤ 课后反思，资料汇总，评选优秀小组。通过这一系列活动的开展，让学生在过程中感受、体验。

要重视学生主动积极的参与精神，关注学生对自行设计和组织活动的参与程度。提倡学生人人参与,让不同的个体能在综合性活动中更好地发展自己的个性,既展示自己的特长,又在合作和探索中发展自己的学识、胆识。

在实践过程中,要重视学生的调查、访问、查阅和收集资料等活动过程与策略的指导,鼓励学生多渠道获取信息、收集资料,使学生逐步掌握互联网、图书馆、人际交流等获取资料的方法与途径,让学生在课内外学习相结合的实践中整合各种知识和能力,融合书本知识与实践经验,在实践中体验,形成语文素养。

3. 强调"自主性"

课程标准指出,综合性学习应突出学生的自主性,重视学生主动积极的参与精神,主要由学生自行设计和组织活动,特别注重探索和研究的过程,要加强教师在各环节中的指导作用。因此,综合性学习要突出教师指导下的"自主性",要抓好策划、实施、交流、评价四个环节,在布置、活动、展示几个阶段中让学生自行设计和组织活动,特别注重探究的过程。要从学习主体的特点和需要出发,考虑并设计综合性学习的目标、内容和形式,应给学生比较多的选择权利、机会和余地,活动内容和方式应由学生自主选择确定,如"利用图书馆、网络等信息渠道获取资料,尝试写简单的研究报告","策划简单的校园活动和社会活动,对所策划的主题进行讨论和分析,学写活动计划和活动总结",在老师的指导下组织活动。

(三)操作时应注意的问题

由于课内外一体的综合性学习内容更加丰富,时间相对较长,所以要特别注意抓好策划、实施、交流、评价四个环节。

1. 策划

在综合性学习中,应当充分发挥小组的作用,在组长带领下制订活动计划。教师应提醒学生,根据实际情况选择开展哪些活动,小组每个成员都要明确活动的时间、内容、方式、分工等,在这个过程中培养学生的自主意识和合作精神。教师对学生自由组合小组的情况,要及时了解和关注。

在学生的分工上,教师要注意"长善救失"。一方面要根据每一个学生的兴趣爱好、个性特长、知识能力水平,引导他们在小组中承担适当的任务。另一方面要利用综合性学习的机会,让某些方面能力发展不足的学生得到锻炼,发展潜能。

把策划好的活动用计划的形式固定下来,以便于大家实施。活动计划是一种应用文,有一定的格式,教师要对怎样制订活动计划进行指导。学生初次制订活动计划,可以比较简单。计划制定好后,最好在全班交流,可以在教室里张贴,也可以宣读介绍。希望吸取其他小组计划的优点,完善本小组的计划。

2. 实施

就一个班级来说,小组活动可以有"并进式"和"阶段式"两种方式。"并进式"是各小组自选内容,同时开展不同的活动。"阶段式"是根据班上多数同学的需求和教学条件,集中进行两三项活动,逐项进行。每个阶段小组活动的内容虽然相同,但具体材料和活动方式仍然有自主性。语文教育资源比较丰富的地区、基础比较好的班级,可以采用"并进式"学习流程;语文教育资源相对缺乏的地区、基础不够好的班级,可以采用"阶段式"。

在小组活动中,教师要特别关注学生的合作情况。要让每个学生都能发挥作用,人人都有事做,各尽其力,形成相互依存的真正意义上的合作。

由于教学时间较长,活动要有分有合,小组学习和全班共同学习穿插。

3. 交流

小组活动以后,要进行汇报和交流,这是更大范围的合作学习。交流的关键是全体学生的参与,要让每个同学反映自己学习的成果,分享其他同学的收获。全班采用哪种形式交流,既要听取大多数学生的意见,又要充分考虑学生的参与面和参与的程度。可以采取编小报、办展览、开成果汇报会等形式。编小报或办展览可以以小组为单位进行,人人有事做并充分反映小组合作的成果。成果汇报会也以小组为单位准备,小组全体成员分工汇报或推举代表汇报。

交流和汇报要强调学生之间的互动,不应只有单向的讲和听。

4. 评价

2011 年版课程标准在评价建议里新加了一段话:"综合性学习的评价,应着重考察学生的语文综合运用能力、探究精神与合作态度。主要着眼于学生在综合性学习过程中的表现,如是否能积极参与活动,是否能主动提出问题,还有搜集整理材料、综合运用语文知识探究问题、展示与交流学习成果等方面的情况。第一、第二学段要较多地关注学生参与语文学习活动的兴趣与态度;第三、第四学段要多关注学生在语文活动中提出问题、探究问题以及展示学习活动成果的能力。各个学段综合性学习的评价都要着眼于促进学生提高语文水平的效率,并有助于他们扩大视野,更好地掌握学习语文的方法。"这段话比较明确地说明了综合性学习评价内容的关注点。

综合性学习的评价还要注意既重结果也重过程,但更注重过程。一般来说,可以采用"成长记录"评价。成长记录有目标型、过程型、展示型、评估型。可以收录的材料有:活动计划、活动记录、搜集到的资料、自己写的文章、小组编成的小报、展品和汇报材料等。整个成长记录后面有自我评价、小组同学评价和教师评价。自我评价可以是自我小结,总结自己在这次综合性学习中的收获。小组和教师评价以定性评价为主,也可以适当采用等级或星级。小组评价要强调多看别人的优点和进步,让学生学会赞赏他人。教师的评价要多用激励性评语。这种过程型成长记录,学生可以看到自己的进步,具有很强的激励作用。

二、教学实施案例:《遨游汉字王国》教学设计

研究课题:加强语文综合性学习

研究教师:安徽省芜湖绿影小学孔祥明;课标解读由李冰霖撰稿并评析。

教材简介:本课是人教版义务教育课程标准实验教科书小学语文五年级上册第 5 组《综合性学习:遨游汉字王国》的一个板块的教学内容。

教学设计:

第一课时:

(一)激趣导入,揭示学习内容

1. 导语:我们平常看书、读报、写信、作文,都离不开汉字。看,老师在黑板上就写了两个汉字,即"汉字"。你们对汉字有更多的了解吗?

(学生可以自由发言,教师相机点拨)

2. 打开课本第 76 页,指名读关于汉字的介绍。

3. 揭示内容。同学们,你们的发言,再加上刚才书上的介绍,这仅仅是对汉字的初步了解,你们想不想更多地了解汉字? 好,让我们在这段时间里一起遨游汉字王国,开展综合性学习,感受汉字的有趣和神奇,了解汉字文化,并为纯洁祖国文字做些力所能及的事吧。(板书课题:遨游汉字王国)

(二)整体阅读,感受汉字的神奇

1. 教师谈话:首先,请大家一起走进课本第 78～85 页,让我们共同阅读"阅读材料 1～4",真实地感受汉字的神奇吧。

2. 教师出示阅读要求:

(1)认真阅读"阅读材料 1～4",思考:这四则材料分别从哪个方面说明汉字是有趣的? 为什么说是有趣的?

(2)除了上述四种汉字有趣的现象外,你还知道哪些汉字的有趣现象?

(3)阅读后,就自己的想法在小组内交流。

3. 学生自学、讨论、交流,教师参与学生活动。

4. 学生汇报,教师点拨。

(1)学生汇报第一题。

(要点:字谜,谐音,仓颉造字,"册、典、删"的来历)

① 关于字谜:请学生先独立猜出谜底,然后在小组内交流自己的想法,最后在全班汇报。

(答案:日、香、立、曼、休、斗、林、杜、刘、孟)

② 关于谐音：

师问：课本中列举了几种有趣的谐音？

（答案：歇后语、古诗、对联、笑话）

师问：能说出是哪两个字谐音吗？

③ 关于仓颉造字：学生读完后，可以让学生用自己的话讲一讲这个传说。

④ 关于"册、典、删"的来历：学生读完后，同桌互相说一说这几个字是怎么造出来的，然后说一说自己知道的其他汉字的来历。

注意检查几个生字的读音。

（2）学生汇报第二题。教师适当评点。

（三）总结拓展，激发学生探究

教师谈话：通过上面内容的学习，我们已经充分感受到汉字的有趣，这也为我们进一步探究汉字的奥秘，进一步学习汉字提供了有效的途径。在下面的学习中，我们将利用这些有效途径开展丰富多彩的活动。

第二课时：

（一）合作讨论，制订活动计划

1. 引语：这是我们第一次遇到以综合性学习为主线进行整组学习的单元。那么如何开展好综合性学习呢？

2. 提示：在我们的课文中，有对综合性学习的指导，让我们一起走进课本第77页。

3. 学生自由读第77页上面一段话。

4. 学生汇报从这段话中知道的要求。

（教师相机强调：（1）自由组成小组；（2）讨论活动内容；（3）制订活动计划；（4）活动计划包括：活动时间、活动内容、参加人员、分工情况等；（5）活动结束后要展示活动成果）

5. 明确建议，突出活动重点。

（1）指名读"活动建议"。

（2）汇报读懂的要求。

（学生汇报，教师相机提示：围绕"汉字的有趣"，有选择地开展活动，注意要认真阅读提供的材料）

6. 学生自由分组。（适时关注学生分组的情况，并建议做适当调整）

7. 学生分组讨论活动计划。

（提示：讨论时要做好分工，如专人记录讨论结果，专人负责整理讨论意见，并形成完整的计划）

（二）讨论交流，修改完善活动计划

1. 以小组为单位汇报活动计划。

2. 师生共同评议。

（教师相机引导，提示注意计划的完整、合理、科学以及活动形式尽量不重复）

3. 小组根据评议，修改完善活动计划。

（三）课外实践，搜集、查找、整理资料

学生根据拟定的计划，进行相关的搜集、查找、整理等工作。

第三、四课时：

在确保活动中学生安全的前提下，教师要有组织地安排学生在课外通过各种途径搜集资料，需要安排两课时的时间进行活动。

第五课时：

（一）谈话导入，激发兴趣

同学们，上几节课我们认真制订了小组活动计划，大家一定按照计划开展了丰富多彩的活动。在活动中，我们一定体会到了汉字的有趣。这节课，我们就来汇报大家开展活动的情况。

（二）展示交流，汇报学习成果

1. 字谜大擂台。

（1）教师引言：首先，我们从汉字的猜字谜开始。同学们，大家在课外一定收集了不少汉字字谜，还有的同学自己编写了一些字谜呢。现在，我们要举行字谜大擂台活动，大家准备好了吗？

（教师事先将学生收集和编写的字谜和谜底集中进行整理，按照一定的比例确定必答题、抢答题各若干道，分别用不同的信封装好，以便主持人活动时使用）

（2）教师提出活动要求：

全班分成四个活动大组。对每个小组成员进行编号，每个组人数尽可能相等。

选出一位活动主持人，五位裁判员，一位记分员。

必答题每题5分。答对加5分，答错不扣分。

抢答题每题8分。答对加8分，答错扣8分。

（3）活动开始。

第一轮必答题。每组的 1～4 号选手回答。

第一轮抢答题。选手进行抢答。

第二轮必答题。每组的 5～8 号选手回答。

第二轮抢答题。选手进行抢答。

（教师根据活动的效果和学生人数进行控制，尽量使每个学生都有参与活动的机会）

（4）交流体会，感受乐趣。

活动结束后，可以请自编字谜的同学介绍编字谜的过程和自己的体会，也可以介绍自己在收集字谜的过程中发生的一些有趣的事。

2. 谐音俱乐部。

（1）教师谈话：刚才我们进行了紧张激烈的字谜大擂台赛，通过猜字谜，大家不仅积累了汉字的知识，而且从中感受到了汉字的无穷乐趣。下面让我们轻松一下，进入我们的谐音俱乐部，再次享受汉字给我们带来的快乐吧。

（2）互动游戏。

歇后语：一生说自己搜集的歇后语前半句，指名其他人说后半句。

古诗：一生读自己搜集的古诗，指名其他人说其中的谐音字。

对联：一生说自己搜集的对联上联，指名其他人说对联下联，并说出其中的谐音字。

笑话：一生介绍自己搜集的笑话。其他人说笑在何处。

（三）拓展延伸，激发学生实践

教师谈话：同学们，通过上面的活动，我们充分感受到汉字的无穷乐趣，让我们做生活中的有心人，做学习的主人。课下，大家可以将自己收集的字谜、有趣的谐音现象整理归类，然后在教室里出一期黑板报。

（四）总结全课

同学们，经过一段时间的综合性学习，我们不仅学会了制订活动计划，还通过搜集大量的学习资料，感受到祖国文字——汉字的有趣。我们的收获真大。大家还想继续进行综合性学习，进一步了解汉字，加深对汉字的热爱之情吗？好，下节课我们继续学习。

[**总评**：这节语文综合性学习课例，紧扣课程标准精神，突出了"三个特性"：

第一，学科性。本节语文综合性学习围绕"汉字的起源"这一主题，引导学生搜集有关汉字来源的各种图片、信息，阅读相关资料，并通过交流研讨，让学生了解更多与汉字有关的信息，感受汉字的有趣和神奇，加深对汉字和中华传统文化的感情。这样，通过语文教学与语文实践活动的紧密结合，提升学生语文的实践能力。

第二，综合性。本节课通过课前让学生了解汉字的相关信息，课中进行交流、讨论，课后继续搜集有关资料，进一步了解汉字，感受汉字的有趣，加深对汉字的热爱。这样，在学习空间上，体现了课堂学习与课外学习有机整合；在学习内容上，体现了语文的多元信息；在学习方式上，体现了实践性学习、个性化学习、体验性学习等多种学习方式的综合。

第三,实践性。从实践的过程来看,本节课用五个教学时,按照"激发兴趣—策划活动—课外实践—课内交流"实施关于汉字的综合性学习,既有课前的让学生走进现实世界的搜集资料等实践活动;又有课中学生阅读、交流、表达的语言实践活动。实践的方式和手段都是体现在具体的主题实践活动的过程之中。]

主要参考资料

[1] 李冰霖. 语文综合性学习——《语文课程标准》的新理念. 小学教学研究,2002(2).

[2] 宋娟娟. 浅谈语文综合性学习活动的有效性. 江西教育,2010(Z2).

[3] 沈大安. 综合性学习答问录. 小学语文教学,2011(3).

[4] 雷实.《语文课程标准(2011 年版)》的坚持与改进. 福建教育,2012(10).

附记:本设计摘录于老百晓网站(www.lbx777.com),评析为本书编者所加。

课程资源的开发与利用：
《植物妈妈有办法》教学纪实

王澄清　于　婷　黄巧琳

一、课程标准解读

课程标准的前言部分，提出的第四条课程基本理念是"努力建设开放而有活力的语文课程"。强调语文课程应该是开放而富有创新活力的，要针对不同地区、不同学校、不同学生，开发与之相适应的课程资源。实施建议部分，在"教材编写建议"之后又单列出"课程资源的开发与利用的建议"。将"资源"引入语文课程，这是语文教育改革的重要举措之一。

（一）关于课程资源的开发与利用的相关问题的认识

1. 什么是语文课程资源

语文课程资源包括课堂教学资源和课外学习资源，它是指课程设计、实施和评价等整个课程教学过程中一切可利用的人力、物力以及自然资源的总和，其内涵非常丰富，既包括教师、学生、家长等人的因素，也包括学校、家庭、社区等物化的环境。根据来源、功能、呈现和存在形式，课程资源有多种分类，如果从语文课程的因素来源与必要而直接的实施条件来研究，可以分为素材性语文课程资源和条件性语文课程资源两大类。素材性语文课程资源，主要是指语文知识、语文技能、语文生活经验、语文活动方式与方法、情感态度和价值观以及培养目标等方面的因素，如课程计划、教学用书、参考资料等；条件性课程资源，主要是指直接决定语文课程实施范围和水平的时间、场地、媒介、设施和环境等因素。如果从教学活动的要素角度来研究，则可以分为教材方面的语文课程资源、学生方面的语文课程资源和教师方面的相关课程资源等。

2. 要重视语文课程资源的开发与利用

这里主要从教师、教材、学生三个方面来研究语文课程资源的开发与利用。

第一，教师方面的课程资源。教师是最为重要的课程资源，教师（包括学校管理者）课程资源，主要是指基于教师的人格魅力、教学理念、个人修养、独特才能和施教手段以及教师的生活体验和生活实践等方面的资源。教师不仅决定课程资源的鉴别、开发、积累和利用，而且是课程实施的首要的基本条件资源。教师的素质状况决定课程资源开发与利用的程度以及发挥效益的水平，影响学生自主学习的效果。

第二，教材方面的课程资源。教材不仅仅是学生学习语文知识、提高语文能力的文本，还承担着丰富学生生活经验、提高人文素养、培养创新精神和实践能力、养成良好的学习习惯等诸多任务。教师要研究和处理教材，借助校内、校外以及网络信息化教材资源，引导学生通过自主、合作、探究等多条途径主动理解和体验，综合提高语文修养。教材是重要的课程资源，根据其载体形式来研究，涵盖了素材性和条件性课程资源。一是指语文教科书。教科书仍然是目前最重要的学校课程资源。教材的选择应符合课程标准的要求，体现学生身心发展特点，反映社会、政治、经济、科技的发展需求，内容组织应多样、生动，有利于学生探究。二是指校内、校外的各种课程资源。如：图书馆、实验室、专用教室及各类教学设施和实践基地，校外的博物馆、展览馆、科技馆、工厂、农村和科研院所等各种社会资源以及丰富的自然资源。三是指教辅类课程资源。包括课件、网络信息化资源等。课程标准从四个方面提出了关于课程资源开发与利用的建议，学校课程及载体（特别是教材）将越来越不是学生学习的唯一渠道。

第三，学生方面的课程资源。主要是指基于学生已有的认知基础、知识储备、情感体验和生活实践等方面的资源，也包括学生之间、师生之间互动交流的生成性资源。长期以来，语文教学受旧的课程理念的影响，困于校园，囿于教科书，对学生的生活感悟关注不够，对学生的基础素养、知识经验、生活经验认识不足。课程标准处处强调，在利用课堂很好地学习、理解、消化教科书的同时，有针对性地将学生现实生活引入语文学习，或者将语文学习引向学生的现实生活。

（二）实施中的几点建议

第一，教材方面的语文课程资源。当前，教材（尤其是教科书）课程资源的开发，应关注校内外课程资源的开发与利用（包括网络课程资源），在开发与利用语文教科书的基础上，重视校内外其他课程资源的开发与利用。教师要面向课堂以外，面向学生的生活实际，通过多种途径，以素质提高为核心，充分挖掘利用现有学校课程资源，合理选择社区、家庭等社会环境资源，积极开发信息化的课程资源，有效发挥大众网络的价值，创造性地开发和利用一切有助于实现课程目标的资源，改变封闭式的语文教学状态，营造学生交流学习、自主探究的良好环境。用开放而有活力的课程资源，提高学生的语文修养。

第二，学生方面的语文课程资源。当前应关注两点：一是学生的情感体验性课程资源的开发与利用；二是生成性课程资源的开发与利用。所谓生成性课程资源,是指学生在教学互动过程中所形成的课程资源。譬如,思维的碰撞,意见的争鸣,情感的交融,等等。

第三,教师方面的语文课程资源。要始终把教师课程资源的开发与利用放在首位,通过这一重要的课程资源的突破来带动其他课程资源的开发和优化利用。教师应主动寻求专业发展机会,提高自身进行科学教学的能力,以便在能力、需要、经验和学习方法等方面给学生提供全面有效的指导。当前应关注两点:一是更新课程理念;二是提高教学活动设计的能力。新课程理念强调课程要通过教学活动来实施。教科书只规定活动基本内容、基本原则、基本方式以及注意事项等,教学活动由教师来设计。过去要会备课,现在则必须会设计教学活动。设计教学活动与传统的备课有一定的差别。过去备课,过于注重知识的传授,局限于单向的传授。而教学活动设计则有些不同:一是教学目标的多重性,有知识、技能,还有情感、态度、价值观,涉及多维课程目标;二是教学资源的建构性,在语文教科书所提供的课程资源的基础上,重新组织课程资源;三是教学过程的生成性,要考虑到教学活动中创新的成分、不可预见的成分。

二、教学实施案例:《植物妈妈有办法》教学纪实

研究题目:阅读教学中课程资源的开发与利用

研究教师:于婷;王澄清、黄巧琳负责课标解读和评析。

教科书简介:《植物妈妈有办法》是人民教育出版社六年制小学语文教科书第三册的精读课文。教学设计两课时,此为第一课时。

教学过程:

师:小朋友们,每人发给一个小纸包,请不要打开。咱们先唱首歌。(放音乐:"我是蒲公英的种子,有一朵毛茸茸的小花,微风轻轻地一吹,我就离开了亲爱的妈妈,飞呀飞呀飞呀飞,飞到哪儿,哪儿就是我的家。")我们唱了一首什么歌呀?

[评:"小纸包"本身就是课程资源,学生因此而产生的学习期待,资源价值则更大。]

生1:我是蒲公英的种子。

师:大自然中很多植物长大了都要去传播种子。它们是靠了哪些办法去传播种子的呢?今天咱们学习一篇新课文。(师板书)请齐读课题。

生(齐):植物妈妈有办法。

[评:歌曲《我是蒲公英的种子》的歌词是一年级语文《我是蒲公英的种子》的内容。由知识储备《我是蒲公英的种子》导入新课的学习,不仅缩短了新知与

旧知的距离,而且激发了学习新知的兴趣,将已有的知识储备纳入了新课的学习之中。]

师:请把课文读一遍,借助拼音读准字音。(生自由读,师巡视)小朋友读得非常认真!(展示课件)这是本课的生词。请你们同位两人互相当小老师,检查是不是会读了。(生互相检查)大家读得非常认真。老师想了解全班小朋友读词的情况。哪一个小老师愿意来检查呀?(示意举手,请一位同学到讲台上)你把要求先给同学们说一下。

[评:这里融入了教师的非规范评价。教师对学生的信任、企盼、赞赏的情感评价因素,是学生学习的重要课程资源。]

生2:我让全班同学每个词读三遍,开始。

生(齐):旅游、娃娃、仔细、准备、山洼、观察、降落伞、豆荚、粗心……

师:课文又读得怎么样呢?我们请五个小朋友一起读。谁来读呀?你来读第一小节……其他小朋友边听边想:课文讲了哪几种植物传播种子的办法?

生3:植物妈妈有办法。孩子如果已经长大,就得告别妈妈四海为家,鸟有翅膀,植物旅行靠的啥办法?

生4:蒲公英妈妈准备了降落伞,把它送给了自己的娃娃,只要有风轻轻吹过,孩子们就乘着风纷纷出发。

生5:苍耳妈妈有个好办法,它给孩子穿上带刺的铠甲,只要挂住动物的皮毛,孩子们就能去田野山洼。

生6:豌豆妈妈更有办法,它让豆荚晒在太阳底下,啪的一声,豆荚炸开,孩子们就蹦着跳着离开妈妈。

生1:植物妈妈的办法很多很多,不信你就注意,那里有许许多多的故事,粗心的小朋友却得不到它。

师:读得太好了!课文讲了哪几种植物传播种子的办法?

生7:有蒲公英、苍耳和……豌豆。

师:把话说完整。

生8:课文讲了蒲公英、苍耳、豌豆传播种子的方法。

师:(师在黑板上画简笔画)小朋友认识它是谁吗?

生(齐):蒲公英。(师画)

生(齐):苍耳。(师画)

生(齐):豌豆。

[评:教师的简笔画是主要来自老师方面的课程资源。]

师:孩子如果已经长大就得告别妈妈,四海为家。我请一个小朋友读课文,其他小朋友边听边想:蒲公英妈妈是靠什么办法来传播种子的。

生5:蒲公英妈妈准备了降落伞,把它送给自己的娃娃,只要有风轻轻吹过,孩子们就乘着风纷纷出发。

师:读得非常好!蒲公英妈妈是靠什么办法来传播种子的。

生11:蒲公英妈妈靠风轻轻吹来传播种子。

师:你从哪读出来的?

生11:只要有风轻轻吹过,孩子们就乘着风纷纷出发。

师:小朋友自己读懂课文了。这就是蒲公英。(展示录像课件:微风轻轻一吹,蒲公英就乘着风纷纷出发,天空中,田野里,到处飘满了白色的小花,真美啊!)蒲公英传播种子的办法怎么样呀?

[评:教学过程中教师所提供的教学录像属课外资源。教学录像的使用,有助于学生认识蒲公英,了解蒲公英传播种子的办法。]

生8:蒲公英传播种子的办法真巧妙。

师:是呀,真巧妙。能不能通过朗读来夸一夸蒲公英妈妈的这个办法?

生(齐):能。

师:自己先试着练一练。

生12:蒲公英妈妈准备了降落伞……

师:听了这个小朋友读,老师也想读一读,行不行呀?

生(齐):行。

[评:教师的"行不行"三字传递的是教师对学生的尊重;学生的"行"一字传递的是学生对老师的信赖。师生之间的这种闪烁着相互尊重、信赖的情感,是语文教学亟待开发的。]

师:只要有风轻轻(轻轻一词轻读)吹过,孩子们就乘着风纷纷出发。

生13:老师读的"轻轻吹过"是小声读的,非常轻。

师:你听出来了。那老师为什么要读得轻呢?

生14:因为书上说的是轻轻吹过。风轻轻吹过,就是很小的风。

师:很小很小的风一吹,蒲公英就乘着风纷纷出发了。你能学着老师的样子练一练吗?(生读)

生9:只要有风轻轻吹过,孩子们就乘着风纷纷出发。

师:再读读课文,夸一夸这个好办法。

生1:(配乐朗诵)蒲公英妈妈准备了降落伞,把它送给了自己的娃娃,只要有风轻轻吹过,孩子们就乘着风纷纷出发。

师:我们不看书,再来夸一夸这个好办法,行不行呀?

生(齐):行。

师:老师读前半句,小朋友们接后半句。注意要接准:蒲公英妈妈——

生(齐):准备了降落伞。

师:把它送给——

生(齐):自己的娃娃。

师:只要有风——

生(齐):轻轻吹过。

师:孩子们就——

生(齐):乘着风纷纷出发。

师:非常好!我们再夸夸这个好办法。(指着黑板上的简笔画)看着图一起背:蒲公英妈妈——

生(齐):蒲公英妈妈准备了降落伞……

[评:采用多种方法指导学生读懂课文,学生不知不觉地就背下了课文。]

师:蒲公英妈妈是靠风吹来传播种子。苍耳要旅行靠的是什么办法呢?请小朋友把老师课前发给你们的小纸包轻轻打开,看看里边有什么?

生(齐):苍耳。

[评:教学中提供的苍耳等实物也是课程资源。包有苍耳的小纸包,对农村和城市学生来讲,感受可能不一样,但只要不打开就是一个谜,会引起学生的极大兴趣。这样设计教学,也是着眼于课程资源的开发。]

师:大家可要仔细观察呀!可以用手摸摸。(生观察)好,读读课文,边读边想:苍耳妈妈是靠什么办法来传播种子的?

生(齐):苍耳妈妈有个好办法,它给孩子穿上带刺的铠甲,只要挂住动物的皮毛,孩子们就能去田野山洼。

师:苍耳妈妈传播种子的办法,了解了吗?

生(齐):了解了。

师:真的了解了?可老师还有点不……

生(齐):小白兔。

师:请一位小朋友,给大家演示一下苍耳妈妈传播种子的方法。谁敢来?这位小朋友吧,他第一个举手。拿好小白兔,现在你就是一只可爱的小白兔了,老师就是苍耳妈妈了。我的苍耳宝宝长大了,给它穿上了一身带刺的铠甲,挂了枝头,小白兔蹦蹦跳跳地来到了苍耳身边。

生12:小白兔蹦蹦跳跳地来到了苍耳的身边,一不小心,把苍耳粘到自己的身上了。

师:掌声鼓励他。(鼓掌)

师:谁来说说,小白兔现在怎么样了?

生9:小白兔的身上粘了苍耳了。

生3:小白兔身上,粘上了苍耳。

师:书上怎么说的呀? 快看看。

生4:挂住。

师:为什么要用"挂"字呀? 再观察观察。(实物展台展示苍耳)谁有新的发现?

生10:我有新的发现。苍耳刺上有一些弯曲的小钩。

师:是吗? 小钩在哪儿?

生11:就在苍耳刺的最前边。

[评:是"粘上"? 是"挂住"? 这是教学过程中师生共同交往中所产生的情境和问题。教师抓住不放,生成性课程资源得到了很有价值的开发。]

师:真了不起,你有重大发现! 苍耳的每一根刺的最前边,还有一个弯弯小钩呢,所以苍耳就靠这些小钩挂住动物的皮毛。你看,书上用的这个词多好啊! 书上把苍耳外边这层带刺的硬壳称作什么呀? 这个小朋友找到了。

生9:铠甲。

师:对!(抱着小白兔演示)小白兔身上挂满了苍耳,蹦蹦跳跳地来到田野,抖了抖身子,怎么样了?

生5:掉下来了。

师:把话说完整。苍耳就——

生5:苍耳就掉下来了。

师:掉到哪里了?

生5:掉在田野里了。

师:掉在田野里了,苍耳就在田野里——

生5:生根发芽了。

师:说得非常好! 苍耳还可以来到哪儿?

生10:来到山洼上。

师:在山洼上怎么样?

生10:在山洼上生根发芽。

师:还可以来到哪儿?

生15:山洼。

师:刚才说到山洼了。还可以来到哪儿?

生15:田野。

师:也说过田野了。谁来帮帮他? 你来说。

生12:还可以来到稻田边。小白兔抖了抖身子,苍耳就掉到地上了。

师:它就在——

88

生12：它就在稻田边生根发芽。

师：是呀，小动物们把苍耳带到哪里，哪里就是它的家。瞧，小苍耳传播种子的方式多有趣啊，我们再一次通过朗读来夸一夸这个好办法。我们一起来读：苍耳妈妈有个好办法——

生（齐）：苍耳妈妈有个好办法……

师：（指着黑板上的简笔画）我们不看书，看着图画夸一夸它。

生：苍耳妈妈有个好办法——

师：苍耳妈妈就是靠挂住动物的皮毛来传播种子的。豌豆呢？

……

师：好，豌豆就是靠太阳晒来传播种子的。通过刚才的学习，大家对蒲公英、苍耳和豌豆传播种子的办法都了解了吗？

生（齐）：了解了。

师：真的了解了？

生：真的。

师：我请三个小朋友上来，考考你们，看你们是不是真的明白了。它是谁呀？（师展示三种植物头饰，生分别答道蒲公英、苍耳、豌豆）

师：请你们三个到旁边去商量商量，要提什么样的问题考老师和同学，能行吗？下面的小朋友，你们同位两人也想想：他们会提什么问题呀？我们该怎么回答呢？咱们可不能让他们考住了！

生12：我是谁？

师：第一个问题出来。告诉他就是了。

生10：你是蒲公英。

生12：对。我是怎样传播种子的？

生3：你靠风传播种子。

师：他回答得对不对？

生12：回答得对，非常好。

师：好了，该你了。

生2：我又是谁呀？

生7：苍耳。

生2：我怎样传播种子的？

生5：你是靠动物传播种子。

生2：再说一遍。

生5：你是靠挂住动物的皮毛来传播种子。

生2：这次说得很好。

师:好,该你了。

生1:我是谁?

生13:你是豌豆。

生1:我是怎样传播种子的?

生8:你靠太阳,晒在太阳底下,啪的一声,豆荚炸开,你就蹦着跳着离开了妈妈。

师:豌豆就是这样传播种子的。这三个小朋友提的问题非常好,大家鼓励他们。(鼓掌)

[评:以上教学情境的创设,也属于生成性课程资源的开发与利用。]

师:看样子,大家对蒲公英、苍耳和豌豆传播种子的办法都了解了。其实,植物妈妈传播种子的办法还有很多很多。老师知道,咱们班的小朋友中就有细心的孩子,还知道很多很多植物传播种子的办法呢!

生12:我知道。野山楂,鸟儿飞来把野山楂吃了,排出粪便,野山楂的种子掉到哪里,就在哪里生根发芽。

生1:还有野葡萄。

生2:我知道喷瓜也是晒在太阳底下,"啪"的一声炸开,就把种子喷到很远很远的地方,种子就在那里生根发芽。

师:你是从哪里知道的呢?

生2:我是从书上看到的。

师:你真是一个爱读书的好孩子。这种办法好像和豌豆传播种子的办法是一样的,是吗? 还有吗?

生6:莲蓬。

生10:莲子掉到水里,漂啊漂,漂到哪里,莲子就从哪里生根发芽。

师:你是怎么知道的?

生10:是我妈妈告诉我的。

生14:我知道椰子,椰子是……坏了的椰子掉到水里,随水慢慢地漂,漂到了岸边,就在岸边生根发芽。

师:噢,你知道得真多! 不过,那可不是坏了的椰子。你们想不想看呀?

生(齐):想!

师:(展示椰子传播种子的课件)原来,椰子妈妈是这样来传播种子的。我们能不能编一首儿歌,来夸夸椰子妈妈的这个好办法呢? 老师想起了前两句:"椰子妈妈真有办法,它让儿子随着海水去安家。"后面的话谁能帮帮我呀?

生13:椰子在海水里漂呀,漂呀,漂到哪里,哪里就是它的家。

师:他编得非常好。

生3:漂呀漂呀,漂到岸边。

生5:漂呀漂呀,漂到了岸边,岸边就是它的家。

师:我相信小朋友一定特别喜欢自己编的小儿歌,同位两人互相说一说。

[评:以上教学环节,将课堂语文学习引向学生的生活实际,着力开发拓展课程资源,开阔学生的视野,鼓励引导学生主动去学习,去发现。]

[总评:这节课的教学,有以下几个特点:

第一,根据儿童的特点采用多种方法指导学生学习,学生在融洽的课堂气氛中体验着获得认知的快乐、创造的快乐。

第二,突出学生的自主学习,培养了学生主动学习的意识和能力。

第三,重视朗读和背诵的指导与练习。

第四,关注课程资源的开发,特别是重视学生的课程资源的利用。]

主要参考资料

[1] 段兆兵.课程资源开发与利用:原理与策略.蚌埠:安徽师范大学出版社,2011.

[2] 吴刚平.课程资源的理论构想.教育研究,2001(9).

[3] 陈冬梅,钟蓬发.课程资源的开发与利用.南宁:广西人民出版社,2007.

[4] 吴忠豪.语文课程资源的开发与利用.课程·教材·教法,2004(11).

[5] 如何开发和利用课程资源.http://blog.sina.com.cn/wangsy123.

师生平等对话：
《我的伯父鲁迅先生》教学纪实

王熠岭　张义敏

这次课程改革，首次将对话理论引入语文教学。

一、课程标准解读

课程标准提出"语文教学应在师生平等对话的过程中进行"，并阐述了学生和教师在对话过程中双方的活动情况。

（一）关于师生平等对话的相关问题的认识

1. 语文教学对话理论是课程改革所倡导的重要的教学理念

关于对话理念，除了教学建议部分的前言将其作为教学的基本理念提出以外，阅读教学建议部分则结合阅读教学的实际提出："阅读教学是学生、教师、教科书编者、文本之间对话的过程。"从某种意义上讲，引进对话理念主要是针对阅读教学的。而阅读教学对话理念，是以现代对话理论为基础的。现代对话理论认为，作者与读者的关系，就其本质而言，体现了人与人之间的精神联系，阅读行为也就意味着在人与人之间确立了一种对话和交流关系。这种对话和交流是双向的、互动的，互为依存条件的，阅读成为思维碰撞和心灵交流的动态过程，是主体与主体之间的关系。读者的阅读，尤其是阅读文学作品的过程，正是一种共同参与以至共同创造的过程。所以，读者不是消极被动的，而是文学活动的主体。

关于阅读对话理念，美国宾夕法尼亚州阅读能力评估咨询委员会给阅读所下的定义是："阅读是一个读者与文本相互作用、构建意义的动态过程。构建意义的实质是读者激活原有的知识，运用阅读策略适应阅读条件的能力。"英国英语课程大纲的表述是："应鼓励学生做充满热情的、独立的、反思的阅读者。""应指导学生具体深入地思考读物的质量和深度，鼓励他们运用自己的想象力对作品的情节、人物、思想、词汇和结构做出反应。"加拿大语文课程标准则认为："应该着重强调阅读活动并非仅仅为了获取信息、汲取知识。编排周详的阅读课程，会为学生们提供许多旨在为了愉悦、为了自我发现、自我充实的阅读机会。"总之,大家都在注意运用现代对话理念来研究和构建现代阅读和阅读教学的理论。

将对话理念引进语文教学,这是教学理念的变革。它体现在语文学科的识字写字、阅读、习作、口语交际、综合性学习的各项内容的教学之中。

2. 对话理念有利于揭示语文教学过程的本质

将现代对话理念引进语文教学,可以解决教学中的许多问题。

(1) 关于语文教学过程的对话关系的认识

语文教学过程中有着多重的复杂关系。比如阅读教学,从对话理念来分析,阅读教学过程既有学生与文本的对话关系、教师与文本的对话关系,也有学生与教师的对话关系、学生与学生的对话关系;既有师生与主体文本(语文教科书所选文章的作者)的对话关系,也有师生与语文教科书的编辑者的对话关系,等等。

在这众多的对话关系当中,师生对话关系处于十分重要的位置。对话的本质属性是主体性。教师与学生都是教学过程的主体,都是具有独立人格价值的人,两者在人格上完全平等,即师生之间只有价值的平等,而没有高低、强弱之分。师生关系是一种平等、理解、双向的人与人的关系,这种关系得以建立和表征的最基本形式和途径便是对话,离开了对话,师生关系就只是外在的,而不能成为教育力量的真正源泉。在师生对话关系中,学生会体验到平等、自由、民主、尊重、信任、理解和关爱,从而形成向上的、丰富的人生态度与情感体验。

美国著名人本主义心理学家罗杰斯(1902～1987)认为,为了自我的充分发展,培养健全的人格,必须创造出一个无条件积极关注的成长环境。由此他提出了非指导性教学理论,即教学的起始基础不是课程、思想过程或其他智力资源,而是和睦的人际关系;教学不是以书本和教师为中心,而是以学生发展为中心;教师不是学生学习过程的指导者,而是学生学习过程的促进者和服务者。他认为,师生间这种新型人际关系体现着一种对学生独立思考和自学能力的根本信任,创造着一种促进学习的"接受"气氛。这种认识是有一定道理的。学生的语文学习不仅仅依赖教师的技术、水平及参考书,更依赖教师和学生的关系。因此,把教学过程的本质定位为对话,是对教学过程的正本清源。它不仅在理论上超越历史上的"教师中心论"和"学生中心论",以及现实中的"学生特殊客体论"和"主导主体论",而且在实践上具有极其重要的现实意义。

(2) 关于师生在对话中共同发展的认识

对话的基本属性是互动性和互惠性。语文教学对话理念,十分强调师生之间和学生之间的动态的信息交流。通过信息交流来实现师生互动,通过对话来实现相互沟通、相互影响、相互补充、相互促进,从而达到共识、共享、共进。因此,传统的严格意义上的教师教和学生学,将不断地让位于师生互教互学,彼此将形成一个真正的"学习共同体"。语文教学坚持对话理念,意味着师生共同参与语文学习,意味着师生相互建构的不仅仅是一种语文学习活动方式,更是弥漫、充盈于师生之间的一种教育情境和精神氛围。对于学生来说,对话意味着心态的开放,主体的凸现,个性的张扬,创造性的解放。对于教师来讲,对话意味着上课不是传授知识,而是一起分享理解;上课不是无谓的牺牲和时光的耗费,而是生命活动、专业成长和自我实现的过程。坚持对话理念,还意味着教师角色定位的转换:教师由教学中的主角转向"平等中的首席",从传统的知识传授者转向现代的学生发展的促进者,以解决以往的师生人际关系中普遍存在的教师中心主义和管理主义现象,还自主权于学生,保护学生的自尊心,激发学生的自信心。

(二)实施中的几点建议

1. 要建立融洽的课堂气氛

融洽的课堂气氛是实施师生平等对话、构建师生交往的课堂模式的重要条件。在轻松、愉快、民主的课堂气氛中,学生才能独立地探索,大胆地发表见解。苏霍姆林斯基曾说过:"如果教师不去设法在学生身上形成这种情绪高涨、智力振奋的内部状态,那么知识只能引起一种冷漠的态度,而不动情感的脑力劳动只能带来疲劳。"教师要把教学看成自己与学生平等相处、互相协作、共同劳动、共同探究的过程,尊重信任学生,给学生自尊、自信,与学生建立起一种平等、民主、亲切、和谐的关系,使学生身心处于最佳活跃状态,心情舒畅地投入课堂。

2. 要充分调动学生自主参与语文学习的积极性

瑞士心理学家皮亚杰曾指出:"教师的工作不是'教给'学生什么,而是努力构造学生的知识结构,并用种种方法来刺激学生的欲望。这样,学习对于学生来说,就是一个'主动参与'的过程了。"在对话过程中,学生与学生的交流占了很大的成分。这就要求全体学生积极、平等地参与。不过,参与讨论的人数太多会降低学生的参与程度,大多数学生只是偶尔发表评论或提出问题;反之,参与讨论人数太少,提出不同见解的可能也随之降低,学生就失去了相互学习的机会。解决这个问题的方法之一,就是采用小组合作对话方式。这种小组,不是松散的群体,而是具有一定凝聚力的小集体;小组成员能相互影响与密切配合,每个成员能积极平等地参与。因此,在班集体内要建立相对稳定的有凝聚力的学习小组。

3. 要激励学生发现问题和解决问题

人的思维往往是从问题开始的。对话式的课堂教学模式,也应起始于问题,收获于问题。因此,教师要允许学生提问题,并积极倡导学生质疑,甚至鼓励他们用批判的眼光来对待问题。对于学生的奇思妙想或异想天开,教师要学会倾听,不仅不能求全责备,还应鼓励学生敢于突破陈规,摆脱原有知识范围和思维定式的禁锢,把头脑中已有的知识信息进行重组,从而产生创造性的新发现、新设想。

实施师生平等对话,构建师生交往式的课堂教学模式,关注学生的认知过程和个性发展,将有利于培养学生的合作精神、实践能力和创新能力,促进学生整体素质的提高。

二、教学实施案例:《我的伯父鲁迅先生》教学纪实

研究课题:运用对话理念构建师生交往式的课堂教学模式

研究教师:山东省东营市胜利第一小学王熠岭解读课程标准,并设计教学和组织实施;张义敏评析。

教科书简介:《我的伯父鲁迅先生》是人教版小学语文教科书六年级上册第五组的精读课文。教学设计1课时。

教学过程:(课前师生交流,融洽课堂气氛)

师:同学们,可以上课了吗?

生(齐):可以。

师:好。请大家看屏幕。(出示字幕)1936年10月19日,一位身材瘦小的老人因病在上海逝世。这一消息震惊了海内外,上海各界人士纷纷前往吊唁。著名文学家巴金老人曾经这样评价:他一生教导同胞反抗黑暗势力,追求光明,他预言着一个自由、独立的新中国的到来,他为这个前途花尽了他的心血。毛泽东主席曾经这样说过:鲁迅是中国文化革命的主将,他不但是伟大的文学家,而且是伟大的思想家和伟大的革命家。鲁迅的骨头是最硬的,他没有丝毫的奴颜和媚骨,这是殖民地半殖民地人民最可宝贵的性格。同学们,你们知道他是谁吗?

生(部分):鲁迅。

师:是的,他就是伟大的文学家、思想家、革命家鲁迅先生。你对鲁迅先生有多少了解呢?

生1(王珊珊):我在网上收集了有关鲁迅的资料,是这样的:鲁迅生于1881年9月25日,死于1936年10月19日。伟大的文学家、思想家、革命家。原名周树人,字豫才,浙江绍兴人,出身于破落封建家庭。

师:看来,你为学习这节课做了充分的准备。

生2(李培罡):我还从课外书上知道:1918年5月,他首次用"鲁迅"的笔名,发表中国现代文学史上第一篇白话文小说《狂人日记》,奠定了新文学运动的基石。1918～1926年,陆续创作了《呐喊》、《彷徨》、《野草》等著作。其中,

1921 年发表的中篇小说《阿 Q 正传》是中国现代文学史上的不朽之作。

师:你知道的真多!

生 3(张民):鲁迅曾经去日本留学,原来是学医的,后来弃医从文。

师:老师也收集了有关鲁迅的一些资料,我展示一下,可以吗?

生(齐):可以。

师:(图片 1)刚才,张民同学提到鲁迅曾经去日本留学,先是研究医学,后感觉到只有唤起人们的精神才能彻底使民族兴旺,于是弃医从文。这幅照片是鲁迅离开仙台医专时和送别的日本同学的合影,照片上最左边的这位就是鲁迅先生。(图片 2)这幅照片是鲁迅在日本的生活照。(图片 3)这是鲁迅先生回国后在上海景云里寓所的书斋里的照片,先生在这里创作了很多作品。(图片 4)鲁迅为中国的新文化运动做出了不朽的贡献,现在大家看到的是左联为了庆祝鲁迅先生 50 寿辰为他拍摄的两幅照片。(图片 5)这幅照片大家应该比较熟悉,看过有关影片的同学应该知道,这是鲁迅的全家福,照片左面的是鲁迅先生,右面的这位是他的夫人许广平,中间的这个小孩是他们的孩子周海婴。(图片 6)1936 年 10 月 19 日,鲁迅先生与世长辞,这是上海各界人士悼念先生的场景。

[评:师生相互展示自己收集的资料,体现了平等、和谐、民主、朋友式的师生关系。]

师:通过交流,大家对鲁迅先生有了一些了解。鲁迅先生的侄女周晔,小时候曾经在鲁迅身边生活过,她眼里的鲁迅先生又是什么样的呢?今天我们就来一起学习第 30 课《我的伯父鲁迅先生》。(板书课题)请大家齐读课题。

生(齐):我的伯父鲁迅先生。

师:课前预习了课文,谁来谈谈你通过预习知道了些什么?

生 4(贾昱洲):课文一共讲了伯父生前的四件事,分别是谈《水浒》、谈"碰壁"、救助车夫、关心女佣。(教师板书)

生 5(王俊雅):我知道伯父是一个为自己想得少,为别人想得多的人。(板书)

生 6(夏青):我还查找了有关作者的资料。周晔是鲁迅的侄女,是鲁迅的三弟周建人的女儿,周建人曾经担任全国人大常委会副委员长。

师:你们预习的收获还真不少呢!作者是怀着一种什么样的情感来写这篇文章的吗?

生 7(张晨):怀念。

生 8(李晨希):尊敬、爱戴。

生 9(孙树丽):悲伤、思念的心情。

师:那么,我们该怎样来读这个题目呢?我们再把题目读一遍。

生(齐):我的伯父鲁迅先生。

师:看来,大家对题目已经有了更深的认识。请大家打开书,把课文的第一段读一下。(生读)知道我为什么让大家读这一段吗?因为我在初读这篇文章的时候,对这一部分始终弄不懂,"我"的伯父到底与别人的伯父一样还是不一样呢?

生10(崔一凡):我认为"我"的伯父与别人的伯父是一样的,都是伯父嘛!

生11(闫天昊):我不同意崔一凡的意见。"我"的伯父与别人的伯父是不一样的,因为"我"的伯父是个伟大的人物。

生12(王伟玲):我认为,"我"的伯父与别人的伯父是不一样的。虽然小时候认为是一样的,那是因为"我"还小,根本不知道鲁迅是谁,可后来"我"知道他是个伟人,就不一样了。

师:哦,我明白了。伯父在世的时候,"我"年纪还小,所以认为"我"的伯父与别人的伯父没有什么不一样,可随着时间的推移,年龄的增长,再回忆起往事的时候,才发现"我"的伯父原来真的与别人的伯父不一样,因为他的的确确是一个为自己想得少,为别人想得多的人。谢谢你们,是你们帮助我理解了这个难题。

[评:老师以"求援者"的身份,把阅读问题抛出来,学生就想帮助老师,发表自己的见解,由此搭成了有效的对话平台。]

师:作者为什么说伯父是一个为自己想得少,为别人想得多的人呢? 我们是不是随着作者的回忆去细细体味?

生(齐):好。

师:现在呀,我们就采用小组合作的方式来学习。可以选择你最感兴趣的内容与自己的伙伴一起学习。(生自行分组学习)老师给大家提点建议:第一,请你在小组内认真朗读你最感兴趣的内容。第二,读了这部分内容,讲一讲伯父心里想着谁,你是怎么体会到的,要说出理由。现在开始小组学习好吗?

生(齐):好。(生分组学习;师指导,听取各组意见)

师:可以开始交流了吧?

生13(姜文郁):我读了"谈《水浒》"这部分内容,体会到伯父心里时刻想着"我"。我是从这里体会到的:"这一天在晚餐桌上,伯父跟我谈起《水浒传》里的故事和人物。不知道伯父怎么会知道我读了《水浒传》,大概是爸爸告诉他的。"理由是:"我"没有告诉伯父"我"读了《水浒传》,他一定是通过问爸爸才知道的,虽然"我"不在他身边,但他还是在时刻惦记着"我",并通过爸爸了解"我"的情况。这不就是说他心里想着"我"吗?

师:哦,同学们,你们认为呢?

生(齐):是。

生14(李琪):老师,我有补充。我读了这一部分,也体会到伯父心里想着"我"。"老实说,我读《水浒传》不过囫囵吞枣地看一遍,只注意紧张动人的情节;那些好汉的个性,那些复杂的内容,全搞不清楚,有时候还把这个人做的事情安在那个人身上。伯父问我的时候,我就张冠李戴地乱说一气。伯父摸着胡子,笑了笑说:'哈哈!还是我的记性好。'听了伯父这句话,我又羞愧,又悔恨,比挨打挨骂还难受。"理由是:伯父对"我"读书不认真的态度不是置之不理,也没有严厉地批评,而是用幽默的语言讽刺了"我"的做法。我觉得这也是表明伯父心里想着"我",并且非常关心"我"。

生4(贾昱洲):我有不同意见。我认为李琪同学说的没错,只是伯父的话并不是讽刺"我",应该是教育"我"。

师:非常好,同学们不仅对课文的内容有了深刻的认识和理解,而且措辞也是那么严谨,说明你们是真正体会到了文章的思想。老师读这部分内容时,也同样体会到伯父心里想着"我"。我是从这句话中体会到的:"那天临走的时候,伯父送我两本书,一本是《表》,一本是《小约翰》。"你能知道原因吗?

生15(李江):伯父送给"我"两本书,是想让"我"以后认真读书,改掉不认真的读书习惯。这也说明伯父心里想着"我"。

师:真是英雄所见略同!咱们想到一块儿去了。大家认为呢?

生(齐):同意。

师:那你们知道伯父送给"我"的是两本什么样的书吗?

生(齐):不知道。

师:这两本书都是鲁迅先生翻译的外国儿童文学作品。其中《表》的作者是苏联作家班台莱耶夫,《小约翰》的作者是荷兰作家望·蔼覃。如果同学们想知道书的内容,课后可以到图书馆去借阅。

生16(王紫薇):老师,通过你的介绍,我想从这里不仅可以看出伯父心里想着"我",而且从伯父翻译外国儿童文学作品,还可以想到伯父心里也想着全中国千千万万的少年儿童,他想把优秀的作品介绍给所有的下一代。

师:王紫薇同学想得非常深刻,积极地动脑筋想问题,她给我们大家带来了更新的观点。这一点连老师都没有想到。你真棒!通过大家的交流,我们是不是可以得出这样的结论:伯父时时刻刻想着"我"和所有的少年儿童?

生(齐):是的。

师:好的,那我把它写在黑板上。(板书)下面请大家继续谈。

生17(魏含):我们小组学习的是"关心女佣"这部分内容。读了这部分内容,我体会到伯父心里想着他身边的人。"周先生自己病得那么厉害,还三更半夜地写文章。有时候我听着他一阵阵接连不断地咳嗽,真替他难受。他对自己的病一点儿也不在乎,倒常常劝我多休息,不叫我干重活儿。"不难看出,伯父对别人比对自己要关心得多,所以说他心里想着他身边的人。

师:小组里的其他同学是怎么看这个问题的?

生(齐):也是这样认为的。

师:那好,那我把伯父"心里想着身边的人"也写在黑板上。(板书)

生18(李嘉仪):我们小组学习的是"救助车夫"这部分。我们通过阅读,体会到伯父心里想着车夫,关心车夫。从"他们把那个拉车的扶上车子,一个蹲着,一个半跪着,爸爸拿镊子夹出碎玻璃片,伯父拿硼酸水给他洗干净。他们又给他敷上药,扎好绷带"可以看出来。

师:李嘉仪同学体会得很准确。我在初读这部分内容时,不太理解,于是就反复读,边读边想象当时的情景。伯父半跪在地上,给一个素不相识的车夫擦洗伤口,这是多么不平凡的事情啊!想到这里,我深深地被伯父这种伟大的人格感染了。同学们,你也像我这样,边读边想象当时的情景,好吗?(生读)请一位同学来读读,谁来试试?(生19李雪薇、生20张宇寒读)

师:两位同学读得很好。从读的过程中,我们再次感受到了伯父身上那高贵的品质。对于这部分内容,其他同学还有自己的看法吗?

生1(王珊珊):通过下面这段话也可以体会到伯父心里想着车夫。"伯父又掏出一些钱来给他,叫他在家里休养几天,把剩下的药和绷带也给了他。"伯父不仅给他治伤,而且还送他钱和药品,他是多么善良的一个人啊!

师:是啊,伯父是多么善良,又是多么伟大啊!同学们,你们认为伯父仅想着车夫吗?

生21(崔一凡):不是的。读了这部分的下面这段话"伯父和爸爸回来的时候,我就问他们。伯父的回答我现在记不清了,只记得他的话很深奥,不容易懂。我抬起头来,要求他给我详细地解说。这时候,我清清楚楚地看见,而且现在也清清楚楚地记得,他的脸上不再有那种慈祥的愉快的表情了,变得那么严肃。他没有回答我,只把他枯瘦的手按在我的头上,半天没动,最后深深地叹了一口气",我体会到:伯父看到车夫这样的情况,心里十分难受、气愤。我觉得他此刻想到的是千千万万的受苦的劳苦大众。他希望能够用自己的力量来拯救所有的劳动人民。

师:崔一凡同学理解得非常深刻,说明他对这段话有真正的感悟。大家是这样认为的吗?

生(齐):是。

师:好的,那我把"他心里想着人民"也记在黑板上。(板书)通过刚才几个小组的交流,我们知道了伯父心里想着这么多人。那"谈碰壁"这件事他又想着谁呢?

生22(孙文慧):读了"谈碰壁"这件事,我感觉伯父敢于同敌人做斗争。

师:哦?对于这部分内容,我们要想知道伯父心里想着谁,是不是先来理解一下伯父所讲的"碰壁"是指什么。谁能从你收集的资料中找到有关解决这个问题的答案?

生8(李晨希):老师,我有份资料是这样的:1926年8月,鲁迅因支持北京学生爱国运动,被北洋军阀政府通缉,南下到厦门大学任教,1927年1月到达当时的革命中心广州,在中山大学任教。"四一二"反革命政变后,鲁迅坚决反对国民党反动派的统治,反动派软硬兼施,既压制迫害鲁迅,又妄想抓住一切机会进行拉拢。我认为这就是鲁迅讲得"碰壁"。

生23(景文瑶):老师,我这里也有份资料,可以说明这个问题。1930年,他被推举为共产党外围组织中国自由运动大同盟的领导人之一,接着又成为中国左翼作家联盟名誉上的领袖,国民党政府越来越讨厌他,先是通缉鲁迅,接着又让政府图书检查机构连续查封他的著作,这不正是说明鲁迅先生在和反动政府进行斗争吗?他幽默地把它称作"碰壁"。

师:大家说得都很有道理。对于这个问题,我也收集了有关的资料:鲁迅生活的时期,正是国民党统治最黑暗的时期,鲁迅先生用他手中的笔不断地同反动派作斗争,反动派非常害怕他,于是要通缉他,暗杀他,鲁迅先后换了100多个笔名巧妙地同敌人做斗争。我想,通过几位同学和我的介绍,大家一定理解"碰壁"是指什么了吧?

生(齐):是指同国民党反动派做斗争。

师:是的。那你们认为他这样做心里是想着谁呢?大家不必先下结论,我们再回过头来看看巴金先生的话:他一生教导人民反抗黑暗势力,追求光明,他预言着一个民主、自由的新中国的到来,他为这个前途花尽了他的心血。

生24(荆燕楠):他心里想着我们的国家!

生(齐):他心里想着国家。

[评:在师生对话中,实现了学生通过"学—思—疑—议—解"的过程中获取知识,体现了学生的自主学习。]

师:好的,大家理解了,我把它写下来。(板书)现在请大家一起来看一下板书,在"谈《水浒》"这件事中我们知道了伯父心里想着孩子们,在"谈'碰壁'"这件事中知道他心里想着国家,在"救助车夫"这件事中知道他想着人民,在"关心女佣"这件事中知道他心里想着身边的人。所以,他的侄女说"他为自己想得少,替别人想得多"。你明白了吗?

生(齐):明白了。

[**评**:本段教学过程,关注了成长中的人的整个生命,尊重了学生的个体感受和思想认识。]

师:伯父那么善良的一个人,他丝毫没有为自己着想,时时刻刻想着别人,这么一个品格高尚的人去世了,所以会有那么多人来悼念他。我们再来看看课文第一段。请大家试着读读这一段。(生自由朗读)大家想一想,我们应该带着一种什么样的情感来读这一段呢?(众生说:怀念、尊敬、爱戴、悲伤……)请许璐瑶同学来读。(生25 许璐瑶读)

师:许璐瑶读出了对鲁迅先生的怀念、爱戴之情,说明她真正地理解了课文的思想。谁还想读?(生26 常睿读)

师:请大家评价。

生19(李雪薇):她读出了对鲁迅的爱戴和怀念,但我认为她读的速度太快了。

师:哦,那常睿同学注意你的语速要再慢一些,相信你会读得更好。好了,由于时间关系,我们就不在这里一一地读了,课下同学们可以在小组内继续比赛读书。

师:今天我们学习了《我的伯父鲁迅先生》,大家一定对鲁迅先生有了更深的了解,同时我们都有了一定的收获,你们说是吗?

生(齐):是的。

师:那好,今天的课就上到这里。

[**总评**:综观整个教学过程,是对话过程,是师生交往、互动的过程。学生不再是教师上课的配角,而是具有主观能动性的人。他们作为一种活生生的力量,带着自己的知识、经验、思考、灵感、兴致参与学习活动,并成为课堂教学的不可分割的组成部分。从王老师的尝试中可以发现,教师不再是把知识装进学生的头脑,而是让学生"自己""亲自"获取;并且,教师也是一位"隐藏"起来的学习者,与学生对话,亲切交流,共同发展。]

教师是组织者和引导者：
《赤壁之战》教学纪实

课程标准教学建议部分提出，"教师是学习活动的组织者和引导者"。

一、课程标准解读

（一）关于教师是组织者和引导者的相关问题的认识

课程标准在教学建议中强调："教师是学习活动的组织者和引导者。语文教学应在师生平等对话的过程中进行。""教师应确立适应社会发展和学生需求的语文教育观念，注意吸收新知识，不断提高自身的综合素养。应认真钻研教材，正确理解、把握教材内容，创造性地使用教材；积极开发、合理利用课程资源，灵活运用多种教学策略和现代教育技术，努力探索网络环境下新的教学方式；精心设计和组织教学活动，重视启发式、讨论式教学，启迪学生智慧，提高语文教学质量。"上面的话涉及这样几个问题：第一，从某种意义来说，语文教学过程是一个师生平等对话的过程。第二，在这个对话的过程中，教师仅仅是学习活动的组织者和引导者。第三，教师这个组织者和引导者的作用主要有三条，一是正确理解和使用教材，二是开发利用课程资源，三是引导学生学会学习。这些问题的研究目前正在深入。我们仅从某些方面做些初步的探讨。

1. 课程改革新理念要求教师转变观念，摆正位置

教育观念要从"学生顺从于教师的教"向"教师服务于学生的学"转变。这不仅体现了以学生发展为本的教育理念，而且是倡导自主、合作、探究学习方式的基础。对于教师来说，在制订教学计划、确定教学目标、设计教学蓝图、组织教学活动、开发教学资源、评价教学效果的时候，都要认真考虑：我的一切教学行为，是否能促进学生的全面发展，是否能调动学生主动学习的积极性，是否能给学生留有展示自我的机会和时空，是否有利于学生在自主、合作、探究过程中有效地学习。教师若能摆正组织者和引导者的位置，就能确保教学能在师生平等

对话的过程中进行。这样,先进的教育理念就能在教学活动中落到实处。

2. 课程标准对教师提出了新要求,同时也为教师提供了新机会

基础教育课程改革将改变教科书一统天下的局面。教学的多样性、变动性要求教师做一个决策者,而不再是一个执行者。在这种课程环境下,教师具有创造新形式、新内容的空间,如创造班级气氛、创设某种学习环境、设计教学活动等来表现自己的教育理念。在课程改革的实验中,教师的教学过程是教师创造性劳动的过程,是教师行为发展和完善的过程。作为一名合格的语文教师,既要有一定的修养和学识,还要具备以下几种能力:一是面向全体学生,善于激发学生学习兴趣的能力;二是注意学生的个别差异,善于因材施教的能力;三是引发学生情感,善于创设良好的教学情境的能力;四是优化教学过程,善于调控课堂教学节奏的能力;五是灵活运用教学方法,因势利导,巧于点拨的能力;六是注意教学反馈,善于评价学生学习态度、方法、效果的能力,等等。

3. 课程标准确认语文教学是在师生平等对话的过程中进行的

这里的"对话"不仅仅指教师和学生进行语言讨论或争鸣,而主要是指师生之间平等的心灵沟通。这种"对话",要求师生的心灵彼此敞开,并随时接纳对方的心灵。因此这种双方的"对话"同时也是双方的"倾听",使双方形成共同在场、相互吸引、互相包容、共同参与以至于共同分享的关系。在对话过程中,教师要强化两种意识。

第一,要强化民主意识。即语文教师要创设"对话情境"来保护学生的主体地位。正如加拿大著名课程专家史密斯教授所说:"教师所关注的并不是教——即通常所谓的灌输条理分明的知识,而是保护使每个学生找到适合自己道路的环境条件。"这就意味着教师要淡化教学中的预定性和统一性,注意对话的再生性和多元性,不以有限的结论锁定无限的对话进程。

第二,要强化人本意识。苏霍姆林斯基说:"教育——首先是人学。"陶行知说:"真教育是心心相印的活动。"教师要着眼于"人"的发展,从知识与能力、过程与方法、情感态度与价值观三个维度上去发展学生的能力体系。这样,学生个体的精神境界、个性品质和语文水准将得到完整的提升,以志趣为动力、以自主学习为习惯的终身可持续发展得到可靠的保证,生命就超越了单纯的知识和技能训练而获得抵达人性深处的灵魂之优化。

(二)实施中的几点建议

1. 教师要充分发挥引导者和组织者的作用

教学中有的教师把学生的学习活动圈定在自己预先设定的框框之内,画地为牢,生怕学生越雷池一步。这是教学功力不足、欠缺组织能力的反映。组织教学不是包办代替,不是机械控制,不能越俎代庖,而重在激励,妙在点拨,贵在引

导,巧在开窍,使教学过程收放自如,开合有方,快慢有度,动静有节,训练有序。教师要从培养学生知识、能力双基转到培养语文素养上来,从学生人格发展着眼,使教学过程不仅是认知过程,而且是心理体验过程,其中有感受、感悟,有体验、体会,还有鉴赏和评价。

2. 教师要努力营造对话情境

教学中我们常常把教师角色定为"导游"、"主持人"以及"导演"等,但更倡导的是教师要在学习活动中努力营造一种"对话情境"。

第一,师生对话应更强调教师的"倾听"。教师无论是专业知识还是社会阅历都在学生之上,但作为一个真实的活生生的人,作为一个和学生同样有着求知欲的成年学习者,教师同时是学生年长的伙伴和真诚的朋友。在倾听的过程中,教师一是了解学生的内心世界和独特思想,二是有的放矢地进行指导。这种关系的教学,对师生双方来说,都是一种"共享"。师生之间的人格相遇、精神交往、心灵理解,便创造出真正的教育。这种教育,同时是师生的生活,是他们成长的历程乃至生命的流程。

第二,师生对话不忘教师的职责。教师不是知识的灌输者,不是行为的约束者,不是思想的主宰者,但是在"对话"中发挥着"精神指导"和"人格引领"的作用。教师引导主要体现在:一方面,创设和谐情境,增进学生合作学习,鼓励学生积极参与并主动创新。另一方面,面对争议,特别是面对一些需要引导的话题,教师不是以独裁者自居发表一锤定音的"最高指示",而是以富有真理性的真诚发言,为学生提供更宽阔的思路、更广阔的视野、更丰富的选择。教师的发言尽管"仅供参考",但由于发言闪烁着智慧火花、思想光芒,必然会打动学生的心灵,在他们追求真理的道路上产生积极的影响。

第三,师生对话要尊重学生的见解和行为。教学中有时候学生的见解比教师更具真理性。在这种情况下,教师首先能够放下"师道尊严"的架子,具备"向真理投降"的勇气和向学生请教的气度,乐于以朋友的身份在课堂上和学生开展同志式的平等讨论和争论,虚心地汲取学生观点中的合理因素。对学生来说,这本身也是一种民主精神的熏陶与感染。

3. 在学习活动中学生是积极参与学习实践的主体

学生一方面在学习内容、学习方法等方面接受教师的指导,另一方面依据自己不同的知识储备和生活经验,对所学的内容进行选择、评价、重组和整合,进而把知识变成真正属于自己的一种能力乃至一种信念。在这个过程中,学生主动地就知识质疑、对教师发问、向权威挑战等都是理所当然的,而且是难能可贵的。在这里,至关重要的是教师应尊重学生独立思考的权利,给学生提供发表独立见解的机会,培养学生的思考能力。

二、教学实施案例：《赤壁之战》教学纪实

课题研究：教师是组织者和引导者

研究教师：山东省枣庄市滕州实验小学刘伟；课程标准解读部分由冯佳琳撰写并评析。

教科书简介：《赤壁之战》是人教版五年制小学语文教科书第八册的一篇精读课文。教学设计两课时。第一课时初步感知课文内容。第二课时理解东吴获胜的原因。此为第二课时教学纪实。

教学过程：

师：上节课我们熟读了课文《赤壁之战》，了解了课文的主要内容，这节课我们继续学习。这篇课文讲述的是一场战争。今天，我们也来为赤壁之战画一张作战地图好不好？（生兴趣盎然）请大家快速读读课文，看哪些地方讲了这些内容，把战前双方的有关情况用图表示出来，看谁画得又快又好。（生读书画图）

（一生画图如下：）

曹操　北面　号称八十万

～～～～～～～～～江

周瑜　南面　三万

师：请这位同学结合画的图讲讲战前双方的情况。现在你就是参谋长（生笑），大家都来听你的意见。如果参谋长有没谈到的地方，请大家补充。（生指图介绍）

生：我补充一点。作战地图上一般都有箭头，表示行军的线路，陈传明没画。

师：请你画上。（生画上箭头）这样画表示什么意思？能解释一下好吗？

生：这表示曹操进攻。课文写了曹操率领大军南下，想夺取江南东吴的地方。（师又请生写上"想夺取"）

师：听你这样一补充，我们就更清楚了。曹操进攻，周瑜呢？

生：积极防守。

师：有根据吗？

[评：教师发挥引导者的作用，引导的目的是让学生潜心读书，理解语言内容。这既是语言文字训练，又是学习方法的渗透。]

生：有。"周瑜调兵遣将"，"同曹操的兵隔江相对"，"驻在南岸"，从这里可以看出周瑜是在积极备战。

师："调兵遣将"的意思懂吗？

生："调兵遣将"就是说周瑜把兵马调到赤壁，布置好任务，准备作战。

师:说得好,看来你读懂了,你能当司令员。(众笑)老师发现你很会读书,很会到课文中寻找根据,善于抓重点词句,这样说起话来也有根有据,让人信服。(板书:抓重点词句)你叫什么名字?

生:刘世玉。

师:刘世玉,你教会了大家一个很重要的读书方法——抓重点词句,这叫"刘氏读书法"。(生笑)希望大家学习这种读书方法,读书的时候都能抓住重点词句体会。刘司令请坐,参谋长也回去休息吧。(众笑)

[评:教师用诙谐幽默的语言,既强化了学习方法,又拉近了师生之间的距离,一种民主、自然、和谐的氛围出现了。这是巧妙创设对话情境的体现。]

师:(指板书)曹操和周瑜一个兵多势众,一个势单力薄;一个来势汹汹,势在必得,一个调兵遣将,积极备战。双方在长江两岸摆开了阵势,一场大战马上就要爆发了,让我们齐读第一节,读出当时的紧张气氛。

[评:让学生为赤壁之战画作战地图仅仅是一种手段,其目的是激发学生去读书,了解战前双方的态势;让学生当作战参谋分析战前双方的有关情况,是训练学生口语表达以及对重点词句的准确理解。最后学生把理解体会通过有感情的朗读表达出来。教师通过引导学生画、说、读,层层深入理解课文内容,教学过程体现了知识与能力、方法与过程、情感态度与价值观三个维度的有机结合。]

师:在正常情况下,这场战争会是怎样的结果?

生:正常情况下,曹操带兵过江,声势浩大,冲进周瑜的营地,很快就会取得胜利;周瑜会不战而败,仓皇逃命。

师:为什么会这样呢?

生:曹军号称八十万,而周瑜只有三万人马,太悬殊了。

师:是啊,古时候打仗靠的就是人。人多正是曹操敢大举进犯的原因,但是实际结果怎样呢?

生:周瑜大获全胜,曹操狼狈逃走。

师:你是从哪儿看出曹军大败的?

生:第十自然段写了"曹操见手下丢盔弃甲,无心应战,只得带了他们从华容道逃走了"。

师:"丢盔弃甲"的意思懂吗?

生:意思是说曹军逃跑的时候非常狼狈。

生:他们只顾着逃命,把盔甲都扔掉了。

师:东吴只有三万人马,而曹军号称八十万,结果东吴却把曹军打得丢盔弃甲,狼狈逃窜。如果用一个成语来形容,这叫做——

生:以少胜多。

106

师：（板书：以少胜多）读到这里，你是如何想的？

生：（稍一迟疑，然后纷纷举手）东吴人这么少为什么能够取胜？

师：是呀，东吴为什么能够以少胜多呢？大家都读过书了，你认为其中的关键原因是什么？

生：东吴采取了火攻这个计策。

[评：正常推论与实际结果形成很大的反差，引起学生的注意，自然要问个为什么，使学生循果求因。教师的这一设计抓住了文章的重点，抓住了"火攻"这牵一发而动全身的中心内容。下面就围绕这一中心内容一层深入一层地进行讨论。]

师：你们认为呢？（生点头，师板书"火攻"）正因为采用了火攻的计策，才使得曹军烧死的、淹死的不计其数，最后丢盔弃甲，狼狈逃窜。当时，周瑜他们是怎么想到要使用火攻这个计策的呢？请大家读读课文，要边读边想，把你认为重要的词句画下来，也可以在旁边记下自己的想法。（生边读边画边记）

师：谁来说说周瑜他们是怎么想到用火攻这个计策的？

生：周瑜他们看到曹军船尾接船头，船头接船尾，把船连在了一起，如果用火攻，他们想逃也逃不了。

师：你说出了一个非常重要的原因，还有没有其他原因？

生：曹操号称八十万，东吴只有三万人马，不能……

师：不能硬拼只能智取是吗？分析得有道理。还有吗？（生沉默）比如说，如果你不过来，我也不过去，就这么耗下去，行不行？读读课文第二自然段。

生：（恍然大悟）不行。曹操正在水上练兵，东吴不能跟他们长期相持下去。

生：东吴人少，一旦曹操练好了在水上打仗的本领，周瑜就麻烦了。

师：所以要速战速决。看来，火攻这个计策是针对当时双方的情况想出来的。像这样，周瑜他们既知道自己的情况，又了解对方的情况，用一个成语叫做——（生答"知己知彼"，师板书并引导学生理解）

[评：火攻，是赤壁之战取得成功的关键；对战前态势的正确分析与推理，是选择火攻妙计的前因；这样知己知彼，方能百战百胜。这是教师引导学生潜心读书，正确分析推理所得出的结论。]

师：火攻是个好主意，可是这一仗怎么打，周瑜说还得想个计策。周瑜他们是怎样安排的呢？请同学们读课文第五至十一自然段，看火攻是分几步进行的。大家可以自己读书研究，也可以几个人在一起研究，然后把你们研究的结果简要地写下来，看谁写得既准确又简练。（生或自己读书思考，或三五成群读书讨论）

[评：此处是全文的重点，教师采用自主、合作、探究的学习方式，引导学生潜

心读书,认真思考,分析概括。这样,学生既理清了文章的思路,又得到扎实有效的语文基本功训练。整个过程均以学生为主体,教师只是适时引导点拨。]

师:我这儿有一个小组写的。(把学生的本子放到实物投影仪上)请该组代表说给大家听听。

生:可以分成这样四步:① 黄盖写信投降;② 趁着东南风把船驶向北岸;③ 火烧曹营;④ 周瑜上岸追杀。

生:我写的跟他们的不一样。

师:(感兴趣地)噢?怎么不一样?说说看。

生:我认为,他们的第二步总结得太长,我觉得可以概括为"借风行船"四个字。

师:好,高度概括!有时候概括地说比具体地说还难,能说得这样既准确又简练,真了不起!其他几步呢?(师让该生把这一步写到黑板上)黄盖是不是真投降?(生摇头)第一步怎样说才更准确?

生:(恍然大悟)黄盖写信假降。

生:也可以用四个字,黄盖假降。

生:也可以说写信假降。(师让该生写到黑板上)(经过师生讨论,最后黑板上写下了这样几步:① 写信假降;② 借风行船;③ 火烧曹营;④ 上岸追杀)

师:大家觉得这一仗周瑜他们打得漂亮不漂亮?

生:漂亮!最后曹操几十万大军被烧得丢盔弃甲,狼狈逃窜。

师:为火攻顺利实施,周瑜做了许多安排。请大家再仔细地读读课文,看他们有哪些具体做法。你认为哪些做法巧妙?巧妙在哪里?把有关语句画下来。(学生按照自己喜欢的方式读书、思考、讨论;教师巡视中发现部分学生正在边读边画边记,于是拿起一生的课本给大家看,让大家都学习他这种读书方法)

师:刚才同学们讨论得很热烈。下面,我们一起谈谈在火攻过程中,周瑜他们的哪些做法很巧妙。

[评:这是引导学生从整个过程中分析火攻的周密安排。这里既放得开又收得拢,把探究引向深入,体现了学生的主体地位、学习方法的自由选择、学习内容的自由把握。教师始终把自己摆在组织者和引导者的位置。]

生:我认为周瑜利用东南风火攻最巧妙。曹操在北岸,周瑜在南岸,利用东南风正好可以把火吹向曹操的船队。(师在"作战图"上画箭头,表示风向)

生:东南风还可以把火吹上岸。书上写了"火又窜上岸去,岸上的兵营也烧了起来"。

师:是呀!如果刮西北风,周瑜就把自己给烧了。通过这句话体会到了东南风的作用。看来"刘氏读书法"在你这儿已经推广。(众笑)谁还想谈东南风?

[评:教师用诙谐的语言,再次强调了读书方法。对学生能自学运用进行鼓

励,对其他学生继续学习也是一种导向。]

生:那一天东南风很急,把火船很快地吹向曹操的船队,让曹操来不及防备。

师:你从哪儿看出黄盖的船行得很快?

生:"黄盖的船把帆张开,快得像离弦的箭。"

生:"曹操定睛一看,果然有一队帆船直向北岸驶来,不一会儿已经过了江心",从这句中的"直"和"不一会儿"也能看出来。

师:这两个词抓得好。看来,"刘氏读书法"已经得到大面积推广。(众笑)请继续谈,你还觉得周瑜他们的哪些做法巧妙?

[评:作为"平等对话"中的教师注意倾听,把握住时机,对学生恰到好处地鼓励,导向非常明确。这是润物细无声。]

生:我觉得写信假降很巧妙,因为这样可以使曹操不防备。

师:你看出了黄盖写信的目的,曹操都没看出来,你比曹操还厉害。

生:我是旁观者,旁观者清。(众赞叹)

[评:平等、和谐、民主的课堂氛围和教师的诙谐幽默,才能碰撞出这样的火花,学生才能有这样精彩智慧的语言。]

师:据老师了解,曹操一向很多疑,这次为什么对黄盖的假降信却一点儿也不怀疑呢?

生:因为曹操兵多将广,他很骄傲。

生:黄盖在信中说:"周瑜自不量力,硬拿鸡蛋去跟石头碰,哪有不失败的。"

师:"自不量力"的意思懂吗?

生:就是自己不能正确估量自己的力量。

师:对周瑜自不量力的做法,黄盖用了一个形象的比喻。

生:硬拿鸡蛋去跟石头碰。

师:你看黄盖多会拍马屁,(生笑)光拣曹操爱听的话说。曹操本来就没把周瑜放在眼里,现在被他把马屁这么一拍,就更得意忘形了。当曹操看到黄盖带着船队来投降时曾笑着说了一句话,现在,我们都来当一回曹操,说说这句话,好不好?看怎么说才最像曹操?(生自由练说,师找学生演,但表演不到位)

师:我也想演一演,好不好?"哈哈,黄盖没有失信,果然来投降了,哈哈哈……"(众笑,生情不自禁地鼓掌)像不像?(生答:像)哪里像?

生:老师的动作很像曹操。

生:老师的语气很像,尤其是笑声,一听就能感到曹操当时很骄傲。

师:谢谢大家夸奖。请大家根据你在电影、电视里看到的曹操的样子,想象他当时会怎样笑,怎样说,会有怎样的表情、动作,如果你觉得他可能还会说些什么,也可以多说几句,把你的想法表演给邻近的同学看,看谁演得最像。(生表演

109

投入;两名学生上台表演,形神皆备,各有不同,课堂气氛异常活跃)

[**评**:这不仅仅是演一演活跃课堂气氛,而是通过演一演把学生带入情境。通过曹操的音容笑貌去理解他骄傲自满的内心,从而进入赤壁之战所描写的情境,更准确地理解感悟课文内容。]

师:同学们演得真好,个个像真曹操。黄盖正是抓住了曹操的心理才写了这样一封假降信。看来,周瑜不仅了解曹操的军情,还了解曹操的心理。知己知彼方能百战百胜,这话的确有道理呀!你认为还有哪些做法很巧妙?

生:周瑜在船上铺火硝、硫磺很巧妙。这样可以让火势更猛,想扑都扑不灭。

师:装这些东西不怕被发现吗?

生:不怕,都用幔子遮着呢。

师:那也鼓鼓囊囊的,很容易被人怀疑呀!(生一时不知怎么回答,师提示)读读那封信。

生:(恍然大悟)黄盖在信中已经写了,要带兵士和粮草投降曹操。曹操看到船上鼓鼓囊囊的,以为是粮草呢!

师:大家看,周瑜他们考虑得多周到!你叫什么名字?

生:孙奕明。

师:孙一鸣,一鸣惊人,你也很会读书。你把课文前面的内容跟后面的内容联系起来,这样理解起来就深刻得多了。你也教给我们一种读书方法。(板书:前后联系)这叫“孙氏读书法”。(生笑)今后我们读书也要前后联系。

[**评**:教师的机智、才华就表现在这随机应变上,以人为本,恰到好处地表扬与鼓励。同时,又教给学生前后联系理解课文内容的学习方法。这种学习方法,是学习过程中教师有意识地引导,从学生的应用中自然而然、水到渠成总结出来的,不是生硬地当知识教给学生。]

生:我想谈谈其他的船。黄盖让几条小船拴在大船后面,周瑜带着兵船跟在后面,这样安排也很巧妙。因为后来黄盖叫兵士把二十船芦苇一齐点着,大家上了小船,解了缆绳,让这二十条火船冲进曹操的船队。如果没有这些小船,黄盖就会跟着火的大船一起冲进曹操的船队,不就烧死了吗?

师:看!这位同学谈得多好,他读书也前后联系了。那兵船呢?

生:曹操坐小船逃上岸,忽听得背后鼓声震天,周瑜的兵追来了。如果不是周瑜的兵船跟随在船队后面,他们不会这么快就追过来。

师:你很会读书。看来,“孙氏读书法”你已经运用得得心应手了。(生笑)

生:我觉得上岸追杀安排得也很巧妙。曹操刚逃上岸,来不及准备。周瑜能杀他们个措手不及。

生:黄盖的船离曹操的船队不到二里了,黄盖叫兵士把二十船芦苇一齐点着,这个安排也很巧妙,这样做,可以在火烧得最旺的时候冲进曹操的船队。如果点火晚了,火太小,曹军会把火扑灭;点火早了,曹军就有防备,就逃上岸了。

师:从周瑜的这些做法当中,大家觉得他们安排得怎样?(生答安排得周密,师板书"周密安排")正是由于周密安排,所以火攻才取得很好的效果。

师:经过一番斗智斗勇,周瑜终于以少胜多,取得战争胜利。后来,他们开了一个庆功会,会上周瑜总结了这次胜利的原因。而曹操呢?好不容易拣了一条命回去,又悔又恨,当晚就召集手下开了个总结会,总结这次战斗失败的原因。他们俩会讲些什么呢?请同学们替他们写一个发言稿,好不好?

[评:这是一个有创意的巧妙设计。它既深入课文之中,又跳出课文之外;既是对学生前边所学内容的总结,又对学生进行了语言表达能力的训练。]

师:谢谢同学们。下课。

[总评:刘伟老师的课堂教学,体现了教师是组织者和引导者的理念,整节课是在师生平等对话的过程中进行的。大致有以下几个特点:

第一,学生对所有问题的理解都是建立在认真读书、深入理解课文内容的基础之上。学生的发言,依据文中有关的语句,说得有根有据,有说服力,没有架空分析。教师适时渗透对读书方法的指导,如抓重点词句、前后联系等。

第二,积极构建互动的师生交往关系。教师努力营造民主、和谐的氛围,让学生感到师生间、生生间是自由的、平等的、友善的,让学生不断地得到鼓励与鞭策,树立学习的自信心。

第三,引导学生根据问题的难易程度采取不同的学习方式。如"周瑜他们怎样想到要用火攻这个计策的"这个问题比较简单,教师引导学生自己读书解决。而概括小标题、体会周瑜做法的巧妙这两个问题有一定难度,就要引导学生在自己读书思考的基础上合作学习。学生合作学习,教师不是放任自流、走形式,而是加强指导。如给学生分组,让小组成员有明确的责任分工等。]

主要参考资料
[1] 李镇西.共享:课堂师生关系新境界.课程·教材·教法,2002(11):18~22.
[2] 盖乃诚.略论新课程改革中教与学的转变.山东教育科研,2002(12):14~15.
[3] 周光旋老师访谈录——语文课程改革实验中的问题与策略.中国小学语文教学论坛,2002(10):4~5.

创设有利于自主、合作、探究
学习的环境:《詹天佑》教学纪实

赵娜　赵鉴

实现学习方式的转变是基础教育课程改革的显著特征。语文课程标准提出了"积极倡导自主、合作、探究的学习方式"的课程理念。课程标准指出:"语文课程必须根据学生身心发展和语文学习的特点,爱护学生的好奇心、求知欲,鼓励自主阅读、自由表达,充分激发他们的问题意识和进取精神,关注个体差异和不同的学习需求,积极倡导自主、合作、探究的学习方式。教学内容的确定,教学方法的选择,评价方式的设计,都应有助于这种学习方式的形成。"

一、课程标准解读

语文课程标准在第三部分实施建议的教学建议中提出:"语文教学应激发学生的学习兴趣,培养学生自主学习的意识和习惯,引导学生掌握语文学习的方法,为学生创设有利于自主、合作、探究学习的环境。应尊重学生的个体差异,鼓励学生选择适合自己的学习方式。"创设有利于自主、合作、探究学习的环境是我们研究的课题,也是我们实践研究的理论依据。

（一）关于创设有利于自主、合作、探究学习的环境的认识

1. 对自主、合作、探究学习方式的认识

自主学习是相对于被动学习、机械学习而言的学习方式。自主,即学生在教师的指导下,通过自觉能动的学习,实现自主性发展。学生是教育教学的对象,更是学习的主体。教学活动中,应尊重学生的主体意识和独立人格,发挥学生学习的自主性。

合作学习是相对于个体学习而言的学习方式。这种合作主要指师生间的合作、学生间的合作、学生学习小组间的合作,也指学生和家长的合作、学生和现代媒体的合作等。课堂教学中所说的合作学习多指学生在小组或团队内为了完成共同的任务、有明确责任分工的互助性学习方式。

探究性学习是相对于接受学习而言的,主要指学生在教师指导下,通过自主的尝试、体验、实践,主动发现问题、解决问题、获取知识、形成能力的学习方式。

自主侧重于学习的品质,合作侧重于学习的形式,探究侧重于学习的构建。自主、合作、探究,这三者之间相辅相成,互为一体。自主是合作、探究学习的基础;合作是提升自主、探究学习的途径,探究是自主、合作学习的目标。学生作为学习的主体,在教师的有效启发、指导下自主学习,同时充分发挥小组学习的群体作用,在合作中发展提高,培养学生主动学习、团结协作、深入探究、勇于创新的精神。

2. 对创设有利于自主、合作、探究学习的环境的认识

教学环境就其广义来说,是指作用于学习主体并产生一定情感反应的客观环境。从狭义来说,则指作用于学生而引起积极学习情感反应的教学过程。因此我们理解"环境"可以用两个维度来定义,一个维度是外显层面的"境",另一个维度则是内蕴层面的"情"。从"境"维度来说,应为学生开发和提供充分的课程资源,调动一切有助于学生成长和发展的物质的、精神的材料与素材。从"情"的角度来说,教学更多的应是师生、生生人际互动的过程,教师营造民主和谐的教学气氛,激发学生学习的兴趣,精心设计和组织教学活动,运动启发式、讨论式教学策略,都有利于创设真正尊重学生自由意志和独立人格,实现学生积极构建、主动发展的学习环境。

3. 创设有利于自主、合作、探究学习的环境是改变学习方式、落实三维课程目标的有效途径

实现学生的学习方式从单一、被动的学习方式向多样化、主动的学习方式的转变,落实语文课程标准"知识与能力、过程与方法、情感态度与价值观"三个维度课程目标,应重新认识和改革教学策略和学习过程。创设有利于自主、合作、探究学习的环境,激发学生主动参与、乐于合作、积极探究,改变课程实施过于强调接受学习、机械训练、封闭局限的现状,使学习过程成为一个积极主动的建构的学习过程,成为学生亲自参与丰富、生动的思维活动,经历实践和创新的生命成长历程。

(二)实施中的几点建议

1. 开发和提供充分的课程资源

我们试图带给学生的和学生体验到的一切都是课程资源。创设有利于自主、合作、探究学习的环境,应当以丰厚而充实的课程资源为基础,有助于学生成长与发展的、物质与精神的材料与素材,应经过教师的有效地整合与筛选,恰如其分又精彩纷呈地充盈于自主、合作、探究学习的环境中,为学生的学习提供最优质而充实的服务。在本教学案例中,教师既重视教材自身资源的开发与使用,

同时广泛搜集詹天佑生平资料、京张铁路资料,历史背景资料、多媒体录像课件资料,与教材文本密切结合,形成有机整体,课内与课外资源互相融合,互为补充,这些课程资源通过媒体展示、师生交流、生生讨论、质疑问难等形式呈现出来,为学生展开自主、合作、探究学习提供了有力保障,从"境"这一维度为学生营造了良好的学习环境。

2. 创设趣味性、体验性、挑战性、参与性、开放性情境

自主学习,重在让学生乐于求知、主动求知;合作探究学习,重在让学生富有情感、充满挑战。学习过程中可通过情境创设,引导学生感知、理解、发现、质疑、探究,获取新知。如本教学案例中,教师以"让我们作为詹天佑的助手,跟随总工程师一起去完成这两项最艰巨的工程",引导学生通过文本进入体验性情境,在角色体验中自主学习,深切体会,感悟升华。然后教师抛出挑战性情境——在图纸上设计出隧道的开凿设计方案。学习的热情在质疑与探求的催化中迸发,学生积极投入自主学习、合作探究的学习状态。小组交流与班级讨论的参与性、开放性情境,使学生在个体与群体交往中,学会互助,学会交流,学会合作,学会倾听,有所发现,有所建构。创设趣味性、体验性、挑战性、参与性、开放性情境,从"情"这一维度为学生自主、合作、探究学习搭建起卓有成效的平台。

(三)操作时应注意的问题

第一,创设有利于自主、合作、探究学习的环境,其内容和形式应当根据各年龄段学生特点及教学目标的不同而有所侧重。低年级儿童,对颜色、声音、动作等形象思维的介质有极大兴趣,因此,创设生动有趣的情境,如讲故事、做游戏、表演、直观演示等形式更能激发他们自主学习的热情;中高年级,应当侧重于创设有助于学生自主积极学习、深度解读文本、深入思考问题、高效合作交流的情境,让他们由"情"的成功体验产生"智"的追求与满足,进而成为推动下一步学习的不竭动力。

第二,创设有利于学生自主、合作、探究学习的环境,应目标明确,步步为营,掌控适度。如果是问题情境,提出的问题就要紧紧围绕教学目标,具体明确,同时具有启发性;如果是体验情境,文本情境必然要与学生的已有生活经验相通融,在体验中升华,在运用中积淀。切忌创设的学习环境中出现两种极端:"浅尝辄止"与"流连忘返"。行于所当行,止于所当止。

第三,创设有利于学生自主、合作、探究学习的环境,应扎实落实方法的指导、能力的训练、习惯的养成。自主、合作、探究的学习方式在教学实施中的关键点是会自主,能合作,善探究,其核心是方法的指导、能力的训练、习惯的养成。学生自主、合作、探究学习的过程,也是培养学生积极的学习态度和坚定的意志品质的过程,需要学生精力和智力的有效投入,需要学生拥有创新、探究精神和

深度的思维品质，这才是学习的真正内涵、成长的真正意义。因此，教学过程不在于老师讲与不讲、讲多讲少，而在于以学生为主体，讲什么，怎么讲；在于以学生的成长与发展为要义，学什么，怎么学，为学生思考、探究、发现、创新提供最大的环境空间与情感空间，鼓励他们运用自己认为有效的方法学习，指导他们不断优化学习方法，习得学习能力，养成良好习惯，获得长足的发展。

二、教学实施案例:《詹天佑》教学纪实

研究课题:为学生创设有利于自主、合作、探究学习的环境

研究教师:济南市天成路小学赵娜;赵娜、赵鉴解读语文课程标准;赵鉴评析。

教科书简介:《詹天佑》是人教版义务教育课程标准实验教科书语文六年级上册的一篇精读课文。教学设计两课时，此为第一课时。

教学过程:

(一) 导入新课

师:今天,我们一起去回顾一段历史,缅怀一位伟人。

(出示课件:詹天佑的生平介绍,板书课题)

师:结合老师推荐的资料和你的预习,用一句话说说你对詹天佑的了解。

生:詹天佑是我国著名的工程师,被誉为"铁路之父"。

师:说得真好! 他是开启中国铁路建设新篇章的奠基者。

生:詹天佑修筑的铁路叫京张铁路。这是第一条由中国人自己设计并修建的铁路。

师:(板书"京张铁路")让我们铭记这条铁路的名字。1909 年,这条铁路修建成功。这个成功,对于多灾多难的中华民族来说有着特别的意义——第一条由中国人自己设计并修建的铁路! 而它的设计者、主持修建者,就是被誉为"铁路之父"的詹天佑。

生:詹天佑是我国杰出的工程师。他设计的"人字形"线路,在世界铁路史上是一个创举。

师:我能听出你心中的自豪和对詹天佑的崇敬。

师:所以,虽然 100 多年过去了,京张铁路依然绵延于华夏大地上,詹天佑的名字仍深深印刻在华夏儿女的心中。我们今天学习的课文讲的就是詹天佑主持修筑京张铁路的故事。

[评:语文课程标准指出:"阅读是运用语言文字获取信息、认识世界、发展思维、获得审美体验的重要途径。""阅读教学应注重培养学生感受、理解、欣赏

115

和评价的能力。"本课教学在学生、教师、文本之间和谐的对话中自然地延展开，逐步推进,从中渗透了搜集处理信息、分析概括文本、牵想体悟情韵等着力点。]

(二) 预习汇报(略)

(三) 直击难点,开凿隧道、设计线路

师:开凿隧道,需要做哪些工作呢?

生:作为工程师必须先了解地形,再设计合适的开凿方案。

师:让我们从字里行间获取相关信息,在图纸上设计出隧道的开凿设计方案。

出示小组合作要求:

1. 默读课文第五自然段。一边读一边在文中画出要开凿的两座山及其特点。

2. 各攻关组交流开凿方案,工程组长代笔勾画图纸,工程人员出谋划策。

3. 工程组派代表说明设计意图。

(根据提示,小组合作学习;教师巡视,参与研究)

师:哪组"工程人员"展示一下自己的设计成果?

生:(实物投影)这是居庸关隧道,从两头向中间开凿;这是八达岭隧道,采用中部凿井法。

生:我看到你的图纸上画的两座山峰差不多,为什么差不多的地形却用不同的开凿方法?

师:观察得真仔细呀,我也有这个疑问。

生:因为居庸关山势高,岩层厚,而八达岭隧道长一千一百多米,有居庸关隧道的三倍长……哎呀,我们组没有把地形的不同、长度的变化画出来。

师:知其然还要知其所以然。不仅应该知道隧道是怎样开凿的,更应该知道詹天佑为什么这样设计隧道的开凿方法。如果读书能深入思考,多问个为什么,那么你会做得更好。

师:哪个工程组的设计师继续说一说,詹天佑为什么采用不同的方法开凿隧道?

生:詹天佑根据地形不同设计不同的隧道开凿方法,居庸关山势高,岩层厚,从一端开凿工期太长,从两端开凿,就缩短了工期。(大屏幕动画展示居庸关的地形特点及隧道的开凿的过程)八达岭隧道长一千一百多米,是居庸关隧道的三倍长,(动画对比展示两个隧道的特点及关系)仅仅采用从两端向中间开凿的方法还不是最好的方法,詹天佑创造出了中部凿井法,这样就又增加了两个工作面,工期大大缩短。(动画展示八达岭隧道的开凿过程)

师:从山顶往下打一口直井,再分别向两头开凿。这样一来,同学们算算,一

116

共是几个面同时进行施工?

生:四个工作面。

师:由原来的两个工作面,变成现在的四个工作面,所以,才能把工期缩短了一半。

师:你们还有什么问题想请教我们的助理工程师?

生:虽然詹天佑设计出了这么有创造性的开凿方法,可是,我想,增加工作面,实际上也给开凿工作造成了很大的困难!两端开凿、中部凿井再向两头开凿,稍有误差,隧道接不到一起去,那就全盘皆输了。

师:你真会思考,能够透过事物的表面看到本质问题。

生:只要测算精细、定点精确,这种误差不应该存在。

生:而且课文的第四自然段讲了,詹天佑勘测线路时是多么一丝不苟,不管计算还是测量,都不允许自己、工作人员有一丝一毫的马虎。这么精密的前期工作为后面的开凿打下了基础。

师:联系前文,融会贯通,说明有理有据,真好!

生:既然工作面多,可以节省时间,为什么不多打几口直井,多打,不是更省事吗?

生:打直井也是需要时间的,而且,直井打得越多,产生的困难就越多。

师:同学们,你们认为"张工程师"介绍得怎样?认为精彩就给点掌声!"张工程师",说说,你们工程组是如何将开凿隧道的设计工作做得这样心中有数又极具创造性?

生:(本组成员补充)我们组的工程人员读书很认真,也进行了认真思考。詹天佑工程师则是带领工程人员精密测算、严谨施工才创造了这么伟大的工程。

师:让我们像詹天佑工程师一样精心地考察每一处地形,周密地设计开凿隧道的方案吧。(生朗读第五自然段;大屏幕出示课文片段)此时此刻,你对詹天佑设计出的伟大工程有什么感想?

生:詹天佑的设计太伟大了。我对土木工程向来都不了解,可是看到詹天佑设计的隧道工程,我觉得很神奇,很了不起,很感兴趣。

生:我觉得詹天佑确实是一位杰出的、令人敬佩的工程师。

[评:创设合作、探究的学习环境,从问题出发,创设质疑问难的情境,挖掘教学内容中有利于学生思维发展的问题,鼓励学生发散思维,激励学生自己思考,得出结论。]

生:詹天佑真了不起,他的设计是创造性的,真让人佩服。

生:我觉得自己读书不够深入,思考问题不灵活,以后要像詹天佑一样多动脑。

师:认识到自己的不足就是最大的进步。了解开凿隧道的过程,我们都受益匪浅。带着对工作更加认真负责的态度,再让我们一起去设计"人字形线路"。请同学们先自读第六自然段,再小组交流有关人字形线路的情况,做好展示设计成果的准备。(师巡视指导)

师:请这个组的工程人员们上台展示设计成果。

生:我们组展示设计成果的方式是"形象演示",就是由我们组的三个同学扮演一列火车,(三人搭肩排成一列小火车)陈国梁是火车头,王琳是火车厢,张策是火车尾,另外张羽、刘宇婷是报站员,我是"人字形线路"的总解说员。

师:这样的展示方式,真有创意,我很期待。开始吧。(火车随着解说员的解说演示人字形线路行驶过程)同学们观看之后有什么感受?有疑问也可以提出来。

生:我觉得你们的演示很直观,解说也很清楚。我提一个建议:火车车头和车尾分不出来,可以做一个标记。比如,车头车尾可以戴两顶不同的"帽子"。

生:我觉得火车在人字形道上行驶的路线长了,太费时间了,不能采用其他设计吗?

生:这个问题我们也想过。经过查找资料、讨论,觉得这么陡的山坡,直爬肯定不可能,在挖隧道、建桥梁也行不通的条件下,设计人字形线路是最佳选择。

师:把充满敬意的掌声送给你们!设计方案与展示形式同样充满智慧与创意。

生:老师,我们组展示的方式是图片、实物演示加解说。我和吴冰担当演示员,其他同学为解说员。(一边解说,一边用实物投影、稍大些的橡皮或小尺子,在语文书上演示车在铁轨上的行驶过程)

生:你们用尺子做火车进行的演示,很形象。

师:确实如此。你们的想法很周密。耳听为虚,眼见为实。你们的实物演示很生动。

生:我们组刚才讨论了这样一个问题:火车上坡容易了,那下坡会怎样呢?

生:人字形线路减缓了坡度。下坡时,火车从山坡上向下滑,发动机起反向拉力,速度是可以调控的,这样行车就保证了安全性。所以不管是上坡还是下坡,火车都很安全。

师:说得真棒!和大家一样,我也有这番疑惑与思考。我在查找资料时,正好找到了一段关于火车下坡的录像,放给同学们看看。(录像展示)

生:老师,我还知道,詹天佑设计了特殊挂钩——詹天佑钩,车厢和车厢之间连接得更牢靠,火车行驶也更安全了。

师:你真棒!能够涉猎课外相关知识,获取更多的信息,激发出更有价值的思考。同时,你们举一反三,由此及彼地思考问题,这样学习,才能有更多的收获。

[评:创设有利于学生自主、合作、探究学习的环境,学生们小组合作,选取适合本组的探究方法,重新建构关于人字形线路的知识体系,展示形式多样,充满智慧与创造性,同时省时高效。教师在学习过程、展示过程中穿针引线,适当点拨,使这一阶段的学习活动卓有成效。课堂结构张弛有度。]

师:让我们带着自豪的心情坐上火车,行驶在人字形线路上,向世人展现詹天佑的杰出才能和伟大的创举吧!(动画展示火车在人字形线路上的行车过程,学生朗读课文)

(四)细节品读,情感升华

师:从1905年到1909年,詹天佑的生命和京张铁路的命运紧紧地契合在一起。让我们沿着他行走的脚印细细地感受那触动人心的点点滴滴。(课件出示学习要求:选择你感受最深的段落,细细读一读,思考:詹天佑修筑京张铁路的哪些细节,让你深有感触?一边读,一边画,一边标注)

(生自读自悟,师巡视,个别交流)

师:谁先来说,哪个细节让你深有感触,说说为什么。

生:(生读语句:詹天佑经常勉励工作人员,说:"我们的工作首先要精密,不能有一点儿马虎。'大概''差不多'这类说法不应该出自工程人员之口。")我体会到詹天佑对待工作非常认真,一丝不苟,所以,才有了开凿隧道和人字形线路的创举。

师:詹天佑经常勉励工作人员,想想,他都在什么情况下勉励工作人员?

生:可能在工作人员灰心丧气的时候。

师:为什么会灰心?

生:因为这个工程太艰巨了,这可不是在平地上修铁路,这一路上都是高山深涧,悬崖峭壁,连外国工程师都不敢轻易尝试,何况是当时科技落后的中国去做。肯定困难很多很多,工程的质量就难以保证,所以,工作人员才会灰心退缩。

生:也许是在工程人员想家的时候。

师:你的情感真细腻,四年的时间无法与亲人团聚,真可谓:"山一程,水一程,身向榆关那畔行,夜深千帐灯。风一更,雪一更,聒碎乡心梦不成,故园无此声。"谁能不想家呢!谁能不分心呢!

生:可能是工作人员技术能力有限,或是自然条件太恶劣了,要做到精益求精,难于上青天。

师:感同身受啊。(指导朗读)

当工程人员因遇到困难想放弃的时候,詹天佑对大家说——(读文中句)

119

当工程人员遇到技术条件太落后,修路陷入困境的时候,詹天佑对大家说——(读文中句)

当工程人员因想家而分神马虎的时候,詹天佑对大家说——(读文中句)

师:詹天佑的话意味深长,同学们读得也意蕴深深。继续谈。

生:(生读语句:他亲自带着学生和工人,扛着标杆,背着经纬仪,在峭壁上定点、测绘。塞外常常狂风怒号,黄沙满天。一不小心还有坠入深谷的危险。)我觉得作为一个主持修筑京张铁路的领导,应该是在办公室指挥工人们干活的。然而,他却生活、工作在最基层,和工人在最危险的地方一起勘测线路,修铁路,他平易近人,而且非常敬业。

师:你非常善于抓住关键的语句体会其意思,又善于联系生活理解课文,非常好。就这句话,谁还想继续谈谈?

生:我感觉到詹天佑身体力行,不怕危险,与工人们一起勘测线路。他的精神影响并带动了工程队的工人们。

师:这就是同甘共苦!我们一起来读读这句话,融入我们的感受,融入我们的体验。(生齐读句)

师:好,我们继续交流。

生:(生读语句:白天,他攀山越岭,勘测线路;晚上,他就在油灯下绘图,计算。)我体会到詹天佑是认真负责的工程师。他夜以继日地工作,太辛苦了。

师:我从你的朗读中,真切地听到你的感悟。

生:(生读语句:遇到困难,他总是想:这是中国人自己修筑的第一条铁路,一定要把它修好;否则不但惹那些外国人讥笑,还会使中国的工程师失掉信心。)我感受到詹天佑非常爱自己的祖国,他要为中国争口气。

师:你读出了他的爱国情怀。你的感受很真切。同学们,课文说"遇到困难",詹天佑在修筑铁路的过程中,遇到了哪些困难?从文章里边找一找。(学生默读)

生:铁路要经过许多高山,不得不开凿隧道。

生:路过青龙桥的时候,坡度很大,火车没法上去。

生:开凿隧道是很大的困难。遇到了特别高的居庸关,特别长的八达岭这样的世界性难题。

师:你概括得很简练,真会读书。

生:在凿井的时候,由于井底下的氧气不足,所以工程人员也很难进行施工。

生:塞外到处都是黄沙,詹天佑带领一群工作人员,不分昼夜地工作,在悬崖峭壁上冒着生命危险勘测,我仿佛看到了有的工作人员不小心坠入深涧的悲惨画面。

生:我还从"高山深涧、坠入深谷、攀山越岭、狂风怒号"这些词语读懂了困难重重。

师:这一切,就是詹天佑的生活、工作和生命追求。他心里,有着怎样的信念才会这么坚强,这么执着,这么投入?他在困难面前是怎么想的?

生:(指名读句子)屏幕出示:遇到困难,他总是想:这是中国人自己修筑的第一条铁路,一定要把它修好;否则不但惹那些外国人讥笑,还会使中国的工程师失掉信心。

师:詹天佑在修筑铁路的过程当中,还遇到了许许多多鲜为人知的困难。(屏幕出示)

*慈禧太后为修颐和园每年不惜数千万金,但不愿为修路出钱。京张铁路经费被控制在英国汇丰银行手中。正当进入第二段工程时,汇丰银行故意刁难,拖付工钱,造成误工。

*帝国主义乘机欺凌,他们派人打扮成猎人的模样,在詹天佑修筑铁路的地段巡视,以便随时看中国人出洋相。

*铁路要经过皇室亲戚的坟地,他们率众闹事,要求改道。詹天佑忍辱负重,花费许多时间跟权贵周旋,终于让铁路从墓墙外通过。

*和詹天佑一起修筑铁路的朋友、工人、学生,有的坠入深涧,不幸牺牲;有的中途逃跑;最让詹天佑感到痛心的是,女婿被绑架,心爱的女儿不幸身亡。

师:读着屏幕上的文字,再来说说你对詹天佑遇到的困难的体会。

生:读到慈禧太后不愿意为铁路花钱,我为政府的腐败和无能而寒心、痛心。詹天佑在这样的条件下修筑铁路,真是不容易。

生:那些乘人之危的帝国主义者真是强盗!

生:詹天佑是顶着巨大的悲痛在修筑铁路。他身边有那么多的亲朋好友离开了他。这让他多么难过与心痛。

师:面对国家之危难,工程之艰难,亲友之罹难,詹天佑始终坚守着自己的信念,那就是——(学生朗读)遇到困难,他总是想:这是中国人自己修筑的第一条铁路,一定要把它修好。否则不但惹那些外国人讥笑,还会使中国的工程师失掉信心。

师:当资金短缺,铁路修筑被迫中断的时候,詹天佑总是想——(生读)

师:当帝国主义看中国人出洋相的时候,詹天佑总是想——(生读)

师:当皇亲国戚来阻挠的时候,他总是想——(一起读)

师:当亲友牺牲、离去,当女婿被绑架、女儿身亡,詹天佑陷入了巨大的悲痛之中,他总是想——(生齐读)

[评:阅读是学生的个性化行为,应引导学生钻研文本,在主动积极的思维和

情感活动中,加深理解和体验,有所感悟和思考,受到情感熏陶,获得思想启迪,享受审美乐趣。教师用设计巧妙灵活、有声有色、一唱三叹的引领,促进并升华了学生对文本语句的深入理解和感悟,为最后点明中心、领会表达的环节做了细腻而厚实的积淀。]

师:正是凭着这一份坚定的信念,凭着对祖国的忠诚,凭着自己的智慧,詹天佑终于带领他的工程人员让京张铁路提前两年竣工。让我们牢牢记住这个难忘的日子——1909年8月11日,那是京张铁路竣工的日子。詹天佑提前完成京张铁路修筑计划,为清政府节省了白银28万两,用智慧和生命创造了铁路建设史上的奇迹!让我们一起来读一读课文的最后一段。(生齐读最后一段)

(五)**领会表达**(略)

[**总评:**本课在自主学习的基础上恰当地运用了合作学习、探究性学习和交流学习,取得了很好的成效。教师真正把时间和机会交给了学生,使学生成为了学习的主体,很好地体现了课程标准的新理念。]

主要参考资料

[1] 王兴举.知识、学习与教学.课程·教材·教法,2003(1).
[2] 米丽英.浅议小学语文教学中的探究式学习.课程·教材·教法,2003(1).
[3] 汪潮.解读《语文课程标准》的教学新策略.中国小学语文教学论坛,2002(11).
[4] 沈大安.自主·合作·探究——实现学生学习方式的转变.人教论坛小学语文教育教学,2002-08.

创造性地理解和使用教科书：
《自然之道》教学设计

在相当长的时间里,流传着"课本课本,教学之本"的说法,对于教科书的理解和使用,不敢越雷池一步,否则被视为"超本"。这次课程改革,在教师与教科书的关系方面却提出教师要创造性地理解和使用教科书。这是教育理念的变革。

一、课程标准解读

课程标准教学建议部分提出:教师"应认真钻研教材,正确理解、把握教材内容,创造性地使用教材"。在课程资源的开发与利用部分则提出:"语文教师应高度重视课程资源的开发与利用,创造性地开展各类活动,增强学生在各种场合学语文、用语文的意识,通过多种途径提高学生的语文素养。"

（一）关于创造性地理解和使用教科书的相关问题的认识

1. 创造性地理解和使用教科书是课程改革的基本要求

第一,课程内容改革,要求教师创造性地使用教科书。基础教育课程改革的目标是:"改变课程内容繁、难、偏、旧和偏重书本知识的现状,加强课程内容与学生生活以及现代社会科技发展的联系,关注学生的学习兴趣和经验,精选终身学习必备的基础知识和技能。""改变课程实施中过于强调接受学习、死记硬背、机械训练的现状,倡导学生主动参与、乐于探究、勤于动手,培养学生搜集和处理信息的能力,获取新知识的能力,分析和解决问题的能力,以及交流与合作的能力。"课程内容的这一转变,力争反映现代科技发展的新成果,使课程具有时代精神。此外,不再单纯以学科为中心来组织教学内容,不再刻意追求学科体系的严密性、完整性、逻辑性,注重与学生的经验结合在一起,使新知识、新概念的形成建立在学生现实生活的基础上。课程内容切实反映学生生活经验,努力体现时代特点,将会有效地改变学生学习生活和现实世界相脱节的状况,这就为教师创造性地使用教科书,拓宽学生知识面提供了指导。

第二,与以往教学大纲相比,课程标准为教师行为提供了广阔的创造空间和灵活性的指导建议。传统的教学大纲从目标上只规定了知识方面的要求,所指定的内容偏难、偏深、偏窄,对绝大多数学生来说,要求过高;只强调教学过程,忽视课程的其他环节;缺乏弹性和选择性。而义务教育课程标准是国家制定的某一学段的共同的统一的基本要求,而不是最高要求,它是大多数儿童都能达到的标准。它面向每一个儿童,着眼于全体儿童的发展。传统的教学大纲关注的是学生在知识和技能方面的要求。而课程标准以促进学生发展为宗旨,确立了知识与技能、过程与方法、情感态度与价值观三位一体的课程目标,它着眼于未来社会对人的素质的要求。教学大纲对教学工作做了十分具体细致的规定,便于教师的教学工作真正能够起到具体直接的指导作用,便于教师学习和直接运用,但"刚"性太强,不利于教师创造性的发挥,没有给教材特色化和个性化发展留下足够空间。

第三,从教学与课程的关系看,课程要求教师应该是课程的建设者和开发者。在传统的教学中,教学与课程是彼此分离的,教师被排斥于课程之外,教师的任务只是教学,是按照教科书、教学参考资料、考试试卷和标准答案去教。教学内容和教学进度是由国家的教学大纲和教学计划规定的,教学参考资料和考试试卷是由专家或教研部门编写和提供的,教师成了教育行政部门各项规定的机械执行者,成为各种教学参考资料的简单照搬者。教学与课程分离,教师丧失了课程的意识,也丧失了课程的基本能力。作为教育者要清楚,教材给教师提供的不是僵硬的条文,而是可开发和再创造的课程资源。

2. 创造性地理解和使用教科书是学生发展的需要

第一,这是社会的发展对人才素质提出的新要求。新世纪国际竞争是人才竞争,是创新型复合人才的竞争。社会发展,时代进步,对人才的标准也提出了新要求:正直、诚实的品质,不断开拓进取的品质,敢于尝试、大胆实践的魄力,推陈出新的智慧,等等。多方位的人才需求,有赖于青少年时期的教育培养。目前世界各国的课程改革,都将课程功能的转变作为首要目标,力争使新一代国民具有适应 21 世纪社会、科技、经济发展的必备的素质。因而在基础教育领域全面实施素质教育,培养学生具有社会责任感、健全人格、创新精神和实践能力、终身学习的愿望和能力、良好的信息素养和环境意识,关注学生"全人"的发展,引导学生学会学习、学会生存、学会做人。因此,教师怎样看待学生,把学生看成什么样的人,对学生采取什么态度,就是教学实践的重要问题。学生是身体、心智、情感不断发展的人,是个性独特的人。教师就应该根据学生身心发展的特点而创造性地理解和使用教科书,还学生完整的生活世界,丰富学生的精神生活,给予学生全面展现个性力量的时间和空间。

第二,学生学习方式的改变要求教师积极开发课程资源。课程改革的基本理念是:教育要以人为本,教育要促进人的发展,要关注学生、关注过程、关注发展。而要体现这个基本理念,就要充分发挥教师在教学中的主动性,多方面提高学生的语文能力,开发学生的创造潜能,促进学生可持续发展。必须高度重视课程资源的开发和利用,把教科书作为资源,正确处理教材,创造性地开展各类活动,让学生寻求探索思路的方法,培养学生搜集和处理信息的能力、获取新知识的能力、分析和解决问题的能力以及交流与合作的能力。

3. 创造性地理解和使用教科书是由语文课程的特点所决定的

语文课程的基本特点究竟是什么?人们曾提到诸如科学性、民族性、思想性、综合性等等,可见语文课程性质是多重的。目前形成的共识:"工具性和人文性的统一是语文课程的基本特点。"语文教材要姓"语",也要姓"人"。要注重唤醒学生已有的生活经验,注重丰富的人文内涵对学生思想感情的熏陶。

语文教学应该体现素质教育和大语文教育思想,追求人文教育与语文能力培养的协同互补,在语文能力培养中丰富学生的人文素养,在人文教育的同时,使学生的语文素质得以提高。语文作为母语,作为最重要的交际工具,与其他学科的联系甚为密切。语文教学必须打破学科壁垒,把触须伸进其他学科之中,建立语文学科通向其他学科的互联网,从其他学科中汲取语文营养,同时又用于其他学科的学习和实践。

生活体验是语文学习的重要基础,语文学习"应着重培养学生的语文实践能力,而培养这种能力的主要途径也应是语文实践"。严格地说,语文实践不同于通常意义上的社会实践,是高效学习的重要途径。语文学习的过程实质上是不断激活生活体验的过程,同时生活体验也能照亮语文学习。也可以说,语文学习是在不断地内视、发现、理解已有的生活体验及其意义,而已有的生活体验也在不断地解读语文,生活体验愈丰富,愈能从不同的角度和深度进入语文并掌握语文。由此可见,语文学习与生活体验相联相融,就能获得双倍的意义。

语文教学的核心是培养学生的思维能力,而思维能力的最高层次是创造性思维,它是一种具有开创意义的高智能的思维活动。语文作为一门工具性、综合性很强的基础学科,其本身包容了严密的科学性和独特的艺术性,其听、说、读、写的要求蕴含了丰富多样的创造性因素。在课堂教学中应充分挖掘和运用创造性因素,努力培养学生的创造性思维。只有当学生具备了这种创造性品质,并以此来分析和解决具体问题时,才算实现了语文教学的真正目的,也只有这样,才能全面提高教学质量。

（二）实施中的几点建议

1. 教师要做教科书的主人，不做教科书的奴隶

教师要突破教科书对学生思维的禁锢，做教科书的主人，既凭借教科书，又跳出教科书。这使得教师面临一个全新的挑战。

第一，教师不仅要更新知识结构，而且要有丰富的知识底蕴和文化素养，要能够跟得上学生的特色化、个性化思想，接受学生别样的思维与作品。利用好教材的开放性，唤醒学生的表达欲望，放飞他们的想象的翅膀，让他们用好奇的双眼在这个多彩的大千世界中灵动地探寻美丽、新奇、真诚。正如课程标准提出的那样："教师应确立适应社会发展和学生需求的语文教育观念，注重吸收新知识，不断提高自身的综合素养。"

第二，学生的学习不仅限于课堂，还应与社会生活紧密联系。学生的学习效果最终要接受生活和社会的考验。根据社会实际、学生实际，采用灵活、开放的方式，让学生在社会的大课堂里学习，在社会的广阔天地里运用。

第三，成功的教学设计，是教师在教学中利用最少时间取得最佳效果、实现教学最优化的保证，它既能体现教师劳动的创造性，又能有效地激活学生的创造意识。在语文课堂上，很多情况下，教师都可以根据新教材的开放性，挖掘教材中的闪光点、空白点，拓展学生的思维空间。具体可采取以下做法：创、增、组、挖。

创：创设情境，包括问题、游戏、活动等情境。情境感染即情感心理交流过程。人的情绪和情感总是相互感染的，教学活动既是知识、信息交流过程，又是教师、教材、学生间情感交流过程。教师要力求挖掘教材中健康、愉悦的情感去感染学生，促使其产生强烈而积极的内心体验，从而把自己的教育要求内化为学生学习的动机与需要，也就唤醒了学生的主体意识。这是语文学科发挥其独特魅力的优势所在。语文教学有着取之不尽、用之不竭的情感教育资源，可以说任何一名成功的语文教育家都是调动情感因素的高手，使学生内心真正被文章蕴含的美感所折服，在情感的震撼、美感的愉悦过程中取得类似核聚变的教学效应。如《地震中的父与子》用课件将学生带入历史上几次大地震的悲惨场面，以其场面的悲壮体会平凡感情的伟大。

增：增加各类学习，增加让学生进行探索创造的活动。教学中要让学生的脑、手、眼动起来。作文教学可增加一系列自由命题作文，比如采访父母可写《我与父母比童年》；阅读教学可让学生在理解课文的基础上表演课本剧等。另外，教学中可适时插入小游戏，增加教学的趣味性。

组：重组教学内容，重组学生的学习方式。尊重学生的自主选择，让学生选择学习内容和学习方式。每个学生都是带着既有的知识和经验进入语文学习

126

的,在学习过程中又都会形成并表现出不同的学习特点和方式,而且学生对新知识、新能力的获得又无不建立在既有的知识、经验基础之上。因此,学习的过程就是学生运用自己的学习方式,自主选择、自我建构的过程。新编语文教材为学生学习的自主选择提供了余地,学习内容提供了选学内容,习题提供了选做习题,在综合性学习里,还提供了多种不同的学习情境,让学生根据自己的学习特点和学习需要自主选择活动形式,自主开展学习活动。

挖:挖掘教材内外可发展学生创新思维的因素。低年级部分生字教学,可放手让学生发挥想象来记忆。如"红"的识记,有的学生用"熟字加偏旁"来记忆,有的用组词和造句的方法记忆,凭借着课文,通过问题的激发,加上教师的启发和诱导,儿时的生活趣事又激活在学生心头。这样,语文学习在生活中,生活在语文学习中,课堂也能成为师生共度的一段人生的美好时光。

在创造性使用教材的过程中,应积极拓展学生自主、合作、探究的视野,努力营造自主、合作、探究的学习氛围,把更多思考、交流、展示、尝试、成功的机会留给学生,这也正是创造性使用教材的目的。

2. 遵循规律,因材施创,因地制宜

第一,教学设计是折射教师教学思想的一面镜子。不仅要依据教材,更要立足于学生,注重学生个性差异和认知活动中的主体地位,致力于使自己的教学设计符合并适应学生的心理特征和认知规律,从而使教学进入"常教常新"的理想境界。"教师要发挥创造性",创造性的依据是"教材的实际和学生的年龄特征",最后达到"采用灵活多样的教学方式"。

第二,鼓励学生发表独立见解,是实现教学目的中培育学生的创造力的重要途径。培育学生的创造力也是新提法,关键是要教师能从学生的发言中及时捕捉独立的见解、与众不同的思维方式,并予以鼓励。任何创造性的活动都离不开联想和想象,只有具备了这种能力,才能不断地有所创见。语文教材的内容形象性也决定了教师要引导学生从"已知"中预测"未知",做更深更高层次的分析。好的作品其蕴含总是十分丰富的,正所谓"横看成岭侧成峰"。具有创造性思维的人,往往善于发现他人之未见。为此,教师就要重视学生思维的多项展示,让学生不满足于"众说",而多问几个"为什么"。

第三,新课程倡导民主、开放、科学的课程理念,同时确立了国家课程、地方课程、校本课程三级课程管理政策,这就要求课程必须与教学相互整合。教师必须在课程改革中发挥主体性的作用。教师不能只成为课程实施中的执行者,更应成为课程的建设者和开发者。为此,教师要形成强烈意识,了解和掌握各个层次的课程知识,包括国家层次、地方层次、学校层次、课程层次和学生层次,以及这些层次之间的关系;教师要提高和增强课程建设能力,使国家课程和地方课程在学校、在课堂实施中不断增值、丰富和完善;教师要锻炼并形成课程开发的能力,新课程越来越需要教师具有开发本土化、乡土化、校本化课程的能力;教师要培养课程评价的能力,学会对各种教材进行评鉴。

(三)操作时应注意的问题

第一,教材是教学的主要信息源,是教学活动实施的线索。在教学过程中,教学目标、内容、知识传授的深度和广度既应以教材为主要依据,又应结合教师实际和学生现有的知识、技能、思维水平、学生心理等实际,防止机械地"以教材为本,以教案为本"。

第二,灵活、创造性地使用教材,一定要站在学生的角度,从学生的实际出发,遵循学生的认知规律和他们的发展需求,体现教学为学生的发展服务的理念。

二、教学实施案例:《自然之道》教学设计

研究课题:创造性地理解和使用教科书

研究教师:张义敏和朱艳凤。

教科书简介:《自然之道》是人民教育出版社小学语文课程标准实验教材四年级下册第三单元中的一篇精读课文。

教学过程:

(一)课前交流

1. "读书之道"与"自然之道"的"道",你怎么理解?意义相同吗?字典里"道"的解释:方向;方法;道理。

2. 判断(对错)。

例:猫吃老鼠是"自然之道"。

(引导学生说出课文里的例子)

例1:菊花秋天开放(傲霜)是"自然之道"。

例2:不动笔墨不读书是"读书之道"。

例3:边读边想象是"读书之道"。

(引导学生说出自己的读书之道)

总结理解词语有多种方法和途径:① 查工具书;② 结合上下文;③ 结合自己的生活体验。

3. 通过对《自然之道》的阅读、思考,我总结的"读书之道"四步法:(看材料)

一是质疑;二是在反复读的过程中抓重点词语;三是读出这些重点词语里的

画面和灵魂;四是学习运用。

(二) 熟读质疑

1. 学生看材料,读一读我的质疑。

2. 读朱熹的话。(解释朱熹的话)

3. 我质疑的过程。

就这篇文章,我读了不下10遍,而且还听了6个老师的讲课。经过思考之后提出了这些问题。

我的体会是:

读书质量决定你提出问题的质量。书读得越精,问题质量越高,越有思考和研讨价值。

4. 什么样的问题才算是有价值的问题呢? 我先举一个例子:

看那一棵树。

我问:树上的叶子是什么样的?(你一看就知道了)

我再问:"这棵树的根是什么样的?"(深挖出来才能知道)

读书质疑也是这样,不要提"叶"的问题,要熟读深思,提出"根"的问题。

5. 看看这些问题,哪些是你们能解答出来的,哪些解答不出来? 现在把你会的和不会的都放在心里。等听了我的汇报,你再进行对比。你就知道这些问题的思考价值在哪里了。怎么解疑?

(三) 抓重点词语

这一课我找出了哪些重点词语呢? 我读着,大家写下来,遇到不会写的字可以自己偷偷翻开书,只许看一眼。一行只写4个词语,注意间隔,上下对齐。第一行空着。其中找4个同学上黑板写,每行4个,你们依次写一个。

1. 听写的词语:

(幼龟)	(捕食鸟)	(游客)	(向导)
探出巢穴	企图	紧张	若无其事
欲出又止	颓丧	焦急	冷淡
踌躇不前	饱餐一顿	呼喊	极不情愿
鱼贯而出	欢乐	愚不可及	悲叹

2. 你发现每列词语都是写谁的? 请你把答案写在第一行上。

(注意不同答案的:第二组:嘲鸫,或者"捕食鸟"。第三组:"我和同伴"、"游客"。第四组:向导。)

3. 你是否发现还有一个词语也值得写一写的,猜猜是哪一个?("气喘吁吁"既是新词语,也是重点词语)

4. 你是否发现,可以用这些词语总结课文里发生的故事。请同学们试着讲

一讲)

（目的:既检查学生对词语的掌握情况,又帮助建立文章的重点内容。认识重点词语,学会读书最基本的方法:抓重点词语)

（四）读出这些词语里的画面和灵魂

怎样读出这些词语里的画面和灵魂(情感)？我举个例子:

1. 读字。

看到"雪"这个字,你心里有什么？"雨"或横山？

（万里江山一片粉妆玉砌的世界,大雪人,打雪仗的孩子,冰雪路上拥堵的汽车……情感是喜欢雪)

看到"跑"字呢？（刘翔百米跨栏跑,活动,世界冠军,升起的五星红旗……)

2. 读句子也是如此。

例句:李明兴奋地喊着:"同学们,老师来啦!"

张华惊慌地喊着:"同学们,老师来啦!"

第一句背后的画面是同学们盼望老师的到来。第二句是同学们害怕老师的到来。我读这两句时,画面也写在我的语气和脸上了。所以,这才是真正的会读书。

3. 品读第 3 自然段。

（1）我们就试着小声练习读第 3 自然段,我通过你的表情,就知道你是否读出文字的画面。请开始吧。（目的:调动自主读书的愿望,实践读书方法)

（2）指名读。（一评价练读表情,二评价读的情况)

（3）再找一个同学读。其他同学把右手握着,伸出食指扮成一只小幼龟,把翻开的书本扣过来当龟巢。一边听着同学读,一边做动作。（目的:帮助学生建立清晰的画面)

① 读两句停（写幼龟的句子）:你是一只什么样的小幼龟？（3~4 人)

例句:我是一只小心翼翼的小幼龟。

我是一只非常有警惕性的小幼龟。

我是一只试探敌情的小幼龟。

② 继续读最后一句,其他同学注意伸出你的左手扮嘲鸫鸟。

这时候,你脑子里是一幅什么样的画面？（清晰的画面应该是:嘲鸫啄幼龟的头,想把它拉到沙滩上,拉不出来。这个画面是通过"企图"这个词语构成的)

继续小幼龟对话:小幼龟,这时你害怕不害怕？为什么？（目的:1. 这就是"自然之道",文中的重点,也是疑问的关键点;2. 使学生明白,这就是真正的会读书,读出文字背后的画面和灵魂,方法是,做一做,体会)

4．品读第 4 自然段。

（1）还需要老师一点点指导吗？那就自己读，想大声读的也可以，注意画面都在重点词语里的。你们读我观察。（目的：1．读的方法——注意重点词语；2．教师的监督作用）

（2）先评价刚才大家读的状态，再汇报画面。

现在，假如你们就是向导抱起的那只小幼龟，你想对"我和同伴"说什么？对向导说什么？（目的：这是文中的难点，对人物的解剖，有利于上升主题）

【游人：愚不可及。我本来没有什么危险，你还在紧张、焦急甚至呼喊，你们是多么的愚蠢，不知其道而违背，还有情可原，但你们更不应该做的是知其道而违之。】

【向导：只是蠢。向导没有坚持到底，是因为他也不知道幼龟会不会有危险。从什么地方可以看出向导不知道的？（"叼就叼去吧，自然之道，就是这样的。"）他只知道嘲鸫吃幼龟是自然之道，不应该抱走。所以向导是"极不情愿"。向导明白的是：自然之道不能违背，所以"极不情愿"，但真正的违背是因为不了解。】

（目的：从语言文字入手读出画面，读出灵魂——方法：与文本对话）

5．读完剩下的 3 个自然段。

（1）交流你脑子里的画面。（为对自己的行为感到懊悔不已，并用行动弥补自己的过错）

（2）你怎么理解向导的"悲叹"？

联系前面的交待，向导是生物学家，为自己还不了解幼龟防敌的"自然之道"而感到很愧疚，所以悲叹。是的，还有很多的自然之道等我们去探索，解"道"在前，循"道"在后，顺其道而行之。

（读出画面、读出灵魂的方法——联系前后文）

（五）回升主题

课文学到这里，文中的幼龟事件给"我"和同伴及向导上了生动的一课，我们的感触也很深，那么对其他人呢？现在就请你以小幼龟的身份，给人类写一段话。（目的：回归整体，升华主题，同时达到练笔的作用，人文性与工具性融入一体。其实，前面的通过文字读出画面、读出灵魂，也是人文性与工具性的相融）

（六）课后小练笔

写一写自己或身边人做过的一件愚不可及的事。

主要参考资料

吴忠豪．教课文？教语文？．小学语文教学，2010（4）．

从"创造性理解"走向"正确理解"：
《穷人》教学设计

高祥虎　钟　静

一、课程标准解读

2011 年版语文课程标准在"教学建议"部分提出，教师"应认真钻研教材，正确理解、把握教材内容，创造性地使用教材；积极开发、合理利用课程资源，灵活运用多种教学策略和现代教育技术，努力探索网络环境下新的教学方式；精心设计和组织教学活动，重视启发式、讨论式教学，启迪学生智慧，提高语文教学质量"。而课程标准（实验稿）关于这方面要求的表述则是教师"应创造性地理解和使用教材，积极开发课程资源，灵活运用多种教学策略，引导学生在实践中学会学习"。从"创造性地理解"到"正确理解"的遣词变化，悄然传递着教师"教什么"和"怎样教"等课程实施理念的探寻和皈依，凝聚着十年课改的实践经验和价值认知。

课改十年，我们教师依循课程理念，在创造性理解和使用教材，加强实施课程的研究和开发方面，做出了许多有益的尝试。但我们也清醒地看到，在实际的教学实践中出现太多解读文本时走极端的例子，"逐字逐句的过深分析和远离文本的过度发挥"为数不少。"枯燥"和"浮躁"的课堂背后，折射出教师在解读、选择、组织和重构教材内容方面，失却"正确理解和把握"的基石。"创造性地使用教材"其前提应该是"正确理解、把握教材内容"。

1. "正确理解"守住教学底线，规避教学的盲目性、随意性

小学语文教学现阶段讨论热点有"教什么"和"怎么教"的问题。这样的话题再次被提及和关注，成为从理论研究到实践操作的焦点，有专家说这是语文学科自身的再次"觉醒"。细细想来，这样回归教学原点的讨论，其实也挺让我们语文教师脸红尴尬的——语文教师竟然浑噩到不知道语文教什么。即便如此，当回到我们的课堂教学实景中，"教教材"还是"用教材教"的问题，理念上看似已经清晰统一，无须争辩，教学实践上却依然故我，模糊一片。我们看到太多这

样的教学现象:教学内容"随意"。教师解读教材时,有的错把课文内容当做课程内容,忽视了以教材为"例"的领会和训练;有的为了丰富人文内涵,随意抛开文本进行无度的拓展延伸;有的脱离学生实际任意"拔高",把文本解读搞得玄而又玄;有的为追求新异,对背离文本主旨和主流价值观不置可否,甚至随意鼓励等。这些教学内容都不是所谓的创造性理解,而是对教材的随意解读,对文本的不尊重。教学目标"跑偏"。许多语文课上得没有实效,原因就在教学目标定位不准。有的目标错把语文课定位成思想品德课、科学课、美术课等其他学科;有的目标混淆了年级段,在低年级使用高年级的目标,在高年级重复低年级的目标;还有的教学目标,可以通用到其他多篇课文的教学目标上……这样的教学目标,实际上,在上课前就已宣判了它的课堂价值很低微。双基训练"缩水"。语文课中最主要的活动应该是学生的言语实践活动。然而,在很多浮华的课堂上很难看到学生自己去潜心会文、静心思考、动笔写写的现象。学生连课文还没有读通读顺,就迫不及待地感情朗读、交流感悟的现象倒是时有发生。如此教学,虚化语文基础知识的落实和基本技能的训练,基础教育还谈何基础? 这些非语文和去语文化的课堂现象,透视出语文教师对课程、教材缺乏正确认知,教学目标确立盲目,教学过程随意等现实问题。长此以往,必定丧失了语文学科的性质——"学习语言文字运用"(新课标对语文学科性质的表述),从而也丧失了语文教学的底线。所以,没有"正确理解"而一味追求新异,标榜"个性",其实是对创造性理解和使用教材的背叛。只有在"认真钻研教材,正确理解、把握教材内容"的基础上,"创造性地使用教材"才会真正发挥教师的主动性和创造性的教学价值。

2."正确理解教材"呼唤教师文本解读能力的提升

语文教材不是现成的教学内容,只是教学的原材料。同样的文本,不同的教师也许会选择不同的内容来实现,关键是教师要知道教什么、怎样教,知道为什么教这些内容。教师正确地理解教材的能力将直接影响到"教什么"的关键问题。所以,作为一名语文教师,必须具备正确理解和把握教材的能力,没有这个基础,就不可能灵活地、有创造性地使用教材。如何正确理解把握教材? 首先,要"研"透课程标准。课程标准对各个知识板块教学目标以及教学建议进行了精辟的阐释,是教师进行教学活动的指路明灯。教师在备课之前应该认真地理解课程标准,根据课程标准各学年段的目标要求,分析教材,确定一堂课的教学目标和内容,为自己即将展开的教学活动找到正确的航向。其次,要"吃"透教材。教材是教师教学的依据。只有真正吃透教材,才能正确把握"教什么",考虑"怎么教"才会有基础。作为"学习活动的组织者和引导者"的教师,如果对课文没有深入浅出的把握,实现有效教学目标就是一句空话。这就要求教师做到既能对课文整体感悟,又能对文字的组合,蕴含的思想、情感、价值观等有准确的把握,这样才能有效地指导学生学习。第三,要"析"透学生。"学生是语文学习的主体",学生的个人知识、直接经验、生活世界是重要的课程资源。教学是教师与学生的双边活动,只有作为引导者的教师充分了解学生,运用好学生这一课程资源,才能让学生真正学有所获。学情是有可知性和规律性的,但要在教师对学生的经常性分析,对学生个性差异的充分了解和共性特征的准确把握的基础上才能掌握。

如此看来,由"创造性理解"回归"正确理解",不是课程标准对教师解读教材文本要求的降低,而是历经十年教改实验的一种理性回归。

二、教学实施案例:《穷人》教学设计

研究课题:正确理解、把握教材内容

研究教师:山东省威海市实验小学钟静;山东微山实验小学高祥虎。

教科书简介与研究:《穷人》是人教版课程标准实验教科书语文六年级上册第9课。

教学目标:

1. 能概括课文主要内容。

2. 认识课文通过心理描写刻画人物品质的表达方法。

3. 完成心理描写的小练笔。

4. 有感情地朗读描写桑娜心理活动的句段。

教学重点、难点:

认识课文通过心理描写刻画人物品质的表达方法。

教学准备:多媒体课件。

教学过程:

(一)认读本课生字词

今天我们一起来学习一篇课文《穷人》。同学们都读过课文了,这节课有几个生字词不容易读准,抽生读,正音解意。

(二)指导概括课文主要内容

1. 谁能说说课文讲了一件什么事?(学生自由概括课文内容。估计学生概括不完整)

2. 老师可引导学生先说说课文主要人物有哪些,之间什么关系,然后说说他们之间发生了什么事情。(根据学生所说板书:渔夫和妻子桑娜收养了邻居西蒙的两个孤儿)

（过渡）同学们概括得不错,但是如果就这样概括,看不出渔夫和桑娜是什么样的人。他们是什么样的人?

"渔夫和妻子桑娜_____收养了邻居西蒙的两个孤儿。"

让学生填上合适的词语。(不顾贫穷)

这样就能看出,渔夫与桑娜是什么样的人?(贫穷善良的人)

(三)结合课文内容理解,学习表达方法

1. 体会课文如何描写桑娜家的"穷"。

默读课文,课文没有写一个"穷"字,但是可以看出桑娜家很贫穷。课文是怎样描写渔夫和桑娜家的贫穷的,画出有关语句。

(1)生自由交流。(①"渔夫的妻子桑娜坐在火炉旁补一张破帆。"从破帆看出家里穷;"古老的钟发哑地敲了十下",从古老的钟发哑的声响听出穷。②"丈夫不顾惜身体,冒着寒冷和风暴出去打鱼,她自己也从早到晚地干活,还只能勉强填饱肚子。孩子们没有鞋穿,不论冬夏都光着脚跑来跑去;吃的是黑面包,菜只有鱼。"从缺衣少食、不顾惜身体劳作看出穷。)

(2)课文主要是写桑娜和渔夫收养邻居两个孤儿的事情,为什么要用如此多的篇幅来描写桑娜家境贫穷呢?

屏幕出示:

> 桑娜沉思:丈夫不顾惜身体,冒着寒冷和风暴出去打鱼,她自己也从早到晚地干活,还只能勉强填饱肚子。孩子们没有鞋穿,不论冬夏都光着脚跑来跑去;吃的是黑面包,菜只有鱼。

这样的一个家庭再增加两个孩子,生活会怎样?

(丈夫可能更加不顾惜身体,冒着寒冷和风暴出去打鱼,桑娜从早到晚地干活,可能还填不饱肚子。孩子们可能连黑面包也没得吃。)

写桑娜家生活的——贫穷(板书)是为了突出桑娜和渔夫的——善良(板书)

(过渡)同学们,我们没有这样的生活经历,但是我们可以借助作者的语言文字来感受、来体会这样的生活,请再读课文。

2. 体会课文如何通过心理活动描写表现桑娜的"善良"。

接着交流:课文是如何把他们的善良描写具体的?

(1)自由交流。

从第8、9自然段桑娜把两个孤儿抱回家说明桑娜善良。

(2)练习段落加小标题。

师:(第8、9段)给第8、9自然段加个小标题,用最简练的话分别说说这两个自然段写的是什么。

（学生交流第 8 自然段"抱孩子回家"，第 9 自然段"忐忑不安地想"，再各简洁成一个字：抱、想。）

师：大家注意桑娜"抱"和"想"的先后顺序。

（3）体会桑娜的善良。

（过渡语）假如我们把"抱"和"想"的顺序颠倒一下，桑娜先想后抱，这样写行不行？

屏幕显示：

> 孩子的呼吸均匀而平静，睡得正香甜。
>
> 桑娜心里想："他会说什么呢？这是闹着玩的吗？自己的五个孩子已经够他受的了……他会揍我的！那也活该，嗯，揍我一顿也好！"
>
> 桑娜用头巾裹住睡着的孩子，把他们抱回家里。

那作者为什么这样写？桑娜看到两个孩子先想到的是什么？（从桑娜想也没想就把孩子抱回家能看出她先救孩子，后想自己，她很善良。我们从桑娜先想后抱看出了桑娜善良的本性。）

（4）体会心理描写的表达效果。

桑娜把孩子抱回家才意识到抱孩子不是闹着玩的，这是桑娜的一大段心理描写，我们来做个比较，看看两段心理描写（板书：心理描写）有什么不同。请同学们认真读这两段，你发现什么不同就说出来。

> 桑娜沉思：丈夫不顾惜身体，冒着寒冷和风暴出去打鱼，她自己也从早到晚地干活，还只能勉强填饱肚子。孩子们没有鞋穿，不论冬夏都光着脚跑来跑去；吃的是黑面包，菜只有鱼。
>
> 她忐忑不安地想："他会说什么呢？这是闹着玩的吗？自己的五个孩子已经够他受的了……是他来啦？……不，还没来！……为什么把他们抱过来啊？……他会揍我的！那也活该，我自作自受……嗯，揍我一顿也好！"

① 写法不同：第一段桑娜在沉思，想得有条理，没有省略号，第二段有省略号，写出了她忐忑不安的心情。当一个人心情复杂、内心矛盾、紧张担忧时，常常会导致思维混乱，前言不搭后语，这时心里想的话也是断断续续。

② 心理描写的作用不同：第一段介绍情况，第二段表现桑娜。（板书：介绍情况、表现思想）

（四）学写渔夫的心理活动，体会他的善良

1. 下面我们也来写一段心理描写，要求用上才学到的心理描写的方法。要

写出人物内心的矛盾冲突,要表现出人物的思想品质。就写渔夫的心理:

渔夫皱起眉,他的脸变得严肃忧虑。他想:_____

2. 渔夫当时可能会怎么想,你在课文中能找到哪些内容?

(渔夫后面对桑娜说的这些话,就是他当时想到的。桑娜在抱回两个孤儿时想到的事情,也是渔夫当时可能想到的。)

3. 描写渔夫的心理活动,注意,要写出渔夫的善良。

4. 交流小练笔。

5. 小结:心理描写是刻画人物品质的表达方法,这节课我们正是通过心理描写感受到"渔夫和妻子桑娜<u>不顾贫穷</u>收养了邻居西蒙的两个孤儿"的美好品质。

(五)总结

这就是作者笔下的穷人,生活贫穷,但保持着人善良的本性。

齐读名言:能为别人付出的心是善良的心,能为别人的生活宁可自己受苦的人是不寻常的人,这类人必定有高贵的精神,有高尚的品格,有天使般的心灵! ——列夫·托尔斯泰

板书:

穷 人

渔夫和妻子桑娜不顾贫穷收养了邻居西蒙的两个孤儿。

心理描写:介绍情况　表现思想

主要参考资料

[1] 徐家良.教师如何解读文本.上海新农村教师专业发展培训项目讲义,2010 - 12.

[2] 吴忠豪.外国小学语文教学研究.上海师范大学国培班专家讲座,2010 - 12.

[3] 王荣生.听王荣生教授评课.2007 - 08.

[4] 高祥虎.教师解读教材的理性回归.小学语文教师,2012(1).

加强教学的综合性：
《四季的脚步》教学纪实

赵雪梅 钟 静 赵振欣

语文教学的综合性在新课程理念和课程环境条件下有着新的内涵。

一、课程标准解读

课程标准教学建议部分提出："教师应努力改进课堂教学，整体考虑知识与能力、过程与方法、情感态度与价值观的综合。"

（一）关于加强教学的综合性的相关问题的认识

在新课程理念和课程环境条件下，语文教育主要从知识与能力、过程与方法、情感态度与价值观这三个维度来综合提出课程目标。这三维课程目标决定了语文教学的综合性比任何时候都更需要强化。下面，从三个层面来分析。

1. 语文知识和语文能力的综合性

知识是基础，能力是在掌握知识的过程中逐渐获得的。传授知识和培养能力是相辅相成的。新世纪对人才的要求，最重要的已不是掌握更多、更深的知识，而是知道到什么地方、用什么方法获得自己的知识，有自学更新知识的意识和迅速更新知识的能力。教学的目的不仅仅是让学生掌握一定的基础知识，更重要的是让学生掌握获得知识的方法和解决问题的能力。

关于语文教学的综合性，在课程内容方面，教授的知识不能仅仅局限于课本上的知识，而要突破课堂教学的封闭性，充分利用、开发、调动一切可能的资源，特别是联系学生感兴趣的与学生生活相关的内容，比如报刊、广播、游戏、网络、演讲、自然风光、文物古迹、历史事件、民俗风情、实事大事等，沟通课堂内外，充分利用学校、家庭和社区等教育资源，开展综合性学习活动，拓宽学生的学习空间，增加学生语文实践的机会。在教学形式方面，应摒弃旧有的教学模式，大力改进课堂教学，变封闭为开放，变读书、答问单调的形式为课堂上多姿多彩的教学活动。如针对低年级学生的特点，适当引入一些游戏、儿歌、比赛、讲故事、画画等形式,充分调动学生学习的积极性,让每个学生都能动脑、动口、动手,让同学之间有更多的交流、合作机会,在愉快的学习中获得知识,形成能力。

2. 情感和态度的综合性

课程标准对情感态度、学习习惯给予了特别的关注,明确系统地提出了学习目标,是课程标准在课程目标上的一个特色。比如,在情感态度方面,不同学段分别提出:喜欢学习汉字,有主动识字的愿望;喜欢阅读,感受阅读的乐趣;喜爱图书,有表达的自信心;对周围事物有好奇心;诵读儿歌、童谣和浅近的古诗,展开想象,获得初步的情感体验;等等。又如,在学习习惯方面,不同学段分别提出:养成良好的写字习惯;逐步养成讲普通话的习惯;养成主动识字的习惯;养成读书看报的习惯;养成留心观察周围事物的习惯;等等。这些目标的提出,有利于发挥语文课堂多功能的奠基作用,促进学生语文素养的整体推进和协调发展。

3. 过程和方法的综合

现代教学理论认为,教师的真正本领,主要不在于讲授知识,而在于激发学生的学习动机,唤起学生的求知欲望,让他们兴趣盎然地参与教学全过程,经过自己的思维活动和动手操作获得知识。在进行课堂教学设计时,应根据不同的内容目标,结合学生的特点选用不同的教学方法,从而调动学生的积极性。

富有情趣、幽默、诱导的教学方法是培养学生兴趣的有效途径。要善于运用丰富多彩的课堂活动方式,把学生的各种感觉和运动知觉充分调动起来,尽可能多地为学生创造动口、动脑、动手的机会,让他们更多地参与教学。要发挥学生学习的主动性和创造性,变被动的接受学习为主动的探究学习。教师要成为学生学习活动的组织者和引导者,充分发挥组织、引导、指导、辅导的作用,激发学生的想象力,培养学生的创造潜能。

(二) 实施中的几点建议

第一,要整体考虑教学目标。课堂教学的实施,既要考虑知识与能力方面的目标,又要考虑情感与态度方面的目标,更要考虑过程与方法方面的目标,从而实现目标的综合性。

第二,要提倡启发式、讨论式教学。在教学方式上,应积极倡导采用双向或多向信息传递的教学方式,积极倡导启发式和讨论式教学方式,实现信息传递的多元化,以学生为主展开学习活动,体现学生是学习和发展的主体。

第三,要创设自主学习情境,让学生全身心地投入到学习情境之中,亲自经历学习过程,自主地学习语文和运用语文。

第四,要加强不同学科的整合力度。要注意语文与各门学科的相互联系,打破学科与学科之间的严格界限,加强科学、社会、艺术等方面内容的渗透和融合。引导学生从相互联系的角度来认识世界,形成一种整体的综合视野和发展的平衡观点,提高分析问题和解决问题的能力。

二、教学实施案例:《四季的脚步》教学纪实

研究课题:语文教学的综合性

研究教师:山东省威海市实验小学钟静;赵雪梅课程标准解读,赵振欣评析。

教科书简介:《四季的脚步》是人民教育出版社版五年制小学语文第三册的一篇精读课文。教学设计两课时,此为第一课时。

(一) 导入新课

师:英国有位大哲学家叫培根,他说过一句话:"读书使人更灵秀。"今天我们就一起来欣赏一首小诗——

生(齐):四季的脚步。

师:这是非常美的一首诗,你们想不想读呀?

生(齐):想。

师:请你告诉老师,读书的时候遇到生字词该怎么办呢?

生(齐):借助拼音读准字音。

师:多棒的孩子呀,多会学习呀! 开始读吧,看谁读得准确、响亮。(生读)好,请准备好,看到你会读的词你就大声读。(出示屏幕:悄悄、溪水、丁冬、夏天、世界、舞蹈、呼呼、唱歌儿)

生(齐):悄悄。

师:读得很准确。

生(齐):溪水。

师:真好!

生(齐):丁冬、夏天、世界、舞蹈。

师:哎呀,这么难读的词都会读呀,多棒呀!

生(齐):呼呼、唱歌儿。

师:想一想,这个词该怎么读呀?

生:唱歌儿。

师:儿化音要读准:唱歌儿。

生(齐):唱歌儿。

师:(指一生)请你来领着大家再读一遍。(生1领读)这些词你们都会读吗?

生(齐):会。

师:我们开火车,每个同学读一个词。

140

……

生：唱歌儿。

师：老师指着屏幕上的词,请同学们读,好吗?(师指生读)哎呀,生字读得这么熟练!这个字("了")你会读吗?自己试试。谁来读?

生：liǎo。

师：就一个读音吗?

生：le、liǎo。

师：这是个多音字,又读"le"又读"liǎo"。下面这句话呀,就有这个多音字,该怎么读呢?你能读准。不想试试吗?

生：金蝉唱起了歌儿,知了知了。

师：多音字读得很准,可是儿化音没有读准。再读。

生(齐)：金蝉唱起了歌儿,知了知了。

师：好,把这句话完整地读一遍。

生(齐)：金蝉唱起了歌儿,知了知了。

[评:多音字"了",不直接告诉学生怎么读,而是引导学生自己想办法解决,通过实践获得答案,引导学生学会一种学习的方法。]

师：下面,我们再来读课文,看谁读得准确流利。(生举手)好,请你们四位同学读,其他同学要认真听。

生：四季的脚步。春天的脚步悄悄,悄悄地,她笑着走来——溪水唱起了歌儿——丁冬,丁冬,绿草和鲜花赶来报到。

师：一字不差,准确熟练。

生：夏天的脚步悄悄,悄悄地,她笑着走来——金蝉唱起了歌儿——知了,知了,给世界带来欢笑。

师：儿化音你读得特别准,知了知了再来读一下,好吗?

生：知了知了。

师：很有进步。

生：秋天的脚步悄悄,悄悄地,她笑着走来——落叶唱起了歌儿——刷刷,刷刷,铺成一条条金色的小道。

师：真好!

生：冬天的脚步悄悄,悄悄地,她笑着走来——北风唱起了歌儿——呼呼,呼呼,雪花在欢快地舞蹈。

师：欢快地,再读一遍。

生：雪花在欢快地舞蹈。

师：四位同学读得准确流利。课文咱们还读不读啦?

生(齐):读。

师:多好啊,读书的热情这么高! 下面呢,我们换一种方式读,默读。默读是怎么读呀? 哪位同学知道?

生:默读就是看书在心里读,不能发出声音。

师:你说呢?

生:就是背着读。

生:默读就是默默地在心里读,不出声音。

师:默读呀,不出声地读,一边读一边想。我们就用这种方法来读第一小节,一边读一边想象春天是什么样子。(生默读)

[评:方法比知识更重要。在这里,先让大家讨论什么是默读,充分发表自己的看法,然后把具体要求告诉学生,由浅入深。]

师:老师看到了,有的同学说读完了,闭上眼睛想象春天的样子。好,谁来说一说:你看到的春天是什么样子呀?

生:我看到春天是小溪在丁冬丁冬地响着,遇到小石子,一下子就过去了,跳起了一个小波浪,声音非常好听。

师:啊,春天来了,小河里冰雪融化了,溪水唱起了歌儿,多美啊!

生:春天,草都发出芽了,花都开了,就像铺了一地花毯。

师:铺了一张地毯一样,多美呀! 老师也找到了春天,想不想看呀?

生(齐):想看。

师:(师放录像)你现在最想说的一句话是什么呀?

生:春天的景色真美啊!

生:春天的景色简直太美了!

生:春天的景色太美了,我……(生紧张)

师:噢,你爱——

生:我爱春天。

师:春天太美了。用咱们清脆甜美的嗓音把春天的美读出来好不好?

生(齐):好!

师:想怎么读就怎么读,想读几遍就读几遍,同桌两个读可以,四个人一起读可以,离开座位找你的好朋友读也行,还可以找自己的读书榜样去比赛。敢不敢呀?

生(齐):敢。

师:现在咱们就来比赛,看谁能把春天的美读出来。(生自由读)

[评:教师充分调动起学生的积极性,指导学生在读中感悟。]

师:大家读得很开心,特别是这两位同学。咱们同学就来当小老师,评评他

142

俩谁读得美,哪儿读得美,好不好呀?

生(齐):好。(两生读第一节)

师:大家认为谁读得更美呢?

生:严帅读得比较好。

师:他哪儿读得更美呢?

生:"悄悄"读得挺好。悄悄是很轻的,他把"悄悄"读得很轻。

师:噢,那咱们都来向他学习好不好?

生(齐):好。(生齐读第一节)

师:你还认为严帅哪儿读得好呢?

生:我觉得严帅他发音特别准。

生:我觉得严帅读"她笑着走来"时,他自己像是笑了。不过,我觉得刘雨桐读得也很好。

师:老师还觉得他"丁冬丁冬"的这歌儿唱得特别美。大家看,那溪水流起来,声音清脆悦耳,咱们给溪水配上音,好不好?

生(齐):好。

师:丁冬丁冬丁冬,咱们也来唱,看谁唱得好听,唱吧。

生(齐):丁冬丁冬丁冬。(而后男女生各唱一遍)

师:多好听的歌声啊,把绿草和鲜花都惊醒了。绿草和鲜花会说什么呀?

生:绿草和鲜花会说:啊,春天到了,我们该醒了。

师:多好啊!

生:我要是绿草和鲜花就会说:啊,春天终于来了,我们又可以快活地过日子啦!

师:你看绿草和鲜花等了一个漫长的冬天,春姑娘才来,心里急不急呀?

生(齐):急。

师:绿草和鲜花心里很着急,该怎么读?

生(齐):绿草和鲜花赶来报到。

师:有进步。你呢,敢不敢向他挑战?

生:敢。

师:好,你能不能把这一段再读一遍? 如果有进步,同学们用热烈的掌声鼓励鼓励他!(一生读,大家鼓掌)

[评:教师注重通过想象培养语感,让学生边读边想象春天的样子,谈谈对春天的感受,拓展了想象空间,创设自主学习情境。]

师:你看,春姑娘是这样的美,那夏姑娘怎么样? 想不想读第二小节?

生(齐):想。(生自由读)

143

师：想不想看到夏天的美景呀？

生（齐）：想。

师：请同学们看。（大屏幕）听到知了的歌声，小朋友笑了，老师笑了，大树也笑了，还有谁笑了？

生：图上的小朋友也笑了。

生：花儿也笑了。

生：草儿也笑了。

生：知了也笑了。

师：哎呀！知了自己都笑了。

生：树上的绿叶也笑了。

师：绿叶也笑了，给谁带了欢笑？

生（齐）：世界。

师：咱们一起把这一句读一遍：给世界带来欢笑。

生（齐）：给世界带来欢笑。

师：好，我们一起来把夏天的美读出来：夏天的脚步……

生（齐）：夏天的脚步悄悄，悄悄地，她笑着走来——金蝉唱起了歌儿——知了，知了，给世界带来欢笑。

师：老师发现，有的小朋友已经能放下书看着屏幕来读了。（学生陆续放下书读）

[评：学生完全沉浸在创设的学习情境中，在想象中理解了"给世界带来欢笑"的意思，不知不觉地学到了知识。]

师：你看，咱们同学多棒啊，已经不知不觉地把第二小节背下来了。那秋天的景色又是如何呢？我们动手来描绘，好不好？先认真读第三小节，读完后想一想怎么画。（生自由读）老师不知道小路该涂什么颜色，你说呢？

生：我觉得小路应该涂黄颜色。

师：你从哪一句知道小路该涂黄颜色呀？

生：铺成一条条金色的小路。

师：很好，动手画吧，看谁画得美。（生画）画完了，可以给老师欣赏吗？（生争先恐后）真美呀！老师看到了，有的同学不但画得美，而且读得也美。（画完的赶紧读书，有的让老师看画）好了，谁愿意到前面来把你的画展示给大家看？

（生发言，展示图画）怎么样？

生（齐）：美。

师：真美！你能看着你描绘的图画把秋天的美景赞美一下吗？来，试一试。

生：秋天的脚步悄悄，悄悄地，她笑着走来——落叶唱起了歌儿——刷刷，刷刷,铺成一条条金色的小道。

师:多了不起呀!他已经把第三小节背诵下来了。我觉得大家应该给他热烈的掌声。(生鼓掌)好,你们敢不敢向他挑战?

生(齐):敢。

师:来赞美一下自己画的图画。你画得很美,端起你的图画来,一起赞美秋天:秋天的脚步……

生(齐):秋天的脚步……

[评:教师运用多种教学手段,让学生充分感受四季不同的特点,启发学生描绘出他们心中的"金色的小道",培养了学生动手实践的能力。]

师:好了,把你的画放在旁边。你们喜欢冬天吗?

生(齐):喜欢。

师:(放录像)老师啊,也喜欢冬天的美景。你能不能给老师当榜样,把冬天的美读出来,把老师带到冬天去?快来读一下第四小节。(生自由读)谁愿意给老师当榜样,请站起来。老师就喜欢有自信心的孩子。(生读)祝贺大家,你们的朗读水平已经超过老师了。春夏秋冬这么美,如果是电台的播音员来读,一定很美很美。现在,你们就是广播电台的播音员,来个配乐诗朗诵,好不好?

生(齐):好。(配乐、展示画面,生伴着优美的动作诵读)

师:哎呀多了不起,已经把课文背诵下来了! 来听一段音乐吧,会唱的就跟着唱。(老师放音乐,学生练习唱)

师:唱得真好听。再唱一遍,加上动作,喜欢加什么动作就加什么动作。

生(齐):冰雪融化了,溪水声声唱,丁冬丁冬,春天已来到。知了声声叫,知了知了,夏天已来到。河边杨柳梢,落叶声声唱,刷刷刷刷,秋天已来到。雪花在舞蹈,北风声声唱,呼呼呼呼,冬天已来到。(并伴着动作)

[评:运用表演、配乐诗朗诵、歌唱等手段激发学生学习的兴趣,学生学得轻松,学得主动,促进了学生语感的形成,达到了学习的目的。]

师:课文描写得美,咱们读得美,歌唱得也美。能不能把生字写得更美呀?

生(齐):能。

师:这节课的生字,你认为哪个最难写呢?

师:噢,大家认为舞蹈的"舞"最难写。老师把这个字放大,大家仔细观察"舞"在田字格里的位置。要想写好这个"舞"字,最关键是写好哪一笔?

生:我觉得最关键是写好中间的那个横,因为中间那个横要把它写短的话,字就不漂亮,如果写得太长了,也不漂亮。

生:我认为主要把上面和底下右边那部分写好。

生:主要是把上面写得紧凑一些,不要太宽,太宽了底下就写不下了。

师:老师也同意同学们的意见,关键写好中间的横,这长横写在哪儿?

生(齐):写在横线上。

师:写在横中线上,这个字的笔画比较多,注意写得紧凑一些,大家看老师写,先写人旁,然后第二笔的横要比第一笔的横稍微长一点,四个短竖都往中间斜一下,显得字比较紧凑。老师相信,大家一定比老师写得还要美。能不能?

……

师:今天哪,我们一起欣赏了四季的美景。我们生活在如此美丽的世界里,一定要睁大你的双眼去观察美,发现美,热爱美。

[总评:本课的主要特点:一是引导学生在学习实践中学会(或获得)学习方法。教师善于引导学生遇到问题自己想办法解决,通过实践获得知识,养成自学能力,掌握学习方法。二是重视培养学生的情感和态度,加强教学的综合性。教师善于引导学生展开想象,为学生创设情境,培养学生感悟语言文字的能力;学生学得主动,学得轻松,学得有趣,学得投入,培养了审美情趣。三是注意引导学生在语文实践中学语文用语文。如学生朗读课文后,组织学生把春夏秋冬唱一唱。]

主要参考资料

[1] 李万.构建语文"乐学"课堂结构.语文在线课堂网,2002-06.
[2] 郭学文.把握学科特点,遵循学习规律.小学语文教学研究,2002(2).

综合性学习应贴近现实生活：
《调查周围环境》教学设计

谷爱红　唐爱敏

课程标准实施建议提出："综合性学习应贴近现实生活。"

一、课程标准解读

（一）关于综合性学习应贴近现实生活的认识

课程标准对于"综合性学习应贴近现实生活"有诸多相关论述，如"联系生活中的实际问题开展学习活动，在实现语文学习目标的同时，提高对自然、社会现象与问题的认识，追求积极、健康、和谐的生活方式，增强抵御风险和侵害的意识，增强在与自然、社会和他人互动中的应对能力"，"加强语文课程内部诸多方面的联系，加强与其他课程以及与生活的联系，促进学生语文素养全面协调地发展"，"综合性学习主要体现为语文知识的综合运用、听说读写能力的整体发展、语文课程与其他课程的沟通、书本学习与生活实践的紧密结合"等。

研读以上论述，能帮助我们对"综合性学习应贴近现实生活"的理念进行更好的解读。

1. 从课程目标的角度说，语文综合性学习应服务于生活

语文综合性学习的终极目标是培养能适应现实生活的具备一定语文素养的公民。这里的"能适应现实生活"就是课程标准中提出的有积极、健康、和谐的生活方式，有与他人、与自然、与社会相处的应对能力等。每个语文综合性学习专题的设计，都要确立"语文 + 生活"双层目标。

2. 从课程设计的角度说，语文综合性学习的课程资源应来自生活

我们要树立"一切生活皆课程"的大课程观，从生活中选择课程资源。要鼓励学生走出去，把课堂上的收获带入生活，在真实的生活中学语文，用语文；要倡导学生引进来，把生活中的资源引进课堂，在课堂上品生活、悟生活。

3. 从课程实施的角度说，语文综合性学习的学习方式应是生活化的

我们要善于寻找生活化的切入点，以学生的"兴奋点"触发其自主探究、主动实践，培养学生的探究意识和创新意识。

（二）实施中的几点建议

1. 结合生活，选择学习内容

三至五年级每册教材中均安排两项综合性学习内容，备课时，要注意紧密结合当地实际和学生现实生活状况，努力挖掘学生的"兴奋点"、"触发点"、"共振点"，选择适合学生的研究专题。

除此之外，还可以在生活中发现综合性学习专题。一种是学生在生活中发现的问题，比如威海市创建文明城市时，开展"我为创城提建议"一类的综合性学习活动；另一种是学生在生活中感兴趣的话题，比如结合学校举行班级足球赛，开展"我为足球喝彩"一类的综合性学习活动。

2. 联系生活，细化学习主题

教材中的综合性学习主题大多较宽泛，学生往往难以找到切入点。为了方便学生操作，就必须对大主题进行细化，使主题变得具体、集中、明确。如何细化，这就需要教师联系生活指导学生找素材。只有这样，才能使综合性学习有的放矢，产生实效。如"爱护周围环境"这一单元中的综合性学习，调查了解家乡的环境污染和保护情况是总的活动取向，但不能把如此宽泛的命题直接推给学生，要有意识地分解成易操作的小专题。究竟是什么专题，要紧密结合周边生活的实际，让学生自由选择，可以是"家乡小河的变迁"、"绿色低碳家庭活动"、"城中村的改造"、"城市公园的建设"、"未来的设计"等。

3. 淬炼生活，学会整理资料

小学生经验不足，面对纷繁复杂的生活资源，往往不知道如何取舍、加工、整理。所以布置学生收集资料前，教师首先要当下水者，要明白如何查找资料，如何为查找的资料分类，内容多的资料如何提炼加工等。只有这样，教师才能提前理解学生学习的障碍，并实施适当的指导。

4. 尊重生活，倡导自主实施

每个学生的生活空间是不同的，所以教师应充分尊重学生的生活实际，从主题策划、内容选择、学习方式、学习步骤的安排到学习成果的呈现，听取学生意见，发挥学生主动性。允许多样性才可能有创造性，舍得放手才会营造自由空间。

（三）操作时应注意的问题

1. 语文综合性学习首先姓"语"

叶圣陶先生说过："语文教学的根在听说读写，是听说读写内的挖掘与创新，而不是游离于听说读写之外的花样翻新。"因此在实施综合性学习过程中，我们应对设计的内容进行深入的思考和实践的多次考验，保证综合性学习的语文特色。我们提倡综合性学习与其他课程的沟通，但我们有必要在实施时，强调"基于语文"的要求。任何只为形式多样，而对于提高学生语文素养无效的活动都是不可取的。

2. 准确的教学目标是学习有效的保证

教材中的综合性学习话题仅仅是举例而已，教材的创造空间大，这反而给一线教师的教学带来了很大的难度。如何使综合性学习有实效，最重要的就是备课时教学目标的确立要准确。主题的确立应遵循"既是语文听说读写学习目标的综合，又是跨学科学习目标和学习方式的综合"。如"爱护周围环境"这一单元中的综合性学习，教学目标可以定位为：① 通过实地观察、调查访问、查阅报刊、上网搜索等途径搜寻相关资料，了解家乡环境的现状以及为保护环境采取的措施；② 初步学习整理、运用资料的基本方法，能选择恰当的形式展示成果，促进听说读写能力的整体发展，体会到在活动中学语文、用语文的乐趣；③ 体会保护环境的重要意义，提高保护环境的意识，并深入思考"我"能为保护家乡的环境做些什么。

二、教学实施案例：《调查周围环境》教学设计

研究课题：综合性学习应贴近现实生活

研究教师：山东威海市长征小学谷爱红解读课标和评析；唐爱敏负责教学设计。

教科书简介：鲁教版小学语文三年级上册第七组综合性学习专题。此专题为调查家乡周围环境的现状和人们为保护环境所做的努力。其中学习如何整理资料和怎样形成书面研究成果是学习的重点，也是难点。

教学过程：

（一）课前活动，观察生活

1. 课前布置学生留心观察生活中的环境情况，提示学生：

回家翻翻自己家的老照片，再看看今天生活的社区或城市乡村，周围环境有哪些变化？是变好了，还是变差了？也可以向父母或亲人询问，上网查找相关图片，看报纸了解相关报道或者采用其他自己喜欢的方式去调查环境变化情况。

［评：教材给出的专题命题较大，学生独立学习困难较大，教师给出具体的方法指导学生如何从生活中搜集资料，帮助学生真正地走进生活。］

2. 几天后，询问学生的观察情况，如不理想，可以指导学生围绕以下选题继续收集资料。如"家乡小河的变迁"、"绿色低碳家庭活动"、"城中村的改造"、"城市公园的建设"、"未来的设计"、"汽车流量与排放"等等。

［评：凡事预则立。课前，先了解学生收集资料的情况，如果学生收集得好，

教师可以彻底放手;如果不理想,教师应该给予指导,这样才能更好地保证语文综合性学习的效果。]

(二)小组交流,学习调查方法

师:之前,老师布置大家走进社区,走进我们生活的城市或乡村,去调查环境污染或环境保护的一手资料。今天,大家把资料都带来了。谁带来的是环境污染方面的资料? 谁带来的是环境保护方面的资料? 现在,我们根据调查内容组成两个小组,一个是环境污染调查小组,一个是环境保护调查小组。首先,小组成员在一起,介绍自己是用什么方法开展调查的,通过调查了解到哪些情况。(小组交流略)

[**评**:通过小组成员之间的交流,互相学习从生活中调查的方法,并从中了解身边的信息。]

师:谁来介绍一下自己的调查,并说说调查的方法?

生:星期天,妈妈带我到姥姥家。在姥姥家附近,有一个化工厂。化工厂经常排放污水和毒气,气味特别难闻。通过实地观察,我发现,离化工厂最近的地方,庄稼已经枯萎了;污水流经的小河,河面上有不少鱼儿的尸体。

师:你说得真详细。看来像你这样,到实地去观察,能得到翔实的资料。

生:我回家问妈妈,妈妈说,她小的时候,河水特别多。她们在小河里游泳、捉鱼、洗衣服,特别快活。可是现在,小河干涸了,要是有一点水的话,那也是工厂排出的污水。

师:哦,你是采用访问的方式去调查的,这也是一个好方法。

生:我从晚报上看到,为了减少空气污染,我市市民自发组织了"绿色低碳家庭活动",有 130 多个家庭参与了植树绿化活动。

师:你是从报纸上了解到这个信息的。还可以通过哪些方式查找资料?

生:上网、看书、查找图片。

[**评**:通过交流,学生能从同伴的调查中受到启发,学习更多的调查方法,如观察、访问、查找资料等。这些方法,能帮助学生更好地把学习的触角延伸到生活中去。]

(三)案例分析,学习整理方法

师:刚才通过交流,我们知道,调查的方法有很多,可以实地观察,可以去访问,可以查找资料。同学们利用这样的方法也搜集了很多信息。那么如何对自己搜集的信息进行整理,也是非常关键的。老师这儿有一些方法,看对你有没有什么帮助。

1. 归纳法:如果你只搜集了一个方面的内容,但信息量大,你可尝试将这些信息进行归纳概括,形成自己的结论。

150

2.筛选法:如果你搜集了多项内容,可以围绕主题想一想,哪些信息是最有价值的,从而将有价值的信息筛选出来,形成自己的结论。

(选取一份学生搜集的信息,进行整理示范,具体举例略)

[评:学生搜集到的资料往往很零乱,为了提高学习的有效性,就必须指导学生如何整理资料。此环节以具体案例进行分析指导,案例来自生活,来自学生中间,有很好的示范性,使学生学习有法可依。]

(四)练习表达,形成书面研究成果

师:刚才,我们学习了整理资料的方法,如何在此基础上形成书面研究成果?谁来谈谈想法?

生:可以把调查了解到的情况写成一篇短文。

师:好,到时别忘了把它张贴在教室的宣传角上。

生:可以写一篇关于保护环境的建议书,送到社区居委会张贴。

生:我想多设计一些保护环境的标语,提醒大家要保护环境。

生:我想办"保护绿色家园"的手抄报。

师:同学们保护环境的意识很强,想法都很好。今天,老师再教给大家一种方法——写调查报告。知道怎么写吗?

师:具体框架为:

关于"   "的调查报告

调查对象:

调查目的:

调查过程:

调查结果:

调查中印象最深的事:

师:同学们,不管选择哪种方法,只要能清楚明白地反映出你的调查结果,让人们关注环保现象,积极投入环境保护的行列中,就是一篇不错的书面研究成果。(书写略)

[**总评**:语文综合性学习取材于生活,服务于生活,是这节课的主要特点。课前,首先指导学生在生活中进行调查,学生得到很多丰富的资料。课堂上,将这些资料作为课程的资源,组织学生进一步开展综合性学习。如点拨学生回忆调查方法,指导学生如何整理资料、如何形成书面研究成果等,其中听、说、读、写的训练融入其中,环境保护的意识栽植于心,很好地实现了运用综合性学习的方式,提高学生的语文素养,培养会生活的人的目的。]

开发学生的创造潜能:《称象》教学纪实

陆书义　王义亭

2011 年版语文课程标准在"总体目标与内容"部分提出:"能主动进行探究性学习,激发想象力和创造潜能,在实践中学习和运用语文。"

一、课程标准解读

课程标准在"教学建议"中强调指出:"尤其要注重激发学生的好奇心、求知欲,发展学生的思维,培养想象力,开发创造潜能,提高学生发现、分析和解决问题的能力,提高语文综合应用能力。"

(一)关于开发学生的创造潜能相关问题的认识

一个人的知识基础、视野、推理能力、思维方法决定着一个人的创新能力。着眼于学生的可持续发展,注重学生的最终发展水平,就要重视开发学生的创造潜能。

1.促进学生形成创造性人格

创造性人格就是指人所具有的那些对创造力发展和创造任务完成起促进或保证作用的个性特征。"课程基本理念"中也明确指出:"语文课程还应通过优秀文化的熏陶感染,促进学生和谐发展,使他们提高思想道德修养和审美情趣,逐步形成良好的个性和健全的人格。"具有健全人格的学生应该是具有良好的自我意识,能正确地认识自己,评价自己,接受自己的人;应该是能客观地认识周围事物,并能有效地解决所面临的问题的人。应该说健全的人格涵盖着创造性人格所有的特征,这正是我们未来社会所需要的人格特征,也是语文教学重要的育人目标。

2.逐步增强学生的创新意识

创新意识也可称作创新精神,是创新性人格的动力因素,包括好奇心、探索兴趣、创新欲望等。创新意识是直接激励和推动人们从事创新活动的内在驱动力,是一个人对创造活动所具有的比较稳定的积极的心理倾向,它对人们的创新行为起导向、激发和催化作用。这种意识表现为好奇、想象,敢于冒险,敢于向困难和权威挑战等心理倾向。课程标准强调,要"关注个体差异和不同的学习需求,积极倡导自主、合作、探究的学习方式"。要"充分激发他们的问题意识和进取精神"。因此,对学生的这些意识应给予充分尊重和呵护,使学生的创新意识不断得以激发而逐步"习惯成自然"。

3. 培养创新能力

创新的能力主要包括创新思维能力和创造想象能力。课程标准倡导在发展语言能力的同时,发展思维能力,激发想象力和创造潜能;学习科学的思想方法,逐步养成实事求是、崇尚真知的科学态度。发挥语文学科的思维功能,培养学生的创造潜能,其核心是创新思维能力。创新思维是发散思维和聚合思维的结合,是形象思维和逻辑思维的互补,是直觉思维和分析思维的交融。创新思维表现在创造性解决问题过程中思维的新和活。新,就是在理解中有独特的见解,在表达中有真情实感,在与众不同中透出新意。活,就是在理解、表达时,思路要宽,思维要活,讲究方法、途径的多样性,体现出灵活与机智。创新能力不仅指个体潜在的,更重要的指显现的,是一个人现实的创新资源,只有自觉地不失时机地加强在创新实践中的反复历练,才能不断积累和提高,有所发现,有所创新。因此,课程标准还在"关于阅读教学"的建议中强调指出:"在理解课文的基础上,提倡多角度、有创意的阅读……但要防止逐字逐句的过深分析和远离文本的过度发挥。"

增强创新意识,培育创新能力,健全创新性人格,是开发学生创造潜能的主要内容。对于小学生来说,创新意识和创新性人格相互影响,在培养学生创新能力的过程中,既起着动力的作用,又发挥着教育的功能。因此,把三者看作一个完整的有机整体,才能真正做到创造潜能的开发,促进学生健康、持续发展。

(二)实施中的几点建议

1. 改变师生交往方式,营造和谐、民主的教学氛围

宽松愉悦、民主自由、安全和谐的环境,有利于学生创造潜能的开发。课程标准强调指出"阅读是学生的个性化行为"。只有个性化教学才有可能是充满创新精神的教学。语文是人类思想交际的重要工具和文化传承的重要载体,这一特性决定了它在生命发展中的重要地位,它应当更能体现个性的培养和心灵的解放。因此,培养学生的个性和创新意识,首先要打破学生对老师的迷信,不要让学生把老师当作权威,把老师的话当成"真理"。要让他们用质疑的态度去听取老师的讲解,用批判的眼光看待周围的事物;要鼓励学生自由自在地去想,充满好奇地去问,敢于批判地去读;真正树立起以人为本、以读为本、以创新为本

的现代教学观念。作为课堂组织者——教师自身,要作为普通的一员置身于学生主体中,与学生平等相处,这样,感情上会更融洽,心理上会更相通,使每个学生都有一种和美的心境,从而使创新潜能在愉悦的气氛中得到最大的开发。

2. 充分挖掘教材情感因素,塑造学生的创新性人格

美国哈佛大学心理学家丹尼尔·戈尔曼在《情感智力》一书中,首次使用了"情商"这个与智商相对应的概念,并且认为对一个人成功起作用的要素中,智商占20%,情商占80%。所谓情商也称情感智力,包括人的动机、兴趣、情感、意志和性格等情感因素,这些因素在人的创造性活动中起着启动、定向、强化、调节、补偿等重要作用。而语文学科极富情感性、人文性、综合性,有利于塑造人们的创新人格。现行各种版本教科书中的课文,题材多样,信息量大,涉及古今中外的杰出人物、重大事件、人生哲理、生活趣事、名胜古迹、神话传说、文坛掌故、科技逸闻等内容。学生游历其间,无形之中在受着课文情感的感染。要善于利用教材的艺术感染力,充分挖掘教材情感因素,通过感情朗读、诵读表演、情感体验等方法,利用学生已知的知识经验和丰富的联想,通过音乐、图画、语言描绘等手段,移情于景、移情于物、以情育情、以情导情,使学生沐浴在课文情感的海洋中,充分享受美好情感的感染和熏陶。久而久之,就会在学生的心底里形成一种创新的欲望,创造的潜意识,凝聚成一种灵性,逐步孕育出高尚的人格。

3. 保护好奇心,激发求知欲,培养质疑精神

苏霍姆林斯基说:"人的心灵深处,总有一种把自己当作发现者、研究者、探索者的固有需要,这种需要在小学生精神世界上尤为重要。"如果学生的好奇心被成功地转移到探索求真上,这种好奇心就会升华为求知欲,成为主动的创造性思维。要激发学生的好奇心,唤起学生的求知欲望,就要对学生有目的、有针对性地提出一些奇怪问题,鼓励学生去积极思维,主动探索,使孩子养成独立思考、勇于实践、大胆表达的良好习惯。要真正把培养学生质疑意识作为开发学生创造潜能的有效策略。一方面,要引导学生进行批判性质疑,就是不依赖已有的方法和答案,不轻易认同别人的观点,而是通过自己的独立思考判断,提出独特的见解。要解放思想,放下架子,以平易的心态鼓励学生摆脱老师的权威定势,打破传统的束缚和影响,敢于用新颖、独特的思维认识事物。要引导学生发现课文中那些看似矛盾的地方,引导学生大胆质疑,推动学生的理解与思维的发展。另一方面,要鼓励学生探究性质疑。善于开启思路、引发疑问是至关重要的因素;不失时机地为学生提供发现探究的机遇,让学生积极地思考质疑,大胆发问,使教与学中处处闪现着探究创新的火花。

4. 注重思维发展,培养创造性思维品质

第一,要加强发散思维的培养。思维的发散性和集中性是创造性思维不可

缺少的两个有机组成部分。只有广为发散,才能准确集中;发散是集中的基础和前提,集中则是发散的最后归宿。在完整的思维活动中,离开发散思维,就会导致思维呆板,失去创造的基础;离开集中思维,就难于找到创造的最佳和最终答案。要注重培养学生客观地、全面地、本质地、多角度地看问题的能力。教师的设疑点拨是培养学生发散思维的关键。教师的发散性设疑能引发学生的思索,触发想象,唤起创新潜在意识,进而迸发创造思维的火花。语文教材中培育学生发散性思维的材料是很多的,要善于发掘利用。一方面,可以指导学生用相同的语言形式来表达不同的内容,让学生通过学习课文中的表达形式,领悟其语言规律,用在自己的口语和习作中。另一方面,引导学生根据同一内容寻求不同的语言表达形式,比如把含义深刻的句子化作浅显的表达,把简约的文字变成具体的叙述,把生动的描写换成平实的记叙,让学生想象课文留下的思维空间等。

第二,要重视直觉思维的培养。直觉是指不经过一步一步的分析和推理,迅速而直接对问题的答案和事物的本质规律作出猜测和判断的思维,它是创新思维的基本形式。直觉是建立在对某种事物长期观察、深入探索和丰富经验积累之上的。教学中要夯实学生的知识基础,想方设法积累经验,遇事善于开动脑筋,学会快速地准确地思考;鼓励学生大胆猜想,对比较熟悉的事物能直接做出判断;加强学生的速读训练,培养敏捷归纳提取文义的能力,比较快地理解和评价等,这些都是训练直觉思维能力最好的途径和方法。

5. 鼓励联想和想象

联想不仅能唤起学生对知识的回忆,沟通知识的内在联系,提供解决问题的线索,更能引发学生的创新欲望,促进学生智能的发展。很多新思想、新发现,就是联想的产物。想象是智力活动中最有活力的思维训练,是学生创新的起点和源泉。语文学科内容丰富,外延广阔,对培养学生的想象力有着得天独厚的条件,而学生的想象力又尤为丰富。由于汉语言语义的隐喻性及其在不同语境中的不确定性,加之文本中留下的"空白",更需要学生的创造性想象力和创造性思维能力。要尽可能多地给学生提供想象的空间,允许学生自由地想象,鼓励学生大胆地想象,引导学生创造性地想象,使他们的创新潜能得到最大程度的开发。比如,习作是一项富有创造性的思维活动,学生的想象力一旦被激发出来,就会在学习的广阔天地中无拘无束、随心所欲地遨游,心灵的深处就会不断涌起创新的浪花。

(三)操作时应注意的问题

1. 在语言实践中去开发创新潜能

培养儿童的创新意识,应与语言文字有机地结合起来。譬如阅读教学,培养学生的语感是重要任务之一。所谓培养语感,就是培养学生语言活动中的直觉思维和顿悟思维,而直觉思维和顿悟思维正是创新能力的内在源泉,是创造型人才所必须具备的重要品质。要充分发挥语文学科的优势,在语言实践中,激发学生的审美情趣和创新欲望,使语文学科成为开发学生创新潜能的一片沃土。

2. 开发学生创造潜能的含义定位不可太高

这里所说的开发学生创造潜能,其"创造"的含义是被界定在一个特定的范围内的。创造教育先驱陶行知先生曾指出:"处处是创造之地,天天是创造之时,人人是创造之人。"凡是孩子原先不会的而现在会了,就是一种创造;凡是别人没有想到而孩子想到了就是一种创造;凡是孩子在原先或别人的基础上做得更好,就是创造。创造就是标新立异,因为用发展的眼光看,这样的学生将来才有可能成为具有创新能力的人才。从这种意义上说,创新并不神秘,开发创新潜能并不是无从下手。要认识到,我面对的是蒙童,是培养他们从小具有创新的萌芽和创新的意识,而不是马上就去搞发明创造。只要做有心人,坚持不懈,那么埋在孩子们心底的智慧种子,就一定能生根、开花,并结出丰硕的创新之果。

二、教学实施案例:《称象》教学纪实

研究课题:在教学中注重开发学生的创造潜能

研究教师:山东省冠县棉纺厂联办小学陆书义;课程标准解读部分由王义亭撰写并评析。

教科书简介:《称象》是人民教育出版社义务教育课程标准实验教科书语文一年级下册的一篇精读课文。

教学重点:用普通话有感情地朗读课文,练习默读;结合上下文和生活实际了解课文词句的意思,理解课文内容;启发学生萌生创新思路,尝试开发学生的潜能。

教学难点:结合课文和生活实际,展开想象,理解词语和称象的道理,培养创新求异思维。

教学过程:

(一) 导入新课

师:同学们,谁愿意说一说船是用来干什么的?

生(李红):船可以运人。

生(张明):船可以载物。

生(杨磊):船可以游玩。

师:说得不错。这些都是船的常见用途。古时候有个聪明的孩子发现船有一个特殊的用途,想不想知道呀?好,下面我们就一起学习课文《称象》。(师板

书课题,生书空,师领读课题)

[评:从船的用途作为切入口,引发学生从不同角度、不同方面去认识事物,可以培养学生思维的广阔性和流畅性,为理解曹冲称象的办法打下良好的思维基础。]

(二)自读课文,识认字词;巡视检查,个别指导

师:自由朗读课文,读准字音,遇到生字词或难读的句子多读几遍。一会儿读书比赛,看谁读得好。(生自由读书,师指导)

师:有位同学把"有了大秤也不成啊,谁有那么大的力气提得起这杆大秤呢"读破了。这句话比较长,有点儿难读,要注意适当的停顿和语气。请同学听老师读一读,然后跟老师一起读。(师范读,生学读)

师:遇到难读的句子联系上下文仔细体会一下它的意思,再多读几遍,就会读得通顺流利了。

[评:着重引导学生正确流利、有感情地朗读课文,让学生有充分的时间读书,在读书时启发思考感悟,有利于下一步培养求异思维。]

(三)默读课文,交流体会

师:老师告诉同学们一种新的读书方法,那就是默读——也就是在心里默默地读,不动唇、不出声,不指读。读的时候,想想自己读懂了什么,用笔把问题和收获写下来或做上记号。下面,看谁的收获大,看谁能发现问题。(生默读,师巡视指导)

师:下面,把自己的收获和问题与同桌讨论一下,看能不能自己解决问题。实在弄不明白的,待会儿提出来,大家来共同解决。(同桌交流,教师参与讨论)

师:谁能把自己的问题提出来,让大家帮你解决?

生(王红):我不知道"议论"的意思。

师:请你读读带有"议论"的句子,好吗?

生(王红):"官员们一边看,一边议论,象这么大,到底有多重呢?"

师:官员们一边看,一边在干什么呢?

生(王红):一边在你一句我一句地说。

师:不错,官员们和曹操都是北方人,对于大象这种动物很稀罕,见到后,一定会说很多话。下面,请同学们认真读读第二自然段,想一想,官员们围着大象会说些什么呢?除了书中写到的,他们还会说些什么呢?(学生朗读)

师:谁愿意上台来演一演,官员们围着大象在议论什么呢?(三位同学来台前表演)

生(宋浩):大象的耳朵真大呀,像两把蒲扇。

生(王青):大象的鼻子怎么这样长呀?

生（张兵）：这头大象到底有多重呢？（三位同学表演得很投入）

师：王红同学，你现在明白"议论"是什么意思了吧？

生（王红）：明白了。

［评：善于在适当的时机，引导学生联系过去相似的生活体验，通过想象和联想，将课文中的文字符号转化为生动可感的情景，不仅理解了词句，而且能促进学生的再现性思维、创造性思维的发展。］

师：刚才，我们用联系上下文和生活实践的方法理解词语的意思，这是理解词语常用的一种方法，我们今后可以尝试着运用。哪位同学还有不明白的问题？

生（宋岩）：我不知道"船舷"是什么意思。

师：请你读一读带有"船舷"一词的句子，好吗？

生（宋岩）："把大象赶到一艘大船上，看船身下沉多少，就沿着水面，在船舷上画一条线。"

师：我们来看看书中的插图，插图上有位士兵在船的什么地方画线？

生（宋岩）：我看到了，那位士兵是在船边上画线。

师：你现在明白"船舷"是什么意思了吧？

生（宋岩）：我明白了。

师：刚才，我们结合插图弄明白了"船舷"的意思。看来，理解词语有很多办法，只要多动脑筋，一定会有收获。谁还有不明白的问题？

生（苏朋）：为什么官员们的办法不行？

生（董浩）：为什么说石头有多重，就知道大象有多重了？（师把学生提的问题板书在黑板上）

［评：鼓励学生多动脑筋，质疑问难，适时指导学习的方法，调动学生动口动手、动眼动脑，能较大地开发学生的潜能。］

师：同学们提了不少有价值的问题，学习课文时我们就会解决这些问题。谁愿意把自己的收获说给大家听？

生（王明）：我知道了曹冲是个聪明的孩子。

生（邓兵）：我知道了称象的办法。

生（沙刚）：我知道了今后无论遇到什么事情，都要动脑筋想办法。

［评：学生默读课文后，教师并没有急于让学生说说读懂了什么，而是让学生谈收获和感受，质疑探究。这种利用阅读期待，拓展学生思维空间，加强理解和体验的方法，值得倡导。］

（四）细读课文，解决疑难

师：刚才有位同学认为，曹冲是个聪明的孩子。请同学们细心阅读课文，为什么说曹冲是个聪明的孩子？

158

生(王红):我从曹冲的称象办法比官员们的办法好,看出了曹冲是个聪明的孩子。

师:你能说具体吗?

生(王红):我是从"曹操听了官员们的议论后直摇头","听了曹冲的办法后微笑着点了点头"这两句话中看出来的。

师:同意他的看法吗?曹操听了官员们的议论后直摇头,"直摇头"是什么意思?

生(张兵):"直摇头"表示不同意。(该生摇了一下头)

师:对,"直摇头"就是不住地摇头,表示很不同意。曹操听了大臣们的议论为什么直摇头?(生自由读,思考讨论;师参与)

生(任清玲):我想,就是造了大秤,也没人能提得动呀!

生(王晓明):把这么珍贵的大象宰了,虽能称出重量,可得不偿失,更不是好办法。所以曹操听了"直摇头"。

师:请同学们读读曹冲说的一些话,想一想曹冲的办法好在哪里。(生读书,讨论)

生(王浩):曹冲的办法好在不用造大秤。

生(李刚):曹冲的办法好,因为他不用宰大象就能称出大象的重量。

生(苏明):曹冲的办法好,他能很省力地称出大象的重量。

[评:此处的设疑点拨,具有整体性和启发性,所以学生能顺理成章地从语言和内容的结合上,对课文做深入的自主探究,有利于培养学生的独立思考能力和创新意识。]

师:按曹冲的办法做,真的能称出大象的重量吗?请同学们阅读最后一自然段。然后仔细读读全文,一会儿我们做个实验。(生颇有兴趣地读课文)

师:我这里有玩具(玩具象、小木船)、小石子、盛有水的脸盆、弹簧秤。谁能用这些东西,像曹冲一样称一称大象?(一生上讲台演示成功)

师:看来,这位同学读书很认真,按曹冲的办法做得很仔细,很准确!(一生上讲台用弹簧秤分别测出了玩具象和小石子的重量)

师:请你告诉大家,怎么样?

生(郭兵):我称的结果是,大象和石子的重量一样。

师:同学们回到家里,找些模型,按曹冲称象的办法再做一遍,证实一下,石头和大象是不是同样重,好吗?看来,曹冲真的很聪明。我们同学们肯定比曹冲还聪明。想一想,还有没有办法能更好地称象?(生思考,讨论)

师:谁比曹冲更聪明?

生(齐涛):曹冲用石头,比较麻烦,岸上不是有土吗?取土更方便。

生(白伟):我不用石头,也不用土,用人,人听指挥,说下就下,更方便。

师:真不错,同学们比曹冲更聪明。

[评:培养学生的创新意识,关键是要打破学生对教师、对教材的盲从,引导学生大胆地想象,好奇地发问,敢于标新立异。]

(五) 总结延伸

师:请想一想,曹冲是个怎样的孩子?

生(李丽):曹冲是个肯动脑筋的孩子。我要像他那样肯动脑筋,做一个聪明的孩子。

师:只要我们肯动脑筋,就一定会越来越聪明。我国历史上有许多像曹冲这样聪明的人物,在少年时代就显示出了超常的聪明才智。同学们课下可查阅有关资料,收集历史名人的童年趣事,下周语文活动课我们开个故事会,怎么样?

[评:鼓励学生课下查阅资料,拓展了语文学习资源,进一步唤起学生的求知欲望。]

生(兴趣盎然地齐说):好! 行!

[**总评**:本节课的教学,主要有以下几个特点:

第一,质疑问难,培养学生的创新意识。教师注重启发学生,小到词语的质疑,大到探究篇章中不理解的问题,以此启发学生发现问题的能力,激发求知欲望。并注重鼓励学生大胆地提出问题,讨论交流,培养了学生敢于质疑、大胆创新的意识。

第二,启发想象。充分挖掘教材因素,进行有效的想象训练,培养了学生思维的广远性、深刻性和创造性。如在引导学生理解"议论"一词时,启发学生联系生活经验,想象当时议论的情景,补充了课文"空白",加深了对词语和课文内容的理解,开启了学生的求异思维和创新意识。

第三,引导细心阅读,有所发现,激活学生的创造思维。教师注重引导学生边读边想,联系生活经验,主动思考推论,从而产生新的组合,有所发现,有所感悟。教师有意引导学生求异思维,推测比较,充分认识曹冲的办法好在哪儿,培养了学生的集中性思维;进而启发学生打开思路,提出自己的独特方法,培养了学生的发散性思维。练习发散和集中思维,有利于初步培养学生的创造性思维。]

主要参考资料

［1］段继扬.创造性教学通论.长春:吉林人民出版社,1999.

［2］中小学创造力开发试验与研究(上).济南:山东教育出版社,2000.

［3］黄兴安,张敬义.让学生做学习的主人.小学教学·语文,2011(12).

［4］于永正.语文教育,应该为学生留下什么.小学教学·语文,2011(11).

［5］陈金才.解读语言密码,让学生经历一个真正的阅读过程.小学教学·语文,2011(7,8).

创设丰富多彩的识字情境：
《借生日》教学纪实

刘学杰　张玉英　孙敬东

一、课程标准解读

创设丰富多彩的识字情境是课程标准在"实施建议"中提出的："要运用多种识字教学方法和形象直观的教学手段，创设丰富多彩的教学情境，提高识字教学效率。"

（一）关于创设丰富多彩的识字情境的相关问题的认识

创设丰富多彩的识字情境是将识字活动置于某一特定的情境之中，从而激发学生作为语文学习的主体参与活动的强烈愿望，同时将教学的目的要求转化为学生的内在需要，让学生在情境中识字，在学习中体验成功的快乐。

1. 识字教学要致力于人的全面发展

丰富多彩的识字情境要适合儿童的年龄特点，是学生生活实践的再现。教学活动必然从不同的角度，以不同的方式帮助学生理解和学习生字，充分调动学生的智力潜能，提高识字教学的质量。这一活动的优势主要表现在：

第一，识字活动变单调为生动。"适应天性，回归生活"已越来越被教育界认可。识字教学不再是以往的教师领读、讲解，学生书空、反复抄写的状况了，学生在游戏，比赛等活动情境中，眼、耳、手、脑、口等一齐动起来，课堂成为充满生命活力的大舞台。

第二，学习体验变单一为复合。识字教学采用多元渠道，就为教学打开了多扇窗户：利用多媒体展示的画面，丰富表象，加深记忆；轻松柔美的音乐活跃气氛，激活大脑；惟妙惟肖的表演帮助理解，提升认识。一个字的教学就不单单是对于一个字、一个词的认识，而是围绕着一个概念的全面体验。从视觉听觉两方面调动空间智能，凭借丰富的想象进入美妙的意境；用优美的乐曲调动音乐智能，打通大脑发散思维的"天然通道"，使各种信息进入学生的潜意识；借助表演，打开运动智能的窗户，使学生全方位多角度地调动全身心来体验识字的快乐。

学生沉浸在生动活泼的课堂中,知识、能力更加趋向综合化,多元智能得到展示和充分发展,有利于学生的全面发展。

2. 识字教学要着眼于人的社会化发展

创设识字情境的目的,往往是为了在学习内容与学生体验间建立联系,使教学内容能很快地纳入学生原有的认识结构,得到真正理解,是优化学习过程的有效途径。多元智能理论认为,充分提供情节背景下的学习是最有效的。课程标准指出,"语文课程资源包括课堂教学资源和课外学习资源",例如教科书、教学挂图、工具书、电视、广播、网络、报告会、研讨会、图书馆、博物馆、纪念馆、广告栏、报廊,等等。要积极引导学生走向社会,利用自然环境,利用社会环境,利用校园文化环境及家庭等多种途径识字,使学生在社会活动中知识得到提高,能力得到发展。

3. 识字教学要促进人的个性化发展

加德纳的多元智力理论认为,每一个体都有相对的优势智力领域。如有的孩子擅长表演,有的擅长歌唱;记忆的形式也各有不同,有的擅长视觉记忆,有的擅长听觉记忆,还有的擅长通过联想来记忆。这就是优势智力领域的差异。创设多种情景的识字教学,就要尊重每个个体的智力特点,让每个个体的特殊才能得到充分展示,这样才是真正意义上的个性的表现,是关注人的个性发展的方向。多种情境的识字活动,涉及了学生们多个智力领域。识字教学中,学生通过看录像、听录音、触摸实物、动作表演、猜字谜、讲故事等多种形式,自主、主动地参与过程,个性得以发挥,才能得以展示。

(二) 实施中的几点建议

1. 确保学生的主体地位

创设丰富多彩的识字情境,要力争使学生在活动中保持良好的精神状态、旺盛的求知欲、自主识字的欲望。通过开展多种识字活动,创设情境,激发学生识字的兴趣,渗透多种识字的方法,使学生在不知不觉中掌握方法,达到能够自主识字。

2. 加强形象直观教学

根据汉字特殊的结构特点以及学生的生理、心理的特点,要采用语言、体态、实物、模型、挂图及幻灯、录像、多媒体等多种手段和形式,使抽象的文字具体化、形象化,增强记忆的效果。

3. 积极实施活动教学

活动教学主要通过游戏、表演、实验操作、动作模拟、竞争比赛等形式进行,可采用"开火车"、"找朋友"、"摘苹果"、"打擂台"、"闯关"、"插红旗"、"争当小老师"、"颁发识字大王奖章"等学生喜闻乐见的活动,组织识字教学。

4. 以生活为课堂,引导学生走开放识字之路

课程标准强调广泛地利用一切语文资源,由课内向课外延伸。要利用班级、校园的文化环境及社区环境、自然环境,去引导学生识字,开辟多种途径识字的道路。例如:在班里利用墙报开辟"识字园地",鼓励学生自制"识字袋";在校园的一角创建识字乐园;组织学生当"啄木鸟"医生,寻找广告匾牌中的错别字等,让学生实实在在地与汉字打交道,在现实生活中去和汉字亲密接触,拓宽孩子们的识字道路。

二、教学实施案例:《借生日》课堂教学纪实

研究课题:创设丰富多彩的识字情境

研究教师:山东省德州市黎明小学张玉英;刘学杰解读课标,孙敬东评析。

教科书简介:《借生日》是人民教育出版社版六年制小学语文第一册的一篇精读课文。教学设计一课时。

教学过程:

(一) 导入新课

(课件:一群孩子围着一盒生日蛋糕点蜡烛,拍着手唱着生日歌;配《生日歌》曲子,创设过生日的气氛)

师:大家唱得真好听!这节课我们一起为这位小朋友(贴图小云)过生日,好吗? 给她过生日的还有一个人,(贴图妈妈)这两个人是谁呀? 请打开书,18课《借生日》。(板书课题,"借"字加注音)老师在黑板上写字,小朋友们要认真看。我写完一个字,看谁先说出来这个字有多少笔,读什么。

生(李玉坤):这个字有 10 笔,念"借"。

生(张天):"借"字有 10 笔。

师:说得好。你是怎么认识这个"借"字的?

生(张天):是在看画书的时候,爸爸教给我的。

生(李玉坤):我是借助拼音认识的。

师:这两种识字方法都很好。一个是爱看课外书,不认识的字,问爸爸或妈妈;一个是借助拼音识字,谁看的书多,识的字多,谁读书的本领就越大。

[评:课堂中发现孩子们好的学习习惯,及时表扬鼓励,使读书、识字的行为延伸到课外,让孩子们更爱看书。]

师:齐读课题。

生(齐):18 借生日。

师:谁能用"借"组成词语或说一句话？

生(张莹):我借了一本书。

生(张欣):借钱。

生(张汉博):借东西。

生(王左):借还。

师:借和还是一组意思相反的词,借了东西,一定要还给人家。看课文里写了谁过生日,是怎样过生日的？读书时不认识的字怎么办呢？

生(韩佳铭):先读一读拼音再读字。

生(张成伟):可以问同桌。

生(张天):可以问老师。

师:这些办法都很好,开始吧。(生自由读课文;师巡回指导,并在每个四人小组内放了两个信封)

[评:教师点拨学生遇到困难怎么办,体现了导;学生自己想出三种解决困难的办法,体现出学生自主学习的精神。]

(二)初读课文,了解大意

师:同学们,《借生日》的故事,喜欢听吗？

生(齐):喜欢。

师:老师就让故事大王讲给你们听。请同学们一边看书,一边听,注意生字宝宝的读音,听清故事大王是怎样讲故事的。(放小朋友读课文的录音)

师:故事里讲了几个人啊？(课件2:第一幅插图)

生(王玉淳):一个是小云,一个是妈妈。

师:他们两个在干什么呀？

生(范佳辉):小云过生日,妈妈给她买了布熊。(板书:布熊)妈妈把布熊送给小云做生日礼物,小云多快乐啊!(师写字条,贴在小云图像的下边)(生自己读句子)

[评:字条里有六个生字"布熊、礼物、快乐"。创设这一情境,使生字离开了课本到了黑板,组成了新的句子。生字反复使用,对帮助学生识字大有益处。]

(三)创设情境,主动识字

师:小云过生日,真快乐,我们也为她高兴。(出示卡片:快 kuài)谁认识它？

生(张丹丹):快。

生(张梦欣):快跑的快,快来的快,快乐的快。

师:请大家起立,做一个快跑的动作。(学生起立在座位上前后摆臂,原地做快跑的姿势)同学们做得快乐吗？

生(齐):快乐。

[评:依据低年级学生活泼好动的特点,据字意加动作,不仅帮助学生识了字,丰富了词汇,理解了字意,而且满足了孩子好动的需求,舒展了身体,创设了识记的条件。]

师:下面做一个快认字夺红旗的游戏。四人一组,哪个小组认得又对又快,哪个组就夺得红旗。每组两个信封,请小朋友快快打开,看里面藏的是什么。(生迫不及待倒出里面的音节和生字)请同学们给生字找"朋友",找对了就读一遍,然后四人合作把生字和"朋友"一起贴在黑板上,认得快、贴得快,就夺得红旗,开始吧。

[评:教师语言富有情趣,信封里藏的是什么,低年级学生好奇心强,迫不及待地看个究竟,四个人一齐动手,七手八脚忙个不停,达到了面向全体、人人参与学习的目的。同学们团结协作,在愉悦的气氛中掌握了生字。]

(教师检查三组同学是否都认识,都认识的奖一面流动红旗)

师:台上的小朋友做得又对又快,都得到了一面流动红旗。下面,看我做动作猜字,猜对了同样得到流动红旗。(拿起流动红旗举到高处,又慢慢放回原处)

师:根据我做的动作,猜两个字。(部分举手;再演示,多数举手)

生(韩佳铭):拿、放。

师:你真聪明。请自己演示一下语文书"拿"和"放"的动作。(生演示)这两个字你怎么记住呢?

生(张欣):拿东西要用手,上边记人一口"合"就记住"拿"。"手"上边是"合"。

师:手上加一个"合",念"拿"。

生(齐):拿,拿书的拿。

生(孙志恒):我们学过"方",右边加个"文"读"放",放书的放,用"放"还可以组成放心、放学、开放。

师:第三组同学猜字又对又快,奖一面流动红旗。第七组同学的组词、分析字形很好,也得一面流动红旗,大家鼓励一下。(齐拍手,"你真棒")

师:小朋友们真聪明。一会儿就把8个生字都认识了,老师把这些字藏在课文里,你还认识它吗?自己先读一读,练一练,要读得不掉字不添字,读得流利,有感情,然后用笔把藏在课文里的生字宝宝圈起来,看谁读得好,圈得对。

师:同桌互相检查,读得好、圈得对,打出胜利的手势。(师举一标志牌,上写"班长"两个字)谁认识这两个字?

生(杨晓璇):我认识,念"班长"。

师:你怎么认识的?

生(杨晓璇):因为我是班长。

师:谁还认识?谁认识这两个字,就把"班长"的牌子挂在谁的胸前,谁就是这节课的班长。(还有一个没举手的,老师走到她跟前)

师:李培茹同学。你认识这两个字吗?

生(李培茹):不认识。

师:同桌告诉她。

生(侯东洁):班长。

生(李培茹):(用细小的声音)班长。

师:李培茹小朋友平时不爱讲话,今天能大声读出这两个字,我们就把"班长"的标志牌奖给她好吗?

生(李培茹):(大声喊)班长。

师:李培茹同学的声音多响亮呀!这牌子奖给你。今后,上课要大胆举手发言哦!

[评:班长是小学生喜欢的职务。这不是权力的竞争,而是满足自己与众不同的心理。教师把这个标志牌发给了一个平时不爱讲话的学生,鼓励她大胆讲话,真正体现了从一节课入手,着眼孩子的一生。]

(四)深读课文,交流感受

师:现在我们比赛朗读课文,每人读一段,看谁读得好。

师:读得不错,大家看图(课件3),这是什么地方?

生(郑志浩):小云的卧室。

师:小云的卧室里有什么?

生(刘林):有床(随出字幕)、棉被。

生(户培宇):有台灯。

生(李雷):有枕头、窗帘、拖鞋。

生(许高峰):有壁画、有地板……

师:看到这么多东西,这些字你认识吗?看谁认得快、记得多,谁就得到这枚"识字大王"的金牌。(板书"我会读")

[评:教师利用课本插图创设的环境识字,贴近学生的生活,金灿灿的奖牌的吸引,使课堂气氛一浪高过一浪,孩子们学得有趣,学得轻松愉快。]

(五)创设环境,巩固生字

师:这节课同学们的收获真大,我准备了一部分奖品发给大家。请看屏幕,(出示课件)这里有许多气球,想要什么颜色就摘什么颜色。(课堂上沸腾起来)

生(赵小雪):我要第一个气球。(话音刚落,气球出现了生字)

师:你读对了生字,气球就属于你。奖给你一个真气球。(以此类推20个生

字词,一节课轻松愉快地记住了)

师:我知道同学们不仅愿意当识字大王,也愿意当故事大王。我这里有一个《小鹿请客》的故事,你们愿读吗? 谁读好了,并讲给爸爸妈妈或同院的小朋友听,就把故事大王的金牌发给谁。

(师读《小鹿请客》短文,本课的生字全部编在里面)

今天是星期六,正巧是小鹿的生日。他的好朋友大熊猫、小白兔、小黄猴和小黑狗吃过早饭,各自拿了不同的礼物来庆贺小鹿的生日。小鹿高兴极了!

鹿妈妈下班回来,给小伙伴买了他们最爱吃的东西。小伙伴们一起动手,帮鹿妈妈干活。一会儿,房间里收拾得干干净净。要吃饭了,大家围着桌子坐好,唱生日歌,祝小鹿生日快乐! 小鹿高兴得又蹦又跳,把伙伴们爱吃的东西一样一样端上来。他在小白兔面前放了一盘骨头,在大熊猫面前放了一盘桃子,在小黑狗面前放了一盘白菜,在小黄猴面前放了一盘竹子。小伙伴们惊呆了,皱着眉头,你看看我,我看看你,谁也不想吃。这是怎么回事呢?

请小朋友想一想,把故事编下去。

[评:教师编故事的目的有二:一是对本课的生字加以巩固,并逐步提高学生的阅读能力;二是鼓励学生勤于动脑、动口,养成边读书边思考的好习惯。]

主要参考资料

[1] Linda Campbell, Bruce Campbell, Dee Dickinson. 多元智能教与学的策略. 北京:中国轻工业出版社,2001.
[2] 霍华德·加德纳. 多元智能. 北京:新华出版社,1999.
[3] 邝宝珠. 浅谈多元智能指导下的低年级识字教学. 人教网.
[4] 杨雪. 引领学生感受识字的快乐. 山东教育,2011(12).
[5] 闫晓枫. 谈对提高识字效率的思考. 人教网.

拼音教学与识字教学的整合：
《j q x》教学纪实

一、课程标准解读

课程标准"教学建议"部分提出拼音教学与识字教学整合的建议："汉语拼音教学要尽可能有趣味性,宜多采用活动和游戏的形式,应与学说普通话、识字教学相结合。"

(一) 关于拼音教学与识字教学整合的相关问题的认识

语文教学各项内容的整合,是课程标准的指导思想之一。

1. 课程标准突出强调拼音帮助识字的作用

课程标准把"汉语拼音"与"识字与写字"合并在一起论述,突出了其帮助识字的作用,即"能借助汉语拼音认读汉字"。这样就把汉语拼音的作用定位在识字和学习普通话上。首先,强调借助汉语拼音认读汉字和查字典,避免了节外生枝的理解。其次,借助汉语拼音学习普通话,主要是发挥汉语拼音正音的作用。再次,在语文教学中应该为学生创设学习普通话的环境和氛围,"在识字与写字中,能够借助汉语拼音纠正地方音",也是创设学习普通话的环境和氛围很重要的一方面。

2. 课程标准突出工具的使用价值

课程标准对汉语拼音教学做了较大的调整,降低了要求,减缓了难度,突出工具的使用价值。如把原来教学大纲的"背诵"、"默写"改为"熟记"、"正确书写",降低记忆和书写的要求;把熟练拼读、直呼音节改为准确拼读音节,降低拼读要求。这样,学生易于掌握,方便识字,并可以节省时间增加识字量,充分发挥拼音教学帮助识字教学和学习普通话的功能。

3. 课程标准强调整合是实现早日阅读的需要

课程标准要求,第一学段(1~2年级)"认识常用汉字1600个左右,其中800个左右会写"。这样要求,明确了认、讲、写、用不是同步发展,而是重在保证

169

一定的认字数量,使学生在二年级末实现独立阅读的可能。因此,在学习汉语拼音的阶段,适当出现了词语、短语、句子和儿歌,学生在学习拼音的同时认识部分汉字,把学拼音、识字、发展语言结合起来。这不但增加了趣味性,而且培养了学生的综合素养。因此,汉语拼音教学与识字教学的整合,保证了学生及早识字,是学生早日实现独立阅读的重要手段。

总之,把拼音、识字加以整合,不仅能使学生很快获得成功感,而且能使学生的语言表达能力得到发展和提高。由于学生是边学拼音边学汉字,所以学生学会了拼读音节,马上就能运用已学的拼音技能认读汉字,两者有机结合,能使学生早识字,多识字,多阅读,多读书。

(二) 实施中的几点建议

第一,把握教科书的特点,加强拼音与识字的整合。教科书版本不同,拼音教学的安排情况不同,因此要根据教科书的特点来强化拼音与识字的整合。如北师大版教科书,把拼音教学安排在 5～9 单元,采用的是汉字带拼音、学拼音的同时学习汉字的方法,方式多样,体现出语文学科的综合性、整体性。所以,要把汉语拼音部分视为一个多元化的整体,将学拼音与看图识字、看图说话、阅读短语和儿歌等多种教学活动互相渗透,有机整合,千方百计调动学生的兴趣,力争取得最佳效果。

第二,充分利用课文插图进行拼音教学,渗透识字。汉语拼音部分的教材绘有富于启发性的插图,或示意字母发音,或表明字母形体,或旨在提高拼读能力。教学中要充分利用直观形象帮助学生学习抽象的拼音字母。例如,声母的教学为了解决这个问题,给这些声母配上了不同的韵母,配上能够表声母的插图,使声母也能发出响亮的音,帮助学生练习发音。

第三,采用做游戏、编儿歌等方法来激发学生学习汉语拼音的兴趣。教学汉语拼音,每个字母都能编一句儿歌,便于学生记住它们的音和形。开始老师编,以后引导学生自己编。学生会对学习汉语拼音产生浓厚的兴趣,同时语言也得到了发展。

第四,创设语境,激发想象,促进拼音与识字、发展语言的整合。拼音是一串枯燥无味的字符,要想让学生想学、乐学,就要变无趣为有趣。灵活地运用教材,联系生活、学习实际,创设语言环境,让音节在不同的语言环境中反复出现,能使学生熟练掌握运用汉语拼音的技巧,最大限度地发挥汉语拼音的多功能作用。也可以通过编故事、表演等途径让学生生动有趣地学拼音;通过各种形式不同的读(读声母、拼读音节、读生字、读儿歌等),来帮助学习拼音和认识汉字,发展学生的口头语言;利用学生生活中熟识的事物和汉字,带出拼音,使拼音与识字紧密结合起来,与认识事物结合起来。

总之,要充分发挥拼音的工具作用,促进拼音教学与识字教学的整合。

二、教学实施案例:《j q x》教学纪实

研究课题:拼音教学与识字教学的整合

研究教师:山东省威海市塔山小学王春艳;夏雪琴评析。

教科书简介:北京师范大学版五年制小学语文第一册第六单元《字与拼音》(二)。学习声母 j q x 和 7 个整体认读音节;阅读《大家都说普通话》、《一朵云》,识字写字,提高说普通话的自觉性。教学设计一课时。

教学过程:

(一)导入新课

师:我们已经学习了单韵母和一些声母,还记得它们吗? 再来喊喊它们的名字好吗?

生齐读:单韵母:a o e i u ü。声母:b p m f d t n l g k h

师:今天又有三位声母朋友,吵着闹着非要跟大家见面不可,瞧,它们排着队来了。(板贴 j q x)欢迎它们吧!(生鼓掌欢迎)

我来介绍一下:这个小机灵是小 j,这个小淘气是小 q,这位最讨人喜欢的是小 x。

[**评**:以精美的拟人化的图画,充满童趣的语言,激发学生兴趣。]

(二)学习 j q x

1. 学习 j

(1)学读音

师:它们三位真客气,都给大家带来了见面礼。小 j 带来了它的好朋友。(贴公鸡图)认识吗?

生(齐):大公鸡。(板书:鸡)

师:它们俩名字可像了,不信你仔细听:鸡——j,谁听明白了?

生 1(郑阳):前面的音又重又长,后面的音又轻又短。

师:你能领大家读一读吗?

生领读、分男女读。

师:我们看着图编一句儿歌记住它的名字好吗? 公鸡的鸡,轻一点,短一点,就是 j。

(生学说儿歌)

[**评**:由公鸡图画引出"鸡"字,由"鸡"字的读音引出声母"j"的读音。从学生生活中熟悉的事物入手,由字来帮助学拼音,体现了字与拼音的整合。]

（2）学字形

师：（指鸡图和"j"）仔细观察这对好朋友,样子像不像?

生2（邹尧）：（伸出手指边比画边说）大公鸡的身子和弯弯的尾巴像"j"的竖左弯,头上的鸡冠像"j"的点。

师：我们还可以这样记:"jjj真有趣,尾巴左弯冠子高。"或者根据j在四线格中的位置可编成:"jjj真特殊,三层楼它都住。"好听吗? 同位互相说一说好吗?

[评:用公鸡图画和声母j的形状相比较,帮助记忆j的样子;通过儿歌帮助记忆字形,激发了学生的学习兴趣。]

2. 学习q

（1）学字音

师：小q知道国庆节快到了,带来一把漂亮的气球,快数数共几个。（贴气球图）

生3（王捷）：七个。

师：你能把话说得完整些吗?

生3（王捷）：七个气球。

师：我觉得你可以说得更完整。

生3（王捷）：一共有七个气球。

师：（板书:7）这个字大家一定都认识,一起读。小q跟这七个气球有联系吗?

生4（慕旭阳）：七个的七,轻一点,短一点,就是q。

师：你真了不起,还会编儿歌呢! 能教教大家吗?（生4领读）谁能试着编句儿歌记住q的音?

生5（谷越）：七个的七,轻一点短一点就是q。

生6（邓明涛）：气球的气,轻一点短一点就是q。

[评:教师教学生用编儿歌的方法来帮助记忆,教给学习方法,这正是课程标准所倡导的。]

（2）学字形

师：你能想个办法记住它的样子吗?

生7（胡光煜）：q的样子很像9。

生8（刘成林）：把p倒过来就是q。

师：是反过来,不是倒过来。你能从图中找到q吗?

生3（邹尧）：气球像q的半圆,线像q的那一竖。

师：你的眼睛真亮,表达得也很准确。来,伸出小手比画一下,左上半圆q q

172

q。

师:老师这里有一些学具,你能用它们摆出不同的字母吗?

(学生用学具摆出 b p d 和 q,并说说有什么不同)

[评:q p b d 四个声母很易混淆,用自制的学具,动手摆一摆,拼一拼,在动手的过程中,加强了记忆。]

3. 学习 x

(1)学字音

师:小 x 带来了什么?(师贴西瓜图)

生9(姜明翰):大西瓜。(板书:西)

师:这个字你认识吗?这个声母跟西瓜的"西"有联系吗?你知道该怎么读吗?读给同学听听好吗?(同位互相读,一起读)

生10(谷祖岩):西瓜的西,轻一点短一点,就是 x。

(2)学字形

师:小 x 就藏在图中,找一找。怎样记住它的样子?(提示用手势)

(有的做两手交叉状,有的做两个手指交叉状,有的编了儿歌。)

生11(梁小雨):左一刀右一刀,两刀来把西瓜切。

[评:学生编的这首儿歌,既能帮助记忆字形又能帮助记忆笔顺,还能帮助记忆读音。教师的学法指导,使拼音教学与识字教学能紧密结合。]

(三)练习

师:老师说儿歌你来猜,猜到了把这个声母念三遍。如果你都猜对了,就在书上奖励自己一个气球。注意听:

七个气球,左上半圆——

切开西瓜,左一刀右一刀——

公鸡捉虫,先写竖左弯头上再加点——

老师再试试谁的小耳朵灵。鸡　j。

生12(曲言国):前面是公鸡的鸡,后面是声母 j。

师:七　q。

生13(李升元):前面是七个的七,后面是声母 q。

师:西　x。

生14(宋钢):前面是西瓜的西,后面是声母 x。

[评:把字与声母结合起来,让学生自己去感受情景图,自己去揣摩发音方法,自己去比较字母形体,自编的儿歌朗朗上口,有效地帮助学生记忆字母的音形。]

（四）j q x 和韵母相拼

1. 学习 j q x 与 i 相拼

师：j q x 可喜欢和韵母交朋友了。第一个跑来的是小 i。

（1）学习 ji

师：它们俩站一起，就拼成了 j—i—ji，老师拼一声的 ji，公鸡的鸡。谁来拼二、三、四声，说说你拼的是什么 ji？

生 13（赵一禾）：我拼的是 jǐ，几个的几。

生 5（谷越）：我拼的是 jí，一年级的级。

生 14（宋钢）：我拼的是 jì，赶集的集。

师：赶集的集是二声，赶集，跟老师读。四声该是个什么 jì。

生 16（郭良）：系红领巾的系。

师：好极了，我们全班用四个声调读好吗？（生齐读）

[评：拼音教学和识字的结合，使学生认识了几个的几、一年级的级、赶集的集、系红领巾的系。既学习了拼读音节，又认识了多个汉字。]

（2）学习 qi

师：大家都拼一个你喜欢的声调，说说你拼的是几声，是什么 qi。

生 17（苗荣建）：qǐ，起床的起。

师：你早上几点起床？

生 17（苗荣建）：六点。

师：你是个早起的好孩子。

生 18（时华阳）：qì，汽车的汽。

生 19（陈凯翔）：qī，星期天的期。

生 20（吕佳育）：qí，红旗的旗。

师：咱们请一个小组领读四种声调。哪个小组来？（第二组读）

这是个团结的小组，奖励你们每人一个气球。

（3）学习 xi

师：xǐ，老师拼的是几声？对，是喜欢的喜，老师非常喜欢你们。

在小组里拼你喜欢的声调，并说说你拼的是什么。谁拼得正确，说得好，小组长奖他一个气球。（生在小组活动，师巡视指导）

[评：教学中由扶到放，老师指导读—小组合作读—个人在小组中读，学生用音节口头组词甚至说话。培养了学生的口语表达能力。]

2. j q x 和 ü 相拼

（1）学习 ju

师：小 i 和 j q x 拼在一起多带劲哪，这时又跑来一位韵母朋友 ü，它有一个

174

好习惯,见了 j q x 赶紧摘帽子。我们请几位同学表演一下。

师:小 j 小 j 在哪里?

生 12(曲言国):小 j 小 j 在这里,小 ü 小 ü 在哪里?

生 21(谭笑天):小 ü 小 ü 在这里。(ü 去掉头上两点)

生 12、21:我们俩拼成 jū jú jǔ jù。(全班跟读,每排一个声调比赛读)

(2)学习 qu xu

方法同上。

(3)师生共同编儿歌

j q x 真淘气,从不和 ü 在一起,小 ü 见了 j q x,去掉两点还念 ü。

[评:采用适合儿童年龄特点的表演方法,有效地解决了教学难点,让学生体验到拼音学习的趣味性。但这一环节落实得还不够到位,在难点的巩固上如果设计几个比较、鉴别的练习,会更有利于难点的解决。]

(五)游戏——猜音节

师:游戏之前大家先把黑板上的音节记下来。一个指一个猜,记得好猜得快有奖。看哪两个同位配合得最棒。

生 10(谷祖岩):是 j—i—ji 吗?

生(齐):不是 ji。

生 10(谷祖岩):是 xi 吗?

生(齐):是 xi。

师:你们俩配合得真好,每人可以奖一个气球。

(照此形式共展示 4 组)

[评:有趣的游戏吸引了学生的注意力,激发了浓厚的学习兴趣。学生在玩中学、学中玩,巩固了所学的音节。]

(六)小结

今天咱们又认识了许多新朋友,大家学习劲头很足,课后比一比谁的气球多! j q x 的韵母朋友还有很多,我们下节课接着学习。

[**总评:**这节课学生在愉快的氛围中,轻轻松松地学会了声母 j q x 及其和 i ü 的拼读,认识了"鸡、七、西",渗透认识了"几、期"等字。其主要特点如下:首先,善于激发学生兴趣。以精美的、拟人化的图画,朗朗上口的儿歌,充满童趣的语言,有趣的比赛、游戏等,激发学生学习汉语拼音和汉字的兴趣。教学目标得到落实。其次,注意拼音教学和识字教学的整合。落实汉语拼音帮助识字的作用,把汉语拼音教学和识字教学紧密结合起来了。再次,学习拼音注重学生口头语言向书面语言的过渡,培养了学生口语表达的能力。另外,注意自主学习的引

导和合作意识的培养,自评、组评、师评的形式贯穿于课堂教学始终,调动了学习积极性。]

主要参考资料
［1］郑国民.小学汉语拼音教学的改革.新世纪小学语文实验通讯,2002(2).
［2］徐宇红.深研方法,趣学拼音——谈汉语拼音教学的几点体会.人民教育出版社网站.

176

阅读教学是对话过程:《林海》教学纪实

孙传文　宋方报

　　"阅读教学是学生、教师、教科书编者、文本之间的对话过程。"这是课程标准在"教学建议·关于阅读教学"中提出的重要教学理念。

一、课程标准解读

(一) 关于阅读教学是对话过程的相关问题的认识

1. 阅读教学是以现代对话理论为基础的

　　现代对话理论认为,作者与读者的关系,就其本质而言,体现了人与人之间的精神联系,阅读行为也就意味着在人与人之间确立了一种对话和交流关系。读者的阅读,尤其是阅读文学作品的过程,正是一种共同参与以至共同创造的过程。所以,读者绝不是消极被动的,读者也是文学活动的主体。学校教育的阅读教学是学生在教师参与下的阅读行为。因此,阅读教学与一般的阅读有不同点,阅读教学对话过程是由学生、教师、教科书编者、文本之间对话组成的。课程标准中关于阅读教学是对话过程的阐述,是对以对话为主线的阅读教学观的确认。

　　2. 学生、教师在阅读对话中的角色地位

　　(1) 对话的中心是每一个学生个体。阅读教学过程中,存在着多重对话关系,有学生与作者(文本)的对话,学生与教师的对话,学生与学生的对话,教师与作者的对话,学生、教师与编者的对话等,这些都为学生阅读提供了良好的环境和条件。但对话的中心是每一个学生,文本的意义是学生在阅读过程中自行发现、自行建构起来的,教师必须尊重学生阅读的自主性和独立性。

　　(2) 教师是课堂阅读活动的组织者、学生阅读的促进者。课堂阅读活动是在一个集体中实施的,与成人完全个性化的阅读毕竟不同。学生与文本、学生与学生之间的对话,需要教师进行相关的组织活动,如指导阅读的方法,营造良好的课堂氛围等,它对于提高阅读的效率是非常必要的。另外,教师虽然不可能穷

177

尽教学过程中的所有问题,但这并不意味着学生就此便拥有了与教师同等的知识储备与认知水平。一般来说,作为阅读教学过程中的对话者之一的教师,其思想深度、文化水准、人生经验、审美水平等要高于学生,而学生常常显露出不成熟的世界观、人生观或已有观念的欠缺,因而对于教学问题的思考往往处于感性层次。这就需要教师发挥其向导和促进作用,但这并不排斥学生在阅读中的主体地位。

(3)对话进一步确立了师生间平等的人格关系。通过对话,颠覆了教师传统的权威角色地位,传统意义上的学生的教师和教师的学生将不复存在,代之而起的是教师式学生及学生式教师。教师不仅仅去教,而且通过对话被教;学生在被教的同时,也在教。这样既减轻了传统的权威角色带给教师的紧张感,也给予了学生最大的自由空间,有利于个体的发展与成熟。在这样一种关系之下,师生彼此的精神世界能够相互敞开、相互接纳,并在对话过程中不断融合。

(二)实施中的几点建议

1. 教师要切实进行角色的转变

对话的实质是民主、平等。教学中要求教师与学生平等沟通,由传统的权威角色转变为平等中的首席,让学生从师生的对话与相处中,体悟民主与平等。在教学中,只有建立起民主的、平等的、和谐的师生关系,教师充分尊重学生的人格、情感和体验,多给学生一些赏识、表扬、肯定和信任,学生才能主动地、兴趣盎然地去学,才能真正使阅读教学成为学生、教师、教科书编者、文本之间对话的过程。

2. 教师要给所有学生平等参与对话的机会

对话过程中,师生是平等的,生生之间也是平等的。课堂上,要给每一个学生发言、参与的机会,不能使一部分学生成为对话的贵族,而使另一部分学生沦为对话的奴隶。要发挥教师组织者的作用,采取多种方式,调动所有学生参与对话。

3. 教师要学会耐心倾听

对话是一种双方或多方的倾听和表达。要使对话有效进行,教师首先要学会耐心倾听。要认真倾听学生的意见,尊重学生的差异和个性化理解。当交流的过程中出现了故障时,教师要出面帮助排除。当学生有了独到的见解时,则要及时反馈与鼓励,使其心态充满活力,充满创造的愉悦的体验,以便在对话过程中不断生成新的认识。

4. 师生充分地与文本对话是进行其他对话的基础

课前教师自己要充分地和文本对话,即读好、钻研好教材。教师只有与文本进行充分对话,才能组织好其他各种对话。教师还要让学生更多地直接面对文

178

本,即实现与文本的充分对话。由于学生个体相关经验与相关知识的积累不同,产生的理解也往往是各不相同的。因此,要在学生个体对文本有了一定的理解的基础上,师生再共同进行平等的、无权威的对话交流,以促进学生,也促进教师自身加深或反思对文本的理解。

将对话理论引入语文教学并非为了标新立异,而是要促进语文教学的积极变革。在教学中要避免为对话而对话,防止对话的无序与混乱。

二、教学实施案例:《林海》教学纪实

研究课题:阅读教学是教师、学生、教科书编者、文本之间对话的过程

研究教师:山东省东营市春晖小学宋方报;孙传文解读课标和点评。

教科书简介:《林海》是人教版义务教育课程标准实验教科书六年级上册中的一篇课文,这里把它作为精读课文来研究。教学设计为两课时,此为第二课时。

教学重点难点:教学重点是使学生感受大兴安岭景物的特点,难点是体会作者游览大兴安岭的感受。

教学过程:

师:这节课我们继续学习《林海》。(板书课题)读了课文,你们对课文的内容一定有所了解。谁愿意谈一谈?

生:我知道了大兴安岭很美。

生:大兴安岭的岭非常多,这里的林非常大,绿颜色很多,鲜花各式各样,在别的地方很少见。(师板书:岭多、林大、绿、花、各式各样)

生:作者看了林海的风光,感到亲切、舒服。(板书:亲切、舒服)

师:有不明白的问题吗?

生:为什么说"兴安岭上千般宝,第一应夸落叶松"?(师板书:第一?)

生:怎么说"兴安岭会打扮自己"呢?(板书:打扮?)

生:为什么说"兴安岭美得并不空洞"?(板书:并不空洞?)

师:同学们读书时真的动了一番脑筋。这些问题怎么解决呢?

生:通过进一步读书来解决这些问题。

[评:问题是对话的源头,也是对话的核心。了解学生与文本初步对话时遇到的问题,为以学定教奠定基础。问题提出后,教师并不急于直接解答,而是发挥问题在对话中的定向和导向功能,引导学生通过进一步与文本对话去寻求问题的答案。这也是学生自主学习教学思想的体现。]

师:很好。接下来,我们就随着作者走进林海,去观赏林海的景色。首先学

习哪个段落呢?

生:我很喜欢写"岭"的这一段。是否可以从这里学起?

师:大家的意见?

生(齐):同意。

师:好。请大家自由朗读"岭"这一段。这里的岭,除了预习中发现它"多"之外,还有什么特点? 在课文中画出能体现这些特点的句子。(生读书,画语句)

[评:把学生的认识在已有的水平上及时引向深入。]

生:这里的岭高矮差不多,姿态各异。课文中是这样写的:"……横着的,顺着的,高点儿的,矮点儿的,长点儿的,短点儿的,可是没有一条使人想起'云横秦岭'那种险句。"(师板书:姿态各异)

生:这里的岭很温柔。课文中写道:"每条岭都是那么温柔,自山脚至岭顶长满了珍贵的树木,谁也不孤峰突起,盛气凌人。"(板书:温柔)

师:这句话直接告诉我们岭的温柔,还有些句子虽没有"温柔"两字,但我们通过读可以想象出它"温柔"的样子,能找出来读一读吗?

生(读):"这里的岭的确很多,横着的,顺着的,高点儿的,矮点儿的,长点儿的,短点儿的,可是没有一条使人想起'云横秦岭'那种险句。"

师:通过你的读,我确实感到这儿的岭很温柔。你能告诉大家,你主要从哪些地方体会出岭的温柔的?

生:从"高点儿的,矮点儿的,长点儿的,短点儿"的中的"点儿"可以体会出岭的温柔。

师:试试看,如果去掉"点儿",这里的岭给我们什么感觉? (生将文中的语句去掉"点儿"试读、体会)

生:去掉"点儿",感觉这儿的岭参差不齐,一点儿也不温柔。

师:请同学们再将文中的语句读一读,把温柔读出来。(生读)

[评:朗读是与文本对话的重要形式。从读句子到用对比的方法去读表现力强的词语,意在使学生体会岭的最主要特点——温柔,同时领悟并不起眼的"点儿"在表现这种特点中发挥的重要作用,培养语感。]

师:想一想"云横秦岭"、大兴安岭的样子,然后用简笔画画一画。

(生画秦岭、大兴安岭的简笔示意图,其中一名同学在黑板上画)

师:你为什么把秦岭、兴安岭分别画成这样子?

生:因为从"云横秦岭"这句话可以想象秦岭很高,很陡峭,很险,云彩就缠绕在秦岭的半山腰,所以我这样画秦岭;因为从作者的描述中知道大兴安岭的岭高矮长短差不多,很温柔,谁也不孤峰突起,所以我把兴安岭画成这样。

师:大家通过读书、想象、绘画,在头脑中形成了兴安岭的形象。下面请看兴安岭的图片,和你头脑中的形象比较一下。(多媒体出示图片)边读书边在头脑中再现兴安岭的形象,要读出兴安岭"岭"的特点。(生自由朗读)

[评:读、想、画、看多种方式结合,已使学生头脑中还原出"岭"的表象,再通过美读,把这种表象外化为有声有色的语言。这样的读必然是高质量的。]

师:大家读得很好。再学习哪段呢?

生:我喜欢兴安岭的林海。

师:那就读读写林的段落吧。(学生自由朗读)第2自然段最后一句话写山脚至岭顶长满了树木,这么多的岭上都长满树木,就形成了——

生(齐):林海。

师:请同学们自由朗读第3、4自然段,边读边想象林的样子。(生读书)下面老师读这两个自然段,请同学们闭上眼睛听,想一想林海的样子。思考:这里的林有什么特点?(师范读;生闭目听,想象,思考)

生:这里的林又大又绿,简直像大海一样。(板书:如海)

师:从哪些语句体会出来的?

生:"目之所及,哪里都是绿的"。哪里都是绿的,就是说到处都是绿的,漫山遍野都是绿的。

生:"多少种绿颜色呀:深的,浅的,明的,暗的,绿得难以形容",是说这里的林,不是一般的绿,而是绿的颜色非常多。

师:列举出你见过的绿颜色或者你读书时见过的表示绿颜色的词语,看能举出多少。(生分组讨论)

生:我们小组讨论中列举出的绿颜色有:墨绿、碧绿、翠绿、深绿、浅绿、鲜绿、草绿。

生:我补充,还有新绿、嫩绿、橄榄绿。

师:同学们列举出这么多的绿颜色,是不是把兴安岭林海的绿颜色说全了?

生:没有,书上说"绿得难以形容","恐怕只有画家才能描绘出这么多的绿颜色来",绿颜色真是太多了。

[评:表达是对话的一种要素。教师作为对话的促进者,及时引导学生表达自己的认识。]

师:作者看到这样浩瀚、这样美的森林,产生了一种什么样的感情?请同学们闭上眼睛听老师读,想象林海的样子,体会作者的感情。(师范读,生体会)

生:当作者发现林海的浪花时,用了一个词"看",表达了作者惊讶、欣喜的心情。

师:请大家带着陶醉、欣喜的心情自由朗读这两个自然段。(自由读,引读)

[评:带着情感读,这是与作者进行心灵对话的重要过程。]

师:让我们走进林海,欣赏林海的一角。(多媒体出示配乐图片,师插言:看一看白桦的俏丽)

师:刚才的图片中有一种景物,我们学过的课文段落还没有写到。那就是——

生(齐):花。

师:请同学们自学第5自然段,有不懂的问题提出来,大家一起解决;或者提出问题,考一考同学,看他理解了没有。(生读课文,设置问题)

[评:学习"花"这一部分内容,引导学生自读课文(学生与文本直接对话)、同学合作互助(学生与学生对话),增加自主学习的机会。]

生:"我是爱花的人,到这里却叫不出那些花的名儿来"说明了什么?

生:说明这儿的花种类多,作者以前没见过。

生:"绣花鞋"指的是什么?

生:在山脚下开着的那些花。

生:怎么说兴安岭会打扮自己呢?(这也是该生预习时提出的问题)

生:课文中写道:"兴安岭多么会打扮自己呀;青松做衫,白桦为裙,还穿着绣花鞋。"在这里作者是把兴安岭当作一个爱美的姑娘来写的,你看她穿着青松衫,白桦裙,绣花鞋,打扮得多么漂亮呀!

师:(出示句子)大家将这两句话对比着读,品一品:哪一句更美呀?(1. 兴安岭多么会打扮自己呀,青松做衫,白桦为裙,还穿着绣花鞋。2. 兴安岭多美呀,它的上半部长满青松,下半部密布白桦,山脚下鲜花盛开。)(生品读)

生:第一句更美。美就美在把兴安岭当作一位漂亮的姑娘来写,让我们觉得兴安岭有灵性似的。

师:请同学们再读一读第一句话,试着快速背下来。(生读背)还有什么问题需要提出来解决?

生:林海中肯定有许许多多的动物,可作者为什么只写了小蝴蝶?

生:写小蝴蝶是为了写这里的花多,因为小蝴蝶是小花招来的。

生:我补充。因为小蝴蝶落在客人身上,让人感到很亲热,很亲切、舒服,所以作者才写小蝴蝶。

师:同学们的理解真好,看来你们已和作者一样,把自己的心带到了兴安岭。让我们再用心读读课文,读出花的特点,读出作者的感情。(生自由读,师指名读)

[评:理解是对话的第一要义。在理解的基础上,及时鼓励、引导学生与作者(文本)进一步进行心灵沟通。]

师:大家看这里的花有什么特点?

生:这里的花很美,色彩缤纷。(板书:色彩缤纷)

生:这里的花种类非常罕见。

师:那更说明兴安岭上千般——(生:宝。)我们跟着作者走进兴安岭,欣赏了这里温柔的岭、如海的林、美丽的花,我们感到兴安岭怎样?

生:美极了!(板书:美)

生:令人心旷神怡。

师:那么,作者面对这么美丽的兴安岭,会联想到什么?有怎样的感受?请同学们默读第1、6、7自然段,谈谈你的理解、体会。(学生读书,思考)

[评]教师把握住了作者行文的情感线索。把第1、6、7三个自然段联系在一起,有利于学生体会作者思想感情的逐步深化,也有利于学生思考并解决预习时提出的有难度的问题,此举可谓一举多得。]

生:作者看到兴安岭,走进森林,脚踩松针,手摸古木,感到亲切、舒服。

生:作者看到林海,联想到祖国各地的建设都用到了兴安岭的木材,因此觉得兴安岭越看越可爱。作者心中感到亲切、舒服。

生:作者看到林场的工人伐木取材,也造林护苗,人与山的关系日益密切,这种亲切、舒服的感觉更加深刻了。

生:低年级时,我们学过《美丽的公鸡》,大公鸡长得很漂亮,但它不会为人们做事,不是真正的美。兴安岭不光看上去美,还支援了祖国各地的建设,是实实在在的美,因此,作者说:"它的美丽与建设结为一体,美得并不空洞,叫人心中感到亲切、舒服。"

师:这位同学能用低年级时学到的对美的看法来体会作者的审美感受,棒极了!谢谢你提出了这样一个问题,引起了大家的思考。

[评]学生能联系过去学过的课文谈认识,说明通过读书、思考,他们原有的知识已被激活,给"美"建构起了新的意义;这也是学生实现了与教科书编者对话的一种体现。创造性地理解课文,这不是凭听老师讲就能够获得的。]

师:上课之初,这位同学提出为什么说"兴安岭上千般宝,第一应夸落叶松"?现在你能理解了吗?

生(提出该问题的同学):从第4自然段可以看出,兴安岭是落叶松的海洋,说明落叶松数量多;从第6自然段能体会到各省市用的兴安岭的木材大多是落叶松。所以说:"兴安岭上千般宝,第一应夸落叶松。"

师:这位同学读书时,能把上下文联系起来进行思考,这一点真好。是的,兴安岭上落叶松的数量最多,对祖国建设贡献最大,因此说:"兴安岭上千般宝,第一应夸落叶松。"

[评:对于学生上课之初提出的有一定深度的问题,老师是在引导学生与文本充分对话后再相机回应,水到渠成。这也是有意识引导学生实现与自我对话的过程。]

师:学习了全文,你觉得大兴安岭的美表现在哪些方面?

生:岭温柔,林如海,花儿多姿多彩。

生:我补充,兴安岭还支援了祖国各地许许多多的木材。

生:通过读课文,我眼前的兴安岭简直就是一位温柔美丽的姑娘,可爱极了。

师:那就请同学们带着喜爱的心情,选取你喜欢的段落朗诵,试试能不能在短时间内把你选择的段落背诵下来。(生自由朗读背诵,然后指名朗读背诵)

[评:在理解基础上对自己喜欢的段落有感情朗读和背诵,不失为一种丰富语言积累的好方法。]

师:同学们诵读得真好,读出了兴安岭的美,诵出了喜爱的感情。下面请同学们想一想、议一议:作者为什么能把兴安岭写得这么美?(生快速浏览课文,思考讨论)

[评:由读悟写,读后学写,读写结合,学以致用。]

生:作者抓住了岭、林、花的特点写,写出了岭的温柔,林碧绿如海,花多姿多彩。

生:作者把兴安岭当作一个漂亮的姑娘来写,写得很美。例如作者写道:"兴安岭多么会打扮自己呀,青松做衫,白桦为裙,还穿着绣花鞋。"

生:我补充,作者还写道"每条岭都是那么温柔……谁也不孤峰突起,盛气凌人","那是些俏丽的白桦"。"温柔"、"俏丽"一般都是用在女人身上的。

师:我明白了,谢谢大家。那我们就学习作者抓住景物的特点,并把景物当作人来写的方法,来一个小练笔,好吗?请同学们欣赏我们黄河三角洲的"苇海"风光,然后写一段话。(学生看黄河三角洲一望无际的"苇海"风光录像片断,动笔练写;师指名读练笔片段,并简评)

[评:写是一种要求更高的对话表达形式。结合当地实际选取与课文中类似的素材,便于学生有话可写。]

[总评:该教学坚持"以学定教"、"以读为本"的思想,引导学生采取默读、速读、感情朗读、品读等多种方式与文本、与教科书编者深度对话,还适时组织了学生与学生、学生与自我的有效对话。教师较好地把握住了自己的角色,发挥了组织者、引导者、促进者的作用,把对话活动层层引向深入。学生则经历了质疑、解疑、赏读、悟情的对话过程,思、想、看、画、写等活动穿插其间,融语言的感悟、积累、熏陶和运用于一炉,学生的学习主体地位得到了充分落实,较好地体现了课

程标准"阅读教学是学生、教师、教科书编者、文本之间对话的过程"的阅读教学理念,实现了多重对话关系的有机融合。这样的阅读教学,便会使学生感到"亲切、舒服"。]

主要参考资料

[1] 于永正,张庆,陈建先."话说、对话".中国小学语文教学论坛,2003(3).

[2] 孙建军.语文对话教学.上海:复旦大学出版社,2008.

[3] 冯茁.论对话哲学视觉下师生关系的重构.沈阳师范大学学报(社会科学版),2011(3).

[4] 张伟超.认知语境与对话阅读教学的整合.教育与教学研究,2011(5).

阅读是个性化行为:《小摄影师》教学纪实

孙亦谦　杨士孟

"阅读是学生的个性化行为"是语文课程标准所着重强调的教学理念。

一、课程标准解读

(一) 关于对阅读是个性化行为相关问题的认识

1. 课程标准的有关规定和阐述

课程标准在"实施建议·关于阅读教学"部分指出:"阅读是学生的个性化行为。阅读教学应引导学生钻研文本,在主动积极的思维和情感活动中,加深理解和体验,有所感悟和思考,受到情感熏陶,获得思想启迪,享受审美乐趣。"在学段目标中特别强调学生的个性体验。例如,第一学段规定:"喜欢阅读,感受阅读的乐趣。""阅读浅近的童话、寓言、故事,向往美好的情境,关心自然和生命,对感兴趣的人物和事件有自己的感受和想法,并乐于与别人交流。"第二学段规定:"能对课文中不理解的地方提出疑问。""初步感受作品中生动的形象和优美的语言,关心作品中人物的命运和喜怒哀乐,与他人交流自己的阅读感受。"第三学段则规定:"能联系上文和自己的积累,推想课文中有关词句的意思,辨别词语的感情色彩,体会其表达效果。""在交流和讨论中,敢于提出看法,作出自己的判断。""阅读叙事性作品,了解事件梗概,能简单描述自己印象最深的场景、人物、细节,说出自己的喜欢、憎恶、崇敬、向往、同情等感受。"这些规定和表述,就"阅读是学生的个性化行为"做了比较具体的解释和回答,并特别强调了学生的个性化体验。

2. "阅读是学生的个性化行为"是语文教育的一种新理念

现代阅读观认为,阅读的实质和重点在于理解所阅读材料的含义,理解是阅读的核心。而阅读教学中的"理解",就不仅是理解字词句篇的含义,还要理解文章的多种语言结构、各种表达方法及修辞技巧,以及对文章各方面进行评价、

186

鉴赏。阅读教学应是学生、教师、文本和编者之间的心灵碰撞和对话过程。其本质体现了阅读者与作者、学生与教师、学生与学生之间的精神联系,阅读行为也就意味着人与人之间确立了一种平等对话和交流的关系,成为人与人思维碰撞和心灵交流的过程。

但由于每个学生的生活经验和性格气质存在着差异,而且每一个学生个体阅读理解的方式、方法,阐述的语言形式和过程也不尽相同,所以就势必对阅读内容做出不同的反应。因此,当学生与作者的思维碰撞和心灵交流迸发出火花的时候,应让学生毫无顾忌地一吐为快,畅所欲言,从而由学生与文本的对话,发展成为学生、教师、文本之间的多方位、多角度的心灵碰撞和理解对话。由此产生出一个充分重视学生阅读态度的主动性,全面顾及学生阅读需求的多样性,主动关注学生阅读心理的独特性的,把学生放在阅读主体地位并存在着多重对话关系的崭新的阅读教学。这才是真正落实了"阅读是学生的个性化行为"。

(二)实施中的几点建议

1. 发挥师生的主动性和创造性,激活兴趣,营造发展学生阅读个性的氛围

激发兴趣是使阅读成为学生个性化行为的前提,是激发学生个性化阅读的内因条件。因此,课程标准在第一学段阅读目标中就提出要让学生"喜欢阅读,感受阅读的乐趣"。学生只有有了乐趣,才会喜欢阅读。喜欢才有可能将阅读变成自己的个性化行为,萌生独特的感受和体验。

激发学生的阅读兴趣,促进阅读成为学生的个性化行为的方法很多。比如开展形式多样、趣味盎然的阅读活动,调动积极性。在朗读训练中,插入朗诵、吟诵;在理解品味中编写故事或课本剧,采用现代化的教学手段,创设情境,寓教于乐,寓读于乐,寓读于美的感受之中。或者适当穿插一些聆听美的音乐,欣赏美的图画,感受美的形象等教学手段,以激发学生的阅读兴趣和发表欲,鼓励学生大胆地充分发表自己的个性化体验。再如拓宽学生阅读的空间,丰富阅读的内容,引导学生走出课堂,走出课本,去拥抱五彩斑斓的大自然,感受中华民族灿烂的传统文化,去接触形形色色的社会现象;恰当地利用报刊、影视、网络广告,或名胜古迹、民俗风情等多种课程资源,延伸课内阅读,开阔学生的视野;选择一些适宜的童话、寓言、儿歌、古诗等丰富课外阅读内容,促进课内外密切结合,引发并深化学生的个性化阅读感悟。

2. 引导学生潜心读书,独立思考,体验探究,铺设发展学生阅读个性化的坦途

课标指出"应引导学生钻研文本",并强调指出"各个学段的阅读教学都要重视朗读和默读。各学段关于朗读的目标中都要求'有感情地朗读',这是指,要让学生在朗读中通过品味语言,体会作者及作品中的感情态度,学习用恰当的

语气语调朗读,表现自己对作者及其作品情感态度的理解"。因为,学生只有在充分朗读和默读的情况下,才有可能对阅读的内容进行整体感知,体验品味,受到情感的熏陶,有所感悟,有所发现,展示出阅读个性。

有针对性地指导学生朗读,学生会在朗读中自觉不自觉地一边读一边想,理解内容,体会情感,并感受到语言美。朗读的语气、语调、节奏、韵律,能直接表达出学生的心灵互动和感情变化,把自己的体会或感受流露出来,阅读个性就会在此时露出端倪。而有意识地强调投入地朗读,则有助于逐步培养学生探究性阅读和创造性阅读的能力,有助于学生展示出个性化阅读的思维灵感。教师的主导作用应侧重于指导学生读出语调,读出感情,读出韵味;引导学生去边读边想,整体感悟,揣摩体会,进入情境,体验角色。这样,学生会在有声有色、有滋有味、有情有韵的诵读中,与作品、与作者进行思与思的碰撞,心与心的接纳,情与情的交融,感受到语言的情调,捕捉文本的内涵,产生独特的体验,感受到自主阅读的尊严和心灵成长的愉悦。

叶圣陶先生《语文教学二十韵》中的诗句"甚解岂难致?潜心会本文。作者思有路,遵路识斯真。作者胸有境,入境始与亲。一字未宜忽,语语悟其神,唯文通彼此,譬如梁与津",应该说是对促进学生展开个性化阅读大有裨益。因为,培养学生的阅读个性,要指导学生静下来钻研文本,细心体会。在指导学生朗读、默读感悟时,要给足时间,引导学生独立思考,反复品味,吸收内化,直接去与文本对话,去设身处地地体验感悟。要让学生不仅经历认知过程,而且经历情感过程;不但体会语言文字深层的内涵,而且感悟鉴赏语言的质地、气势和神韵,由此产生独特的感受体验和理解,并逐步养成习惯;而后鼓励学生说体会、谈感受、交流心得、发表见解,这时,学生才会有独立见解,有感而发,才能说得头头是道,而不是人云亦云,更不是无病呻吟。

当学生潜心读书、入境悟神时,自然会与文本产生感觉上的共鸣和情意间的融合,想象便会油然生发出来。丰富的想象和领悟,互映再现,互相衬托,融汇组合,也就自然会激发情感的涌动、灵感的迸发,从而使阅读、理解、品味凌空升华,挖掘出课文语言的丰富信息,体会出作者不愿直陈或故意深藏不露的意思或情感,从而得到一种意想不到的审美愉悦和真切的体验,把学生引向个性化阅读的坦途。

3. 鼓励学生质疑问难、发表意见,拓展学生张扬阅读个性的空间

课程标准在各个阶段的阅读目标中,都特别强调学生的个性体验。例如,第一学段提出"对感兴趣的人物和事件有自己的感受和想法,并乐于与人交流";第二学段提出"对课文中不理解的地方提出疑问","与他人交流自己的阅读感受";第三学段提出"在交流和讨论中,敢于提出看法,做出自己的判断","能简

单描述自己印象最深刻的场景、人物、细节,说出自己的喜欢、憎恶、崇敬、向往、同情等感受……受到优秀作品的感染和激励,向往和追求美好的理想"等等。

既然要让学生"敢于"发表自己的个性体验,就"要珍视学生独特的感受、体验和理解",创设情境,让学生在一个平等宽松的氛围中无拘无束地直抒己见;无忧无虑地判断评价,展开争论;启发学生和文本亲切对话,向文本质疑挑战;倡导学生敢于向老师发难,提出不同看法,标新立异;引导学生敞开心扉,以真的情感,真的思想,真的话语,参与到阅读理解、感情体验中去,让学生用稚嫩的、纯净的、好奇的心灵去解读文本,畅想开来;放心大胆地对教科书评头论足,说长道短;敢于直言不讳地指出并纠正教师的偏差或错误。学生的谈话或观点只要能言之成理,能自圆其说,或者只能说出那么一点儿意思,都应该予以肯定和热情的鼓励,而不禁锢在某个所谓"标准"答案上,不搞"一刀切"。对学生展示阅读个性所出现的偏差,应在师生互动、平等参与的阅读实践中,在教师人格的感召下逐步认识自我,反思自我,修正自我,逐步变得成熟、理智,并逐步变得丰盈、豁达、灵动起来。

4. 强化整体感知,提倡多角度、有创意的阅读,提供学生张扬个性的舞台

教科书中的一篇篇阅读文本,都是一个相对的整体。整体感知就是把每篇课文看为一个完整的认知对象,全方位、多角度地逐步理解体验,而不应是粗粗略读就脱口说出一些似是而非的感受。

科学心理学的研究认为,感知是由简单的感觉和比较复杂的知觉来完成的。人们认识一种客观事物,开始总是目观整体,通览纵横,并有意无意地对自己感兴趣的地方强化记忆或领悟,从而形成一个大概的综合印象。

感觉属于认识的感性阶段,是一切认识和认知的源泉。学生在初读课文时,总是迫不及待地想把它一口气读完,并饶有兴趣地倾谈自己的感受。这就是简单的感觉阶段。这时学生对文本的各个因素的感觉还停留在对个别特征的反应上,对文本的整体感知尚处在初步的、不平衡的感觉状态,有些是感悟到而说不出来的,有些是说出来了而并没有真正理解的。此时正是激活学生直觉思维的最佳时机。因此,课标指出"教师应加强对学生阅读的指导、引领和点拨,但不应以教师的分析来代替学生的阅读实践,不应以模式化的解读来代替学生的体验和思考"。教师应及时地引导学生迅速捕捉自己直觉感受的火花,去主动触摸自己感兴趣的东西;鼓励学生独立思考,细心体验,培养学生对语言文字敏锐的感受力。

整体感知的关键是激发、培养学生的阅读"知觉",给学生实现自身价值、拓展个性阅读的广阔空间。因为"感觉"是不自觉或无意识的,还不能与阅读教学的既定目标相契合,也不能与自身发展的阅读能力相渗透,只是感觉到了个别的

特征。而阅读"知觉"才是对于文本的各个不同的特征——标题、文字、内容、插图、情感、旨意、结构、语言等要素所组合的整体,进行比较全面的把握,甚至对一些深层含义、表达手法以及审美因素都可能有所感悟。因为直觉就像一只无形的手,总是在有意识地探索、发现,去创造性地认识自己的阅读对象,这也正是我们追求的学生"自能读书,不待老师讲"的实践场地。教师应及时引导学生主动地去阅读、理解、体验、探究,去品尝经过自己努力而有所发现的愉悦。

小学生最容易被引人入胜的故事情节和栩栩如生的艺术形象所吸引,被生动的语言流露出的情意所感染,从而产生对内容、形式、情感、美感的多维感知。在整体感知阶段,要放开让学生去充分地读书,投入地读书,有所侧重地读书;把读书当作一种需求,一种营养,读进去,想开来;并引导由内向外延伸拓展,自由发挥,有一种徜徉于书中的随意、洒脱和轻松。

课标指出,"要善于通过合作学习解决阅读中的问题,但也要防止用集体讨论来代替个人阅读"。我们切不要满足于学生对文本初步的感知和理解,就急于让学生在一个"求同"思维的狭小圈子里徘徊挣扎,以致于造成学生思维的定势,阅读思维的模式化;也不宜急于组织集体讨论、归纳概括,让学生在读书不足、独立思考不足、底气不足的情况下匆忙回答问题,发表体验感受,以致造成读书浮躁、理解表面、认识肤浅,编一些不痛不痒、心不由衷的套话,或说一些迎合教师的假话,或无奈地说一些无病呻吟的大话。需要的则是,教师想方设法引导学生去多角度地、有创意地、开放式地阅读理解、体验感悟、开掘发现;强化整体感知,强调学生与文本、教师之间思维的碰撞、思想的砥砺、情感的融合、心灵的沟通,促进学生阅读个性的形成与发展。

(三)操作时应注意的问题

第一,教师要解放思想,转变角色,还给学生自主阅读的权利和独立思考的时间。引导学生进行个性化阅读,离不开教师依据课程目标有针对地示范,不失时机地启发点拨,"加强对学生阅读的指导",而不是完全放给学生的随意性阅读和感受体验。"作者思有路,遵路识斯真。作者胸有境,入境始与亲。"教师应引导学生紧扣教材,循着作者的思路,展开思维,入情入境,而不是抛开教材忽视目标的天真幼稚的胡思乱想。

第二,珍视学生独特的感受、体验和理解,应建立在准确把握课程目标、吃透教材和吃透学生的基础上,启发学生在主动积极的思维和情感活动中,加深理解和体验,有所感悟和思考。应着重引导学生有目的地去"钻研文本",全神贯注地投入到对文本的阅读理解中,从而产生与作者思维相互碰撞,与文本的情感相互沟通,与他人的感受体验相互交流的精神状态,胸中涌动着一股不吐不快的真情实感。因而教师不宜过早地予以评价或提供最佳答案。

第三,真正使阅读成为学生的个性化行为,要讲究教学艺术,给学生介绍必要的阅读知识和阅读方法,鼓励学生选择适合自己的学习方法和学习方式,培养良好的阅读习惯和思维品质。这是培养学生个性化阅读的基础,也是阅读教学的根本任务之一。

二、教学实施案例:《小摄影师》教学纪实

研究课题:阅读是学生的个性化行为

研究教师:山东聊城市凤凰希望小学孙亦谦执教;杨士孟解读课标并点评。

教科书简介:《小摄影师》为人民教育出版社义务教育课程标准实验教科书语文三年级上册精读课文。教学设计两课时。

教学重点:联系上下文理解词句的意思,体会关键词句表情达意的作用;把握课文主要内容,体会人物的思想感情;相互交流自己的真实感受和独特体验。

教学难点:通过关键词句体会人物的思想感情,交流自己的独特感受。

第一课时:朗读课文,交流预习情况;整体把握课文内容,感受人物形象和思想感情。

教学过程:

(一) 读写课题,练习朗读课文

师:今天我们学习第 6 课《小摄影师》,请认真看老师板书课题。(板书课题)"摄"是个生字,"影"字的笔画也比较多,请注意它们的结构和笔顺笔画变化。请同学们分析一下,怎样才能记住并写好这两个字?

生:"摄"字是左右结构,"提手旁"加"聂耳"的"聂"字。

生:"影"字也是左右结构,左边的"景"加"三撇儿"。

师:怎样把它们写得端正匀称呢?

生:写"摄"字右旁"聂"时,上面的"耳"要写得稍扁一些,下面的"双"左边的"又"的"捺"要变成"点"。

师:说得好!咱们练习写一下;请三位同学来黑板上书写;看谁写得好,大家来评说一下,好吗?(教师巡视指导,师生共同评价)

师:请同学们自由朗读课文,遇到生字借助拼音读准字音;哪一句读得不通顺,反复多读几遍。(教师巡视,与学生共同讨论如何读好难读的句子段落,并进行范读,个别指导)

师:多数同学朗读得很好,谁愿意读给大家听听?

(指名朗读,教师有针对性地指导)

师:我发现不少同学一边读一边在书上画,谁告诉大家画的是什么?

生:我在画自己喜欢的句子。

生:我在画我不懂的句子。

生:我画的是有疑问的句子。

师:同学们很会读书。读书时不但要画下这些词句,而且要动脑筋想一想,为什么要把它们画下来,该怎样理解呢?遇到不懂的词句,要联系上下文仔细体会,把自己的理解写在词句旁边。

师:好了。谁愿意把自己感兴趣的部分读给大家听听?其他同学当评委,看看哪些地方读得好,好在哪里。

(几名学生朗读,师生共同评价、朗读,努力把长句子读得通顺连贯,读出人物对话的不同语气)

[评:激发兴趣,引导学生主动地投入到阅读中去,是培养学生个性化阅读的前提,而指导学生在自己感兴趣或疑惑处圈点勾画,则是引发学生独立思考、理解领悟、发展个性的最好方法。学生个性化阅读和悟性的开启,要靠教师有针对性的引导,而不是放羊式的随意阅读。]

(二)交流预习情况

师:课前,同学们搜集了关于高尔基的资料,谁愿意把搜集到的资料介绍给大家?

生:我请爸爸帮我找到一本《外国作家小传》,上面介绍说:高尔基原名叫阿列克塞·马克西莫维奇·彼什科夫,小名叫阿廖沙。他出生在一个木匠家里,4岁时父亲去世了,11岁就离开家到处流浪。曾给人家打工,干杂务活,吃了很多苦。

生:我在网上查到:高尔基生于1868年,1936年去世,是苏联一位伟大的文学家。他写了许多著名小说,有《童年》、《在人间》、《我的大学》、《母亲》等,受到人们的喜爱。

生:在书店的墙上,我看到写着高尔基关于读书的名言,我抄写下来了:"书是人类进步的阶梯。""热爱书吧——这是知识的源泉,只有知识才是用的,只有它才能使我们在精神上成为坚强、忠诚和有理智的人,成为能够真正爱人类、尊重人类劳动、衷心地欣赏人类那不间断的伟大劳动所产生的美好果实的人。"

生:我找到一篇高尔基小时候刻苦读书的文章,说高尔基从小就失去了父母,11岁给人家当学徒工,后来在轮船上给厨师当助手。正巧这位厨师有一箱子书籍,每天干完活后就让高尔基读书给他听。这样高尔基有机会读了许多世界名著,积累了丰富的知识,后来他成了一位伟大的文学家。

[评:学生搜集资料、发表见解,对培养学生搜集和处理信息的能力,促进个性化阅读体验,丰富精神世界,肯定有很大帮助。]

（三）潜心读书，交流感受，质疑问难

师：很好。真没想到同学们搜集到这么多关于高尔基的资料，让我也增长了很多知识，这对于我们进一步理解课文、体会人物的思想感情，是很有好处的。请仔细默读课文，梳理一下思路：自己知道了哪些，有什么体会，还有什么不明白的问题。继续在书本上画一画，写一写，也可以和同桌或前后桌谈论一下。（学生默读、相互讨论）谁愿意汇报一下自己的阅读体会？

生：我知道了一个小男孩打算去给高尔基照张相，贴在他们的墙报上。他知道高尔基是个大文学家，能给他拍照是不容易的，所以就先向高尔基读书的窗口投进一个小纸团，试探一下。没想到高尔基看了纸团后，竟然让他进去了。结果小男孩忘记了装胶卷，没拍成就哭着跑走了。

生：我知道高尔基很喜欢这个小男孩。课文中说高尔基拿了张报纸，按小男孩的吩咐坐下，并侧着脸对着他微笑，好让小男孩给他拍照，可惜小男孩将胶卷忘记在家里了，没有拍成。

师：谁再谈谈不同的感受？

生：我也感到高尔基很喜欢这个小男孩。你看那个小男孩拿着相机摆弄了很久很久，高尔基一点儿也不着急，而且仍然对着他微笑。小男孩发现忘记带胶卷就哭着跑了。高尔基知道后，便大声喊他："我给你胶卷！"

生：我觉得高尔基不但很喜欢这个小男孩，而且也很尊重这个小男孩。书上写道，高尔基按小男孩的吩咐坐下。我查词典，说"吩咐"这个词的意思是"口头指派或命令"，我想这是长辈对晚辈或上级对下级才这样。没想到这么受大家尊敬的文学家，竟然那么顺从地听小男孩指挥。

师：好！这几位同学读书很仔细！说得很精彩，咱们是否用掌声鼓励他们一下？（师生热烈鼓掌）

师：谁还有新的发现？

生：我觉得高尔基很惦记这个小男孩。到了晚上，高尔基仍然没有忘记这件事，秘书告诉说外面来了一位摄影师，高尔基问："是个小男孩吗？……来的如果是个小男孩，就一定让他进来。"

生：我想那个小男孩一定又悔恨又伤心，失去了这么好的机会，所以又气又急，哭着跑走了。

师：同学们读书都很用心，对课文的理解和体会很有道理。我们就应该这样读书，用心读进去，细心体会，展开想象，在脑子里再现小男孩给高尔基拍照时的情景，这样才能体会出人物内心的思想感情。

师：同学们还有什么疑问或不明白的问题吗？

生：我不明白，小男孩为什么说"我照完相，立刻就走"。

生:我想知道高尔基为什么不愿让记者进来,如果是小男孩,一定要让他进来。

生:我有个疑问,小男孩怎么知道高尔基住在那所房子里的?高尔基为什么那么热情、那么耐心地接待小男孩,他认识小男孩吗?

(四)小结学习情况,布置课下思考的问题

师:同学们不但读书很认真,而且善于开动脑筋,提出了这么多值得思考的问题。我想这些问题留给同学们课下读书思考,下节课再交流讨论;同时希望同学们在田字格内把生字写一写,看谁写得端正匀称,好不好?

生:好!

[评:课程标准在第二学段的阅读目标中规定:"能初步把握文章的主要内容,体会文章表达的思想感情。能对课文中不理解的地方提出疑问。"学生初读课文后,教师注意给足了学生读书的时间和自由发表阅读感知的空间,鼓励引导学生由表及里、由浅入深地去体会感受,而没有停留在学生初读课文、对内容的基本理解上。这样引导学生进一步仔细读书、独立思考、体验感受,并大胆质疑问难,深入探究,为培养学生多角度的、有创意的个性化阅读开辟了道路。]

第二课时:畅谈阅读的体验感受,表情朗读课文;讨论大家最感兴趣的问题,答疑解难;展开联想和想象,续写课文。

教学过程:

(一)阅读自己最感兴趣的段落,畅谈感受

师:我们初读了课文,把握了课文的基本内容;课下又对课文做了深入理解,谁来说说自己新的感受?

生:(朗读"他仔细打量着高尔基……小男孩往地上一坐,哭了起来"两个自然段)我觉得这两个自然段写得很具体,很生动;有些词语用得也好。

师:能具体说说吗?

生:我觉得,"他仔细打量着高尔基,咧开嘴笑了"这句话,把小男孩见到高尔基高兴的样子写得很形象。还有"高尔基侧过脸,对着他微笑",写得也很具体。

师:你能体会到这两个句子写得很具体,说明你读书很用心、很得法。好!

生:我也喜欢这两个自然段。我觉得高尔基很愿意满足小男孩的请求。你看"高尔基拿了张报纸,按小男孩的吩咐坐下。小男孩摆弄了很久很久"。虽然高尔基的时间很宝贵,但他仍然对着小男孩微笑,一点儿也不着急。

生:"吩咐"这个词用得好,词典说它的意思是"口头指派或命令",是上级对下级或大人对孩子用的。用在这儿写出了高尔基那么听小男孩的指挥,说明他一点儿也没有大文学家的架子,很愿意和小朋友在一起。

师:你能运用工具书,联系生活理解词语的含义,真棒!

生:小男孩哭着跑走后,高尔基走到窗口,大声喊道:"孩子,回来!我给你胶卷,我这儿有很多胶卷。"我觉得高尔基等了"很久很久",结果小男孩忘记装胶卷了,可他一点儿也没有责怪小男孩的意思,反而大声喊让孩子回来。可见,他胸怀宽广,能原谅小男孩的粗心。

生:我觉得这儿形成了一个鲜明的对比。前面小纸团上说"我照完相,立刻就走",看出小男孩知道高尔基的时间很宝贵,不想过多占用他的时间。哪知道摆弄了"很久很久",结果没有拍照成就跑了。可高尔基赶紧站起来,大声喊道:"孩子,回来!我给你胶卷,我这儿有很多胶卷。"从这儿看出高尔基并不责怪这个粗心的小男孩,如果晚上来了,仍然让他进来拍照。衬托出一个伟大的文学家、一位老人,是多么喜爱小朋友,体贴小朋友。

师:你们能联系上下文,将心比心,体会到高尔基的心情和他宽广的胸怀,很会动脑筋。谁还愿意谈谈自己不同的感受?

生:我从高尔基和秘书的对话中,感受到高尔基仍然惦记着那个小男孩。当秘书告诉高尔基外面来了一位摄影师时,高尔基首先问:"是个小男孩吗?"并且说:"来的如果是个小男孩,就一定让他进来。"我觉得高尔基对这个小男孩有着特殊的感情,这个小男孩牵挂着他的心。

[评:执教者注意根据学生的认知特点和规律,适当利用阅读期待,阅读反思,拓展思维空间,照顾到不同观点和不同层次的学生,最大限度给他们发表不同意见的空间,鼓励学生潜心钻研文本,大胆发表感受,并不失时机地予以恰当的评价,肯定学生的学习方式和独特的体验,这无疑是调动学生个性化阅读的催化剂。]

(二)分角色朗读课文,小组讨论,交流感受体验

师:下面,在小组里分角色、带着表情读一读"高尔基从窗口向外望去"到课文结尾部分,看谁能把不同人物说话的语气读出来。也可以分角色朗读表演,看谁读得好,表演得形象。(学生在小组里练习表情朗读,有的加上了动作表演)

师:好了。现在就以小组为单位练习有感情地朗读课文,讨论解决上节课提出的问题。待会儿交流。

(屏幕打出学生最感兴趣也是最想解决的问题:① 小男孩为什么说"我照完相,立刻就走"? 小男孩是怎么知道高尔基住在那个房子里的? 高尔基认识这个小男孩吗? ② 高尔基是个非常有名的作家,为什么那么听小男孩的指挥? ③ 高尔基为什么不愿见记者,却想见小男孩? ④ 小男孩哭着走后,又去给高尔基照相了吗?)

各小组开始读书讨论。其中两个小组的学习情况如下:第一小组选择的问

题是①③④,学习方式:首先有表情地朗读课文,然后交流体会,讨论问题,发表见解。第三小组选择的问题是②③④,学习方式:分角色有表情地朗读课文,小组评价,继续交流关于高尔基的资料,深入理解课文,解决疑难问题。

(教师巡视,时而参与讨论,时而为学生点拨、解疑)

师:从刚才的讨论中,我感受到同学们朗读得很动情,学习得很投入,讨论得很热烈,哪个小组愿意派代表把自己最成功的学习体会展示给大家?

生:(第一小组的三个代表上台分角色有表情地朗读,谈对问题①的理解)小男孩知道高尔基的工作非常忙,时间非常宝贵,担心没空让他拍照,所以说:"我照完相,立刻就走。"从小男孩投入的纸团中,知道他想给高尔基照张相"贴在我们的墙报上";从"我们"两字得知小男孩代表了他们少先队员。他们肯定进行了调查,知道了高尔基的住处。仔细读读高尔基和小男孩的对话,就会清楚地知道高尔基并不认识小男孩。我的回答大家满意吗?

生:(第三小组的一名代表对②③题做回答)我们认为高尔基见到这个小男孩,会想到自己从小就给人打工,常受人欺负,他希望现在的孩子过上幸福生活,受到人们的尊重。所以高尔基是那样慈祥,那么体贴少年儿童,那么关爱少年儿童。

生:(第五小组的一名代表要求扮演小男孩,请老师扮演高尔基,试着表演一下,请同学们做观众进行评议)

[评:执教者毅然摈弃了用自己的分析来代替学生的阅读实践的弊病,更没有以模式化的解读来代替学生的体验和思考。而是拎出大家最关注、最敏感的问题,抓住学生思维的热点和疑点,创设情境,激发师生互动,生生互动,允许学生选择自己感兴趣的学习内容,允许学生挑选自己喜欢和需要的学习伙伴,允许学生打破原来的学习模式和学习空间,使大家在思维碰撞中去主动地学习,去合作探究,去个性化阅读,去创造性地学习。这种善于通过合作学习解决阅读中的问题的教学形式,有效地防止了用"集体讨论来代替个人阅读"的形式主义和众口一词的弊端。这应该是阅读教学追求的一种高境界。]

(三)展开联想和想象,读写课文

师:通过讨论,大家发表了自己的真实感受。我发现这个小男孩也牵挂着同学们的心。我想请大家想一想,这个故事……

生:这个故事并没有结束。这个小男孩肯定还会回来给高尔基照相。

生:高尔基会让秘书了解小男孩是哪个学校的,请他再来拍照。

师:课文最后给我们留下了一个悬念和想象的空间。那就请同学们试着把这个故事续写下来,一会儿进行交流。(生续写故事)

[评:课程标准在"教学建议"中指出应"创造性地使用教材,积极开发、合理

利用课程资源"。执教者遵循着课文的思路,设计出适合学生个性发展的作业,鼓励学生由个人体验进而展开联想和想象,续写这个故事。这样,既深化了对课文内容的理解、对人物内心情感的挖掘,又给学生提供了在语文实践中展示个性的机会。]

生:我的续写是这样的:

小男孩回到学校,有的责备他粗心大意,不该忘记带胶卷,有的鼓励他明天再去请求高尔基拍照。

晚上回到家里,小男孩在自己房间里仔细检查相机。直到胶卷和电池都没问题了,才安心睡去。

第二天,小男孩一大早就起来,匆匆吃了几口饭,又把相机细心检查了一番,才乘车直奔高尔基的办公室。

赶到以后,小男孩站在高尔基的办公室窗外,正在犹豫。高尔基一转脸看见了他,喜出望外地站起来喊道:"孩子,我等你好久了,快进来,给我拍照!"小男孩快步跑进高尔基的办公室。高尔基仍然拿着报纸,坐在沙发上朝着小男孩微笑。小男孩选好角度,冲着高尔基得意地笑笑,一按快门,"咔嚓"! 照完了。"谢谢您啦!"小男孩拔腿就要走。高尔基也得意地笑了笑,说:"等等。"说着从书架上拿下一本自己的著作,签上名字,递给小男孩:"孩子,送给你这本书,希望你好好读书,长大后成为一名真正的摄影师!"小男孩一怔,接过书高声说"谢谢",眼里荡起了激动的泪花。他动情地行了一个队礼,咧着嘴笑着跑走了。

生:我写的和他不一样。

小男孩伤心地回到学校,红着脸走进教室。同学们一下子围了过来,异口同声地问道:"给高尔基爷爷拍照了吗?"小男孩眼里含着泪花,低声说:"我忘记带胶卷了。"并把高尔基接待他的情形说给大家听。顿时,教室响起了一片议论,有的还指指点点的。小男孩又伤心地哭起来。

这时,有个同学说:"我们虽然没有给高尔基爷爷拍照成功,但可以从一些图书报刊上剪下他的照片,贴在墙报上,也很好嘛!"另一位同学一边安慰小男孩一边说:"咱们不要灰心,高尔基爷爷既然那么高兴地接待了你,咱明天就再去一趟试试。"有的说:"这次没照成,还浪费了高尔基爷爷宝贵的时间,还是别去了吧?"最后,大家决定让小男孩再去试一试。

第二天,小男孩早早地来到高尔基办公室外。不一会儿,只听门"吱"的一声,高尔基爷爷笑眯眯地从办公室里走出来。小男孩急忙向高尔基鞠了一躬,刚要说话,就听高尔基爷爷亲切地说:"我料到你一定还要来的。来吧,不要慌张,咱们重新拍照。"小男孩依然请高尔基爷爷面对自己,坐在沙发上看报纸。"咔嚓"! 小男孩按动快门,他成功了! 高尔基爷爷站起来,拉过小男孩,对秘书说:

"来,给我们照张合影!"小男孩紧紧偎依着高尔基爷爷,高兴地咧开嘴,笑了。

……

师:大家的思维真是打开了,想象得很合乎情理,续写得很生动。课后希望同学们把自己搜集到的材料和图片整理一下,做成手抄报。在做的过程中,大家可以互通有无,相互帮助,或者请家长帮忙。我想,同学们一定做得百花齐放,各具特色。

[**总评:**阅读教学应强调学生阅读的自主性和独立性,引导学生投入阅读思维和情感活动中去,在阅读实践中养成自己的阅读个性。《小摄影师》的执教者,总是想方设法创设情境,激发学生的阅读欲望,鼓励学生潜心读书,钻研文本,独立思考,圈点勾画,讨论交流,通过多种有效的学习方式,促进学生不断加深对课文的理解和体验。执教者在努力转变自己的角色,激情设疑,创设情境,解放学生的思想,打开学生的思路,给学生充分读书思考、展示阅读个性的空间,从而使学生读得津津有味,想得入情入理,说得头头是道,写得顺理成章。]

主要参考资料

[1] 中央教育科学研究所.叶圣陶语文教育论集.北京:教育科学出版社,1980.

[2] 于永正.语文教育应该给学生留下什么.小学教学·语文,2011(11).

[3] 陈金才.解读语言密码,让学生经历一个真正的阅读过程.小学教学·语文,2011(7,8).

[4] 李文广.在语文检测中多角度提高学生的概括能力.小学教学·语文,2012(2).

珍视学生独特的感受、体验和理解：《地震中的父与子》教学纪实

刘振东 刘 欣 李芝兰

一、语文课程标准解读

语文课程标准在"课程的基本理念"中指出，"语文课程丰富的人文内涵对学生精神世界的影响是广泛而深刻的，学生对语文材料的感受和理解又往往是多元的。因此，应该重视语文课程对学生思想情感所起的熏陶感染作用，注意课程内容的价值取向"，同时"也要尊重学生在语文学习过程中的独特体验"。在"教学建议"中，课程标准又做出这样的表述："阅读是学生的个性化行为。阅读教学应引导学生钻研文本，在主动积极的思维和情感活动中，加深理解和体验，有所感悟和思考，受到情感熏陶，获得思想启迪，享受审美乐趣。要珍视学生独特的感受、体验和理解。"

（一）关于珍视学生独特的感受、体验和理解的认识

1. 学生独特的感受、体验和理解是一种客观存在

首先，语文课程具有丰富的人文内涵，它包含着政治、思想、道德、价值观、文化、美学等诸多方面的内容，对学生的影响必定是多元的；另一方面，每一个学生都有自己独特的经验世界和情感世界，他们的知识基础、生活经历不同，思维特点和认识风格各异，对同一篇文章的体悟角度也往往各不相同，不同学生对同一篇文章的反应必然带有鲜明的个性色彩。所以，学生独特的感受、体验和理解是客观存在而不是主观臆想。

2. 珍视学生学习过程中独特的感受、体验和理解，是语文教育以人为本的具体体现

"学生是学习和发展的主体"，语文教育要促进学生发展，就必须调动他们学习的主动性，发挥他们的能动性，让他们以自己喜欢的方式与文本对话，而不能像传统教学那样，以教材为中心，以教师为中心，无视学生的存在。我们应当以什么样的态度对待学生的多元反应呢？课程标准指出"应尊重学生在学习过

199

程中的独特体验"，"要珍视学生独特的感受、体验和理解"。尊重、珍视学生的个性体验，课程标准在各学段的阅读要求中也有明确的说明，如"拓展自己的视野"、"有自己的心得"、"提出自己的看法和疑问"等。

3. 珍视学生独特的感受、体验和理解，昭示着语文教育理念的深刻变革，是阅读教学的正本清源

传统语文教学，要么偏重思想性，要么偏重工具性，而没能着眼于工具性与人文性的统一。偏重思想性，语文教学烦琐分析之风愈演愈烈，"教师滔滔讲说、学生默默聆听"；偏重工具性，语文课堂出现了满堂练，语文课演变成脱离人文精神的纯技能训练课。课程标准明确指出："工具性与人文性的统一，是语文课程的基本特点。"在这一基本前提下，课标又指出要"珍视学生独特的感受、体验和理解"，这昭示着以人为本、着眼发展的课程观的建立，重体验、重发现的学习观的树立，重视知识与能力、过程与方法、情感态度与价值观的整体目标观的确立。在这些先进理念的指导下，语文教学要"重视语文的熏陶感染作用"，要"让学生更多地直接接触语文材料"。

4. 珍视学生独特的感受、体验和理解，就要大力倡导探究性阅读和创造性阅读

阅读过程中学生独特的感受、体验和理解，是学生自主学习的结果，是学生进行探究性阅读和创造性阅读的结果。珍视阅读过程中学生独特的感受、体验和理解，是对学生个性的尊重，更是对自主学习、探究性阅读和创造性阅读的倡导。教师要积极创造条件，营造宽松和谐的氛围，让学生进行探究性阅读和创造性阅读，使学生能有自己的发现，获得自己的见解；同时，要鼓励学生勇于表达自己独特的感受、体验和理解。

（二）实施中的几点建议

1. 激发学生探究的兴趣

"兴趣是成功的先导"。教师要善于通过改变知识的呈现方式，根据文本特点创设生动的问题情境，激活学生相关的知识储备，唤醒他们的情感体验，激发他们探究的兴趣。让学生带着浓厚的学习兴趣和强烈的探究欲望走进文本，是获得独特见解的前提。

2. 把学习的时间还给学生

教师既是学生学习的引导者和组织者，也是合作者，是合作中的首席。教学中，教师要给学生充足的读书时间，使学生在读中整体感知，在读中有所感悟，在读中受到情感的熏陶；要给学生充足的思考讨论时间，使学生能够潜心读书、用心思考、乐于讨论、勇于争辩。学生在潜心读书、用心思考的过程中获得自己的见解，在讨论、争辩的过程中发展自己的见解。

3. 联系学生的生活实际加深理解

生活是思想和情感的源泉。学生对阅读材料的理解,受到知识修养和生活阅历的限制,即使对同一文本的阅读,也可能存在着彼此各异的感受、体验和理解。因此,在阅读教学中做到"珍视学生独特的感受、体验和理解",还必须联系学生的生活实际,而不能只是停留在文本的层面上。

即使是生活经历类似的学生,由于个体的差异,他们在阅读过程中的感受、体验和理解也是多方面的:可以是对内容的理解,可以是对情感的体验,可以是对表达特点的揣摩,可以是对阅读材料的某些部分特别喜爱、特别受感动、特别受启发,可以是就自己认为重要的部分或主要的问题发表见解,可以是自己的想象甚至是"突发奇想",可以是对课文内容、写法的评价或对课文补充、修正等。

学生对教材感悟、体会的重点,不同学段有不同的要求。教学过程中教师既要引导学生从不同的方面感悟、体会,又要注意学段的要求重点。

4. 教师要以学定教,顺学而导

传统的阅读教学,教师总是先入为主,在学生与文本接触之前就提出基于自己理解的或教参指出的问题,以此来框定学生的思维,保证教学计划的实施。说到底这还是"目中无人"的表现。教师要让学生一身轻松无所负担地读书,让学生自己在读书思考的过程中发现问题、提出问题。爱因斯坦说:"发现问题比解决问题更重要。"教师要强化培养学生发现问题的意识。在学生自主阅读充分感悟的基础上,让他们畅谈自己的体会,提出问题,讲出疑惑,教师以学定教,顺学而导,在他们的疑难处,在文本的含蓄处、精要处,点拨学习方法,引导思维方向,使他们积极地探究问题,主动地解决问题,获得自己的理解和体验。

(三)操作时应注意的问题

1. 要正确处理教学内容的价值取向与学生独特的感受、体验之间的关系

语文教学中珍视学生独特的感受、体验和理解,其意义是深远的。珍视学生独特的感受、体验和理解,就是尊重学生的个性、发展学生的个性,就是要培养学生的创新品格和创新精神,就是要让学生"形成积极主动的学习态度,使获得知识与基本技能的过程同时成为学会学习和形成正确价值观的过程",就是要增强学生的基础学力,实现学生的可持续发展。需要提出的是,在语文教学中我们一方面要珍视学生独特的感受、体验和理解,另一方面要"注意教学内容的价值取向",要正确处理教学的内容价值取向与学生独特的感受、体验之间的关系,不要因为一提"珍视学生独特的感受"就一切顺从学生,就放弃教师的指导。怎样正确处理这一对矛盾关系?特级教师钱正权先生在《课文价值取向与学生的独特体验》一文中指出:一是教师必须正确理解和把握教材的价值取向。教师只有正确理解、把握教材的价值取向,才能对学生的感受、体验和理解做出准确的判断,

才能在学生的理解出现偏差或背离课文的主旨时给予有效的指导。二是要充分发挥师生双方的主动性和创造性。对教师来说,既要做学生学习的伙伴,又要做学生学习的指导者、引导者。

2. 要正确处理"满堂问"与"导"的关系

满堂问是牵着学生的鼻子走,让学生亦步亦趋,学生完全处于被动的地位;积极的引导是以学定教、顺学而导,是以拓宽思路、疏通思维为目的,是以学生的发展为本。教学过程中我们反对满堂问,但不是不要问,而是要问在关键处,问在歧义处,问在疑难处,要以问促读,以问促思,以问打破学生原有的认知平衡,从而促进学生的发展。

3. 要正确处理"过程"与"结果"的关系

传统的阅读教学只重视学习结果而忽略学习过程,教学中牵引求同多,引导发现少。新课程理念下的阅读教学重结果更重过程,它以丰富学生的体验、掌握学习方法、形成自学能力、形成正确的价值观为目标追求。学生是知识的发现者、探究者和创造者,教师要重视学生的学习过程,让学生在自主探究的过程中进行创造性的阅读,使学生在自主的学习过程中获得独特的感受、体验和理解。

二、教学实施案例:《地震中的父与子》教学纪实

研究课题:阅读教学中珍视学生独特的感受、体验和理解

研究教师:山东省齐鲁石化公司总校第九小学刘欣;刘振东解读课标,李芝兰评析。

教科书简介:《地震中的父与子》是人民教育出版社版义务教育课程标准实验教科书语文五年级上册一篇精读课文。课文讲述了美国洛杉矶发生大地震时,一位年轻的父亲在废墟中经过 36 小时的挖掘,终于救出儿子的传奇故事。作者通过这个故事,歌颂了伟大的父爱,赞扬了深厚的父子之情。

教学时间:一课时

教学过程:

(一) 新课导入

师:同学们,对于地震的知识你有哪些了解? 谁愿意把自己知道的介绍给大家?

生1(孙培博):我知道第一个发明地动仪的人是张衡。

生2(袁利帆):我看过一部记录日本大地震的片子,虽然日本的房屋非常坚固,但在那场大地震中还是房倒屋塌。地震太可怕了。

生3(刘正轩):我听我妈妈给我讲过唐山大地震,一夜之间死伤20多万人,

202

很多孩子成了孤儿。

……

师:现在,老师请同学们看一段记录地震的录像。(播放录像)

[评:激活学生头脑中相关的知识背景,感受课文相关的情境,有效缩短了学生与教材的距离,激发了学生的学习兴趣,为学生对教材的深入理解创造了条件。]

师:大地震是残酷的,它会给人类带来毁灭性的灾难,但在这样的灾难中也发生了许多感人至深的故事。今天,我们要学习的这篇课文就是这许多故事中的一个,课文的题目是——

生(齐):地震中的父与子。(师板书课题)

(二)自读感悟,自主探究

师:课前已经读了课文的同学请举手。(全部举手)同学们都能认真预习,真好!现在请大家自由朗读课文,然后想一想:读了这篇文章,你感受最深的是什么?并把最能打动你的句子画下来。

[评:"读了这篇文章,你感受最深的是什么?"提得好,这种富有开放性的问法为学生提供了广阔的思维空间,其意义有二:一是引导学生自己发现文章的价值;二是鼓励学生充分发表自己的观点,充分体现对学生个性的尊重。]

(学生读书、思考,有小声交流的,也有动笔画一画、写一写的)

师:我看好多同学已经抢着举手要发言了。

生4(姜逸):这个故事深深地感动了我,让我震惊。

师:这是一个什么故事呢?

生4(姜逸):在一次大地震中,一位父亲相信儿子会永远和他在一起,他坚持挖了36个小时,终于救出了儿子和儿子的同学。

师:故事发生在什么时间?发生在哪里?你愿意补充一下吗?

生4(姜逸):好吧。在美国洛杉矶大地震中,一位父亲相信儿子会永远和他在一起,他坚持挖了36个小时,终于救出了儿子和儿子的同学。

[评:通过恰当的引导,使学生能够准确地把握文章的主要内容。]

师:请大家继续发表自己的意见。

生5(夏子雨):我们应当向阿曼达的父亲学习,学习他坚持不懈的精神。

生6(田真):我们应当向阿曼达学习,学习他坚强的精神。

师:请具体谈谈阿曼达的坚强。

[评:在关键处点拨,把学生的思维引向纵深,充分展示学生的思维过程与结果。]

生6(田真):他在废墟里坚信他的父亲会来救他,他自己不灰心,还鼓励他的同学。

师:说得好。

生7(刘长林):也应当学习阿曼达先人后己的精神。他的父亲救他时,他先让同学出去,自己最后再出去。

师:理解得好。

生8(张金辉):警察还有路人都阻止阿曼达的父亲救他,他们不应该这样做。(学生的理解出现偏差)

师:他们为什么劝他,为什么阻止他?

生9(薛飞扬):害怕随时发生的爆炸会炸伤他。

生10(甘鷦雁):不让他妨碍工作,警察还要救更多的人,还有更重要的工作要做。

生8(张金辉):警察还有路人也是在关心阿曼达的父亲。

师:在同学的帮助下,你有了新的理解。

[评:在这一部分教学中,学生踊跃发言,从不同的角度畅谈自己的感受、体验和理解。当学生的理解出现偏差时,教师巧妙引导,使学生获得正确的理解。教师巧妙而灵活地处理了课文的价值取向与学生的独特感受之间的关系。]

师:前面的几位同学是从理解课文内容的角度来谈的。还有从其他方面来谈的吗?

生11(姜玥):课文很有感情,我感受到了一种浓浓的亲情。

师:你从什么地方感受到的?

[评:从另一个角度引导学生充分发表自己的观点。]

生12(赵建鑫):(读书)"在混乱中……向那片废墟走去。"

师:读得好,把父亲那撕心裂肺、悲痛欲绝的心情读出来了。

生13(董绪玺):"他顿时感到眼前一片漆黑,大喊:'阿曼达,我的儿子!'"(读得声情并茂)

师:听了你的朗读,老师也被感动了。让我们大家一起用心来喊一次:"他顿时感到眼前一片漆黑……"(学生很有感情地齐读)

生14(迟苏艺):"他挖了8小时,12小时,24小时,36小时,……到处都是血迹……'阿曼达!我的儿子!'"

师:这段话你读得沉重、缓慢,你为什么要这样读?

[评:以问促思,以问促读,以问促进学生的深入理解,但这里的问不是逼问,而是点拨、启发、引导。]

生14(迟苏艺):我把表示时间的句子读得很慢,是想强调父亲挖的时间很长,想表现他的坚定信念。

师:那后面的内容你为什么也这样读呢?

生14(迟荪艺):我想让大家感觉到父亲的艰难。

师:体会得真好! 同学们,你们体会到了吗?

生(齐):体会到了。

师:那好,现在同位互相朗读一遍。(同位练读)

(学生4 姜逸读书)

师:"阿曼达,我的儿子!"这一句你读得很好,读出了与上一个相同句子的不同感觉,使人感到父亲两种截然不同的心情。当父亲听到儿子的声音时,他的心情会怎么样?

生15(苏冠恒):激动。

生16(焦婷婷):狂喜。

生17(马小晴):觉得不是真的,像做梦一样。

师:那么"是儿子的声音"应该怎么读呢?

生18(武小钰):"是儿子的声音!"(读中略微强调了"儿子")

师:大家听他重读的哪个词?

生(部分学生):儿子。

师:你们觉得他这样读好吗? 为什么?

生19(英思佳):好! 因为这样能说明他几乎不敢相信儿子还活着。

师:是啊,太激动了,36 个小时的疲劳完全消失了,再读一遍。

(学生很有感情地朗读)

师:刚才同学们谈的、读的都体现了父亲的了不起。课题是不是应该改成"了不起的父亲"?

[评:在学生形成思维定势时,教师积极发问,打破学生已有的认知平衡,激起学生新的探究欲望,把学生的思维引向纵深。]

生20(刘婉婷):不行,儿子也很了不起,"我告诉同学们不要害怕……我知道你总会和我们在一起"。他的儿子也很坚强。

生21(赵亮):这段话说明,儿子对父亲是信任的,即使在最危险、最艰难的时刻,儿子的信念都没有动摇过,他坚信父亲说到做到。

生22(马也):儿子无私,先人后己,在父亲救他的时候,他让同学们先出去,要求父亲先救他的同学。

师:这对劫后余生的父子终于团圆了,那种激动人心的场面作者是怎样表现的?(学生思考)

生23(张歆玉):我认为作者是通过对话描写来表现的。

师:这段对话应当怎样读呢? 老师建议大家分角色朗读。

（学生同位分角色朗读）

师：是的，父亲和儿子都是了不起的，父亲的了不起在于他坚持自己的信念，儿子的了不起不仅在于他同父亲一样坚持自己的信念，有着坚强的品格，还在于艰险之中他能鼓励自己的同学，脱离危险时他能首先想到自己的同学。这的确是一对了不起的父与子啊。

[评：以读为本，读议结合，至此，学生已经较好地理解了课文的主要内容，体会到课文感人至深的情感，形成并表达了自己独特的感受、体验。]

（三）定向研读，自由表达

师：读了这篇课文，同学们都被这对了不起的父与子感动了，那么当时人们对这位父亲的举止是怎么评价的？

生24（潘荣昊）：人们都说他精神失常了。

师：这位父亲的精神是不是真的失常了呢？请同学们再浏览一下课文，如果你认为这位父亲精神失常，请找到相关的事实依据，如果你认为他没有失常，也要找出理由，开始吧。

（学生浏览课文，思考问题）

师：认为父亲精神失常的同学坐到左边，认为父亲精神没有失常的坐到右边。现在请两方同学再讨论讨论，想一想对方会用什么理由驳倒你，你打算怎样陈述自己的观点？

（学生热烈讨论，各自找出理由）

[评：根据学生对课文内容的理解，启发学生展开辩论，培养学生的思辨能力，设计颇具匠心。]

师：现在，我们的辩论开始，认为父亲精神失常的为正方，认为父亲精神没有失常的为反方。

生25（正方）（张天宇）：我认为这位父亲的精神失常了，因为别的父母喊了两声就都走了，只有这位父亲还在挖，别人来劝他，他双眼直直地看着别人，双眼直直地说明他精神失常了。

师：有道理，反方？

生26（反方）（安碧君）：双眼直直地看着别人，是希望别人也和他一样，相信孩子们还活着，快来帮助他。所以我认为他精神没有失常。

生25（正方）（张天宇）：双眼直直的，而且脑子里只有一个念头，正常人不会只有一个念头吧，所以说他精神失常了。

生26（反方）（安碧君）：人到危急的时刻，往往会把全部注意力都集中到那里，比如我现在就只有一个念头，就是怎样驳倒你，难道你就能说我精神失常吗？

（众笑）

生4（反方）（姜逸）：当时他眼睛直直的，那是因为他坚信他的儿子还活着，他有那样的信念，而且只有那样一个念头。

生27（反方）（姜莹）：如果他精神失常了，那么他早就忘了自己的孩子，怎么还会救他呢？

生28（正方）（解小桐）：他不吃不喝不停地挖了36小时，不知道累，不知道疼，已经变成了一种机械的挖掘了，所以说他精神失常。

生29（反方）（马知遥）：这正是这位父亲的了不起、伟大之处，正是因为他坚持不懈地挖，所以才体现出他的了不起，才让人敬佩。

生30（正方）（袁本彰）：我觉得他说得不对，课文中说："救火队长挡住他：'太危险了，随时可能发生大爆炸，请你离开。'"可是他却不停，这样挖下去的话可能引起大爆炸，如果那样的话，那些没有死的孩子可能会炸死，可见他已经丧失了理智。

生31（正方）（陈雪桐）：其实他应该理智一些，去请一些专业人员来挖，这样可能会更快更安全，可是他却像发疯了一样，不顾一切地要救自己的孩子，如果发生爆炸，他的孩子也会被炸死，因此他的不管不顾说明他的精神失常了。

师：你说的有道理，然而从这里是否可以看出，他宁可牺牲自己也要救出孩子呢？

生31（陈雪桐）：是的。

师：那么这是一种什么力量呢？

生31（陈雪桐）：伟大的父爱。

生32（反方）（翟广辉）：我不同意他的看法。当一位父亲因为爱自己的孩子，当孩子的生命受到威胁，父亲因为怕失去孩子而过于焦急，在精神与行动上与我们一般人有点不一样时，你难道会说他精神失常吗？我们只会敬佩他。

生33（正方）（李春彬）：你强调的是当孩子的生命受到威胁的时候，但这种情况并不多见。可能因为这样所以才使父亲精神失常，如果不出现这样的情况，那他就不会精神失常。

师：看样子大家都有自己不同的见解，谁也说服不了谁。（深情地）孩子们！36个小时不吃、不喝、不睡，再加上12个小时就是两天两夜，想想看，这是多么惊人！说他失常吧，确实失常，他的举动超出了正常人所能达到的程度；说他不失常吧，他的确不失常，因为一种伟大的父爱的力量充溢着他的全身。所以，他心中只有一个念头：我要救我的儿子！我要救那些和我儿子一样压在废墟底下的孩子们！他们在等着我！所以，说他失常，但失常得伟大；说他不失常，不失常得惊人。这就是爱，伟大的父爱。

师：今天我们暂时辩论到这里，大家辩论得很精彩，超出了老师的想象。

[评：学生自主合作探究，乐于发表自己独特的感受、体会和见解，勇于争辩，个人的理解在辩论中得以发展。]

（四）读写结合，延伸拓展

师：同学们，你们读过其他描写父爱的文章吗？

生32（翟广辉）：我曾经读过《奇迹的名字叫父亲》。

师：体现母爱的呢？

生34（苗崔钰）：我读过《坠落过程》。

生35（高振东）：我读过《母爱，超越生命的爱》。

生36（詹欣）：我读过《妈妈，我不让你死》。

[评：凸显"爱"的主题。]

师：同学们，今天我们从这篇文章中体会到了父爱的伟大，我们不可能每个人都亲身经历这种惊心动魄的事。我们每天生活在父母身边，时时处处受到父母的呵护，也许你会觉得一切都很平常，但就是日常生活中这些看起来微不足道的小事，实际上饱含了父母那种无微不至、体贴入微的浓浓的情、深深的爱。孩子们，现在，我们想一想，在我们的生活中，我们的父母做了哪些看起来微不足道，却又饱含着深爱的事情呢？请大家在小组内交流。

师：谁来说说？

生37（索毓）：我妈妈天天给我做饭、洗衣、帮我温习功课，我生病时她就陪在我的身边。

生38（邵勋）：我爸爸每个星期六都带我去学琴，不管刮风下雨，从不耽误，有时要在那里等很久。

生39（王平）：我妈妈每天中午都赶回来给我做饭，时间太紧，她经常做好了顾不上吃一口，就又去赶班车了。

生40（许小萌）：有一次，我为了早点儿出去玩儿，把作业写得乱七八糟，爸爸回来后很生气，给我撕掉，让我重写。当时我很恨爸爸，后来，我的作业因为认真经常受到表扬，字也越写越好，我才体会到爸爸的严厉中蕴含着爱。

………

[评：教师从不同的方面激活学生的思维，激发学生的表达欲望。联系学生的生活实际，唤醒学生的生活感受，进一步加深学生对课文内容的体验和理解。由于学生的生活感受不同，因此他们的理解也是个性化的。]

师：是啊，我们从爸爸妈妈的亲切关怀中体会到父母的爱，从爸爸妈妈的严格要求中也感受到父母的爱。今天我们就以"生活中的一件小事"为题，写一篇小文章，表达父母的爱，好吗？

[评：读写结合，向课外延伸。通过布置课后作业，使学生在写作中进一步加

强对课文内容的感受和拓展。]

（铃声，下课）

[**总评**：崇尚个性，促进发展，是当今教育改革的主旋律。尊重、发展学生的个性，教学过程中教师就要鼓励学生选择并运用自己喜欢的学习方式进行个性化的学习，并尊重学生个性化的体验、感受和理解。总的来看，刘欣老师执教的《地震中的父与子》一课，不仅把"珍视学生独特的感受、体验和理解"的精神落到了实处，而且较好地处理了文章的价值取向与学生独特感受之间的关系。具体表现在以下几个方面：

第一，激活相关知识储备，引发探究欲望。执教者通过让学生交流有关资料和播放地震录像，使学生对地震知识以及地震给人们的生活和生命财产造成的巨大危害有初步的了解，从而激发了学生对课文探究的兴趣。学生带着浓厚的兴趣，积极主动地参与学习，为学生获得独特的感受、体验奠定了基础。

第二，开放性的问题为学生获得独特的感受拓展了空间。"读了这篇文章，你感受最深的是什么？"这一富有开放性的问题大大激活了学生的思维，他们调动个人的知识储备、生活体验，从自己的角度出发，得出了属于自己的见解和体验——或被课文惊心动魄的故事情节所打动，产生了浓厚的阅读兴趣；或被父亲坚持不懈的精神和儿子坚强的信念所震撼，油然而生敬意；或被文章浓郁的人间亲情所感染，激起情感的波澜；或被作者深情的对话描写所折服，感悟到文章表达的魅力等。

第三，加强朗读训练，让学生在读、思、议中充分地表达自己的独特感受。读既是学生获得独特感受、体验的重要途径，也是学生表达自己的感受、体验的重要途径。在本文的教学中，教师放手让学生读自己最喜欢的句、段，把读、思、议结合在一起，通过细致入微的朗读指导，引导学生理解内容、体会词句间蕴含的情感，获得并表达自己的深刻体验和独特的感受，较好地实践了阅读教学应以读为本的思想。

第四，围绕重点内容展开辩论，使学生的体验与理解在思维碰撞中得到升华。那位父亲精神是不是真的失常？围绕这一问题教师组织学生研读、辩论，这一环节设计得颇具匠心，不仅很好地训练了学生的听、说、思、辩能力，而且使学生从不同的角度深刻理解了这位父亲的伟大。

第五，读写结合，内化体验。在学生理解了课文的主旨，体会到课文的情感之后，教师又让学生联系自己的生活谈对父爱、母爱的感受，并写一篇短文，不仅丰富了学生语文实践的多样性，而且促进了学生体验和感受的内化。]

主要参考资料

［1］韩雪屏.中国当代阅读理论与阅读教学.成都:四川教育出版社,1999.

［2］吴立岗.认真学习《课程标准》,努力改革阅读教学模式.小学语文教师, 2002(10).

［3］崔峦.当前阅读教学研究的重点及方向.小学语文教学,2002(10).

［4］杨再隋等.语文课程建设的理论与实践——《全日制义务教育语文课程标准》学习与辅导.北京:语文出版社,2001.

［5］新概念阅读研究课题组.尊重阅读体验,珍视独特感悟.中教网.

自主阅读:《圆明园的毁灭》教学纪实

韩 冰 冯佳琳 周长阔 周瑞然

一、课程标准解读

2001年6月8日国家教育部颁布了《基础教育课程改革纲要(试行)》。课程改革纲要提出了要转变学生的学习方式的任务:"改革课程实施过于强调接受学习、死记硬背、机械训练的现状,倡导学生主动参与、乐于探究、勤于动手,培养学生搜集和处理信息的能力、获取新知的能力、分析和解决问题的能力以及交流与合作的能力。"又提出:"教师在教学过程中应与学生积极互动、共同发展,要处理好传授知识与培养能力的关系,注重培养学生的独立性和自主性,引导学生质疑、调查、探究,在实践中学习,促进学生在教师指导下主动地、富有个性地学习。教师应尊重学生的人格,关注个体差异,满足不同学生的学习需要,创设能引导学生主动参与的教育环境,激发学生学习的积极性,培养学生掌握和运用知识的态度和能力,使每个学生都能得到充分发展。"为了实现学习方式的转变,基础教育课程改革提出"自主、合作、探究"的学习方式。语文课程标准在第一部分"前言"中的"课程基本理念"中,提出了语文课程的实施要"积极倡导自主、合作、探究的学习方式",培养学生学会学习、学会合作、学会创新的能力。"自主学习、合作学习、探究学习",三者关系紧密,我们仅就"自主学习"的研究成果呈现于下:

自主学习是以张扬学生个性为宗旨,以促进学生更积极、更主动地学习为目标,是学生"自我导向、自我激励、自我监控"的学习方式。其核心在于"自主",突出表现在学习过程中学生自己决定学什么,自主确定学习目标;自己决定怎么学,自主选择解决问题的策略等。当然,学生的自主学习并非完全意义上的"自主",教师的精心引导很有必要。当学生学习陷入困境时,教师要充分发挥"首席执行官"的作用,或指导,或点拨,或解疑,或释惑,帮助学生走出学习的"沼泽地",高速驶入自主的"快车道"。但需要明白的是,教师的"导"只是辅助,只是铺垫,是完全服务于学生的自主学习的,课堂教学中学生才是自主学习的主角。

语文课程标准一再强调,学生是学习的主体,因此语文学习是学生个性化的行为。近二十年来,在美国兴起的建构主义心理学认为,学生学习的过程是主动建构知识的过程,而不是被动接受外界刺激的过程;学生以自己已有的知识经验为基础,对新的知识信息进行理解加工,从而建构起新知识的意义,同时原有的知识经验又因为新知识经验的进入而发生调整和改变。所以,学习过程不是对新信息的直接吸收和积累,而是新旧知识之间的相互作用。在这种作用中,包括了主体对知识客体的选择、分析、批判和创造。20 世纪 60 年代兴起的接受理论也指出:作品的意义和价值只有在读者阅读的过程中产生。作品的意义和价值是读者和作者共同创造的。学生是阅读的主体,课文的意义是学生在教师的指导下,以已有知识和生活经验为基础生成的。叶圣陶早就说过,阅读是吸收,写作是倾吐。实际上,阅读也需要倾吐,可以说阅读是伴随着倾吐的吸收。犹如吃饭,吃饭自然是吸收,但必须分泌唾液、消化液,伴随着倾吐消化液才能吸收食物营养。因此,在语文课程的实施过程中,毫无疑问,必须十分尊重学生的自主性。

课程标准极力强调积极倡导自主、合作、探究的学习方式,就是强调要承认和尊重学生学习语文的自主性。

二、教学实施案例:《圆明园的毁灭》教学纪实

研究课题:自主学习的阅读教学模式"读书、质疑—再读书、解疑—积累、练笔"的应用与开发

研究教师:山东省枣庄市峄城区实验小学韩冰;评析冯佳琳、周长阔、周瑞然。

课文题目:人教版义务教育课程标准实验教科书语文五年级上册《圆明园的毁灭》

教学时数:2 课时

第一课时

教学内容:导入新课,读书、质疑,解决部分重点问题。

教学过程:

(一) 导入新课

师:(屏幕上打出圆明园的断壁残垣图片)请同学们看,屏幕上展现的是一个怎样的景象?

生:图上有许多石柱,已经残缺不全,地上长满了野草。

生:在野草中还有许多乱石,周围只有几棵小树,连一棵参天大树也没有,显得十分荒凉。

师:说得好,你知道这是什么地方吗?

生:被毁灭后的圆明园。

师:是的,图上展现的正是被毁灭后的圆明园。如今的圆明园只剩下了断壁残垣,一片凄凉。但是你可知道,当年的圆明园是何等的辉煌壮观!它是清代的六位皇帝调集了全国的能工巧匠,花费了150年的时间才修建成的举世闻名的皇家园林,被称为"万园之园"。也许同学们不禁要问:当年的圆明园是什么样的? 它为什么会变成这个样子? 这,正是今天我们要学习了解的主要内容。

[评:图片中圆明园"断壁残垣"的凄凉与教师介绍的"辉煌壮观"形成强烈对比,意在激发学生的求知欲望。]

师:注意看老师板书课题(板书到"毁"字停下来),请同学们注意"毁"字的笔顺,请举起右手和老师一起来写。(齐读课题)

[评:识字、写字训练只靠写字课是不行的。韩老师寓写字指导于板书之中,使学生确立一种提笔练字的意识,体现了阅读教学过程中的综合训练。]

(二) 读书、质疑

1. 读书,发现问题

师:课前老师让同学们预习了课文,课文都读熟了吗?

生:读熟了。

师:谁愿意读读课文?(生都举手)都愿意读呀! 真是太好了。怎么读? 老师想请同学们想个办法。

生:请五位同学读,每人一个自然段。

师:(高兴地)这个办法很好! 就由你找几位同学读吧。(该生找人并进行了分工)

师:分工多明确! 读之前还有什么要求吗?

生:希望几位同学读得正确、流利、有感情。其他同学注意听,如果他们出现错误请指出来,如果读得好请为他们鼓掌。

[评:让学生代替老师分配任务、检查读书,形式新颖,学生兴趣盎然。这其实是教师新的教学思想的体现,在教师的"主导"下,学生的"主体"作用得到了发挥。]

师:好,开始读吧。(学生读到"苏州的狮子林"时平翘舌分不清,教师及时予以指正,最后一名学生读得很好)

师:哎呀! 你读得好极了! 课前同学们能把课文读到这程度真不简单! 下面请同学们再自由读课文,边读边画出不明白的问题。

213

[评:让学生带着任务去读书,读书注重训练,目的非常明确。]

(生边读边画,教师及时表扬做得好的同学)

师:课文都读完了,我想大家一定发现了很多问题,下面进行小组交流,把不懂的问题尽量在小组内解决,实在解决不了的就暂时放一放,待会儿向全班提出来,我们共同讨论解决。哪个小组愿和老师一起讨论?

(学生很热情,都想和老师一起讨论;老师加入其中一个小组,各组开始激烈地讨论、交流)

[评:让学生在充分自读、自悟的基础上,找出不明白的问题,然后分组讨论,尝试解决;小组讨论解决不了的问题再向全班质疑。这主要是培养学生质疑问难的能力,挖掘学生的潜能,让他们充分相信自己,促使每个学生都有一种独立学习、主动获取的欲望。]

2. 初步讨论,提出问题

师:讨论完了吗? 请每个小组选一名代表提出不明白的问题。

生:为什么说圆明园是园林艺术的瑰宝,建筑艺术的精华?

师:这个问题提得好,值得我们去研究,老师把它写到黑板上。(板书:瑰宝、精华)

[评:学生提出了一个非常有价值的问题,也是课文的重点问题。教师先给予肯定与鼓励,再板书重点词语加以强化,作为下一个环节重点解决的问题。]

生:"众星拱月"是什么意思?

师:请你读读这个词所在的句子,相信你能知道它的意思。(生读句子)

师:现在明白什么是"众星拱月"了吗?

生:就是许多小园围绕在圆明园的周围。

师:对,就像许多星星围绕着月亮,这就是"众星拱月"的意思。同学们,结合上下文理解词语是一种很好的方法,有许多词语只要一读课文,马上就明白它的意思了。

[评:对这个问题,教师并不急于让别的同学解答,而是鼓励学生把词语放到句子中,通过读句子借助语境的暗示,自己解决问题。同时教给学生联系上下文来理解词语的方法,可谓恰到好处。]

师:还有问题吗?

生:什么是根据"诗情画意建造"的?

师:(没意料到,稍停之后)请你再说一遍。

生:(大声地)什么是根据"诗情画意建造"的?

师:有同学能帮他解答吗?(生没回答清楚)

师:这样吧,咱们在第 5 课学了一首古诗,题目叫《山行》,谁能背一背?(生

214

背完一、二句后,师示意全体同学齐背)这首诗中描写了哪些景物?

生:描写了寒山、石径、白云、枫林。

师:说得好!如果让你根据这首诗的意境在圆明园中建造一处景点,你打算怎么建造?

生:我要先造一座高高的假山,在山上种许多枫树,再铺一条弯弯曲曲的石头小路。

生:山上还要再建造几所房子。

师:(松了口气,高兴地说)说得好,同学们,这就是根据诗情画意建造的,明白了吗?

[评:对这个问题,教师没有就词解词,而是通过具体的例子一步步引导学生来理解,具体形象,水到渠成。]

生:为什么说圆明园是当时世界上最大的博物馆、艺术馆?

师:这个问题很有价值。(板书:最大的博物馆、艺术馆)

[评:教师用同样的方法,保留学生提出的第二个重点问题。]

生:为什么说圆明园的毁灭是祖国文化史上,也是世界文化史上不可估量的损失?

师:读书时动脑筋了,老师把它记下来。(板书:不可估量)

[评:教师用同样的方法,保留学生提出的第三个重点问题。]

生:"蓬莱瑶台"是什么样子?

师:这个问题老师可以帮你解答。"瑶台"是传说中王母娘娘住的地方。"蓬莱瑶台"指的是出现在烟台蓬莱阁附近海面的海市蜃楼,今年暑假老师去烟台就有幸看到了这一奇观:在海上缥缈的云雾中,无数亭台楼阁时隐时现如同仙境。只不过我是在录像中看到的,据说是一位山东台的记者无意中拍到的,可惜的是老师不能把它带过来让同学们一饱眼福。

[评:此问题虽不是重点,但是难点,因此由教师直接解答。]

师:还有问题吗?

生:没有了。

师:请同学们看黑板,黑板上留下了三个问题,这三个问题都很有价值。同学们说说看,这些问题打算怎么解决?

生:自己读书解决。

师:对!这三个问题的答案就在课文中,只要把课文读熟了,这三个问题就会迎刃而解的。

[评:对学生提出的不同问题,如何恰到好处巧妙地解答,这是教师精湛的教学技艺的体现,也是教学过程中的闪光点。韩老师在此做了尝试,并从中筛选提

炼出三个重点问题保留下来,把学生的疑点当作教学中的重点、训练点。]

(三) 再读书、解疑

1. 处理第一个问题

师:我们先来解决第一个问题,为什么说圆明园是园林艺术的瑰宝,建筑艺术的精华? 同学们看看课文,解决这个问题要重点读第几自然段?(学生立刻举起了手)不要着急,俗话说得好,忙中出错,再看看。

生:要读第3自然段。

师:就请同学们去熟读第3小节。(学生大声朗读)

师:到底读得怎么样呢? 我们来个男女生朗读比赛好吗?

生:好!

师:请男女生各推选出一名代表比赛。(所有学生都跃跃欲试)

既然都想读,我们就进行集体比赛吧!(指一名男生)你说谁先读。

生:我们先读!

师:到底是男子汉,一马当先,读吧。(男女生读得都很出色)

师:男女生都读过了,现在评价一下谁读得好。(师各找一名男女生评价,两名学生各说自己的一方读得好)

师:(高兴地)其实男女生读得都很好,我看,应该是并列冠军,同意吗?(生同意)看来这一小节都读得很好了,谁来解答第一个问题?

[评:学生自己读书是理解内容的途径。以比赛的形式读书,为的是激发学生读书的积极性。]

(生把第3小节都读了出来)

师:回答很完整,谁能用自己的话再简单地说一说吗?

生:圆明园中的景点很多,有的是仿照各地名胜建造的,有的是根据古代诗人的诗情画意建造的,园中不仅有民族建筑,还有西洋景观。

师:回答得多清楚,为他鼓掌! 同学们,正因为圆明园汇聚了天下风光的迷人景色,融合了中外风格的建筑特点,所以成了园林艺术的瑰宝,建筑艺术的精华。为了让同学们更多地、更清楚地了解圆明园中的景点,课前老师向同学们推荐了《中国大百科全书》、《中国风景名胜100处》等书籍,让同学们收集关于圆明园中景点的资料,收集到的同学可以直接站起来向大家介绍。

(几位学生先后用生动的语言介绍了自己收集到的有关"买卖街"、"山乡村野"、"平湖秋月"等资料,其他学生充满好奇,兴致勃勃)

[评:让学生参与学习的全过程,真正体现了学生的主体意识。课前让学生收集资料,课中让学生介绍资料,使课内外有机结合,扩大了学生的知识面,培养了学生的学习兴趣和自学能力。]

师:老师这儿还有一张图片,请同学们看屏幕,谁知道这是什么地方?

生:苏州的狮子林。

师:谁去过苏州的狮子林?(一名女生站了起来)你能为大家介绍一下吗?

生:苏州狮子林里有许多怪石,形状都很像狮子,所以叫"狮子林"。

师:对,狮子林里不仅有怪石,还有山有水,山水相映,长廊迂回,亭台楼阁,时隐时现,别有一番风趣,所以乾隆皇帝也将它在圆明园中建了出来。还有介绍资料的吗?

[评:有关圆明园中景点资料的介绍,使学生把概括的内容具体化,抽象的内容形象化,深刻地感受到圆明园确实是园林艺术的瑰宝、建筑艺术的精华。]

师:听了以上几位同学的介绍,又欣赏了圆明园中的美景,同学们想不想走进圆明园中看一看?

生:(情绪高涨)想!

师:好!只要你们按老师的要求去做,我保证能帮助你们实现这个愿望。请同学们闭上眼睛,展开你们想象的翅膀。(配乐)同学们,前面就是著名的皇家园林圆明园了,让我们一起走进圆明园的大门。请看,这儿有金碧辉煌的殿堂,也有玲珑剔透的亭台楼阁。前面不是热闹非凡的买卖街吗?叫卖声不绝于耳。再往前走,就是那充满田园风光的山乡村野了。一路走来,我们一路欣赏,园中许多景物……瞧,远处那六幢西式洋楼,那可是正宗的西洋建筑,漫步……境界里。不要睁开眼睛,你们看到了吗?(看到了)记住它。睁开眼睛,把你看到的景象告诉大家。

生:我看到了狮子林中的怪石。

生:我看到了皇帝和皇后他们在逛街。

生:我来到了买卖街上,看到了卖糖葫芦的,我还买了一串吃。

师:你的想象力真丰富,那糖葫芦甜吗?

[评:老师以导游的形式,向学生绘声绘色地介绍,把学生领进了一个如梦如幻的境界,培养了学生的想象能力和形象思维。]

师:同学们,你们刚才看到的是一幅大自然精品的浓缩画卷。咱们都到圆明园中走了一番,可在座的老师们(后面有很多听课的老师)还没有机会看到园中的美景,想不想带着老师们一起走进圆明园?(生很高兴)谁愿意为老师们做导游?(生争先恐后都愿意)可是给老师们当导游不是简单的事,做一名导游要做到热情大方、口齿伶俐,要熟记导游词。为了做好导游,请同学们认真读读第3小节。(学生读得很认真)

师:同学们练得都非常认真,可是你们见过几十个人当导游的吗?就请你们推荐一名同学做导游吧。(学生推荐一名学生)

师:你有信心做好导游吗?(生很有信心)出发之前你有什么要求吗?

生:请老师们闭上眼睛,展开你们想象的翅膀。其他同学也闭上眼睛陪着老师们一起去。(配乐)各位老师,前面就是著名的皇家园林圆明园了,让我们走进大门。(下面是第3小节内容)

[评:让学生转换角色做导游,他们感到新颖有趣,很自然地进入情境。通过读书加深对课文的理解,在运用课文语言的同时还可以有自由发挥的空间,激励学生有感情地读书,通过读书加深理解,积累语言。]

师:好!你觉得老师们看到了吗?

生:不清楚。

师:你想知道吗?(想)老师就给你特权,现在你就是一名小记者了,可以随意去采访老师,采访时要注意礼貌。

生:请问老师你看到了吗?有什么感受?(学生连续采访了两位听课的老师,两位老师回答得都很精彩)

[评:教学内容与方法的新颖体现了教学的艺术。通过让学生当导游、当记者,把阅读课上成了语文活动课,调节了学生的情绪,使课堂教学生动活泼,富有情趣。]

师:小记者采访得很好。同学们,圆明园中的景色真是太迷人了,想不想把它永远定格在自己的脑海里?(想)根据提示把第3小节背下来。(屏幕上出现该段关键词)(生练习背诵,很快就背得很熟练、很正确)

师:看来咱们滕州实小的同学不但书读得好,记忆力也惊人,好,这节课就上到这里。

[评:学生通过再读书,抓住第三自然段解决了第一个重点问题(为什么说圆明园是"园林艺术的瑰宝,建筑艺术的精华"),在正确、流利、有感情朗读的基础上,让学生练习背诵,使理解与背诵融为一体,学习语言与积累语言相得益彰。]

第二课时

教学内容:再读书、解疑;积累、练笔。

教学过程:

(再读书、解疑,与第一课时的三步教学为一体)

2. 处理第二个问题

师:上节课我们读书解决了第一个问题。下面我们再看第二个问题:为什么说"圆明园是当时世界上最大的博物馆、艺术馆"?解决第二个问题,重点读第几小节?(生又急着举起了手)又着急了吧,再看看。

218

生:第 4 自然段。

师:带着这个问题熟读第 4 小节。(学生小声地,非常投入地读)

师:谁来解答第二个问题?(一名学生用文中语言回答)

师:回答得多清楚。同学们,圆明园中收藏的奇珍异宝不计其数,每一件都称得上是绝世珍品,对于研究我国社会的发展和中国古代的文明都有着十分重要的价值。所以,法国大作家雨果在自己的作品中这样盛赞圆明园:"即使把法国所有圣母院的全部宝物加在一起,也无法同这个规模宏大而富丽堂皇的东方博物馆相媲美。"课前老师收集了当年圆明园中部分奇珍异宝的图片,请同学们看屏幕。

(1)这一件是三足鼎珐琅器,是景泰蓝极品,价值连城。

(2)这一件是明代江南才子唐伯虎的水墨纸本上的印章真品。

(3)这一件也是唐伯虎的作品,名叫《葛长庚图》,价值 195 万港元。(生:哇!)

(4)这一件更珍贵,它是清代雍正粉彩花鸟瓶,瓶底有御制蓝色印记,为宫廷瓷器,极为罕见。1990 年拍卖时价格就达到 1000 万港元,现在恐怕更贵。

师:以上看到的这几件物品是新中国成立以来我国政府花巨资从国外购回的。我们再看一些玉器,看之前要声明一点,这些玉器全是当年圆明园中玉器的仿制品。(出示第一件)这一件谁认识?

生:双龙戏珠。

师:对,是"双龙戏珠"。十分名贵。(出示第二件)这件玉器上雕刻着什么?

生:马。

师:对,这是"玉雕八骏图",价格就更昂贵了。再看这一件,我想同学们可能不认识了,这是专供皇帝读书时用的薰香炉,一般百姓家里是没有的。

[评:教师在课前收集了大量的资料,由此可见备好课是上好课的前提。]

师:最后这一件也是极为珍贵的,它到底珍贵在什么地方呢,想不想亲眼看一看?(学生情绪高涨)

师:老师就满足你们的要求,今天把它带来了,请同学们往这儿看。(教师出示实物)这件玉器的最上端雕刻着一个笑佛,下面有五个天真的孩子,因此取名为"五子闹佛"。我要请一位同学到前面摸一摸,告诉大家有什么感觉。(学生争先恐后)

生:非常滑润。

师:听到了吗? 这也是一般玉器所具备的特点,你再仔细看一看(对着灯光)看到了什么?

生:(惊喜地)里面有水!

师：其他同学想不想看一看，摸一摸？（想）（教师来到第一小组，学生伸手来抢，教师拿回来，严肃地说）请同学们坐好，看之前，老师有个要求，这块玉十分珍贵，是老师靠特殊关系才借来让同学们一饱眼福的，所以不能有丝毫损坏，摸的时候一定要轻，还是我拿着保险。（学生争先恐后地摸、看）

师：同学们都看到了，这块玉里有天然密封的水，因此，它叫"水胆玛瑙"，看了这件玉器，我们不禁被大自然的鬼斧神工、绝妙神奇所折服，也只有这样珍贵的玉，才有资格进入圆明园，但它还只算是圆明园中极其普通的宝物，（学生发出惊叹）所以我们说圆明园是当时世界上（学生齐说：最大的博物馆、艺术馆）。请同学们再读第4小节。

[评：通过读书、投影、展示实物，让学生具体认识圆明园中部分奇珍异宝，深刻感受到圆明园是当时世界上最大的博物馆、艺术馆。]

师：谁愿意带着自己的感受去读？（生读得很出色）

师：你读得这么好，是带着什么感受读的？

生：中国有当时世界上最大的博物馆、艺术馆，我感到十分自豪。

师：说得好！让我们带着自己的感受齐读这一小节，记住我们的国宝。

3．处理第三个问题

师：同学们，就是这样一座园林艺术的瑰宝、建筑艺术的精华，就是这样一座当时世界上最大的博物馆、艺术馆，竟然在几天之内变成了一堆废墟。（出示断壁残垣图）面对着眼前的断壁残垣，你想知道什么？

生：它是怎么被毁掉的？

师：带着这个问题，读最后一节。（学生读）

师：谁能解答刚才那个问题？

生：（用文中的语句回答）

师：谁能用自己的话简单地说一说？

生：英法联军抢走了圆明园中的珍宝，抢不走的就破坏，最后又放火烧掉了圆明园。

师：同学们，英法联军不仅掠我财宝，还放火烧掉了我皇家园林，学到这里你的心里有什么感受？

生：十分气愤！

生：无比悲愤！

师：对！就让我们带着这种无比的悲愤再一次去控诉英法联军的滔天罪行吧，再读第5小节。

师：谁来控诉英法联军的滔天罪行？

生：（配乐读第5小节）

师:最后这句话很难读,不过他读得很好,大家就像他一样练习读读。(学生练习读)

师:让我们齐读最后一小节,喷发出我们胸中的熊熊怒火。(生读得很动情)

师:同学们,在无比悲愤之余,你还有什么感受?

生:圆明园是园林艺术的瑰宝、建筑艺术的精华,又是当时世界上最大的博物馆、艺术馆,它就这样被毁灭了,我觉得十分惋惜。

师:所以本文作者在文章开头便无比惋惜地写道,齐读第一小节。

(生齐读:"圆明园的毁灭是祖国文化史上不可估量的损失,也是世界文化史上不可估量的损失!")

(四)积累、练笔

师:同学们,现在让我们乘上倒转的时间列车,回到1860年10月6日,去亲眼目睹那一幕幕令人触目惊心的场景。请看屏幕。(学生观看电影《火烧圆明园》片断,许多学生泣不成声)

师:学习了课文,又亲眼目睹了圆明园被毁灭的场景,此时你还有什么问题要问吗?

生:我想问,英法联军为什么抢走了财宝,还要火烧圆明园?

生:(哭着)我想问,当时皇帝哪里去了? 中国军队又到哪里去了?

生:我想知道,英法联军为什么敢在我们的国土上这么放肆?

[评:恰到好处地运用现代化教学手段,把教学推向了一个高潮,学生通过声、像、音亲眼目睹圆明园被毁灭的场景,学生的真情实感被激发出来,自然流露出肺腑之言,思想教育渗透其中。]

师:是呀,这一切的一切都是因为什么呢?

生:因为清政府太没用了。

师:是的,正是因为清政府腐败无能,才使国家贫穷落后,中华民族深受欺侮。"落后就要挨打。"过去是这样,现在依然如此。课上到这里,我想同学们一定心潮澎湃,感慨万千,现在能不能用你手中的笔写出心中的万千感慨?(能)

师:俗话说得好,"万事开头难",你可以这样开头,也可以自由写:

(1)面对着眼前的断壁残垣我想说……

(2)学了《圆明园的毁灭》一课我想说……

(3)看了火烧圆明园的录像之后,我想到了……

老师还收集了两份资料,你也可以用做开头。(① 法国伟大作家雨果在《致巴特雷上尉的信》中盛赞圆明园"不但是一个绝无仅有、举世无双的杰作,而且堪称梦幻艺术的崇高典范"。② 大作家雨果在自己的作品中曾写道:"即使把法

国所有圣母院的全部宝物加在一起,也无法同这个规模宏大而富丽堂皇的东方博物馆相媲美。")(学生写感受,教师巡视指导)

师指名读作品。

[评:重点问题解决了,课文内容理解了,学生的感情升华了。此时,让学生及时去写,写出自己澎湃的心潮,抒发自己愤怒的心声,创造思维的火花又一次被点燃,学生文思泉涌,感情真挚,读写结合,效果极佳。]

师:同学们,正像那位同学所说的,我们虽然无法改变历史,但是我们可以开创未来。最后老师送给你们八个字,(出示:勿忘国耻,壮我国威!)齐读两遍。

[总评:纵观一课书的教学,学生提出的三个问题贯穿教学的始终;学生在读书中发现问题,然后在教师的指导下通过读书解决问题;在此基础上,读诵、练笔,把阅读课上成了读写训练课,上成了语文活动课。该课阅读教学别开生面,妙趣横生,始终体现了以学生为主体,始终闪烁着学生思维创新的火花,换言之,始终体现了自主创新、以人为本的教学思想。]

提倡多角度、有创意的阅读：
《地震中的父与子》教学纪实

王志尚　曹淑兰　刘恩德

课程标准教学建议部分,提出了"提倡多角度、有创意的阅读"的命题。

一、课程标准解读

(一) 关于提倡多角度、有创意的阅读的相关问题的认识

语文课程标准明确提出:"在理解课文的基础上,提倡多角度、有创意的阅读。"这一倡导与叶圣陶先生"阅读文章可以从种种方面着眼","文章是多方面的东西,一篇文章可以种种视角来看,也可以应用在种种的目标上"的语文教育思想十分吻合,对于我们提高阅读质量不仅有着可操作的导向性,而且有着普遍的意义。

1. "理解课文的基础"讲求实

"理解课文",就是按照学段的阅读目标,从课文类型的特点出发把握课文中写了什么,即把课文读对、读顺、读好。

"读对",就是学生自己会读课文了,达到的要求一般为:刚接触新课文时,通过独立阅读能读准生字词,能自己发现并读好难读的句子,了解课文大意。"读顺",即能读准句间、长句子及段落间的停顿,读得通畅没有障碍,尝试运用恰当的语气。"读好",是在进一步熟悉课文内容的过程中,在教师的组织和引导下,初步入境入情,并且领悟到一些浅显的叙述顺序。

如果将一篇课文的阅读过程比喻为建筑一幢楼房,理解课文便是垒砌楼房的基座,务求扎扎实实。

2. "多角度"应凸显活

"多角度"着眼于思维空间里的变换,即对一篇课文"可以从种种方面着眼","可以种种视角来看"。

如,为大家常见且让学生容易掌握的阅读顺序的多角度,有循序阅读和变序

阅读。

再如,课堂上精彩纷呈的阅读角色的多角度。有站在客观立场上理解课文的原意和作者的思想感情,是客观者;有把自己摆进去扮演课文中某个人物去想、去做,是角色扮演者;还有假设自己进入课文描写的特定请境中,自己会怎样想、怎样做,是换位亲历者。

还如以学生为主,师生共同创建的阅读方法的多角度。"一千个读者,就有一千个哈姆雷特。"课文给学生留下了在阅读过程中用想象去填充的"空白",学生又在发掘和填充"空白"的过程中进行再一次创造,实现与文本的相互融合,这种融合就是学生创建了自己的阅读角度。老师要顺学而导,让学生在充分交流中梳理出种种实用的阅读方法,可以是有感情地朗读,把感情朗读和揣摩体味紧密结合起来,以情促思,以思强化表达,捕捉对语言的深层次理解;可以是释疑思辨,围绕阅读中提出的一个或几个有思考价值的问题展开探讨,使阅读活动步步深入;也可以是比较阅读,通过对句子的删减或增补,前后段落内容、形式的比较等,获得新的认识。

"教亦多术矣,运用在乎人。"思维空间是无限的,视角的变换也是多种多样的,"人"的追求应始终抱定灵活、实用,从灵活、实用中求实效。

3. "有创意"贵在新

叶澜教授曾说:"课堂应是向未知方向挺进的旅程,随时都有可能发现意外的通道和美丽的图景,而不是一切都必须遵循固定线路而没有激情的行程。""有创意的阅读"正是创新"通道"、发现"美丽图景"的过程,其导向在于创新意识的培养,落脚到课堂教学活动中就是教与学的创新,是基于对传统教学精华继承基础上的改革和发展。

"教学有法,教无定法",为执教者提供了发挥创造性的广阔平台。就一篇课文的阅读指导而言,可以因题材、体裁的不同以及教学目的的不同,设计出丰富多样的教学模式。如精读课文的基本模式:朗读课文,整体感知;抓住重点,深入领悟;品读赏读,揣摩写法;积累语言,尝试运用——它的建立相对于传统的串讲串问凸显着新的创意。再如,以基本模式为依托又可以设计出许多变式:景美情深的课文可以用创设情境,激情导读,反复诵读,穿插评读的思路;托物言志的课文可抓住重点句段,在读、思、议中知其志,抒其情,明其法;以事喻理的课文可在事与理之间设计重点问题,引导学生研读、品读重点句段,讨论交流,既了解事件,又悟出道理——这许多变式又是对基本模式的创新。当然,还可以在老师的启发下让学生设计出一些力所能及的新的学习思路,与老师互为补充,相得益彰,师生共同创建更多的阅读亮点。

总之,"有创意"是以"新"为重要标志,"新"的出发点和归宿点都在因文而异、因生而异、以学定教、顺学而导,最终达到提高阅读质量的目的。

(二)实施中的几点建议

1. 辩证地整体把握文本是阅读的必备

好的课文往往极富辩证性,善于在全面把握事物的基础上,从事物的多方面出发,阐幽发微,从平常的不起眼的地方见人之所未见,发人之所未发。更何况,课文在接受过程中,本身就处于意义不断生成的过程。以呆板的、固定的文字形式呈现的文章,在从事阅读活动的学生的眼里应当是活的教材。所以,要善于引导学生用辩证的思想方法,努力调动起自己原有的知识和生活积累,对文本从思想内容到语言形式不仅有一个基本的把握,还要积极获得一些灵动的、个性化的发现,就如茅盾先生谈到读书时所说:"我们又须能够把它拆开然后又装配起来,像技工拆散了机器又装配好一样。"辩证地整体把握就是让学生具备"拆开"的能力和按照自己的想法"又装配"的冲动,为实施多角度、有创意的阅读创建必备。

2. 选定特定的角度是阅读的关键

阅读时,由于情节曲折或情感内容丰富,如果满足于"大而全",一会儿这个角度,一会儿那个角度,眉毛胡子一把抓,往往重蹈情节分析的老路。所以,我们应当遵循叶圣陶先生"一篇文章,可以从不同的观点去研究它"的教导,选择有利于学生与文本展开"对话"的角度切入,以起到"以简驭繁"的效果。阅读时要从全篇着眼,但可以从局部着手,对某些部分或某些感兴趣的问题进行深入探究,或者纵深开掘,或者横向拓展,或者另辟蹊径,或者细化精分,或者矫正错误,或者弥补不足,等等,深化探究,获取独特发现。因此,阅读的关键是善于选定特定角度,敢于独辟适用于自己的蹊径。

3. "读出自己"是阅读的核心

课文为我们提供了一个发现自我、认识自我的宽广平台。教师必须要引导学生深入作品,体验思想感情,进而反观自己的心灵世界,从作品中读出自己,使作品与自己的心灵产生某种契合。在阅读过程中,老师要抓住两个关键词,一是"感受",对文本的理解源于学生的感官和心灵对言语的感受,感之于外,受之于心,通过品读、体验,把言语的感知转换成表象,从而进行再造想象,引发学生主体的情感体验,使外在的言语变成主体内心的感情波澜。二是"实践",将所感受的言语对象转化为语感的实践主要是读。"读而未晓则思,思而未晓则读","使其言皆若出于吾之口","使其意皆若出于吾之心"。正如叶澜教授所说:"我们的语文教学,只有充分激活原本凝固的语言文字,才能使其变为生命的涌动。"用自己的思想情感读进去,把作者的思想感情读出来,内化为自己的情感,从而读出自己的真情实感,是获得这种真实"涌动"的有效途径。

（三）操作中应注意的问题

首先，教师要善于营造情感交融的氛围，以一颗童心走进课堂。要让阅读教学富有情感，有了情感，我们的小学语文阅读教学就有了生命。

其次，教师要在课堂教学中放得开，收得拢。要解放学生的身心，在尊重学生多元解读的基础上，求大同存小异，不要急于求同。

另外，要防止逐字逐句过深分析和远离文本过度发挥。

二、教学实施案例：《地震中的父与子》教学纪实

研究课题：提倡多角度、有创意的阅读

研究教师：山东省青州市云门书院双语学校曹淑兰；王志尚、曹淑兰撰写课程标准解读；刘恩德评析。

教科书简介：《地震中的父与子》是人民教育出版社义务教育课程标准实验教科书语文五年级上册的一篇精读课文。教学重点是想象、理解父亲从废墟中救出儿子和同学的过程；教学难点是体会、揣摩、感悟蕴含在爱与责任感中的了不起。教学设计两课时，此为第一课时。

教学过程：

（用投影播放地震灾难的画面后，板书课题，师生谈话导入学习课文）

师：请同学们快速默读课文，思考：

1. 课文讲了一件什么事？

2. 读完课文，你最想说的话是什么？

（学生读文思考，举手发言）

生1（张鸣）：课文讲了在大地震中，一位父亲历尽艰辛，终于在废墟中救出儿子的事。

生2（邹艺佳）：课文讲的是在美国洛杉矶大地震中，一位父亲抱着坚定信念，冒着生命危险，不顾劝阻，历尽艰辛，经过36小时的挖掘，终于在废墟中救出儿子和同学的事。

（师归纳并引导）

师：同学们，我想，读完课文我们每个人的心情都是不平静的，此时你最想说的话是什么呢？

生3（闫莹）：这对父子真了不起！

生4（王铭坤）：这是一对伟大的父子！

生5（王璐）：这是一对创造了奇迹的父子！

（师板书：父 子 了不起）

师:同学们用语言表达了对这对父子的赞美。那么,你为什么说这对父子了不起? 他们了不起在什么地方? 请同学们细读课文,找出自己的根据,在感受深刻的地方写上你的体会。

(生仔细读课文,师巡视学情)

师:同学们读书很投入,也很会读书。咱们先来看看父亲了不起的表现。

生6(刘佳):这位父亲的了不起在于跟其他孩子的父母不同。其他孩子的父母"哭喊过后,便绝望地离开了",而这位父亲一直不停地挖掘。

生7(杨爱涛):这位父亲的了不起在于有坚定的信心,"不论发生什么,我总会跟你在一起"! 就是平时这句话,让他坚信,自己活着,儿子也一定活着,即使死,也要跟儿子在一起,生死不离! (掌声)

生4(王铭坤):这位父亲的了不起在于信守诺言,为了儿子,决不放弃,实现对儿子的承诺。这是一位恪守诺言,有责任感的父亲。(板书 责任感)

生8(王君):这位父亲的了不起在于他不怕艰难,坚韧不拔。"他挖了8小时,12小时……到处都是血迹"。36小时,这位父亲忍受着多么巨大的悲痛和煎熬,一小时一小时不停地挖,可以想象,这是一种怎样的力量在支撑着他,这种力量就是伟大的爱,伟大的父爱! (板书:爱)

[评:教学开始,教师首先引导学生从整体上概括地获取课文的信息,接着很自然地由整体过渡到局部,由一般过渡到个别,即结合具体的语言文字理解父亲的"了不起"。这样做,既符合学生的认识规律,也是为学生多角度、有创意的阅读打基础。]

师:老师也觉得这的确是一位了不起的父亲,可是课文中有一段话写人们认为这位父亲因为悲伤过度而精神失常了,这是真的吗? 请同学们再读课文,说说你的看法。

(生默读思考后发言)

生9(王帅):我认为这位父亲精神失常。因为他无论对什么人总是问那一句话:"你是不是来帮助我?"他不想别的,只想着别人来帮助他找孩子,而且他两眼发直的样子也是精神失常的表现。

生10(李雪雅):他的表情像精神失常了,他的行动就更像精神失常了。同样是孩子的父母,这位父亲不像其他父母那样,他不顾别人的劝阻,不停地挖掘,在别人看来,他是在做一件没有希望的事。他那样执着地做一件没有希望的事,确实是精神失常的表现。

生11(丛林):我有一点儿自己的看法。试想,人在这样突如其来的灾难面前能不失常吗? 但是,我认为在他失常的种种表现下隐藏着一种伟大的力量,这种伟大的力量促使他像失常了一样,而不是真的失常。因为他坚信"不论发生什么,我总会跟你在一起"! 这种力量就是对儿子的爱,是父亲对儿子伟大的父爱! 这伟大的父爱使他所表现的一切都是正常的! (课堂上响起掌声)

[评:"有一千个读者,就有一千个哈姆雷特。"这位学生透过表象认识到了人物的精神实质,与以上学生的认识角度不同,深度有别。]

师:同学们,老师真的很佩服你们对课文、对伟大父爱的理解能力! 同学们,让我们朗读课文第12自然段,把自己对伟大父爱的感受读出来!

生12(王璇):我要把第一句读得慢,尤其是其中的四个数字,从慢中表现父亲挖掘过程的漫长和艰难。(读后赢得掌声)

生13(张雪琪):我想把第一、二句连起来读,用淡淡的低沉的语调表现出父亲此时的无奈和不顾一切。(读后赢得掌声)

生14(冯晨):我要用比较沉重的语气读描写父亲外貌的句子,表现他深藏在内心的坚韧不拔。(读后赢得掌声)

生15(黄振宇):我要突出最后一句中所包含的惊讶和喜悦。(读后赢得掌声)

生16(王旭东):我想学习前面四位同学的朗读特点,综合起来表现对父亲的赞扬。(读后赢得更多掌声)

师:五位同学都读出了自己的深切感受,非常好! 下面请大家按照自己的理解,用自己喜欢的方式自由朗读这个自然段。

(一片琅琅读书声)

师:同学们,此时,你又想怎样评价这位父亲?

生17(张政):父亲,你真了不起!

生18(王迪):你是一位伟大的父亲!

生19(郭志远):你的伟大父爱感天动地!

[评:在理解课文的基础上,要求学生读出自己的感受,还让学生在朗读前先说说要怎样读出自己的感受。这使得学生要调动自己全部的思维与情感活动参与到阅读教学中来,听了学生的说和读,就可以准确地判断学生对课文的理解程度。而且,从一定程度上说,学生根据各自的感受朗读课文,不仅包含着"多角度的阅读"的意思,而且也有了"有创意的阅读"的意味了。]

师:是啊,此刻站在我们面前的是一位多了不起的父亲! 他坚守诺言,多么有责任感,多么爱自己的孩子! (话锋一转)孩子呢,在这样一位可敬可佩的父亲面前,在面对地震的生死关头,我们又见到了一位怎样的孩子?

(学生默读课文,发表自己的看法)

师:大家设身处地想象一下在废墟底下是一种什么情形?

生20(李照青):我想废墟底下一定是漆黑一片,没有水,没有食物,有的只是废墟随时倒塌的危险。

生21(黄玉殊):我肯定很害怕。

生7(杨爱涛):我每时每刻都在急切盼望有人来拉我一把!

生22(刘雪纯):我一定又饥又困又饿,会看到死神的魔爪向我伸过来。

[评:这里安排的想象是必要的,恰好为学生认识阿曼达做好了铺垫。]

师:同学们想象到的情景就是7岁的阿曼达的真实处境,他是怎样想和怎样做的?

生23(杨秋琳):他非常冷静,跟14名同学一起躲进了教室墙角的"大三角形"里。

生24(姚聪修):他不仅自己坚持生的希望,而且告诉同学们不要怕,鼓励同学们充满信心!

生25(郝明月):他怀着坚定的信念:爸爸活着一定会来救他,救大家!

师:多好的孩子,多好的阿曼达,他才刚刚7岁!我已经感觉到,如果让同学们竖起大拇指大喊一声,肯定是……

生:(异口同声)阿曼达,你真了不起!

师:同学们,此时,老师想听到同学们内心真实的声音。拿自己与阿曼达比一比,你最佩服他的是什么?

(师等待,给学生思考、选择答案的时间)

生26(李秋霞):我佩服他在废墟中特有的冷静!

生11(丛林):我佩服他坚定不移的信念!

生27(有璇):因为我平时就不够坚强。我只是感到阿曼达在这样的环境中不仅自己能坚持生的希望,还鼓励同学们不要怕,确实了不起,我比不上他。

生4(王铭坤):当得到父亲的救援时,他首先想到的是:"先让我的同学出去吧!"在这种生死危急关头,他毫不犹豫地把生的希望让给别人,这对一个七岁的孩子来说最难能可贵,让我们从心底里由衷敬佩,阿曼达,你真的很伟大!(掌声)

生11(丛林):"不论发生什么,我总会跟你在一起!"爸爸的这句承诺,既是他同死神搏斗最终生还的精神支柱,也是他把生的希望先让给同学的原因,更是爸爸平时守信用的言行深深影响了他——有责任感,有爱心,心中有他人!如果阿曼达来到我们班上,我一定把他高高托起,喊着:"都看看吧,这就是大家崇拜的小英雄!"(热烈的掌声)

[评：教师引导学生认识课文中的另一个人物，用了拿自己与阿曼达比一比的方法。从学生的回答不难看出，学生是抓住了课文中的有关语句，结合各自的不同情况，联系对比，展开想象，经历了一个感同身受的过程，认识到阿曼达确实是"了不起"的。可以说，学生讲出了自己独特的感受、体验与理解，其中，有些认识是颇具创意的。]

师：（语气凝重）同学们，几位同学很坦诚地说出了自己的想法，我相信其他同学肯定也都有了自己的答案。此刻，老师在同学们的启发下也悟出了这样一层道理：一种爱的真诚，一份承诺的坚守，一种品质的感染，一种精神的传承是多么值得珍惜，多么值得回味啊！（板书：传承）请大家把描写父子相见前后情景的句子找出来再细细读一读，在回味中留住自己的感受。

（生自由朗读）

师：同学们，在经历了生与死的考验之后，这对了不起的父子终于团聚了。父子俩紧紧地抱在一起，幼小的儿子阿曼达笑得那么开心，这位可敬的父亲却哭了。巨大的喜悦占据了他的心，这个时候，笑和哭都表达着一种同样的感情，都表达着这对父子之间浓浓的亲情啊！同学们，我想此情此景，我们每个人都会由衷地祝福这对父子，此时此刻，你会说些什么呢？

生28（杨金琪）：我会对这位父亲说："你真了不起，我敬佩你！"

生29（王鹏）：我会对这位父亲说："你的爱是真心的爱，你的爱给了孩子战胜困难的信心和勇气，这是最宝贵的东西。"

生30（杨明宇）：我会对阿曼达说："你拥有这样的父亲真幸福呀！"

生31（刘文倩）：我会对阿曼达说："你真了不起，在那种危险的时刻，你能平静地等父亲来救援，并且先让同学们出来，这是一般孩子很难做到的事。"

生20（李照青）：爱和信任是可以创造奇迹的，有了爱，没有做不到的事，像那首歌唱道："死神也望而却步！"

生32（杨金铭）：我想对他们父子说："是你们让我知道爱的力量有多么神奇！"

师：（小结、过渡）同学们真的被这对了不起的父子感动了，让我们记住这样一句真理——有爱就能创造奇迹！

"不论发生什么，我总会跟你在一起！"这是父亲说的一句话，课文中在不同的时间、不同的地点、不同的情境中，以不同的形式前后三次出现，作者为什么要这样写，每一次出现都在告诉我们什么？下节课我们将从多个角度来深入探讨，老师期望同学们会有新的收获。

附:板书设计

17 地震中的父与子

传承
父——子
爱 责任感

了不起

[**总评**:这节课,执教教师在按常规的教学方法施教的同时,有意识地引导学生进行多角度、有创意的阅读。教师引导得法,学生思维活跃,学得积极主动,收获是多方面的。新意主要有以下三点:

第一,以理解课文为实施"多角度、有创意的阅读"打基础。

课程标准在"提倡多角度、有创意的阅读"之前,添加了一个短语,"在理解课文的基础上"。教师对此心领神会,教学开始,还是常规做法,引导学生从整体上获取课文的主要信息:地震中的一对父子了不起。接着,让学生抓住课文中具体的语言文字,先后认识父亲与儿子是怎么了不起的;在逐步加深对课文内容理解的同时,也体会到了课文的思想感情。这样做,为多角度、有创意的阅读打下了坚实的基础。

第二,结合学生实际,实施"多角度的阅读"。

引导学生结合各自的实际理解课文,是实施"多角度的阅读"的关键。由于学生的个性、经历、知识水平或者思维方法等各方面存在着差异,他们理解课文的角度、深度等也就各不相同。例如,阿曼达的父亲是不是精神失常?学生的回答是有差别的,有的学生能够透过表象认识"父亲"异常执着的精神,是很可贵的。顺便说一句,过去的语文教学过分求同,一个问题一个答案,实际上限制了学生的思维,也就根本没有多角度的阅读。

第三,引导学生想象,实施"有创意的阅读"。

想象是创新的前提。要实施"有创意的阅读",就课文的某些节点引导学生展开想象是十分必要的。如,探讨废墟底下的情形,教师让学生设身处地地想象;认识阿曼达的作为,让学生拿自己跟阿曼达比较,实际是既要有联想又要有想象的参与。这样,学生就会由此及彼地想象出若干新奇的、独出心裁的甚至是神奇变幻的图景,其中,必然会有富有新意甚至有创意的认识。这已为学生在课堂上的回答所证实。

还有,这节课的朗读训练也扎实有效,给人的印象颇为深刻。当学生对课文的某一个节点理解并体会到了其中的思想感情时,教师不是简单地让学生一读了事,而是让学生先说一说打算怎样读,然后去实践朗读。这不仅是对朗读训练的巩固和强化,而且便于学生相互观摩,共同受益,因而扩大了朗读训练的效应。]

主要参考资料

[1] 叶圣陶.叶圣陶语文教育论集.北京:教育科学出版社,1980.

[2] 崔峦.在全国第六届青年教师阅读教学观摩活动上的总结发言.小学语文教学.2007(2).

[3] 叶澜.让课堂焕发生命活力.教育研究,1997(9).

[4] 林润生.小学语文"多角度"有创意阅读指导策略.中小学教材教学(小学版),2005(3).

[5] 袁昌仁.例谈有创意阅读教学"多角度".教学与管理,2010(29).

[6] 林丽珊.多角度、有创意的阅读.小学教学参考(语文),2011(12).

学会精读:《三顾茅庐》教学纪实

康希福　洪春幸　周益民

课程标准关于阅读教学的建议中提出:"应加强对阅读方法的指导,让学生逐步学会精读、略读和浏览。"课程标准明确提出要让学生"学会精读"的要求,这对改革当前的阅读教学有着十分重要的意义。

一、课程标准解读

(一) 关于精读的相关问题的认识

1. 精读是一种阅读的方法

什么是精读? 按照字典上所说的,精读就是"反复仔细地阅读"。阅读是搜集处理信息、认识世界、发展思维、获得审美体验的重要途径。阅读的方式有多种,精读作为阅读方法的一种,主要指的是精心细致地、逐字逐句逐段地钻研和体味,并在充分理解的基础上提取信息的阅读方法。这种阅读是学生对课文中的文字信息进行筛选、分析、综合、联想等一系列复杂的心智活动,通过认真细读,揣摩探究,有时甚至需要咬文嚼字,结合联想和想象,准确理解字、词、句、段的表层含义和深层含义,领悟作者的思想感情和创作意图,进而形成自己对文本的判断和评价。精读的含义,就是早在 20 世纪 40 年代叶圣陶、朱自清所说的"细磨细琢的研读"。精读不但是充分理解阅读材料的重要方法,而且有助于提高理解和运用语言文字的能力,提高理解、鉴赏、分析、概括、联想和想象能力。

2. 课程标准提出精读的意义

从 20 世纪的百年语文教育的角度来看,二三十年代的课程标准曾提出课文分为精读课文和略读课文,自然应有精读课文的教学方法和略读课文的教学方法。是否就是在这种情况下,才出现了 40 年代的叶圣陶、朱自清的《精读指导举隅》和《略读指导举隅》? 到了 50~70 年代,语文教育领域里又有了讲读课文和阅读课文的说法,因而,也就有了关于讲读课文的教学方法和阅读课文的教学方法的研究,等等。而提出语文教学要让学生"学会精读"等,却是课程标准首次提出来的。

这次提出要让学生"学会精读"等,是作为课程目标提出来的。课程标准总目标中提出"学会运用多种阅读方法"。那么,学会哪些阅读方法呢? 阅读方法至少有朗读、默读、诵读、精读、略读、浏览等。这里,课程标准从阅读声音的高低、信息摄取的详略、阅读速度的快慢等三个纬度来阐明。从某种意义上说,与以往所说的精读课文和略读课文、讲读课文和阅读课文的意义指向有所不同,这里强调的是要让学生学会"精读"的阅读方法。

教学中指导学生抓住文章中关键词语、句子或段落,结合生活实际进行精读,是学生感受文章思想和感情,形成个人独特体验和思维方式的有效途径。

(二) 实施中的几点建议

1. 要注意激发学生精读的兴趣

激发学生的精读兴趣,需要教师深入细致理解课文的主旨,准确地把握学习目标,善于运用恰当的方法。譬如,预习中涉及的知识比较广泛,包括文章作者、时代背景,以及课文中重要的人、事、景、物等内容。这么多的内容如果能融知识性、趣味性于一体,就可以激发学生的精读兴趣。教学中要注意创设情境,让学生联系自己的生活经验,在情境中读、思、议、看,乐于参与。学习时,要注意引导学生欣赏文章中精练的语言,体会作者的思想感情,对文章里生动的记述和描写能产生强烈的感受,在脑子里能唤起相应的形象,在情感上能产生共鸣。这样,学生就会被形象的画面所吸引,进入文章所描绘的境界;就越读越想读,越读越爱读,在阅读当中得到乐趣。

2. 要注意教给学生精读的方法

精读是逐字逐句诵读、仔细揣摩、精心钻研、寻求要旨的一种读书方法。精读要能够通过推敲词句,准确地理清文脉,把握作者的构思以及所运用的表现手法。要注意提示学生精读思路,教给学生精读方法,并领会文章基本的表达方法。而精读的内容是文章的字词句段篇,指导要点是让学生学习并掌握了解字词句篇的科学方法。

精读课文要让学生理解,首先就要使学生理解重点词语和不懂的词语,这些词语有的在教材中做了重点提示,有的需要教师根据学情自己去确定。因为文章中的关键性词语,是作者为表达主旨而经过反复斟酌推敲选定的。可指导学生利用工具书、联系上下文、通过同义词的互释等来理解词语,还可以通过补充相关的知识辅助理解,等等。这些方法的运用,能使学生在精读中较为准确地理解词语。理解词语的方法有:工具突破法,借助字典理解词语,用文字解读文字,但查字典后一定要结合课文理解。课文求解法,字不离词,词不离句,在课文的

234

具体语境中理解词语胜于字典的理性解释。生活体验法,以身体之,以心验之,使一些字词打上学生各自鲜明的烙印。情境再现法,借助现代教学手段再现可视可听,理解自然真切。需要强调的是,理解后定要结合课文的语言环境,这样学生的理解才会是准确的,也才能体会到作者遣词的精妙。

精读中师生应特别关注概括性的句段,内涵丰富、语言凝练的句段,运用修辞手法的句段,等等。这些句段是学生理解的重点和难点。具体方法很多,总的概括起来主要的有两类:一类是直接理解的方法,根据上下文的联系采取观察、联想、想象、对比、追问、表演等手段,启发学生直接通过句段的语言形式来理解其表达的内容。另一类是借助分析句段的语法、逻辑结构以及其所运用的修辞方法来理解句段的意义和作用。同时,这些句段也是学生读写结合训练、句段训练的重点和难点。语文是实践性很强的课程,应着重培养学生的语文实践能力,而培养这种能力的主要途径也应是语文实践。读写结合的训练包括仿写句子、段落、续编结尾,揣摩、想象人物的心理活动、对话等。不同类型的课文承载不同的训练重点,如,有的课文中出现连续的动作词语,有的课文中有人物神态描写等,我们都应借助教材这个载体,抓住训练契机,提高学生语文综合素养,体现为学生服务的理念。

文章整体的研读则主要侧重于那些集中表现文章中心内容的段落以及对文章整体有特殊意义的各局部内容,侧重于文章内容与形式之间的关系的探讨,这是篇章精读的主要内容。

3. 要注意与其他阅读方式的配合

精读作为一种常用的阅读方法,它不是孤立存在的,必须把它和其他的阅读方法结合起来。读的形式单一,学生容易产生厌倦情绪;读的形式多样,学生既感到新奇,又乐于去读。读的形式有:范读、听录音读,可以让学生感受纯正的阅读方法;配乐读、齐读,可以营造身临其境的气氛,加深学生的感受和体验;默读可以让学生边读边思考;指名读,好让学生自我表现,有时还能起到示范作用;分角色读,能让学生品味不同角色的不同情感;大声朗读能让学生品味欣赏,自由读能让学生全员参与,得到练习。不管是哪种读,在精读教学中都是为精读服务的。从这个角度来看,课堂上的演、说、讲、辩、画等都是学生理解的一种手段,在学生学习精读的过程中要综合运用,这样学生才能对文章理解得更深刻,更容易积累知识,提高语文素养。同时,也要注意精读与其他阅读方法的关系和作用,譬如使用教材要兼顾精读与略读,精读示范略读应用,得法于精读得力于略读,等等。叶圣陶也指出"精读文章,只能把它认作例子与出发点;既已熟习了例子,占定了出发点,就得推广开来,阅读略读书籍,参读相关文章"。

4. 要尊重学生在精读中的个性体验

受自身阅历和价值观的影响,在精读中学生对于课文的理解是有差距的,要特别注意学生对于文本独特的心理感受。精读中,学生对于文本的感受是具体化的,更具个性化。这种个性化的感受应该是学生自己的,不要局限于标准答案或完整的答案,不要轻易地否定学生的独特的思维。教学中,要强调学生的自主学习意识,让学生亲历阅读过程,得出结论,并处理好尊重学生的独特体验和正确导向的关系。要特别注意学生在精读中的个性化体验,并且要鼓励学生有自己的个性化体验,帮助学生在精读的过程中提高认识能力以及审美能力。

5. 要注意对学生精读的评价

精读的评价,重点评价学生对阅读材料的综合理解能力,要重视评价学生的情感体验和创造性的理解。第一学段可侧重考察对文章内容的初步感知和文中重要词句的理解、积累;第二学段侧重考察通过重要词句帮助理解文章,体会其表情达意作用,以及对文章大意的把握;第三学段侧重考察对文章表达顺序和基本表达方法的了解领悟。

具体来说要注意以下几点:

第一,要注重正面评价,以成功造就成功。通过读来激发学生积极思考,在思考的过程中感受自己的力量,体验成功的快乐,这才是读的终极。通过精读,能有自己的情感体验,初步领悟作品的内涵,从中获得对自然、社会、人生的有益启示。对作品的思想感情倾向,能联系文化背景作出自己的评价;对作品中感人的情境和形象,能说出自己的体验;品味作品中富于表现力的语言。要让学生从独具个性的体验中感受到自己思维的力量,心灵的力量,从而获得真正意义上的成功感。因此,评价不仅要注重学生读的态度、质量,更多的是要让学生感受到自己在读的过程中的成就感,让这强大的成就感激发学生积极享受读书的快乐。学生通过读进步了多少,收获了多少,只要是向上的,只要是自己体验的,都应及时加以鼓励和表扬,从而激发学生读的自信心,促进学生语文素养的整体提高。

第二,要注重过程评价与点上评价,以过程促全程,以局部促全面。精读训练中,要相机指导,及时评价,阅读是学生的个性化行为,不应以教师的分析来代替学生的阅读实践。应让学生在主动积极的思维和情感活动中,加深理解和体验,有所感悟和思考,受到情感熏陶,获得思想启迪,享受审美乐趣。要珍视学生独特的感受、体验和理解。对于理解有创造性的同学,要及时对他们的闪光点提出表扬和鼓励,在发展语言能力的同时,发展思维能力,激发想象力和创造潜能。对于理解有偏差的学生,要尊重学生独特的个性体验,也不要随意否定,要多给予信心和力量,要相信他们,教给方法,让其知道自己也能读好书,使之再次积极地尝试着理解,可以允许学生保留自己的见解。每一次评价,应以发展的眼光,全局地关照学生综合能力,重视根据学生的发展变换评价的角度,让评价为学生整个发展奠基,使读成为发展的读。

第三,要注重多角度多方位评价,以灵活的梯度评价机制激发学生积极的自我教育潜能。针对学生的不同情况不同层次,对于学生精读的评价标准应作灵活的调节,实现同一内容的多维评价。在评价中逐步培养学生探究性阅读和创造性阅读的能力,提倡多角度的、有创意的阅读,利用阅读期待、阅读反思和批判等环节,拓展思维空间,提高阅读质量。精读一句话,可以做出多个的评价的梯度目标:正确流利有感情、读通读懂、读出味道读出情感、读出话语的内旨、读出个体的理解等。同时要注重开发学生的创造潜能,促进学生持续发展。根据不同学生,利用这样多维活动式的评价,定能实现评价的激励功能与推动作用。

二、教学实施案例:《三顾茅庐》教学纪实

研究课题:在课堂教学中让学生学会精读

研究教师:杭州市余杭实验小学洪春幸;课程标准解读部分由山东省德州市北园小学康希福撰写,江苏南通海门实验小学周益民评析。

教科书简介:《三顾茅庐》是浙江教育出版社出版的第十一册教材中的一篇课文,是根据我国古典长篇名著《三国演义》第三十七回《司马徽再荐名士 刘玄德三顾草庐》改写的。教学设计两课时,此为第一课时。

教学过程:

师:中国古代曾经有过一个时代叫做"三国",那可是一个战火纷飞、风云际会、群雄逐鹿、英雄辈出的时代。这个伟大的时代造就了一部伟大的文学作品,那就是——

生(齐):《三国演义》。

师:今天这节课我们要一起学习的课文就是发生在那个时代的一个故事,节选自《三国演义》,它就是《三顾茅庐》。来,看老师写课题。(师板书)我看到很多同学的课本上写着"已读课文三遍"、"认真读过课文"。看来,课文大家已经预习过了。我检查一下,课文读过两遍的请举手。(所有学生迅速举手)

师:很好。能把课文读得既准确又流利的同学,请举手。(生陆续举手,片刻后还有八只小手没有举起)

师:看来,有些同学还是对自己缺乏自信。那么,我们就用两分钟时间,让这些同学唤起自信,让自信的同学更加自信。大家自由地读课文,只读那些你认为最难读好的地方,反复地读。(生自由读)

师:这回有自信了吗?

生(齐):有了!

师:好,我相信你们,免检通过!不过,我还想让你们读课文。这次不是朗读,而是默读。课题"三顾茅庐"四个字已经是一个成语了,成语是汉语言的一大特色,含义深刻,比较难于理解。现在,边读边想:"三顾茅庐"是什么意思?提示一下:说的时候可以用上一些课文中的词句。(生准备)

师:准备得差不多了吧?谁来说说?

生:三顾茅庐就是三次来到诸葛亮的家。

师:不错。能加上一个"谁",就更好了。

生:三顾茅庐就是刘备三次来到诸葛亮的茅草屋,想请他帮助自己完成统一国家的大业。

师:很好。不但加上"谁",还把原因也说出来了。要是能说清结果就更完整了。

生:刘备很仰慕诸葛亮的才干,三次来到诸葛亮的家,恳请他帮助自己完成统一国家的大业,盛情难却,诸葛亮答应了。

师:对,这样就很完整了。你有一个词用得真好,是哪一个?

生(齐):"恳请。"

师:古人很有趣,除了姓名外,还有字,诸葛亮,字——

生:孔明。

师:刘备,字——

生:玄德。

师:张飞,字——

生:翼德。

师:关羽,字——

生:云长。

师:还有,譬如李白,字太白,号青莲居士,还有号呢;苏轼,字子瞻,号东坡居士。古人的名字比我们现在的有趣,是吧?

生:嗯。(多生点头)

师:下了课,也给自己弄个字呀号啊什么的。(指一生)你就号富春居士吧!(笑声)

238

师:在这个故事中,有一个很关键的人物,那就是——

生:刘备。

师:你对他在这个故事中的表现有一个怎样的印象?

生:他表现得很有诚意。

生:诚心诚意。

生:很有耐心,很有毅力,很诚恳。

师:是啊。那么,刘备三顾茅庐其心到底有多诚,其情到底有多真? 这还需要我们去细细地体会。我们再来默读课文,看看从哪些地方可以看出刘备的诚心诚意。提示:可以边读课文边用笔画画圈圈,这就叫做不动笔墨不读书。(生读书思考)

[**评**:以刘备"其心到底有多诚,其情到底有多真"为切入点,指导学生围绕其展开颇富智力水平的研读活动,笔墨集中而有力,为学生留下了广阔的思维空间与充足的活动时间。]

师:发现了这些地方了吗? 你发现了几处?

生:5处。

生:6处。

师:体会到刘备的诚心诚意了吗?

生:体会到了。

师:你准备怎样把你体会到的传达给我们大家呢?

生:我想有感情地朗读。

生:我可以把这种感受说出来。

生:表演也是很好的办法。

师:表演? 那可是很难的啊,不仅要念好台词,还得有表情、动作。不过,可以试一试。那好,我们就准备一下,或者读,或者说,当然也可以演,用你认为最佳的方法表达你体会到的一些东西。可以一个人准备,也可以几个人一起准备,相互提提建议,好不好? 开始! (生准备)

师:谁先来?

生:我认为从刘备斥责张飞的话中可以看出他的诚心诚意。

师:你说具体一点,好吗?

生:刘备和张飞是结拜弟兄,而刘备竟然为了诸葛亮去斥责张飞,说明他对诸葛亮很诚心。

师:刘备和张飞的关系,你能说得具体一些吗? (生介绍"桃园三结义"的故事,师在大屏幕上打出相关的图片和文字介绍)是啊,为了诸葛亮,刘备竟然斥责自己的兄弟。斥责,就是——

生:责备。

生:训斥。

生:骂人。

师:在课文的什么地方？我和你一起来读读,好吗？

生:好。在第二小节,找到了吗?（笑声）

师:找到了。

生:您读张飞,我读刘备。

师(模仿张飞的语气):"一个村夫,何必你亲自去呢?派个人把他叫来得了。"

生:(朗读)"胡说!孔明是当今大贤。怎么可以随便派个人去呢?"

师:你看到那个感叹号了吗?该怎么读?吸一口气,再读!

[评:标点是文章的眉目,教师不放过任何一个有助于学生跟文本对话的契机。长此训练,有助于学生习得精读的方法,养成精读的习惯。]

生(再读):"胡说!孔明是当今大贤。怎么可以随便派个人去呢?"

师:好!谁还有兴趣,也来读一读?（两生与老师对读）

师:孔明是当今大贤。"大贤",什么意思?（生无语)那你知道把很有钱的人称作什么?

生:大款。

师:把那些影星歌星叫作什么?

生(争先恐后):大腕。

师:把武功很好武德高尚的人叫作什么?

生(大叫):大侠。

师:像我这样的能把菜做得很好的人?（笑声,课前教师跟学生谈起过很会做菜)

生:大厨。

师:那些很有才能,德行又很高尚的人,叫——

生(齐声大叫):大贤。

师:你们不是已经知道了嘛!（笑声）

[评:刘备三顾茅庐乃为求贤,"大贤"是刘备谦恭之缘。教者每一细节的教学内容都把握很准,教学策略上则注重由已知引向新知,在迁移的同时收获了语言的积累。]

师:还有吗?

生:刘备第三次去的时候又斥责了张飞,也可以看出他很诚心。

师:对,而且是大声斥责。谁还想和老师读一读吗?

240

生:想!

师:"哥哥不用去了,我用一根绳子把诸葛亮捆来就是了!"

生:"你怎么如此无礼? 这回不用你去了,只让云长同我一起去。"(读得很好)

师:你读得最好的地方就在于"你怎么如此无礼"的后面停顿了一下,又改换了一下语气。你这一停,倒让我想起,刘备在这一停之间会想一些什么呢?

生:可能在想,这个猛张飞可能会坏了我的大事,不能让他去。

生:我可不能因为张飞的鲁莽,让诸葛亮怀疑我的诚心诚意。

生:毕竟是兄弟,不能太凶了,他就是这个脾气。

……

师:想得真好! 也一定能读得更好。谁再来读?

师:"哥哥不用去了,我用一根绳子把诸葛亮捆来就是了!"(配上表情、动作)

生:"你怎么如此无礼? 这回不用你去了,只让云长同我一起去。"(有声有色地读)

师:"既然二位哥哥都去,小弟怎么能落后呢?"(配上表情、动作)

生:"你一起去也行,但要懂得礼节。"(一副居高临下状)

师:看看,我们演得怎么样?

生:好!

师:好,怎么还不鼓掌?(笑声、掌声)

[评:以演助读,将平面的文字"还原"为可感的场景,还原的过程即是感受体悟的心智历程。]

师:还有吗?

生:刘备的这句话:"我冒着风雪,就是为了让孔明知道我的诚意。你怕冷,自己回去吧!"天气这么冷,还去——

师:书上有几个描写天气的词,请你读读。

生:数九寒天、雪花纷飞,还有天寒地冻。

师:多冷啊! 刘备执意前往,多——

师生(齐):诚心啊!

师:还有吗?

生:刘备第三次来到诸葛亮的家中,诸葛亮正在睡觉,刘备就恭恭敬敬地等在房门台阶下等诸葛亮醒来,说明刘备很有诚意。

师:是呀! 诸葛亮在温暖的被窝里呼呼大睡,刘备却恭恭敬敬地候在门外,那可是早春,春寒料峭,挺冷的。(教师做恭恭敬敬地等候的样子,持续5秒钟;

笑声)来,一起等候啊!(陆续有学生站起来,学老师样恭恭敬敬地等候)你等着,别动。刘备恭恭敬敬地站着,他脑袋里肯定是骨碌碌地转着。你想,此时此刻,刘备会想些什么?

(生继续站着)

师:我请一位同学来说,如果你觉得他说的和你想的差不多,那就坐下去。

生:他会想:待会儿见了面该怎么说话呢?

生:我怎样才能让诸葛亮相信我的诚心诚意,帮助我完成大业呢?

师:噢。

生:他在想:我已经来过三次了,诸葛亮这回该跟我走了吧!

生:为了诸葛亮,我已经连张飞都骂了,我的心真的够诚了。他诸葛亮就是一块石头,也得被感动了!(学生陆续坐下)

师:这叫精诚所至,金石为开!

[评:教师的评价对学生的语言发展是一种提升,这缘于教师良好的语言修养。]

师:还有吗?

生:刘备在离诸葛亮的草屋还有半里多地的地方就下马步行,也可以说明他的诚心诚意。

师:如果不下马步行就不诚心了吗?

生:不下马步行,一会儿见了诸葛亮,就显得高高在上,不够诚心。

生:还有半里地就下马,其实,诸葛亮也看不到,就更说明他是真的诚心诚意。

[评:教师的追问旨在促成学生思维的深入。学生在教师引导下,会渐近学会品读。]

师:诚心诚意还有真的假的?(笑声)那叫假心假意。

师:还有吗?

生:刘备回到新野驻地,听说诸葛亮回来了,立即叫人备马。从立即这个词中,也可以看出他的诚心。

师:你看,他读书多仔细。还有吗?

生:刘备见到了诸葛亮,赶紧下拜,也可以说明他很诚心诚意。

师:这真是太感动了,我都站不稳了,受不了,受不了。(师做摇摇摆摆状,生笑)

师:"刘备赶紧下拜说:'久闻先生大名,曾经两次谒见,都没有遇到。'"恭恭敬敬,你们知道刘备是什么人?

生:大将军。

生：汉朝的皇叔。

师：对，刘备可是皇亲国戚，人称"刘皇叔"，他竟然给诸葛亮下跪，诸葛亮是什么人？

生：读书人。

生：普通百姓。

师：用张飞的话说，他是"一个村夫"，用我的话说他就是"一介草民"。现在，刘备竟然给诸葛亮下跪，那足可以感动——

生（齐）：天地。

师：诸葛亮。（笑声）

师：我们来看，刘备为请诸葛亮怒斥张飞，冒着风雪寒冷，三顾茅庐，还有半里地就早早地下马步行，还在房门外恭候多时，终于见到了诸葛亮，赶紧下拜。现在，你是诸葛亮，你耳闻目睹了刘备的所作所为，你会怎么想？

生：刘备对我可真是一片诚心啊！

生：刘备对我这么诚心，我在他手下做官一定不会吃亏。

师：嗯，到时候，他还会给个红包什么的。（笑声）

生：刘备这么有诚意，我就出山吧！

生（女）：我要是一个女的，我就要嫁给他！（全场大笑）

［评：充分利用文本之空白，启发学生填补人物心理。教者注意通过提示背景为学生的想象活动指示方向。这种"设时处地"式的学习是一种具有再生力的学习策略。］

师：你这是"以身相许"了。诸葛亮也确实是对刘备以身相许。三顾茅庐之后，诸葛亮就走上为了国家统一大业鞠躬尽瘁、死而后已的路。诸葛亮在二十一年后回忆起这段经历，写下了这样几句话。（大屏幕出示《出师表》节选；隐约听到铃声）

师：（深情朗读）"臣本布衣，躬耕于南阳，苟全性命于乱世，不求闻达于诸侯。先帝不以臣卑鄙，猥自枉屈，三顾臣于草庐之中，咨臣以当世之事，由是感激，遂许先帝以驱驰。后值倾覆，受任于败军之际，奉命于危难之间：尔来二十有一年矣。"

师：这段文字中，哪些是写三顾茅庐这件事的？

生："三顾臣于草庐之中。"

生："三顾臣于草庐之中，咨臣以当世之事，由是感激，遂许先帝以驱驰。"

生："先帝不以臣卑鄙，猥自枉屈，三顾臣于草庐之中，咨臣以当世之事，由是感激，遂许先帝以驱驰。"

师：最后，布置一个作业，背诵《出师表》节选。

243

生：啊？

师：啊什么呀？这可是篇好文章，我们当然要背下来。

[评：《出师表》片段的补充既是教学内容的拓展，又是经典语言文化的积淀，更是民族精神的传承。]

[总评：一般意义的阅读是读者跟文本相互作用、构建意义的动态过程。基于同样理念的阅读教学则更是学生、教师、文本之间对话的过程。如何达成"对话"的高质，获取"潜心会文"的成果，洪春幸老师执教的这一课当是践行课程标准理念的良好物化。

教师很善于催发学生主动阅读的热情。课上，教师始终饱含期待，满怀赞许，真诚鼓励，与学生一同表演、讨论，阵阵掌声与笑声里贮蕴着师生合作的愉悦。这些都有力地促成了学生同文本、教师的主动"对话"。学习的过程就是师生共同参与、共同创造的过程，在这一过程中学生享受到了体验和再创造的快乐，蓄积起了更饱满地投入新学习任务的热情。

教师很注重在互动交流中提升"对话"的品质。综观全课，对文本细品精读的运作可以划分为两个层面。一方面，教者保证了学生个体跟文本的亲密接触（读、思），这为紧接其后的交流提供了"知本"；另一方面，基于上一前提的师生、生生的交流互动，又促成了个体的不断反思、提纯与矫正。

这一课的另一特色，即是在"对话"中实现了感悟与积累的双重收获。感悟主要指向文本意义的建构，积累主要指向文本言语的吸纳，教师将此二者很好地交融在一块。其间的媒介当为"读"，充分的读书活动既帮助学生领悟了文本的内蕴，又自然地贮藏起古老却鲜活的言语。]

主要参考资料

[1] 叶圣陶，朱自清. 精读指导举隅（前言）. 北京：商务印书馆，1942.

[2] 王崧舟. 阅读课评价标准新探. 中国小学语文教学论坛，2002（5）.

[3] 窦桂梅. 回到教育的原点. 北京：文化艺术出版社，2011.

[4] 刘文静. 小学语文教学的细节及案例. 长春：东北师范大学出版社，2010.

附记：洪春幸关于此课的教学曾在浙江省小学语文名师培训班公开教学活动中展示过。

学会略读:《香港,璀璨的明珠》教学设计

李冰霖　傅结龙

略读作为一种重要的读书方法,指的是为获得大意或者总体印象而进行的阅读。课程标准提出略读的问题,体现出现代社会对语文教育的要求。

一、课程标准解读

课程标准教学建议强调,各个学段的阅读教学都"应加强对阅读方法的指导,让学生逐步学会精读、略读和浏览"。

(一) 关于学会略读的相关问题的认识

学会略读是现代社会对语文能力提出的新要求。知识经济时代是信息化的时代,信息容量巨大、传递速度极快。这就要求人们必须具备迅速阅读、捕捉、筛选、提取所需信息的能力,必须具备快速把握阅读材料大意的略读能力。

1. 略读是一种重要的读书方法

所谓略读就是大略地读,大概地了解文章的主要内容,"粗知文章大意"。略读作为一种阅读方法,对我们来说并不陌生。比如说,读一份数十张的报纸,实在不可能也没有必要一字不漏地读,总是先用最快的速度浏览标题,然后根据自己的"阅读期待"选定某篇文章进行大略阅读,略掉一些具体细节或与主题相关较远的部分,较快地知道文章的大概内容,从而确定是否进一步仔细阅读,深入研究。可以说,略读就是从浏览到精读过程中的一个很重要的环节。略读的关键在于"略"字。这种方法,要求注意力集中在大意而不是细节上;要求不要把眼睛盯在具体的每个词上而是要着眼于篇章,从整体上把握文章大概的主要的内容。

略读是相对精读而言,而又略别于浏览的。三者均属于阅读策略范畴,概念不同而又互相关联。首先,从阅读策略来看,浏览意在较快地搜寻、捕捉、提取有关信息,迅速做出判断,选择阅读方向和阅读材料;略读意在粗知文章大致的内

容,从整体上迅速把握阅读材料的大致意思,判断阅读材料的重点要点;精读在于深入、准确而有创见地理解阅读材料。其次,从阅读的过程看,精读是要仔细研读,品味推敲,揣摩作者的旨意,阅读速度相对来说比较慢些;略读是大略地读,只求粗知大意,讲求一定的阅读速度;浏览就是大略地看,快速扫读,具有较高的阅读速度。三者虽然各不相同,各有侧重,但是略读与精读是相对而言的,精读"精"到什么程度,略读"略"到什么程度并没有绝对的明确的界限。略读与浏览更是你中有我,我中有你,只是目的与方法的略微差别。从应用的角度看,它们三者都是最常用的阅读方法,它们往往配合使用,都是阅读策略、阅读能力的一个重要构成要素。

2. 学会略读的好处

第一,学会略读有助于更好地利用语文资源。学习语文,既有优越的条件——无与伦比的语言环境,又有丰厚的语言、文化资源;既有课堂教学资源,又有丰富的课外学习资源。学会略读有利于学生更好地利用繁多的语文资源,综合提高学生的语文素养。

第二,学会略读有助于培养搜集和处理信息的能力。我们正处在信息时代,每天都要和数量巨大、传递迅速、变化极快的信息打交道。这样的信息时代,要求人们必须具备一种能力,一种能在很短的时间里吞吐大量信息,并能够快速处理信息的能力。这就要求学生必须学会略读,初步形成搜集信息、处理信息的能力。

第三,学会略读有助于落实课程目标。课标在总目标中提出"具有独立阅读的能力,学会运用多种阅读方法",第三学段"课外阅读总量不少于 100 万字"(这样大的数量,要求学生做到篇篇精读是不可能,也是不需要的)的要求,而且在阶段目标中要求"学习略读,粗知文章大意"(第二学段),"学习浏览,扩大知识面,根据需要搜集信息"(第三学段);在教学建议中则要求"要重视培养学生广泛的阅读兴趣,扩大阅读面,增加阅读量,提高阅读品位。提倡少做题,多读书,好读书,读好书,读整本的书"。这些要求是否得到落实,在很大程度上取决于是否加强对阅读方法的指导,让学生逐步学会略读(以及精读和浏览),具有略读能力(以及精读和浏览能力)。而且,学会略读,增加阅读量,扩大视野,加强积累,丰富底蕴,不仅仅从阅读的角度来说,就是对于口语交际、习作、综合性学习以及全面提高语文素养都是非常必要的。

(二)实施中的几点建议

1. 学习略读要跟默读、快读有机结合

略读与默读、快读是紧密联系的。学会默读,并在此基础上提高默读速度,逐步达到快读、跳读、浏览,这是学会略读的基础,也是提高略读能力的关键。因此,课标是将三者对应起来而提出学段要求的。第一学段只提出"学习默读",

这是基础;第二学段提出"初步学会默读,做到不出声,不指读。学习略读,粗知文章大意","能对课文中不理解的地方提出疑问"。从"学习默读"到"初步学会默读",第二学段对默读要求提高,同时提出略读要求,因为已有基础。第三学段提出"默读有一定速度,默读一般读物每分钟不少于 300 字。学习浏览,扩大知识面,根据需要搜集信息",对默读要求有一定速度,也就是要快读,同时在略读的基础上提出学习浏览的要求,目的在于第四学段全面达标。所以第四学段提出"养成默读习惯,有一定的速度,阅读一般的现代文,每分钟不少于 500 字。能较熟练地运用略读和浏览的方法,扩大阅读范围"。由此可见,略读、默读、快读三者是相辅相成的,要有机结合起来进行训练,共同发展,共同提高。

2. 学习略读要与精读、浏览交替进行

略读、精读、浏览虽然各不相同,各有侧重,但它们互相关联而且往往交替进行。人们一般总是先用浏览的方法,迅速扫读,根据自己的"阅读期待",迅速做出判断,选择阅读材料;接着用略读的方法,迅速抓住阅读材料的主要内容,确定阅读的重点;然后用精读的方法,正确而有创见地理解阅读材料,从而达到自己的阅读目的。因此,学习略读要与学习浏览、精读交替进行,形成一个整体,构建起完整的阅读策略体系。而且,精读能力发展了,略读能力便随之水涨船高;学会浏览了,略读则如虎添翼。

3. 学习略读要课内、课外有机结合

方法的掌握,能力的形成,绝非一朝一夕就能奏效的,仅凭区区几节课,是无法真正形成略读能力的。要引导学生把在课堂上学到的略读方法应用到课外广泛的大量的阅读实践中去,并在反复的实践运用中感悟方法、掌握方法,逐步提高略读能力。

(三)操作时应注意的问题

1. 要注意避免实践的误区

略读教学的实施,容易出现以下几个误区:其一,对于略读的意义认识不足,重视不够,甚至把略读与浏览、略读方法与略读课文等同起来,概念不清、目标不明,要求不当、导行不力,造成训练不到位、效果不理想等现象。其二,误认为略读就是自由地读、马虎地读、忽略地读。其实,略读并不等同马虎阅读、自由阅读。离开了教师的指导,一味地让学生自个儿去略读,学生就有可能因为用不妥阅读方法,摸不到阅读途径,马马虎虎地读,收获甚微;甚至会使学生在观念上产生误会,以为略读只是忽略地读,看看罢了。其三,精读课文只训练精读,略读课文只训练略读。其实,精读课文并非只能单用单练精读方法,略读课文也并非只能单用单练略读方法,两类课文都有培养精读以及略读的任务,只是精读课文比较侧重于精读方法,略读课文比较侧重于略读方法,两类课文都必须两种阅读方法互相配合,交替进行。比如,在学习精读课文时,可以引导学生注意运用略读的方法进行预习,粗知文章大意,找找不懂的地方;引导学生注意运用略读的方法,迅速抓住课文的要点;运用略读的方法进行复习,大略看看自己已经懂的地方,腾出时间,学习还不懂的地方;运用略读方法进行课外拓展阅读,通过略读,选择自己爱看的书,或者查查有关资料。

2. 要注意把握学段的要求

课标只在两个学段明确提出略读要求,第二学段提出"学习略读,粗知文章大意",第四学段提出"能较熟练地运用略读和浏览的方法,扩大阅读范围"。从"学习"到"较熟练地运用",其跨度比较大,因为能力的形成需要一个比较长的过程。虽然其他学段没有提出明确要求,但这并不等于没有要求或不再要求。第一学段只提出"学习默读",没有提出略读的具体要求,但要在"默读"与"精读"之中渗透;第二学段虽明确提出要求,但仅是初学而已;第三学段没有明确提出,但应在提高精读能力、默读速度、学习浏览中进一步学习略读,要求应有所提高,为第四学段达到"能较熟练地运用略读和浏览的方法,扩大阅读范围"的目标打好基础。所以对于略读的学习与指导,要注意把握不同学段的要求,注意学习程度的把握,注意从整体上去把准略读训练和能力提高的梯度。

3. 要注意加强方法的指导

略读的方法很多,主要可以采用以下三种:一是全读,即逐段略读,在粗知各段段意的基础上,连缀段落大意,从整体粗知文章大意;二是跳读,略读文章中的重点段,跳过其他次要段,在粗知重点段大意的基础上推想整篇大意;三是浏览,搜寻信息要点,并在此基础上,综合信息要点内容而粗知文章大意。

4. 要注意突出评价的重点

略读意在粗知文章大意,以求用较短的时间阅读较多的文章,扩大阅读面,增加阅读量。略读时不注重词句,不注重细节。因此课标关于略读的评价建议强调,"重在考察学生能否把握阅读材料的大意"。这个评价建议,与浏览、精读的评价建议是不同的,浏览的评价"重在考察学生能否从阅读材料中捕捉有用信息"。精读的评价,要"重点评价学生对阅读材料的综合理解能力,要重视评价学生的情感体验和创造性的理解"。所以,要正确把握略读的评价重点,同时要注意学段的程度要求。

二、教学实施案例:《香港,璀璨的明珠》教学设计

研究课题:学会略读

研究教师:福建省安溪县教师进修学校李冰霖;课程标准解读部分由李冰

霖、傅结龙合撰。

教科书简介:本课是人教版义务教育课程标准实验教科书小学语文三年级上册第24课。为了纪念香港回归这个重大的历史事件,激发学生的民族自豪感和热爱祖国的感情,教材选编了这篇课文。课文从多个方面介绍了香港的美丽和繁华,赞颂了香港真是"我国南海之滨一颗璀璨无比的明珠"。本篇略读课文,要引导学生通过自主学习和与同学的讨论交流,把握课文的主要内容。

教学时数:一课时

教学设计:

(一) 思路一

1. 读通课文

(1) 导言引入,揭示课题。

简要回顾《美丽的小兴安岭》后,谈话引入:欣赏了北国美丽的风光,让我们再去浏览南海边的香港吧。然后提示课题。

(2) 自学课文,自主阅读。

① 提出自学要求:读读课文,画出生字词,联系上下文,借助字典、词典和生活积累理解词语的意思,读通读准课文;根据"阅读提示"要求,读读课文,说说课文是从哪几个方面介绍香港的;读读课文,想想还有哪些地方读不明白,在不懂的地方做记号。

② 学生自学课文,教师巡回辅导。

2. 讨论与交流

(1) 分组讨论。讨论交流生字词意思的理解,识字的方法,难字的注意事项等;讨论交流"阅读提示"中的问题"课文是从哪几个方面介绍香港的";提出读不明白的地方,并进行讨论解决,互帮互学。

(2) 全班交流。

(3) 重点引导学生讨论、交流、体会课文是从哪几个方面介绍香港的,读后有什么感受(引导学生抓住有关语句,从购物、美食和旅游三个方面,说说为什么人们把香港称为"明珠")。

3. 有感情地朗读

(1) 带着阅读感受(对香港的热爱),自由熟读课文。

(2) 选择自己最喜欢的一个自然段练习、比赛有感情地朗读课文。

4. 综合与拓展

(1) 交流:和同学交流交流你知道的香港(课前可布置,搜集有关香港的图片、故事、文章、歌曲等,或者向去过香港的邻居、亲戚了解香港的情况)。

(2) 教师小结。

（3）课后，自主选择感兴趣的词句段进行摘抄，养成积累的习惯。特别是本课词汇非常丰富，如琳琅满目、应有尽有、物美价廉、一应俱全、举世闻名、五颜六色、五湖四海等，要注意积累词语。

（二）思路二

1. 交流资料，知"明珠"之事

（1）交流资料。课前布置查找资料，搜集有关香港的图片、故事、文章、歌曲等，或者向去过香港的邻居、亲戚了解香港的情况。课始，让学生互相交流他们知道的香港的人、事、景、物等。

（2）教师简介。学生如果知道不多，教师以"带领浏览香港的形式"播放多媒体课件，简要介绍香港；如果学生知道得较详，在学生交流后，教师小结，导入新课。

2. 品读课文，赏"明珠"之美

（1）读"提示"，明确要求。

① 提出问题（为什么人们把香港称为"明珠"），导入新课。

② 阅读"提示"，明确要求：课文是从哪几个方面介绍香港的？

（2）自读自悟，交流感受。

① 自读自悟。提出自学要求：读读课文，画出生字词，联系上下文，借助字典、词典和生活积累理解词语的意思，读通读准课文；根据"阅读提示"要求，读读课文，说说课文是从哪几个方面介绍香港的；读读课文，想想还有哪些地方读不明白，在不懂的地方做记号。

② 小组交流：你读懂了什么？还有哪些地方不明白？简要说说：课文是从哪几个方面介绍香港的？你还知道了什么？

③ 汇报交流：

概括交流。引导概括出课文是从购物、美食和旅游三个方面来介绍香港的。

重点交流阅读感受。你最喜欢课文的哪些语段，读给大家听听，并说说你读这一语段的感受或想到些什么？（目的是引导学生抓住有关语句，从购物、美食和旅游三个方面，说说为什么人们把香港称为"明珠"，品赏明珠之美；注意边交流边引导，指导学生有感情地朗读有关语段，读出喜爱、赞颂之情）

3. 综合实践，传"明珠"之情

（1）熟读课文中自己喜欢的语段。

（2）以"香港小朋友邀请"的形式，让学生练习说话。注意引导学生联系香港的特点、优点说说邀请来香港做什么，如游玩什么景点、品尝什么美食、购买什么物品等，抒发和传达我们热爱香港、香港欢迎我们的民族感情。

[**总评**:本课教学力求根据略读课文的教学特点和本课的选编意图,以自读自悟、整体感知、重点品读为主,注重课前课后拓展,注重创设情境,激发兴趣,突出语文综合性实践活动。

第一,注重自读自悟。本课设计力求体现自主、合作、探究的学习方法。教学时让学生自己参照连接语中的阅读要求,独立阅读、思考,把课文读懂;在自主学习的基础上进行小组合作学习,全班讨论,互相交流自己的阅读感受。

第二,注重学法指导。根据本组内容和本课"阅读提示",本课教学重视学习方法的指导与训练,培养学习能力与学习习惯。主要突出两项:① 注意收集有关的资料,本课设计注重在课前、课后进行资料的收集与交流的引导;② 培养学生边读边想、做批注的习惯。"读读课文,想想还有哪些地方读不明白,在不懂的地方做记号",这个要求注意培养学生边读边想、做批注的习惯。

第三,注重"精""略"交替。重点内容精读,次要内容略读,这是略读课文最主要的教学方法。本课设计在学生自主初读课文、了解课文主要内容的基础上,安排让学生与同学讨论交流,然后教师组织抓住重点、难点问题进行讨论,能够更加有效地帮助学生理解内容,把握课文的主要内容,并在读的实践中掌握读书方法,提高阅读能力。

第四,注重"略"而不"简"。本课设计,注意延伸拓展,引导学生查找资料,交流资料;注意语言积累,引导学生抓住自己感兴趣的段落熟读,自主选择感兴趣的词句段进行摘抄;注意表达训练,引导学生以"香港小朋友邀请"的形式,联系香港的特点、优点说说邀请来香港做什么,让学生练习表达;注意概括思维练习,重点引导学生抓住有关语句讨论、交流、体会课文是从购物、美食和旅游三个方面来介绍香港的。这样,重视课内外语言训练的互相补充,紧密配合,使略读课文的教学"略"而不"简"。]

主要参考资料

[1] 巢宗祺,雷实,陆志平等.语文课程标准解读.武汉:湖北教育出版社,2002.
[2] 杨再隋等.语文课程建设的理论与实践.北京:语文出版社,2001.
[3] 李冰霖.把"略读"提升到一个应有的高度.小学教学设计,2005(Z2).

附记:本篇教学设计思路一收录于人民教育出版社出版的《小学语文教师用书》(三上),评析为选编时所加。

"读整本书"的价值与指导策略：
《混血豺王》读书交流教学纪实

崔　峦　孙敬东　李怀源　石秀红

一、课程标准解读

2011 年版语文课程标准在"教学建议"部分这样表述："要重视培养学生广泛的阅读兴趣,扩大阅读面,增加阅读量,提高阅读品位。提倡少做题,多读书,好读书,读好书,读整本的书。"读整本书的思想已经被重视。

1941 年,叶圣陶在其重要论文《论中学国文课程标准的改订》中对"读整本的书"做了专门论述,明确提出"把整本书作主体,把单篇短章作辅佐"的主张。

(一) 关于读整本书问题的认识

语文课程的特点决定了学生要读整本书。读整本书可以扩大阅读空间,应用阅读方法,养成阅读习惯。

1. 发展语言

整本书阅读让学生有机会接触到大量的作品。丰富的语言材料,有利于学生根据自己的喜好进行吸收。有一个有趣的现象,遇到自己喜好的语言形式,学生会不自觉地模仿。某一个阶段读某位作家的作品,学生日记中就会有模仿的痕迹,而这种模仿不是有意识的,是潜意识的。

2. 锻炼思维

不同作者类似作品之间的比较,同一作者不同作品的比较,不同作品中某类人物的比较,如比较童话作品中的"王子"、"公主",比较不同作品中的"智慧老人"等,学生能够通过材料的"重整",对作品进行"伸展"、"评鉴",最后实现"创意"阅读。学生能通过对比,做出新的思考和判断,使思维更加深入。

3. 丰富体验

整本书负载着丰富的文化信息,在阅读的过程中,学生自然会受到文化的熏染。学生品味的语言越多,接受的文化越丰富,受到的影响也就越大。学生发展了语言,发展了思维,开阔了视野,能够在阅读中获取更多的情感体验。

（二）实施中的几点建议

讨论是整本书阅读指导中的重要环节,不但能深化学生对书籍的理解,还能培养学生持续的阅读兴趣。

1. 按照学生年龄特点指导

低年级的学生适合于教师先读给他们听。当学生有了一定的阅读能力,能够借助拼音阅读的时候,老师及时放手,让学生感觉到自己可以像大人一样进行阅读了,能够有成就感,维持持久的阅读兴趣。阅读讨论的重点应该是情节、人物、阅读兴趣等。

中年级的学生完全能够自己阅读了。老师应该设计读书报告单,帮助学生把握读物的主要内容。同时引导学生发现读物中的细节,让学生能够关注到人物的心理变化等。讨论的重点在于细节和从中体会到的情感,如,聊故事里好笑的情节,谈一些与众不同的人,从不同的角度看书中的人物等。可以谈论语文学习,比如,从两个不同的角度看一本书,了解自己的阅读策略和阅读困难,谈描写声音和色彩的语词和比喻,谈两种不同的拟人法,谈论描写老人或特别的人的方法,讨论描写做事过程的写法,谈作者特别的语气等。让讨论变得角度多样,使阅读活动丰富多彩。

高年级的阅读,教师可以设计稍微复杂的读书报告单,也可以让学生自行设计。教师引导学生对深层次的问题进行讨论,比如,比较同一个作家的不同作品,探讨一些与众不同的作品,比较自己的童年和作者的童年,谈饮食文化以及相关的语词,谈老人与小孩的关系,探讨奇幻小说和魔法小说的特色等。

2. 按照读物特点指导

小学阶段读物的主要体裁有:图画书、童话、童谣、儿童诗、散文、小说、科技作品等。图画书、小说是整本书,童谣、儿童诗、散文、科技作品往往是以"集"的形式出现的。不同的体裁有不同的特点,教师应该把握体裁的特点进行指导。

图画书并非只有低年级学生才可以读,整个小学阶段的学生甚至成人都可以从图画书中获得启发。图画书可以分为有字书和无字书。无字图画书可以直接让学生阅读,学生通过读图,能够读懂故事,受到感染。故事情节比较曲折的有文字图画书,如,《你看起来好像很好吃》,教师可以边出示图,边讲故事,在故事的紧要处可以停下来,让学生想象和思考。像《我的爸爸叫焦尼》这样情感性比较强的图画书,如果停下来就会破坏故事的氛围,教师可以从头至尾讲完,然后设计活动让学生讨论。

《安徒生童话》、《下次开船港》等童话集,编选了同一作者不同的童话,有些是选编不同作家作品的童话集。教师可以有重点地选取经典的部分,如对《丑小鸭》等进行讨论,也可以选择学生感兴趣的童话进行讨论,其他的由学生自己阅读。童话的阅读,要引导学生进入童话的情境,在阅读的过程中尽量不把学生拉回现实的场景。设计讨论话题,也要让学生站在童话中人物的角度。讨论充分后再联系学生的现实生活。

儿童诗以儿童的语气表现儿童的所思所想,看似简单的语句却能营造出一个个新奇的世界。儿童诗有不同的类型,知道诗的类型不是最重要的,重要的是让学生能够感受到诗带来的快乐。儿童诗集,一般是选编经典的作品,如《蝴蝶豌豆花》。教师要引导学生做好下面的工作:读懂诗的意思,想象诗的画面,领悟诗的情趣,欣赏诗的意境,品味诗的语言。儿童诗的情趣和儿童诗的语言,要能够让学生感受到。童谣带有浓厚的儿童情趣,语言富有特点,学生往往读上几遍就可以背诵,老师要根据这些特点进行指导。

阅读《远方的小星星》等散文集。开始读的时候,学生只会看到一篇篇的文章。看完了,再引导学生看看这些文章放在什么主题下。把这些文章放在这样的主题下讨论,学生的认识就会丰富而深刻,所感受和获得的比单篇文章深厚,思考问题的角度也会变得多起来。每一篇散文都有它的特色,有的简练明白,以条目的形式出现,如《每个孩子都应该做的 101 件事》;有的寓意深刻,如《一片叶子落下来》;有的充满儿童情趣,如《幻想家》,教师要引导学生关注语言特色。

小说是整本书阅读的主体。儿童小说可以分为成长小说、幽默小说、动物小说、科幻小说等。教师可以根据不同的类型进行指导。成长小说关注"心灵",幽默小说关注"语言",动物小说关注"情节"和"形象",科幻小说关注"想象"。因为小说有完整的情节、典型的人物,因此设计讨论话题比较容易,既可以讨论人物的性格,又可以讨论语言特色。通过交流让学生觉得还有很多未曾发现、没有体验的细节,有兴趣继续读下去。对现实问题进行追问和思考是交流的重点。

科技作品一般是说明文体裁,如《昆虫记》。教师指导时一是让学生读懂内容,再就是把握说明文本身的特点。一般有如下的重点:把握事物特征,领悟思想内容;理清说明顺序,掌握结构特色;研究说明方法,学习习作技巧;体会语言特点,增强表达能力。

3. 按照阅读本身的规律指导

六层次阅读能力系统理论认为,阅读能力包括六个能力元素:复述、解释、重整、伸展、评鉴、创意。复述、解释、重整是"客观性理解,对原有的篇章进行分析、概括等,紧扣原篇章,准确理解,还原作者的思想过程"。伸展、评鉴、创意是"主观性理解,通过推论、想象、推测、批判性思维、创意,有依据地引申、拓展篇章内容,以及评鉴篇章内容与表达,提出独到的见解,对篇章进一步加工。基于原篇章又超离原篇章"。教师可以根据阅读层级采取不同的阅读策略。

初读一本书后,可以让学生复述内容。教师出示一些句子让学生用自己的话解释词语和表面句意,针对理解全书或章节起重要作用的词语提问,针对不易理解的词汇、结构复杂的句子设计问题。这属于复述和解释的范畴。

重整可以通过读书报告单等形式让学生分析内容关系,抽取重要信息,概括整本书的主要意义。从书的某处或多处摄取特定信息,如概括整本书的内容,发现整本书的主要表达技巧。还可以向学生推荐一个作者的其他书,或者和本书相同类型的书。比如,读完《长袜子皮皮》以后,推荐《小飞人卡尔松》和《彼德·潘》,让学生比较卡尔松、彼德·潘和皮皮有什么相同和不同。学生阅读以后,再进行讨论,打通各本书之间的阅读通道,让不同人物在学生头脑中建立联系。

伸展是在理解篇章表层意义的基础上,找出隐含信息,推断深层含义。如,在《草房子》阅读交流时,提出问题:除了《艾地》、《药寮》两章外,其他各章的结尾为什么都用了省略号? 用了句号的两章,一是"艾地"的主人公秦大奶奶过世了,一是"药寮"的主人公桑桑病好了。其余各章结尾用省略号给人留下想象的空间,好像每一个主人公还有故事。

评鉴是在理解意义的基础上,评说人物与思想内容,鉴赏语言表达。如,在《长袜子皮皮》的读书交流中,对皮皮在学校的表现,教师先提出问题:如果你是皮皮的老师,你会怎样对待皮皮? 学生充分发表意见后,老师问:如果你是皮皮,你希望有什么样的老师? 再让学生讨论。最后问:为什么你做老师和你希望的老师不一样呢? 通过这样的问题设计,让学生能够对作品和作品中的人物进行评价。

创意是在理解意思后,找出解决问题的新想法,提出文章的新写法,或运用所读信息解决实际问题。提出富有新意的解决问题的方法、见解,提出新的表达技巧、改写文句,灵活运用所读信息解决相关的问题等。

学生年龄特点、作品本身特点、阅读能力元素,这三者是紧密联系在一起的,不可能人为地分开。好的阅读指导应该像优秀的作品一样,把所有的功利性目的都隐藏在丰富的阅读活动背后。阅读的主体是学生,让学生通过阅读交流获得真正属于自己的体验,这样的阅读会更动人,更持久。

(三)操作时应注意的问题

整本书可以从三个角度进行选择,一是能够增进学生知识的,一是能够锻炼学生阅读能力的,一是能够开启智慧、启迪心灵、传承文明的。

1. 选择整本书应该本着东西合璧、古今结合的原则

可以根据书评人的推荐,但是最主要的标准是孩子是否喜欢。所以,教师在选择整本书以前,一定要先读一读,然后推荐给学生。

2. 选择整本书,师生必然经历一个自我判断的过程

不同的出版社和书评人推荐的书目会有不同,也存在一定的局限性。在这些书目中都出现的书,可以先让学生阅读。书目也不是一成不变的,要随时关注变化。一般的选本,作者不同,形式有变化,适宜刚刚开始进行整本书阅读的学生。有的选本在节选时列出了选文出自哪些著作,所以,在读选本时就要有意识引导学生去读原著。如果学生阅读欣赏能力已经提高了,可以根据学生兴趣、教师取向、作品价值相结合的方式进行选择。

3. 选择整本书,可以和教科书的内容结合起来

人教版课标实验教科书的"课外书屋"栏目向学生推荐了与本单元有联系的整本书,教师可以有选择地让学生阅读。教师也可以联系课文内容进行延伸阅读,如,学习人教版课标实验教科书五年级下册的"人物描写一组"单元时,可以读《小兵张嘎》、《红楼梦》、《儒林外史》等名著,这些是与课文内容联系的整本书,属于内容的延伸阅读。也可以选取《小王子》、《毛毛》、《长袜子皮皮》中任何一本,看作者是如何表现人物形象的,这属于表达方式的延伸阅读。

4. 读整本书的数量

究竟一个学期读多少本书比较合适呢? 阅读数量不能强求统一,要根据学生的实际情况。一、二年级开始的时候需要老师给学生朗读,读书的数量反而会多一些,一学期阅读的图画书可能有十几本。三、四年级为了培养良好的习惯,为了教给方法,可能阅读的速度会慢一些,选的书也会少一些,一学期有两三本。五、六年级经过前几年的培养,阅读能力提高了,阅读速度快了,能够读得更多一些,范围也更广一些,选取的书能做到一个月一本,一学期就可以读四五本。

5. 读整本书不能成为阅读课

读整本书的交流指导不能变成阅读课,更不能成为讲读课。读整本书重在学生的自由阅读,教师引导学生交流,在阅读和交流过程中对学生进行指导。在交流指导过程中,教师不应过于偏重书中内容的指导,而要有意识地培养学生的阅读能力,教给学生阅读策略。

二、《混血豺王》读书交流教学纪实

研究课题:读整本书的交流指导

研究者:孙敬东、李怀源共同撰写课程标准解读部分;德州跃华学校小学部石秀红负责教学设计并执教;全国小语会理事长崔峦先生评析。

教学内容介绍:《混血豺王》是作家沈石溪的一部动物小说。小说的主角白眉儿是猎狗洛戛和母豺达维娅所生下的混血豺,它的一生经历了无数次的考验,

从苦豺到猎狗,从猎狗到豺王,最后又被豺群遗弃,但是它始终没有放弃和退缩,表现了白眉儿屈辱、苦难、奋斗的一生。教学重点是引导学生根据已知的故事情节,猜测接下来将要发生的故事,初步掌握"猜读"的读书方法,引发学生的阅读期待,拓展思维空间。难点是通过一节阅读指导课,让学生了解整本书的大体内容,感受到白眉儿曲折的一生。

教学过程:

(一) 认识角色

师:今天老师也给大家带来了一个惊心动魄、感人肺腑的故事。这个故事出自沈石溪的长篇小说《混血豺王》。故事的主角是白眉儿。看一看文中是怎么介绍的。

(生读文字)

师:通过这句话你来猜一猜,白眉儿有什么性格特点?

生:它可能具有豺的残忍。

生:可能还有猎狗的忠诚。

师:都说性格决定命运。拥有这样双重性格的白眉儿,它的命运会怎样?

生:可能会比较曲折。

生:命运不顺利。

师:到底怎么样呢? 欲知后事如何,且听完故事,你就知道了。

师:在这个故事中,和主角有着密切关系的还有几个人和动物,来看看吧。

(课件出示角色)

师:苦安子是白眉儿的第一个主人,阿蛮星是猎户寨的村长,夏索尔是豺群的首领,老狗黑虎是村长的猎狗,兔嘴豺是白眉儿的朋友。这几个都是小说中的角色。

(板书:角色)

1. 苦豺

师:你觉得苦豺的生活中会发生些什么事? 猜一猜。

生:地位低下。

生:处境不好。

生:冒着生命危险生活的动物。

生:遇到危险它就会第一个去试。

师:白眉儿在苦水中慢慢泡大了。苦难的生活催它早熟,不幸的灰色的童年往往是一笔珍贵的财富。

2. 苦安子

师:在一次围捕岩羊的狩猎活动中,身为苦豺的白眉儿冒犯了豺王夏索尔,被驱逐出豺群,遇到了它的第一个主人——苦安子。苦安子把白眉儿当成了自己的猎狗,那么它今后的生活会是什么样的呢? 你来猜一猜。

生:它过上了安逸的生活。

生:有可能命运比苦豺还苦。

生:生活慢慢会好起来。

师:哦,大家猜得五花八门,之所以这样,是因为不了解苦安子的性格特点。苦安子到底是一个什么样的人呢? 来看看书中是怎么写的。(出示文字)

师:这样的人会给自己的猎狗什么样的生活呢? 你再猜一猜。

生:它整天饿肚子,挨打,饥寒交迫。

师:你们猜得真准。所以有了依据再推理会更符合作品,更接近作者的写作角度。根据已知做出合理的猜测,大家现在已经初步学会了这种方法。

[评:这本书比较厚,把其中的几个主要角色提炼出来,有助于学生理清角色关系,再根据角色的性格特点来猜测故事的情节。这样让学生初步体验一个猜读的完整过程,便于学生掌握这种读书方法。]

(二) 猜测情节

1. 狩猎

师:偷鸡的事情还是败露了,白眉儿被赶出猎户寨,机缘巧合被卖给了阿蛮星。在一次失窃事件中,白眉儿替巫娘抓住了真正的偷鸡贼,过起了受尊敬的生活,这也引来了老狗黑虎的妒忌。

出示:

一次,阿蛮星带着黑虎和白眉儿去打猎。遇见了一只豺,在它们的追逐下,豺急不择路,钻进了一条雨裂沟。雨裂沟没有第二个出口,再深也有尽头。白眉儿勇猛地冲进了雨裂沟……

师:接下来会发生些什么呢?

生:会冲进去咬死豺。

生:去救那一只豺,因为它也是豺。

生:它是主人的猎狗,它应该去攻击那只豺。

生:可能会放了那只豺。

师:我们来看看原文中是怎样说的。

(师发资料,学生迅速自读)

师:白眉儿放了这只豺,因为它就是白眉儿在豺群中唯一的朋友兔嘴。

2. 暴露身份

师:从今以后,它再也不会干丧失猎狗原则的事了,要做一条真正优秀的猎狗。这不,机会来了。

出示:

不久,阿蛮星从集市上买来一头膘肥体壮的牛,要给这头牛烫烙印和穿牛鼻子,不料这头牛却非常野蛮地挣脱了绳子的束缚,疯狂地以泰山压顶之势向阿蛮星冲撞过去……

师:接下来发生了什么? 你来猜一猜。

生:白眉儿会救阿蛮星。

师:看看作品中是怎么具体描写这一部分的?

(老师发资料,学生读资料)

师:老师从文中摘抄下一点,谁来读一读?

(出示文字,学生阅读)

3. 回到豺群

师:白眉儿救了阿蛮星,但是也暴露了自己有豺的血统的秘密。阿蛮星的老猎狗黑虎通过自残陷害白眉儿,白眉儿被迫结束了猎狗生涯,回到豺群。

(出示文字)

师:接下来发生了什么? 你来猜一猜。

生:可能会有一场恶战,但输赢不敢保证。

师:我们看看原文中怎么介绍的。

(发资料,学生阅读)

师:狼群终于被赶了出去,众豺拥戴白眉儿登上王位。然而当王也不容易,虽然能够享受很多特权,但是也要担负很多责任。就在这时,豺群遇到了罕见的饥荒,白眉儿带领豺群不顾路途遥远,冒着漫天飞舞的暴风雪去觅食。

出示:

只是,双目失明的兔嘴因为要衔着白眉儿的尾巴走,所以走得慢……有一只幼豺终于坚持不住,倒了下来。饥饿的众豺分食了这只幼豺。

师:白眉儿看在眼里,痛在心里。外面风雪凄迷,山野一片惨白,一股比刀子还尖利的风从洞外猛灌进来。

出示:

第三天,暴风雪又肆虐了整整一天。第四天中午,才开始转弱。白眉儿决定继续出发。虽然路滑,冰天雪地,有的豺饿得无精打采,但总比饿死在洞里好。它把尾巴伸进兔嘴的嘴里,但是其他的豺们却……

出示:所有豺的眼光都穿过白眉儿的头顶,落到兔嘴身上。七八只大公豺分成两队,贴着洞壁,从左右两侧朝白眉儿迂回过来,很明显,它们要担当执法队,不,是担当刽子手。

师:此时此刻,如果你是一只饥饿的大公豺,如果你是豺王白眉儿,如果你是眼瞎心不瞎的兔嘴,你会怎么做? 小组内讨论,说出自己的理由。

生:如果我是豺王,我不会让它们吃兔嘴。

师:可是,你是豺王,你的豺群已经几天没吃东西了。

生:它们都很饿,我会让它们把我分食。

师:真是一个有献身精神的豺王。

生:如果我是大公豺的话,我不会吃兔嘴。

生:我是大公豺的话,我太饿了,我要吃它。

师:我是豺王,我会同意让你吃掉它吗?

生:我在读沈石溪小说时,动物有时在饥饿或者自己的幼仔被侵犯的时候,会破例。

师:各抒己见,我们看看作者怎么写的。(出示文字)

师:谁来带着自己的感受读一读?

(生配乐读)

师:能告诉我你的声音为什么越来越小? 说出你的感觉。

生:兔嘴宁愿牺牲自己,也不让白眉儿为难。

生:我很难过。

师:此时此刻你的内心有什么感受?

生:兔嘴是悲惨的。

生:它不愿意面对这样的现实。

生:兔嘴不想让白眉儿为了自己而受伤,兔嘴死得非常伟大,它的死是为了所有的豺。

4. 再遇主人

师:严酷的冬天终于过去了,埃蒂斯豺群回到了日曲卡山麓。前任豺王夏索尔在白眉儿昔日主人阿蛮星经过豺群大本营时,故意让一只豺发出声响,引起了阿蛮星的警惕,向豺群放了一枪。第二枪还没准备好的时候,众豺围了上去,把阿蛮星逼上了一棵树。

师:面对自己昔日的主人,面对自己的臣民,白眉儿会怎么做?

生:白眉儿会救自己的主人。

生:我认为它会去救自己的主人,因为它上一次救了豺才暴露了自己,这一次也一样。

生:它不会救自己的主人,因为这样它就背叛了自己的臣民。

师:我觉得小说按照你的想法写下去会是另一个精彩的结局。我们来看看原文中是怎样说的。(出示文字)

师:白眉儿放走了阿蛮星,但它做梦也没想到阿蛮星这么快就背信弃义,带领着猎人对豺群大本营进行了大规模的围剿,俘虏了二三十只幼豺。人比动物更有报复心,面子往往比性命更重要。身为豺王的白眉儿会不会去救自己的臣民,怎么救?

生:用调虎离山计。

生:也有可能声东击西。

师:在一个月黑风高的夜晚,白眉儿带领一群大公豺慢慢逼近关着幼豺的栅栏。(出示文字,学生阅读)

[评:读是猜的基础,猜是读的提升。关键时刻的戛然而止,激起了学生的阅读期待。这里既有形象思维的训练,也有逻辑思维的训练,因为学生只有读进去,才能猜出来。猜出来之后,又有了和原文进行对比的期望。]

(三) 审视结局

出示:白眉儿没有屈服于猎人的诱惑,最后,倒在了猎枪下。

师:故事到这里就结束了,你想说些什么?

生:我觉得白眉儿太冤了。

生:我觉得猎人也很坏,因为豺既没有偷他们的家畜,也没有伤害他们,他们为什么一定要去打豺呢?

师:对这样的结局你满意吗? 你希望在哪里结束?

生:我希望在它救了幼豺,它们一起过着美满生活的地方结束。

生:我希望在冬天结束。

师:是呀,我们都希望有一个大圆满的结局。如果现在要你给白眉儿的一生画出一条线的话,你会画一条怎样的线?

(学生画)

师:说一说你为什么这么画? 最高点是什么,最低点是什么?

生:因为它的生命是跌宕起伏的。最高点是当上豺王,最低点是死去。

师:作者这样安排就是为了抓住读者的心,这样的情节就叫——曲折。(板书:曲折)

师:再来看,作者单单是在写动物吗?

生:不是,是把动物赋予人的思想,人的感情。

师:这就是动物小说的人格化。(板书:人格化)

师:如同沈石溪写的:再凶猛的动物也有柔情。一课一得是老师对你们最大的期望。好,这节课上到这里。

[评:及时总结,有利于学生对新知识的学习、对新方法的掌握。引导学生通过谈结局和画情节线,从文本里走出来,总结学到的读书方法,运用到以后的读书活动中去,其实这也是一个提升的过程。]

[**总评**:石秀红老师执教的《混血豺王》是一节名副其实的阅读整本书的阅读指导课,最突出的一点是运用了多种阅读指导的策略。

第一,猜读。每到关键处,就停下来,让学生猜一猜:接下来会发生什么?角色的命运会怎么样?有意识地培养学生推测的能力,这也是我们要培养的阅读能力之一——推测、推断的能力。这样的设计,极大地调动了学生阅读的兴趣,训练了学生编故事的本领。特别是通过引导,潜移默化地让学生知道故事一定要有一个结构,一定要有骨架,要有比较曲折的情节。这就为自创动物故事做了准备。

第二,速读。石老师的阅读指导课上,让学生用比较快的速度读大屏幕上比较长的语段,然后让孩子了解故事的情节。注重了速读的训练。

第三,用设问,用问题来引导。比如,如果你是白眉儿,如果你是大公豺,如果你是母豺兔嘴,你会怎么做?编问题来引导,激活孩子的思维。

第四,改编。比如,白眉儿被猎人打死了,此时你最想说什么?如果你不满意,最想在哪儿结束?怎么结束?但是我们的孩子都很善良,这时候他们希望的结局都是大团圆。这是中国人的思维,外国人写书很少是大团圆的。其实,老师还可以往这里引导。

第五,理情节线。理清情节的线索,小结文章的写法。通过情节线使孩子们知道,动物小说要有曲折的情节,有人格的刻画。这实际上是教给孩子写故事、编动物故事的绝招。比如,写收获、抓主旨。]

主要参考资料

[1] 董菊初.叶圣陶语文教育思想概论.北京:开明出版社,1998.
[2] 刘国正.叶圣陶语文教育文集第三卷.北京:人民教育出版社,1994.
[3] 黄荣村.童书三百聊书手册.台北:启耀印刷事业有限公司,2001.
[4] 祝新华.六层次阅读能力系统及其在评估与教学领域中的运用.小学语文,2008(4):4～7.
[5] 温儒敏.新的语文课程标准有哪些重要的修订.http://blog.sina.com.cn/s/blog_59432ccb0100xoas.html.

写出真话、实话、心里话：
"写真话·做真人"作文教学改革实验方案

李冰霖　苏俊墉

　　语言文字是人们用来表达自己的意思、自己的真情实感,并以此为基础与他人进行交流与沟通的"人类最重要的交际工具"。能够真诚与他人进行交流与沟通的是真实的情感、认识、意见,不是假话、空话、大话、套话。语文课程是工具性与人文性的统一,因此,做学问与做人不能割裂开来,人品与文品不可不一致。

一、课程标准解读

　　语文课程标准在"教学建议"中关于"写作"部分指出:"要求学生说真话、实话、心里话,不说假话、空话、套话,并且抵制抄袭行为。"

(一) 关于"写真话、实话、心里话"相关问题的认识

　　1. 这是为了克服作文教学中存在的"编、造、套、抄"弊端

　　以往的作文教学,主要是教师命题→讲解文体结构和写作要求→提供范文→分析写作技巧→模仿范文进行习作。教学中,有的教师总是以自己的责任和权威,以成人化、程序化的标准去规范学生的习作,学生只能奉命而作,依样画瓢,不敢越雷池半步;有的教师则片面追求新颖,过分强调虚构,把学生逼上口是心非、弄虚作假的"梁山";有的学生围绕考分转,认为搬抄优秀习作是获取高分的好办法,专注于模仿范文,套用"路子",创造"吹牛"作文。这样的文风和教风,不但不利于习作,更不利于育人。

　　2. 这是对学生的情感态度与价值观方面的人文关怀

　　叶圣陶说过:"千教万教教人求真,千学万学学做真人。"作文教学不但要培养学生运用语言的能力,更重要的是要让学生通过作文构建起以高尚信念、美好情操和优异品格为核心的人格体系,以文字砌就一个五彩缤纷、绚丽多姿的精神世界,达到心灵审美自足、自适、自娱。这就要求作文教学不能是说假话、空话、

263

套话的,人品与文品相脱离的。要让学生怎么想就怎么说、怎么写,说真话、吐真情,做到文如其人,言行如一。

3. 这是实现课程总目标的必然要求

课程标准提出作文教学的"总目标"之一是"能具体明确、文从字顺地表述自己的见闻、体验和想法"。为了实现总目标,在阶段目标中提出了一些具体要求,如,第一学段,"写自己想说的话";第二学段,"能不拘形式地写下自己的见闻、感受和想象";第三学段,"懂得写作是为了自我表达和与人交流","能写简单的记实作文和想象作文,内容具体,感情真实";第四学段,"写作要有真情实感,力求表达自己对自然、社会、人生的感受、体验和思考","条理清楚地表达自己的意思"。这样通过阶段目标的达成来实现总目标。

(二)实施中的几点建议

1. 淡化习作要求,淡化文体意识

为了鼓励学生敢说真话、乐写实话,首先要淡化习作要求、文体意识。要允许学生真实摄取生活的原生态,只要自己认为有意思,觉得有趣的皆可入文,怎么想就怎么说、怎么写,不再顾忌立意如何,不再顾忌形式如何,自由自在地把自己的见闻和感想写出来,真真切切地表达出自己平常而又普通的感觉,抒发出自己的真情实感,交流那独特而富有个性的内心体验,达到"我口说我心,我手写我口"的理想境界。

2. 尊重学生个性,注重个体差异

课程标准强调写作的个性化,重视学生的主观感受,提出"注意把自己觉得新奇有趣或印象最深、最受感动的内容写清楚"(第二学段),"珍视个人的独特感受,积累习作素材"(第三学段),"力求表达自己对自然、社会、人生的感受、体验和思考"(第四学段)。作文教学应促进学生个性的发展与人格的完善,为学生提供一个充分展示自我、张扬自我的环境和时机,让学生自由地表达自己的真情实感。

3. 关注写真途径,探索写真方法

要指导学生通过多种途径,做生活的有心人,学会细致观察身边的人和事,思考自己所见所闻、所作所为,然后,"我手写我心","我手写我口",放手描摹自己的真实生活、真实情感,最后达到再现生活、再现情感之目的。具体途径:一是关注自然写真景,二是关注生活写真事,三是关注自己写真心,四是关注活动写真趣。

有了许多写真的内容,还必须探索写真的方法,让学生真正会写、乐写真实的事、真实的人、真实的情。一是要让学生在自主造句中说"真话",二是要让学生在自主命题中倾"真心",三是要让学生在自主选材中写"真实",四是要让学生在自主立意中讲"真话",五是要让学生在自主修改中抒"真情"。

4. 改进指导策略,创设写真平台

学生不说真(实、心里)话,或是因为"经验"和"惯性"。而这"经验"和"惯性"是教师过高要求和不当指导下长期练就的。从一接触作文开始,教师就给作文强加一个"盖"(过高要求和不当指导),这个"盖"促进学生形成了一种只会说假话、空话、套话的"经验"和"惯性",久而久之也就不会、不肯说真话、实话、心里话了。要消除作文假(空、套)话的现象,就必须从作文起步开始给作文"去盖",消除教师的过高要求和不当指导,少限制,多鼓励,努力给童真思想以自由,给童真视角以自由,给童真表达以自由,让学生作文伊始就形成一种"说真(实、心里)话"的良好"经验"和"惯性"。

（三）操作时应注意的问题

1. 要注意克服"三从"失真根源

在学生习作起始,我们希望给学生习作一个垫脚石,然而事物都有双面性,如果学生过于依赖外力的帮助,就会陷入已有的方法、范文而无法自拔,习作也就假、大、空了。所以,要注意消除:

（1）从教材现象。由于教材中的课文文质兼美,堪称主题文章适合学生阅读的经典,容易为学生所接受。到了习作训练时,学生会自觉或不自觉地套用课文的方法、选材思路、结构语言,很容易依教材课文的葫芦来画习作的瓢。

（2）从教师现象。小学生常视教师话语为金口玉言,习作时,总会想着老师刚才是怎么讲的,对景是怎样描述的,对物是怎样描写的,对场面的描写提到了哪些词语,巴不得把教师的话语全部"复制"在习作中。

（3）从参考资料现象。教辅市场不管哪个版本的都有好几套配套的习作辅导资料,如何审题、参考范文、选材方向、习作素材一应俱全,若以这种现成的资料代替学生的思考,学生参考出来的习作大同小异,假话、空话、套话自然连篇。这就需要教师注意采取"坚守自我"的打假策略(目标定位:鼓励自我;指导策略:直面自我;习作过程:追求忘我;阅读导向:熏陶自我),有意识地不让学生盲目从众。容许学生保持自我,学生习作当会有更多的真话、实话,更多的童真、童趣。

2. 要注意疏导好三种心理障碍

（1）要注意疏导"羞于写真"的心理障碍。害羞是大多数懂事的孩子都具有的心理特征。他们往往因害怕写出真话让教师或同学笑话自己而羞于写真,往往喜欢抄袭他人的作文,或在作文中夸耀自己,掩饰自己,说谎话、假话、大话、套话。因此,教师要善于进行疏导,消除羞于写真的紧张不安心理。

（2）要注意疏导"怕于写真"的心理障碍。生活中的种种现象,让学生实在不敢写出真实的话,比如:写父亲赌博、受贿等不良行为,受到父亲的毒打;写教师处理的不公、做法的偏颇,受到教师的训斥;写自己对同学的不满和批评,受到同学的责骂等。因此,教师要注意做好保密工作,融洽师生感情,让学生能够毫无顾虑,畅所欲言。

（3）要注意疏导"懒于写真"的心理障碍。多数学生有懒于观察生活、体验生活、积累写真素材之惰性,对周围的事物常常熟视无睹;还有些学生在习作时,懒于回忆过去的真人真事、真景实物,常常信口开河,生搬硬套他人之作。针对这种情况,要注意采用情境激趣、榜样激励、成功体验等方法进行疏导,祛除学生懒于写真的心理障碍。

3. 要注意下大力气让习作教学朝着"交流—读者"的模式发展

这是促进习作过程真实、让学生在纯真的情态中写作的关键所在。写作即交流。作者总是以特定的角色,面对特定对象,为达成特定目的,就大家共同感兴趣的话题进行对话交流。只有在明确"我是谁"、"写给谁"、"为什么写"、"怎么样才能达成目的"这些真实、迫切的"交际语境"需要后,基于情境的认知,写作才会变得简单、真实。作者不是一个人在"制作",而是在和读者或者读者群体心灵默契地对话。对话中作者会为了交流的通畅而自我约束文字表达的内容、结构、文体和语言,写出的文字也能像产品一样进入流通领域,产生实用价值。

4. 要注意处理好真实与想象的关系

作文指导,要力求实现纪实与想象的交互与整合,互为补充,互相促进,鼓励学生表达真情实感,又鼓励学生有个性、有创意地表达。在具体教学中,一是要注意引导学生在纪实中生发想象。要注意疏通写真渠道,积累想象底蕴;要注意疏通思维渠道,触发想象因子,引导学生以现实为契机,以语言、环境、物件、艺术、品质等为因子,触发想象,让学生写出自己的心里话。二是要注意在想象中回映真实。要指导学生在想象中回映真实,就要注意引导学生学会放大真实,突出想象的开阔性;凸现本质,突出想象的创新性;植根现实,突出想象的合理性;摆脱现实,突出想象的超越性。从而让学生在想象中超越体能,解除疑难;在想象中超越现状,实现憧憬;在想象中超越情感,化解矛盾。

二、教学实施案例:
"写真话·做真人"作文教学改革实验方案

研究课题:写出真话、实话、心里话

研究教师:福建省泉州市教育科学研究所苏俊埔、福建省安溪县沼涛实验小学实验课题组李冰霖等。

教材简介:本实验均采用人民教育出版社版小学语文教科书,实验课题研究分布于小学阶段各个年级。

"写真话、做真人"作文教学改革实验方案:《依据课程改革新精神,构建作文教学新体系》。

（一）课题的提出

现行作文教学存在的弊端:① 将原本应是生动有趣,能满足学生表达欲望的教学活动,变成枯燥无味的,使学生望而生畏的机械训练,耗时多而收效微;② 对学生作文有关思想内容、选材、语言表达、评分标准等方面的要求严重脱离学生实际;③ 企图用呆板的模式"生产"出能取得高分的"考试机器",严重压抑学生的个性发展;④ 学生作文用自己的笔写别人的话,"编、造、套、抄",文理不通现象严重,学生的作文没有情趣,没有个性,大同小异,千篇一律,种种弊端严重阻碍了素质教育的发展。

为了让学生畅所欲言,充分发挥自己的才华,将人类的文化教育成果内化为自身的较为全面的素质,成长为现代化建设所需要的人才,我校在泉州市教科所的指导下,根据课程标准的精神,开展了"写真话、做真人"作文教学改革实验,希冀以"真实"为突破口,构建起符合素质教育要求的作文教学新体系,促进学生提高作文综合素养。

（二）实验的理论依据

1. 素质教育理论

素质教育是在每一个教育对象原有的人格特征的基础上进行的,是对每个人的人格特征的修正、补充、提炼和完善。从这个意义上说,"素质教育"的实质就是尊重个性的教育,"素质教育"的最终目的就是个性的发展与人格的完善。从每一个儿童都得到充分发展的期望来说,作文教学应当最大限度地尊重个性,追求每一个儿童的个性发展。

2. 叶圣陶的教育思想

叶圣陶作文教学思想很有现实意义。譬如:他主张,要让学生轻松自然地学习作文,"用嘴说话叫说话,用笔说话叫写文章";作文教学要想着学生,不要"只顾到学生的作文,却忘了作文的学生";了解学生,"把题目出在学生身边","出在学生心坎里",让学生有话可说,有理可议,有情可抒;学习写真话,"我们的作文要写出诚实的、自己的话";作文要有真情实感,反对堆砌词藻,矫揉造作,"到处滥用文学的调子";作文教学应从学生生活实际出发,"趣味的生活里,才可能找到一切的泉源","写任何东西决定于认识和经验,有什么样的认识和经验,只能写出什么样的东西","必须注重于倾吐他们的积蓄","学生胸中的积蓄决不愁贫乏的";尊重学生的作文,"教师只给些引导和指导,该怎么改让学生自己去考虑,去决定";等等。另外,他反对用任何的框框及所谓的写作方法去束缚学生的思想,"在写作的时候,愈不把阅读的文章放在心上愈好"。

3. 国外有关的教育观念

当前,国外作文教学的一个发展趋势是抛弃程序化的训练模式,让学生尽早地接触写作,使学生很自然地进入写作状态,极大地消除学生对写作的抵触情绪。美、德等国的作文强调创造性思维能力的培养;法、俄等国的作文要求则淡化文体,强调基本能力。赞可夫就反对用列提纲等模式化的手段指导小学生作文,而主张让学生进入一种自由的写作状态,有充分的余地表达自己的思想感情。这种做法实际上就是对儿童写作天性的一种认可,通过这种天性的调动,使学生从一开始就对写作发生兴趣,从简单的"自由创作"阶段逐渐过渡到复杂规范的"实用写作"阶段。赞可夫一贯主张教学应从学生的实际出发,他说:"教学法一旦触及学生的情绪和意志领域,触及学生精神需要,这种教学法才能发挥高度有效的作用。"美国教育专家罗伯特·艾文斯认定,只要学生把写作看成是一种"自我放纵",不受什么条件框框的限制,看到什么就如实地写什么,熟练掌握写作技巧就不是什么难事了。日本在第二次世界大战前产生了"生活作文运动",主张让儿童摆脱既定的观念和概念的束缚,从自己周围现实生活中选择作文题材,写自己的切身感受和体验;主张作文"题目应自由选择",作文应是"生活的记录"。"生活作文运动"一直延续到第二次世界大战以后,不仅从根本上改变了作文教学方法,取得了良好的教学效果,而且发展成为一场全日本社会的思想规范和思维方法的变革运动,人们不再在通行的观念和概念的框架下去理解周围事物,而是强调切身感受、独立思考和实际经验。

4. 新大纲、新标准、新教材的改革理念

2000 年修订版小学语文教学大纲淡化文体要求,鼓励学生自由表达,激发练笔兴趣,鼓励个性化的作文。强调"教师要激发学生对生活的热爱,调动学生观察思考和练笔的积极性。要引导学生写熟悉的人、事、景、物,做到说真话,表达真情实感,不说假话空话"。

2011 年语文课程标准提出作文教学的总目标是:"能具体明确、文从字顺地表达自己的见闻、体验和想法。能根据需要,运用常见的表达方式写作,发展书面语言运用能力。"在"实施建议"中强调"写作是运用语言文字进行表达和交流的重要方式,是认识世界、认识自我、创造性表述的过程。写作能力是语文素养的综合体现。写作教学应贴近学生实际,让学生易于动笔,乐于表达,应引导学生关注现实,热爱生活,积极向上,表达真情实感"。建议1~4年级从写话、习作入手,"是为了降低学生写作起始阶段的难度,重在培养学生的写作兴趣和自信心"。"在写作教学中,应注重培养学生观察、思考、表达和创造的能力。要求学生说真话、实话、心里话,不说假话、空话、套话,并且抵制抄袭行为"。"为学生的自主写作提供有利条件和广阔空间,减少对学生写作的束缚,鼓励自由表达和有创意的表达,鼓励写想象中的事物。加强平时的练笔指导,改进作文命题方式,提倡学生自主选题"。"重视引导学生在自我修改和相互修改的过程中提高写作能力"。

(三)实验的基本内容

1. 改革作文评价体系

(1)思想内容方面。由于学生处于成长阶段,他们的思想层次以及对事物的感受都是不一样的,作文中出现肤浅、幼稚、模糊甚至是错误的看法都是正常的。应当淡化作文的思想内容,允许学生怎样想就怎样写,真实地表达平常而又普通的感觉、看法与思考,但应强调的是写"套话"、"假话"的可算是思想性差的作文。

(2)选材方面。生活中的万事万物,只要觉得有意思、有表达的欲望都能入文。努力挖掘、赞颂生活中的真、善、美,也应挖掘、鞭挞生活中的假、丑、恶。允许学生写想象作文,但要符合儿童的生活逻辑、情感逻辑、思维逻辑,只要是符合儿童生活逻辑、情感逻辑,只要所描述的是儿童内心世界的真情实感,任何想象都是合理的、真实的。

(3)语言表达方面。作文中朴实简明的语言与生动优美的语言同样应该得到肯定。朴实无华的文风应是小学生首选的文风。对小学生来讲,重要的是如何用常用词汇确切地表达自己想表达的内容。学生作文提倡有话则长,无话则短。只要内容充实,一二百字的作文也是好文章。但要求学生在写人记事中要说真话,吐真情,做到:① 感情"真",要怎样想就怎样写,诚实地描述自己的真情实感;② 事例"实",所选事例不应凭空捏造,抄套范文(想象作文中的事例,要符合儿童的生活逻辑、情感逻辑、思维逻辑);③ 表达"准",要用恰当的词句,准确描述真实或想象的事物,正确表达真实的感受,做到人真、事真、景真、情真。

(4)评分标准方面。赞誉和认可是人的最基本的心理需要之一,也是学生成就动机的基础。只要学生真实地表达了自己的情感,只要语句通顺连贯,意思表达清楚,有一定条理,哪怕是朴实无华的都是一篇好习作,应多给学生高分的机会,多给学生一些热情的鼓励,多给学生一份成功的喜悦。

2. 创立新型教学模式

(1) 作文预备的充分。每次作文练习都应提早一两个星期让学生知道作文内容,并布置相应的调查、观察要求,让学生收集资料,做到有话可写。

(2) 作文状态的自由。① 宽松习作氛围,建立平等、民主、和谐的师生关系,创设开放、宽松、愉悦的课堂气氛,让学生无拘无束,敢想敢说,自由奔放。② 淡化文体意识,摒除不合时宜的技法指导,作文指导课应以学生交流为主,自由式地谈谈自己的切身感受和体验。教师不失时机地加以引导、点拨,没有提纲,没有框框,没有诸如"写人的文章要写人的外貌特点"或"通过一两件事表现人物特点"之类的要求,解除束缚,解放心灵,让学生尽情地流畅地自由表达真情实感。③ 采取日记化、书信化的自由表达形式,引导学生找个"谈心对象"(或是某人某物,或是自己),拿起笔来用书信或日记等适宜自由表述的形式,"面对面"地向他们细细地描述,轻轻地倾吐自己的真实感受,真正做到怎样想就怎样写,说真话,吐真情。

(3) 作文命题的自主。增加命题的自主性,减少命题作文,只给范围广泛的开放性较强的习作任务,让学生自主选择,自由描写。力求避免用统一简单的命题,束缚、压抑学生的思维,致使作文出现雷同化的现象。

(4) 作文题材的多样。面向全体学生,面向生活,以丰富多彩的生活激发学生的作文兴趣。生活是题库,生活是美,只要觉得有意思、有表达欲望,均可入文,什么酸甜苦辣、喜怒哀乐等都可得到宣泄,得到表达。

(5) 作文讲评的引导。作文讲评是学生体验与感受的又一次交流,教师的作用是以前面所述的评价体系参照学生作文,引导、渗透写作方法和遣词造句、表情达意的方法,以肯定优点为主,通过交流的形式,让学生学习别人的优点,考虑和自主修改文章。

3. 运用教学辅助策略

(1) 读书看报。语文素养是一种积累,没有大量的阅读,特别是文学名著的阅读,是不能完成这种积累的。强调习作和阅读的联系,要求增加阅读量,扩大阅读面,提供阅读时间,让学生广泛阅读适合儿童的具有知识性、趣味性、思想性的各类书籍报刊,丰富学生的积累,力求实现阅读和习作的远距离结合。

(2) 口语交际。口头表达能力的提高能促进书面表达能力的提高,每周抽出一个晨会课作为语言表达课,定期举办或新闻、观察、趣事等专题的交流与发布,轮流进行 3～5 分钟的生活情景小品表演,推广普通话,在广泛的生活实践中运用口语、练习口语,提高口语交际能力。

(3) 编报出书。定期编辑出版班报或小报,设计活泼有趣的栏目,如:"没头脑与不高兴"、"开心一刻"、"真好玩"等。出书可以是集体的,也可是个人的,学生自己选文章、定主题(书名)、抄写(打印)、装订、装饰,让学生有地方发表自己的得意之作。

(4)短小日记。强调习作和生活的联系,丰富学生生活实践,在实践中丰富生活经验,积累习作素材,捕捉习作灵感,要求多练笔,多写生活日记、观察日记,记下自己的经历、观察与感受。

(四)课题的管理

1. 物质保证

要求学校建立完善图书室、阅览室,添置和更新图书资料及相关的教学活动设备;要求实验班级设立图书角,由学生轮流供书;要求实验学生设立家庭图书架,鼓励学生多订报纸杂志,硬性规定学生借书量和阅读量。

2. 组织保证(略)

3. 理论保证(略)

4. 过程调控(略)

5. 积累资料(略)

主要参考资料

[1] 林绸花. 进行心理疏导,促进真实表达. 上海教育,2001(19).

[2] 苏槐生. 试谈习作中纪实和想象的交互与整合. 中小学教师培训,2002(6).

[3] 苏武德. 不要给作文加"盖". 小学语文教学,2011(28).

[4] 苏武德. 盲目从众与坚守自我. 福建教师,2011(4).

[5] 何捷. 解决习作"失真"的三个策略. 小学语文教学,2011(2).

[6] 方利民. 小学生作文"失真"的透析及矫正. 语文教学通讯,2011(10).

附记:福建省安溪县沼涛实验小学实验课题组在福建泉州市教育科学研究所的指导下,依据课程改革以及语文修订大纲、课程标准新精神,积极开展"写真话·做真人"作文教学改革实验,致力于构建作文教学新体系,取得较大成效。一是学生作文兴趣提高了,不再视作文为难事。实验班学生用自己的语言描述自己生活中的事情,表达自己的切身感受,写作欲、表达欲得到有效激发。学生初步认识到,作文可以像说话那样容易,身边处处都有写作的材料,开始愿意表达、敢于表达,有所表达、善于表达。二是学生敢于写真事,抒真情,大胆表现自我。实验班基本杜绝了抄作文选,说套话、假话现象,大家畅所欲言,一吐为快,譬如他们写出了《克隆爷爷》的有趣,写出了《"恼人的家长会"》的遗憾,也写出了《我要自由》的真情,写出了《假如可以不做作业》的实感。学生不断地从学校、家庭、社会生活中观察、体验、感受,用自己的童心写出了自己的童趣,用自己的文笔写出了自己的心灵,写出了许许多多真实感人、清新怡人的好作文。三是实验研究促进了教师业务素质和能力的提高,多名教师成长为县级学科带头人、骨干教师、优秀青年教师。四是创立了新型作文教学模式。实验提炼出三种模式:"情感交流式"习作指导模式、"导与作结合,评与改同步"讲评课教学模式、"以说促写,说写结合"说(写)话课教学模式。因此,本实验荣获福建省泉州市基础教育改革课题研究优秀成果奖,实验方案收录于人民教育出版社网站。

自由表达和有创意的表达：
《看照片写故事》教学设计

课程标准提出"自由表达"和"有创意的表达"的命题。

一、课程标准解读

（一）关于自由表达和有创意的表达的相关问题的认识

课程标准在"实施建议·关于写作教学"中提出，要"为学生的自主写作提供有利条件和广阔空间，减少对学生写作的束缚，鼓励自由表达和有创意的表达"。

1. 自由表达和有创意表达的内涵

所谓"自由表达"，指的是降低要求，淡化文体，不拘形式，放开束缚，让学生"能根据需要，运用常见的表达方式写作，发展书面语言运用能力"，"能具体明确、文从字顺地表达自己的见闻、体验和想法"，"写自己想说的话，写想象中的事物"。自由表达是儿童的天性。习作让儿童自由表达，既可以消除学生惧怕作文的心理，又可以锻炼学生的作文能力，还有助于让学生成为一个有个性、有才智、身心健康发展的人。而"有创意的表达"则强调写作的个性化、独特性、丰富性，要求学生"珍视个人的独特感受"，"注意把自己觉得新奇有趣或印象最深、最受感动的内容写清楚"，写出有个性、有创新、与众不同的作文来（当然，我们不要一味地把自己的观点塞给学生，不要以成人的标准去评价学生，不要以成人的眼光去审视学生眼中的世界）。引导学生"自由表达和有创意的表达"是新课程理念指导下的作文教学的必然选择。

2. 自由表达和有创意的表达体现了作文教学的新理念

自由表达和有创意的表达是伴随着新一轮课程改革应运而生的作文教学理念。这种理念还给了学生表达的自由，鼓励学生不拘形式、不论内容、自由倾吐，放胆写出自己想写的内容，写真话，写自己的心里话，使作文成为学生精神生活

273

的需要。

第一，自由表达和有创意的表达体现了学生是语文学习的主人的教学观。课程标准强调，学生是语文学习的主体。倡导自由表达和有创意的表达，致力于创造一种适合学生的教育，关注学生作文训练中的种种能力，注重学生作文的动机、兴趣、情感等非智力因素的综合培养，用符合教育规律和学生身心发展规律的办法引导学生进行作文训练，做到因材施教。这样的作文教学，努力为学生创造一个能充分显露自己思想意识和个性特点的习作环境，教师以与学生平等的身份进行平等交流，充分尊重学生，允许学生有独特的感受、独特的体验和独特的见解，尊重学生的个性差异，因而能有效地保护学生习作的积极性，使他们的文学潜能和语言天赋得到充分的发挥，激发作文兴趣，增强学习写作的自信心，使学生感到写作是一件愉快的事，使习作过程成为学生个性得到张扬、生命得到成长的过程。这样的写作训练强调的就是学生是语文学习的主体，体现了教师的教是为学生的学服务的教学思想，符合素质教育面向全体学生的要求。

第二，自由表达和有创意的表达有利于培养学生的创新精神。国际21世纪教育委员会的报告《教育财富蕴藏其中》指出："教育的任务是毫无例外地使所有人的创造才能、创造潜能都能结出丰硕的果实，这一目标比其他所有的目标都重要。"培养学生的创新意识和创新精神是当代社会对语文教学提出的一个新课题。它要求学生必须学会独立思考，善于独立思考。写作教学要鼓励学生自由表达和有创意的表达，还给学生充分的自由权，他们可以想说什么就说什么，顺应了语文教学要"重视培养学生的创新精神和实践能力"等要求，体现了对学生的人性关怀，使作文真正成为学生自我展示、自我宣泄情感的过程，顺应了提升人本价值、弘扬人文精神的潮流，改变了传统作文教学中比比皆是的说假话、说大话、说空话、说套话、人云亦云的弊端，有利于培养学生的创新精神。

第三，自由表达和有创意的表达必须以丰富的生活积累、多角度的观察为基础。鼓励自由表达和有创意的表达，不等于让学生胡思乱想，其前提是生活内容的丰富性及观察角度的多样性。课程标准在第二、三学段阶段目标中分别这样表述："观察周围世界"；"养成留心观察周围事物的习惯，有意识地丰富自己的见闻，珍视个人的独特感受，积累习作素材"。所有这些表述告诉我们：学生作文必须以丰富的生活积累、多角度的观察为基础，只有这样学生才有可能做到说真话，吐真情，写出富有个性、有创意的文章来。

（二）实施中的几点建议

1. 引导自由表达

法国著名教育家赛勒斯坦·费雷内说："自由表达是最可靠的教学法，它可以培养儿童的探索精神，使他以极大的兴趣去获取知识。"那么，作文教学中如何遵循学生习作的规律,引导学生自由表达呢?

第一,开源——自由表达的活径。叶圣陶说:"写东西靠平时的积累,不但著作家、文学家是这样,练习作文的小学生也是这样,小学生今天作某一篇文,其实就是综合地表现他今天以前的知识、思想、语言等方面的积累。"那么,如何积累作文素材呢? 全国著名特级教师于漪曾做过精辟的论述:"读有字书,精读博览,广为采撷;读无字书,汲生活之水,开阔视野。"

首先是留心生活,捕捉素材。叶圣陶说:"生活就如源泉,文章犹如溪水,泉源丰盈而不枯竭,溪水自然活活泼泼地流个不歇。"叶老明确地指出了作文与生活的关系:生活是作文的源头。如果学生生活丰富,视野开阔,写起作文来就更容易左右逢源,触类旁通。写作教学要训练学生通过多种感官认识世界,拓宽知识,丰富心灵,提高心灵的敏感度。这是让学生捕捉素材,开启学生写作源泉的根本。

其次是学好语文,积累素材。语文教材中选入的文章,文质兼美,典范性强,是我们用于指导学生写作的最好范文,教师要充分利用这些课文,引导学生学习作者观察事物、分析事物、表述思想的方法。要给学生以充足的时间和空间广泛阅读,该背的课文要背诵如流,该记的内容要滚瓜烂熟,让学生在阅读中体味作者谋篇布局的艺术特点,享受"美文"熏陶。对于低年级学生,教师还可以要求学生随堂积累优美词句。每学完一课,让学生将课文中的好词好句摘抄下来,并互相交流,有些词语要求学生结合生活实际练习写话。通过这样的日积月累和语言训练,学生不仅能丰富词汇量,而且能提高对词语、句子的理解、欣赏能力以及实际的语言运用能力。

其三是课外阅读,扩充素材。广泛阅读是写好文章的基础,对于小学生来说尤为重要。小学生语言积累不足,写起文章来就难免"入不敷出"。只从课文中学习知识、积累素材是远远不够的。教师除了要引导学生认真学习课文外,还要为学生创造阅读条件,要求学生多读课外书籍、报章、杂志,扩大知识面,充实写作材料。教师要从实际出发,向学生推荐一些童话、寓言、图画书、历史故事、民间故事、科幻小说以及部分中外名作名篇等。在阅读过程中,应该强调学生要自备笔记本,随时摘抄妙词佳句和精彩片段,写下自己的心得体会,养成"不动笔墨不读书"的习惯。

第二,导流——自由表达的梳理。学生从积累材料到完成作文,其间必须经历从内部言语到口头言语,再从口头言语到书面言语的转换过程。据此,在学生参与阅读和生活体验有所积累、有所感受的基础上,应遵循由说到写,从述到作的程序,引导学生学会充分地、全面地倾吐心声,在自然流露自己的观点和思想感情中梳理作文素材。

首先是让个体充分地说,在自由表述中交流作文素材。叶圣陶说:"作文与说话本是同一目的,只是所用的工具不同而已。所以在说话的经验里可以得到作文的启示。"因此,对于书面语言并不丰富的小学生来说,指导作文时应留出充足的时间,引导学生根据自己的观察、思考,用自己的语言大胆发表自己的意思。如在组织学生现场观察某处景物或某项活动后,可让学生谈谈观看后的所见、所闻、所感。

　　其次是让群体互评互补,在自由表述中有所借鉴。在学生充分表述作文素材的基础上,应充分发挥群体优势,引导学生针对同学口述的作文素材,相互评点,相互补充,把说错的地方改正过来,把含混不清的地方说准确鲜明,把不完整的意思说完整,进而从中汲取教训。这样既有利于学生在多向信息传递中交流语言、学习语言、发展语言,又有利于避免同类问题出现在不同学生的习作之中。

　　第三,放手——自由表达的涌动。清代王筠在《教童子法》里指出:"作诗文必须放。"对于初学写作的小学生来说,放显得尤为重要,因为只有大胆地放,才能更好地开阔学生胸襟,促使学生放言高论,让自由表达得到尽情涌动。

　　首先要开放"要求"。放宽种种过多过严的限制,降低不切实际的作文要求,不设统一的、静态的作文标准,实事求是地、因人制宜地确定每个学生的发展点,不拔苗助长、不吹毛求疵。先求爱说爱写,后求会说会写;先让学生"放胆"写,再让学生"小心"写。

　　其次要开放"空间"。作文不再禁锢于课堂,局限于教材。让学生从课内走向课外,从教材走向生活。把作文训练巧妙地、有机地结合于饶有兴味的各类活动之中,诸如参观访问、科学实验、文学社团、广播板报、征文竞赛、艺术审美、手工制作、小发明、实地"写生"等。给学生提供更多的获取生活积累和阅读积累的渠道和方式,更丰富的素材资源、更广阔的时空,让他们自由地发展他们的兴趣、爱好、想象、创造。

　　其三要开放"形式"。变单一的训练形式为多样化的、多功能的、多个性特点的训练形式。一是口语交际与书面语交际结合,强化口语交际训练,低年级不以说、写"完整"、"连贯"的话起步,而是以各种形式训练学生爱说、想说、多说、大胆说。二是改革教材命题,让学生从生活中、阅读中产生写作主题。作文可以有文有题也可以有文无题;可以先有题后有文,也可以先有文后有题,只要能围绕一个意思写就行。三是多种文体结合,可以写记叙文,也可以写童话、寓言、科幻故事、调查(实验)报告、产品说明、广告词、日记、随笔、诗歌等。总之,给学生自我命题的自由,选择文体表达形式的自由等。

　　其四要开放"过程"。改变过去"教师命题—审题立意—范文引路—依葫芦画瓢"的作文指导结构,淡化审题,不设"样板",不设"模式",代之以"感受生活—诱发欲望—交流信息—尝试实践—合作评改"的结构,让学生在"写什么、怎么写、写得怎样"全过程中,享有充分的自主权。

第四,激励——自由表达的后续。科学地运用激励性评价,能有效地调动学生作文的积极性。相反的,简单粗略、过于廉价的评判则会扼杀学生的个性,有碍学生自由表达。作文评价要立足于儿童的认识和语言实际,不求全责备,不以成人语言习惯去苛求学生,要了解学生,尊重学生,多肯定学生的点滴进步,让学生从自己的作文活动中获得成功的体验,从而树立自由表达的信心和勇气。

2. 引导有创意的表达

小学生习作跟成人写作一样,都要求"以心写文,文为心声",要求语言文字的负载富有个性,表达真情。因此,作文指导还应重视引导学生在有创意的表达上下功夫,这是让学生作文富有鲜活个性的关键所在。有创意的表达,必须以学生自由表达为基础,在努力做到以上所谈到的几个方面内容的同时,还要在取材、构思、起草、加工等环节上加以指导。

首先是注意取材的导。学生在生活中积累了大量的表象,课上学生在老师的指导下,提取与当前作文有关的表象和对事物的认识。有创意的选材,必须是善于联想,从教材提示的例子和老师的举例中产生联想,也可以是从教材提示的选材范围展开联想,由此及彼选取自己的经历,而不是去套用别人的事例。选材中老师的导,应该是情绪化的导,唤起学生的情绪体验,激发学生的写作欲望;应该是形象化的导,激活学生记忆中的表象。

其次是注意构思的导。"文成于思。"构思是学生把习作素材在头脑中进行条理化的一个复杂的思维过程,是写出富有新意的好文章所必须具有的一种重要能力。它表现为表象操作和思维加工,它根据当前作文的需要对表象进行分解、组合和想象。想象的主要依据是分解、组合的表象,并加上一点点创造。在此基础上,做逻辑加工的工作,使之意旨集中,有一定的条理。有创意的构思,对表象的操作,应根据自己要表达的意思来加以分解、组合、想象,而不是人云亦云,不是根据模式化的要求,更不是来自对作文选的克隆。习作指导课上对学生构思的导,要导在有"创意",要引导学生敢于超越常规,打破思维定势,从不同方面、不同角度、不同层次展开思考,大胆求异,独辟蹊径,形成独特的思维方式。讲评课中对学生构思的导,要关注学生作文中的"创意"是怎样想出来的,引导学生从中学习有创意的构思方法。

再次是注意起草、加工环节的导。如果说构思环节是组织安排好选定材料,理清思路,判明层次,为落笔成文搭好架子,那么起草、加工环节则是把这构架具体转化为一篇前后连贯的文章的过程,是实现有创意的表达的关键环节。起草和加工过程中的创意,是在把已经形成的内部言语外化时,如何通过遣词造句贴切地表达自己的思想,表达自己的个性。起草和加工也不是截然分开的,起草过程中有灵感思维的出现,也可以停下来对写出来的部分予以加工,再把初稿继续下去。起草、加工环节的导,体现在习作指导课上,要鼓励学生根据自己的喜好、特长、感受,从自己的语言特点出发,运用自己喜欢的表达方式,采用个性化语言表达头脑中的意象,从独特的角度倾诉独特的感受,言人不言,凸显个性,一气呵成;体现在讲评课中,要引导学生从欣赏佳作中体会小作者是怎样有创意表达的,通过对自己和对别人的习作的修改来体会有创意的加工就是如何进一步使文章明确具体,文从字顺,体会表达的准确性和情绪化。

(三)操作时应注意的问题

1. 要注意激发学生的兴趣

兴趣是最好的老师,是作文训练最重要的内驱力。教学中要注意激发学生的写作兴趣,引发自由表达和有创意的表达的动机。久而久之,学生就会感觉到作文是生活的一部分,写作文是倾吐内心情感的一种需要,是一种享受。

2. 要注意拓宽学生的思路

习作指导要拓宽思路,引导学生在生活中搜索习作素材。教学中要防止出现“画地为牢”的错误,即忽视对习作提示的拓宽,反而把习作提示进行一番浓缩,提炼出了一个题目,如“我学会了……”、“我成功啦”……。这似乎是在帮助学生梳理习作主题,其实错了,这样的浓缩会束缚学生的思维,这样的习作指导与先前的命题作文没有两样,与课程标准所强调的自由表达和有创意的表达理念是背道而驰的。

3. 要注意解放学生的心灵

苏霍姆林斯基在《教师,要爱护儿童对你的信任》一文中说过这样一段话:“请你在任何时候都不要忘记:你面对的是儿童的极易受到伤害的、极其脆弱的心灵,学校里的学习不是毫无热情地把知识从一个头脑里装进另一个头脑里,而是师生之间每时每刻都在进行的心灵的接触。”引导学生自由表达和有创意的表达,特别需要老师用自己的心去贴近学生的心,解放学生的心灵,让他们放开身心,敢想、敢说、敢写。

4. 要注意呵护习作的缺陷

叶圣陶说过:“要敢言天下真,这也是做人的根本。”要让学生说真话、实话、心里话,习作中就会展现出一些与他们年龄、知识、能力所相符的天真“缺陷”。正是这些天真“缺陷”体现了童真、童稚、童趣。如果不呵护学生习作中的这些天真“缺陷”,势必造成学生讲假话,讲大话,讲套话,追求虚假的完美,他们就会从小学生作文选中抄袭他人作品来搪塞老师。这样就会毁掉学生的习作“根基”——认识世界、认识自我、进行创造性表述。

278

二、教学实施案例:《看照片写故事》教学设计

研究课题:鼓励自由表达和有创意的表达

研究教师:福建安溪凤城中心学校傅结龙撰写课程标准解读部分,设计教学;李冰霖评析。

教科书简介:《看照片写故事》是人民教育出版社义务教育课程标准实验教科书小学语文四年级下册第四单元的习作训练项目。教学重点是读懂画面意思,展开合理想象,表达出自己的真情实感;难点是了解战争给人们带来的苦难,激发学生痛恨战争、同情战争中的无辜者、热爱和平的情感。教学设计一课时。

教学过程:

(一)播放录像,畅谈体会,感受灾难

1. 播放日本侵略者在侵华战争中狂轰滥炸的录像片段。

2. 学生观看录像片段,感受战争给人类带来的灾难。

3. 师谈话:同学们,日本帝国主义的侵华战争大家都知道。1894 年的中日甲午战争,日本侵占了我国的台湾省。1931 年的"九一八"事变,日军侵占了我国的东北三省。1937 年 7 月 7 日的卢沟桥事变,日军又进一步侵占了我国的华北。刚才我们看到的是 1937 年 8 月 13 日,日军大举进攻上海时的录像片段。现在,请同学们联系课前阅读的日本帝国主义侵华战争的有关资料,谈谈看了这一录像片段后的感受。

4. 学生发言。教师小结谈话引入下一环节的学习。

[评:播放录像,交流日军侵华战争的有关资料,把学生引入特定的环境之中。]

(二)谈话引入,观察画面,整体感知

1. 师谈话:是啊,战争给人类带来了无穷的苦难,战争曾使成千上万的人丧失了生命,流离失所,使无数的孩子成为孤儿,在死亡线上挣扎。这里,老师给大家带来一张照片,这张照片拍摄于 1937 年 8 月 28 日的上海火车南站。同学们看一看,你都看到些什么?(课件出示照片)

2. 学生观察照片,整体感知照片中的景物和人,大体把握战争的信息。

3. 学生交流从画面上所了解到的信息。如:

(1)小孩坐在火车轨道中,嘴张得大大的,显然是在大声哭。

(2)小孩的周围没有人,显然他的父母、他的哥哥、姐姐已不知在哪里。

(3)小孩的上方是车站的空中设备,已被炸坏,碎片落在小孩周围。

(4)小孩的后方是火车站的站台,是旅客上下车的地方,已经没有人了。

......

[评：看图习作，图画是习作的依据。只有把握好画面的意思，习作时才有内容。为此，这一环节的教学，要求学生能够仔细观察画面，整体把握画面所提供的信息。]

（三）抓住重点，仔细观察，拓展想象

1. 在学生整体感知照片内容的基础上，老师谈话：刚才我们看到的是一张有关战争的图片，画面向我们展示的是日军飞机轰炸后的一片废墟，一名无辜的儿童坐在那里啼哭。现在请同学们再次仔细地观察废墟中的孩子，想一想这个小孩为什么哭？他的父母在哪里？当时可能发生了什么事？这个孤独的孩子以后的命运如何？

2. 出示要求：读画面想一想：这个孩子为什么哭？他的父母在哪里？当时可能发生了什么事？分小组交流自己的想象。

引导学生展开想象范例——"这个小孩为什么哭"：

（1）日军飞机的轰炸很恐怖，很猛烈，让人害怕。

（2）小孩的父母被炸弹炸死了。

（3）淞沪会战爆发后，日军进一步要侵占上海，小孩是随父母到火车站准备乘火车回老家的，现在父母死了怎么办？

（4）小孩受伤了，受惊了，可是旁边没人能够来帮助他。

......

3. 学生回读本单元学过的课文，联想《啊！摇篮》等电影，《小兵张嘎》等电视剧，想一想这个孤独的孩子以后的命运如何？

引导学生展开想象——"这个孤独的孩子以后的命运如何"：

（1）这个孤儿被车站的一个工人救了，孤儿长大后，加入中国共产党，参加党的地下工作。

（2）孤儿的父母没有死，他又回到父母身边。

（3）这个孤儿失去了父母，没人照顾，死了。

......

[评：本次习作的画面主体是照片中的小男孩。抓住这一主体，让学生再次仔细观察，穿越时空想象当时当地的情景，推测画面背后所蕴含的内容，使静态的画面活动化，平面的事物"立体化"，进而在想象中形成一个孤儿的成长过程的故事。]

（四）阅读提示，明确要求，自由表达

1. 师谈话：看着照片，同学们为小男孩想了很多很多，现在请同学们读读习作提示，说说要怎样把自己从照片上看到的和想到的写下来。

2. 出示习作提示:联系照片上的人和景,把你看到的和想到的写下来。内容要具体,语句要通顺,表达出自己的真情实感。

3. 学生读提示,在明确习作要求的基础上,动笔拟写。提醒学生怎么想就怎么写,怎么说就怎么写,但一定要围绕照片上的人和景来写,才不会离题。

4. 学生自主习作,师巡回指导。

[评:语文课程标准强调习作教学要倡导自由表达,为此,在学生看清画面内容,展开大胆想象,产生强烈的表达欲望的时候,就要大胆放手让学生去倾吐、去表达。]

(五) 展示初稿,评议修改,二次习作

1. 在学生完成习作初稿后,选择有一定代表性的习作,在班上展示,组织学生评议修改。评议的重点是:习作是否联系照片上的人和景来写,内容是否具体,语句是否通顺,是否表达出真情实感。

2. 习作展示要注意以下几点:

(1) "孤独的孩子为什么哭"写得较具体的展示一篇。

(2) "孤独的孩子以后的命运如何"部分根据习作实效选择较好的逐类展示。

(3) 展示可以选择片段,也可以整篇。

(4) 展示时要留出时间让学生赏读或提出修改意见。

3. 学生在小组内互读习作,依据评议重点,相互提出修改意见。

4. 学生依据同学们所提的意见,结合自己的理解,进行二次习作。

[评:这一环节通过展示赏读、自由交流的形式,为学生创造自我展示、自我评价的机会和空间,让学生在互动中体验成功的乐趣,发现习作的不足,及时进行修改,提高习作水平。]

[总评:这堂习作指导课,充分体现了课程标准的精神,在引导学生自由表达和有创意的表达上有了较大的突破。总的来说有以下几个特点:

第一,重视情感的激发。赞可夫说过:"只有在学生情绪高涨,不断要求向上,想把自己独有的想法表达出来的气氛中,才能产生出使儿童的作文丰富多彩的那些思想、感情和词语。"可见,兴趣是写好文章的基础,要让学生写出好文章,首先就要让学生乐于动笔。本堂课,教者能够立足学生的实际,利用能够引发学生亢奋情感的手段,激发习作兴趣,使学生饶有兴趣地参与到习作训练中。

第二,重视思路的开拓。叶圣陶说:"心有所思,情有所感,而后有所撰作。"作文作为一种创造性的脑力劳动,一篇习作的完成必须经历从思维到表达的过程,想好是写好的前提。据此,课上,老师先是让学生观看日本侵略者在侵华战

281

争中狂轰滥炸的录像片段，感受战争给人类带来的灾难，接着是观察画面，整体感知照片中的景物和人物，大体把握战争的信息，然后引导学生抓住画面主体——照片中的小男孩，再次仔细观察，想象当时当地的情景，推测画面背后所蕴含的内容，在想象中形成一个孤儿的成长过程的故事。这样一步一步地展开学生的思路。在各个步骤中，还努力帮助学生敞开思路，启发学生自由、有创意地表达自己的思想。

第三，重视引导自由、有创意的表达。老师注意营造民主平等的学习氛围，以童心、童趣对待学生，为学生的自主写作提供有利的条件和广阔空间，重视对学生的鼓励和支持，强调"怎么想就怎么写，怎么说就怎么写"，努力减少对学生写作的束缚。这样做，学生愿意打开思维和语言的闸门，有利于学生的自由表达和有创意的表达。]

主要参考资料
[1] 林润生.培育语文素养，发展写作能力.福建教育,2002(6A).
[2] 何绍春.明确作文教学改革方向　努力培养学生作文能力.湖北教育,2000(7,8).
[3] 谢建胜,傅结龙.引导自由表达.小学语文教学,2001(8).
[4] 曾哲.还学生写作以个性.语文教学通讯,2011(12C).
[5] 陈姣.好素材成就好文章.小学语文,2011(7,8).

附记:《〈看照片写故事〉教学设计》曾发表于《小学作文创新教学》(山西)2006年第1、2期。

自我修改和相互修改:《我学会了……》习作修改课教学纪实

傅结龙　傅桔红

习作教学的自我修改是学生在完成初稿后,吸取老师或同学们的意见,凭借自己的认识和能力,对自己的习作进行修改。相互修改是学生之间在互相交流、互相评价的基础上对对方的作文进行修改(包括相互提出修改意见)。自我修改注重的是修改的自主性、独立性;相互修改注重的是修改的合作性、互补性。重视修改及修改中的合作,是课程标准的一个重要要求。

一、课程标准解读

课程标准在"教学建议"部分,提出要"重视引导学生在自我修改和相互修改的过程中提高写作能力"的问题。

(一)关于自我修改和相互修改的相关问题的认识

1. 自我修改和相互修改是习作过程中的重要环节

课程标准在第四学段目标中提出,要"注重写作过程中搜集素材、构思立意、列纲起草、修改加工等环节,提高独立写作能力"。可见,自我修改和相互修改是写作过程中的一个重要环节,它对于学生写作能力的提高具有不可替代的重要作用。叶圣陶说过:"教师修改不如学生自己修改。学生个人修改不如共同修改。"确实如此,修改作文首先是学生自己的事。不管学生改得多还是改得少,哪怕只是更改一个错字,更换一个标点,对于学生来说,都是一种收获,比老师精批细改都强得多。自改和互改可以促进学生相互取长补短,相互了解和合作,共同提高写作水平。

基于对修改以及合作修改重要性的充分重视,课程标准从第二学段开始一再提出修改和相互修改的目标要求,还在教学建议中强调,"重视引导学生在自我修改和相互修改的过程中提高写作能力"。在评价建议中强调:"重视对作文修改的评价。要考察学生对作文内容、文字表达的修改,也要关注学生修改作文的态度、过程和方法。要引导学生通过自改和互改,取长补短,促进相互了解和合作,共同提高写作水平。"因此,必须重视引导学生进行自我修改和相互修改,在再认识再修改的往返过程中提高习作能力。

2. 自我修改和相互修改是学生的"二次习作"

从某种意义上来说,修改习作是进行二次习作的过程,是一个认识事物和表达对事物认识的过程。学生习作写得不正确、不准确、不完整或不具体,主要是属于认识的不足,其中包括对事物外观现象和事物内在意义的认识不足,包括对语言文字、修辞语法的意义和适用性的认识不足。解决问题的根本办法是补以认识,而后修正原表达的不足以及各个方面的谬误。要达成这一目标,就必须重视引导学生对习作进行自我修改和相互修改,逐步完善自己的习作。心理学认为,小学生对获得成功并能带来愉快的事物感兴趣,并在内心起激励作用,于是对这些事情就会更加关心,想再做一次。因此,在学生通过小组合作、班级交流获得一次感性经验的基础上,教师应留给学生充足的时间,放手让学生参照他人的修改意见,结合自己原有的体会进行二次习作,即自主修改。这是学生扎实有效地提高习作水平的重要途径。

(二)实施中的几点建议

1. 指导掌握修改的方法

一是提倡"自改"。在学生自改前,教师可以选择一些带有倾向性问题的文章或典型的片段,在全班进行示范性修改,引导学生明白该在何处修改、怎样修改。学生明白了修改的道理,才能在自改中练习、借鉴。学生自改时,教师仍要关注学生的自改进程,引导学生发现问题,学习修正错误,揣摩修改道理。学生刚开始练习自改时,也许只能改对一处或几处,只能领悟较少的修改道理,但若能长期坚持指导和训练,学生的修改能力会得到较大的提高。自改需要学生独立地思考、充分地判断分析,因此,它往往比学生盲目参与习作、被动接受修改结果的方式好。

二是提倡"换改"。学生刚开始学习自改作文,对于要修改的地方,认识往往有局限。常常是个别的字词正确了、语句通顺了,但还会留下一些自己没有发现的问题。常言说,当局者迷,旁观者清。让学生将自己的习作交换给同学修改,同学作为"旁观者",却能发现习作者本人不曾发现的新问题。同学之间换改,不尽能进一步发现和纠正字词标点等问题,还能使习作表达方法更优化,关注到作文的表达效果。

三是提倡"读改"。不管是换改,还是自改,都可以采用一种简便的"读改"方式。所谓"读改",是学生朗读或小声默读自己或他人的习作,读出需要修改的文句。有问题的文章是不经读的,龃龉难通之处,一读便知。

四是提倡"辩改"。学生要知道该怎样修改,更要知道为什么应该这样改。知其然更知其所以然,习作能力、修改能力才会更快地提升,这就是提倡"辩改"的原因。"辩"在这里有辩论和答辩的意思。"辩论"的具体做法:学生习作的某些地方,是否修改、如何修改,可能存在一些争议,教师可引导学生通过辩论来解决,看谁的修改意见更恰当。"真理越辩越明"。通过辩论,学生不但找到了需要修改之处,还知道了为什么需要修改,不但知道了什么样的表达是好的,还知道了为什么是好的表达。"答辩"的具体做法:由老师或其他学生对习作中不清楚、不具体的地方提出咨询或质疑,请习作者本人回答,然后进行完善。通过这样的答辩,使习作由不清楚到清楚,由不具体到具体。

五是提倡"复改"。在一定意义上,学生多次修改习作,的确有助于习作质量的提高。但是,多次修改是有层次的,不是简单的重复。它可以是学生自改后又交换改,还可以是换改后再自改,也可以是让学生把改得比较满意的作文搁置几天,再拿出来重新读读,再次修改。一般的复改,学生已不仅仅是满足于语句通顺,而是经过不断调整、不断优化,使文章从谋篇布局、层次段落、内容情感、手法运用等多个方面,更趋完美。通过这样的复改,学生的作品不仅有了改观,而且习作能力也会得到提高。

2. 训导学会修改的步骤

第一步,篇章层次的修改。让学生通读全文,主要看作文有没有跑题,是否说明了文章的中心和主题,作文的逻辑顺序是否清晰,结构是否合理,内容是否连贯,别人能不能读懂等。这是非常重要的一步,因为一篇文章跑题了,或者写得前言不搭后语,那么即使它的语言再优美,辞藻再丰富,也不是一篇好作文。

第二步,语言层次的修改。在确定了文章没有跑题、结构合理、逻辑正确后,就要对作文的语句、词语等语言层面进行检查和修改了。看看句子有没有不通顺的,句式要不要变换,因为有时表达同一个意思,换个句式会增色许多;然后看看词语有没有不恰当的,或者有更好的词语可以替代。

第三步,表面层次的修改。检查文章格式有没有问题,标点符号对不对,有没有漏字、多字以及错别字,书写是否整洁等等。

(三)操作时应注意的问题

1. 要注意教师的导向

强调学生的自我修改和相互修改,并非否定教师修改的重要性。美国专门从事中小学写作教学的格雷夫斯教授认为,"师生之间的正常磋商才是真正的写作教学的基础"。为此,教师在学生的习作修改中不仅仅是修改,更重要的是参与、点拨,在平等对话中对学生进行导向,以促进学生习作能力的提高。

2. 要注意兴趣的激发

兴趣在学生学习生活中占支配地位,"所有智力方面的工作都要依赖兴趣"(皮亚杰《教育科学与儿童心理学》)。引导学生进行自我修改和相互修改习作,首先必须注意激发学生参与修改的兴趣,调动学生修改习作的积极性,克服应付心理,变"要我改"为"我要改"。教学中,可运用树立榜样(如古今中外名人修改文章的故事或者班级学生中的典范人物等)、示范修改(如师生共同修改习作,让学生在修改中感受到修改成功的乐趣)、开展活动(如开设"文章医院",让学生以大夫的身份为病文"诊病、治疗")等方法激发学生修改习作的兴趣。

3. 要注意方法的指导

叶圣陶说过:"文章要自己改。学生只有学会了改的本领,才能把作文写好。"习作修改要注意指导学生掌握最基本的修改方法,让学生由"被动地改"变为"主动地改",从而达到自能作文、自能修改的境界。习作教学要着力开放作文评改途径,在把修改主动权交给学生的同时,要注意适时渗透一些修改方法,如从材料选择、表达方法、用词造句、标点符号、行文格式等方面,运用删、换、调、补等形式练习修改习作。

4. 要注意修改的评价

课程标准强调,要"重视对作文修改的评价。要考察学生对作文内容、文字表达的修改,也要关注学生修改作文的态度、过程和方法。要引导学生通过自改和互改,取长补短,促进相互了解和合作,共同提高写作水平"。这一建议告诉我们,对学生进行修改习作的评价,必须关注学生习作的全过程,关注修改时的态度、过程、内容和方法等方方面面的内容;要通过科学的评价,发展学生多方面的潜能,使每一个学生都能看到自己在发展中的长处,增强继续学习修改习作的信心。

二、教学实施案例:《我学会了……》习作修改课教学纪实

研究课题:引导学生在自我修改和相互修改的过程中提高写作能力

研究教师:福建安溪第十小学傅桔红;傅结龙撰写课程标准解读部分并评析。

教科书简介:《我学会了……》是人民教育出版社六年制小学语文教科书第九册中安排的一次习作训练,要求学生把自己学习一种本领的亲身经历告诉大家,让大家分享自己的酸甜苦辣。教学设计一课时。

教学过程:

（一）谈话导入

师：上一周大家完成了习作《我学会了……》。读了同学们的习作，老师觉得这次习作大部分同学能选择自己学会的印象最深、体会最多的一样生活本领写下来，不过，遗憾的是仍有部分同学在写具体、准确表达真情实感方面做得还不够。这节课，我们进行相应的修改。大家有信心把文章改好吗？

生（齐答）：有信心。

[评：课始从学生习作的实际出发，对本次习作进行归纳性的评价，在鼓励肯定中指出存在的不足，为进一步修改习作提出要求，指明方向，使后面的修改能有针对性地进行。同时，注重激发学生的学习兴趣，为学生参与习作修改奠定情感基础。]

师：很好。怎样才能修改好这次的习作呢？请同学们再读读《我学会了……》的习作提示。（生自由阅读习作提示后，师生共同确定修改目标：把学习本领的经过写具体，写出自己的真情实感）

[评：回读习作提示，再次弄清习作要求，有利于把准修改要求和重点。]

（二）范例引路

师：请认真读读以下这篇习作，对照习作要求，想一想怎样修改这篇习作。大家可以从某一个角度入手进行修改。比如说，可以从内容入手，考虑作者是否说真话，吐真情，表达了自己的真情实感；可以从选材方面入手，考虑文章的内容是否真实；也可以从语言表达的角度入手，看看作者用词造句是否准确，语句是否通顺，意思表达是否具体明白，是否有一定的条理，等等。

[评：结合习作要求，提出评议修改的标准，这样便于学生在修改时做到有的放矢，提高修改实效。]

（师分发学生习作《我学会了炒花生米》打印稿）

习作内容：

星期六上午，我看见妈妈正在炒花生米，就自告奋勇地说："妈妈，让我来炒，你在旁边看着吧！"妈妈说："好吧！"

我先把花生米放进水里浸了一下，再拿上来沥干。接着往锅里倒入一勺色拉油，再扭开煤气灶的开关，只见蓝色的火苗舔着锅底。妈妈说："把花生米下到锅里去，冷油炒花生才不会糊。"我赶紧把花生米倒进锅里，炒呀炒呀。

花生炒熟了，我按妈妈说的在锅里撒上一点盐，又翻动几下，再用盘子盛了起来。拿了一颗试试，哟，还真的又香又脆呢！）

（生自由阅读思考，在发给的作文稿上写修改意见；师巡回指导）

师：刚才，大家认真地阅读了文章，并提出修改意见。谁愿意把你提出的修改意见和修改方法跟同学们进行交流？

生1（李晓东）：我觉得这篇文章第一段中的"我看见妈妈正在炒花生米"这一句话写得不真实，和文章的第二段内容前后矛盾。如果把它改为"我看见妈妈正准备着炒花生米"更符合事实。

生2（林纯红）：我赞成李晓东的意见。如果把第一段中的"你在旁边看着吧"这句话中的"看着"改为"指点"，可能会更好。

生3（文章作者）：有道理。

生4（吴少庆）："我先把花生米放进水里浸了一下，再拿上来沥干"这句话中的"拿"字，用得不好，把浸在水中的东西取上来，还是用"捞"好。

生5（林洁颖）："接着往锅里倒入一勺色拉油，再扭开煤气灶的开关，只见蓝色的火苗舔着锅底"这句话这样写不对，应该先扭开煤气灶的开关，然后往锅里倒油才符合常理，再说妈妈就在旁边看着，不可能没发现这一问题的。

师：你说得很有道理，而且想得很周到。

生6（王春影）：作者只用"我赶紧把花生米倒进锅里，炒呀炒呀"这么一句话，就讲完了炒花生的过程，这样写不符合习作提示中所提出的"注意把学习这项本领的经过写具体"这一要求，应该把炒花生的经过写具体。

师：这个意见提得好。谁愿意说说该怎样改好？

生7（李小松）：我也学炒过花生。是否可以这样改：听了妈妈的话，我赶紧把花生米倒进锅里，用锅铲不停地翻炒。一会儿，锅里就噼里噼里地响起来，花生米那红色的外衣渐渐地变成油红色了，一股花生的香味飘了起来。这下我翻炒得更快了，生怕花生被炒焦了。

师：大家说，小松同学这样改好吗？

生8（王敏利）：小松同学这样改好。他把炒花生时怎么做、怎么想、听到什么、想到什么都写得很清楚，这样写既具体，又真实。

生9（谢丽玲）：最后一段的"拿了一颗试试，哟，还真的又香又脆呢"这句话写得不真实，刚炒熟的花生米并不像作者所说的那么香那么脆。

师：那么怎么改好呢？

生10（张育贤）：是否可以这样改：看着那又鲜又香的花生米，我迫不及待地伸手捡了一颗放到嘴里，咦，怎么不脆呢？这时，站在一旁的妈妈说话了："别急，冷了才好吃。"过了一会儿，我又拿了一颗试试，果然又香又脆，比刚才好吃多了。

生11（王艺军）：育贤同学这样改很好，事实也是这样。

师：听了大家的发言，老师知道大家确实是动了脑筋在修改文章。同学们一定还有不少的意见想说，就请同学们分组进行交流、评议吧。（生分组评议，师巡回指导）

［评：以上环节充分顾及学生的主体地位，腾出时间让学生自主阅读、修改，

鼓励学生大胆发表自己的看法,教师相机点拨,引导学生在动脑、动口、动手评改活动中领悟修改方法,落实修改目标。]

师:下面,请同学们对照着阅读修改前后的文章,体会一下,读起来有什么不同。(生自由阅读,谈体会)

师:谁愿意说说读了修改前后的文章,你有什么感受?

生3(文章作者):我觉得经过大家的修改,文章确实更具体,也更富有真情实感了。

生12(张昆皇):我觉得要写出真情实感并不难,只要注意怎么做就怎么写,怎么想就怎么写就行了。

生13(谢秋玲):只有写出真实的内容,文章才会感人。

生14(黄琳琳):修改后的文章确实比修改前的好,好文章确实是修改出来的。

生15(梁斌强):要想把习作修改好,单靠个人努力是不够的,还要发挥集体的力量。

师:同学们都说得很好,那么怎样做才能把文章修改好呢?

生16(林建立):我认为要把文章修改好就必须反复地读,反复地改。

生17(李春凤):我认为修改文章时必须多想想。

生18(钟少杰):我认为要把文章改好,可以几个人组成一组,互读互评,合作修改。……(师归纳修改习作的程序:"读读—找找—想想—改改—交流—评议")

[评:"教是为了不需要教"。让学生学会学习,这是语文教学的最高境界。这里教者遵循学生的认知规律,把修改习作的思维过程及方法传递给学生,把学生的修改活动逐步引向深入。]

(三) 学生自改

师:接下来,请同学们根据刚刚学习的方法修改自己的习作。希望大家在是否写得具体、是否能准确表达真情实感方面多下点功夫。同时,还要注意看看老师给你的作文所写的批注和批语,想一想老师的看法对不对,对的话该怎样改。(生修改自己的习作,师巡回指导)

[评:学生修改自己习作的过程,旨在放手让学生自主修改,练习运用修改习作的基本方法,形成自主修改的意识和能力,这是让学生真正学会修改的关键。]

(四) 学生互改

(教师在学生充分自改的基础上,提出要求,组织学生分小组交流经自己修改过的习作,并进行互改练习。教师参与到小组的修改活动中去,与学生一块儿修改。)

［评：安排学生相互修改这一环节，有利于培养学生的合作精神，促进学生相互取长补短，相互了解和合作，共同提高写作水平。］

（五）集体交流

师：经过同学们的一番自我修改和相互修改，老师相信同学们一定会有不同的收获，文章一定比原来的好，这里老师建议各组推荐经过大家修改，认为是优秀的文章到班上交流展示。哪一组先来？（各组同学争着交流文章）（教师通过实物投影仪向全班同学展示部分学生修改的片段，组织点评）

［评：在学生小组合作修改的基础上，教师联系学生习作实际，把各小组推荐的习作和同学的意见放在班级中进行交流，有利于让学生在交流中汲取别人的成功经验。］

（六）布置作业

师（总结谈话）：今天这节课，大家都学得很认真。不仅学会如何把文章写具体，如何写出真情实感，还掌握了自我修改和相互修改习作的一般方法，认识到自我修改和相互修改对于提高自己的习作能力的重要性。老师相信只要持之以恒，你们的习作水平就一定会有较大的提高。课后，请根据课上所学到的方法，参照老师和同学们的修改意见，利用课外时间再次修改自己的习作。

［评：在学生小组合作、班级交流获得感性经验的基础上，鼓励学生参照老师和同学们的修改意见，结合自己原有的体会进行二次习作，这样能扎实有效地提高学生的习作能力。］

［**总评**：本节课的教学充分体现了课程标准的精神，主要有以下特点：

第一，重视评与改、导与改的整合。评改教学过程中，一方面注意突出学生的主体地位，强调学生修改的自主性、合作性和探究性，充分调动学生参与修改的积极性和主动性，学生在动口、动脑、动手中，在反复地读、想、评、议、改中，在自我修改和相互修改的反复交互中提高了习作能力。另一方面，教师的导向、点拨得到充分的发挥、准确的发挥，有效地促进导与改的不断交互，让学生的自我修改和相互修改有的放矢，逐步深入，逐步提高。

第二，重视修改方法和修改实践的整合。教者通过例文修改引路，通过师生多向对话交流，通过自我修改的体验与感受，引导学生从感性到理性、由浅入深、由表及里地感悟修改的方法。在此基础上，引导学生多次进行自我修改和相互修改，从而让学生在修改实践中提高写作能力。学生对于修改方法的感悟并非教师强行灌输，它来源于评议、修改的实践，而又服务于实践，运用于实践，使方法更具体，使实践更有力。

第三，重视整体要求和独特感受的整合。习作的修改有大体的标准，课上老

290

师根据习作的普遍毛病提出了几个修改要求。在实际修改过程中,既注意到训练重点的落实,又不拘泥于所圈定的框框,允许学生仁者见仁,智者见智,各抒己见,让每个学生都感受到不同程度的成功体验。]

主要参考资料

[1] 徐永森. 小学作文教学论. 北京:语文出版社,1995.

[2] 中央教育科学研究所. 叶圣陶语文教育论集. 北京:教育科学出版社,1980.

[3] 周慧霞.《语文课程标准》与《语文教学大纲》比较. 人民教育出版社网站.

[4] 陈利洲. 浅谈小学生作文自改能力的培养. 全国中小学教学改革研究中心网站.

[5] 陈昌发. 让修改为学生习作"增值". 小学语文,2011(11).

[6] 朱鲲. 让学生真的会修改作文. 语文教学通讯,2011(12C).

口语交际要贴近学生生活：
《我会拼图》教学纪实

孙敬东　李延敏　张玉英

课程标准提出了口语交际要贴近学生生活的重要命题。

一、课程标准解读

（一）关于口语交际要贴近学生生活实际的相关问题的认识

为了提高口语交际的教学质量，课程标准强调，口语交际的实施"应努力选择贴近生活的话题，采用灵活的形式组织教学"，"鼓励学生在各科教学活动以及日常生活中锻炼口语交际能力"。生活是口语交际的源泉，口语交际内容的选择、训练的途径都与学生的生活实际密不可分，因此，口语交际贴近学生生活显得尤为重要。

1. 密切联系生活，进行口语交际训练

口语交际是听话、说话能力在实际交往中的应用。口语交际以话题为纽带，在真实的情境中把交际双方连在一起，重在培养学生倾听、表达和应对的能力。交际话题是多元的、开放的，可选取教材中的材料，进行延伸训练，拓展学生的思维广度，巩固学习效果；也可选取学生生活中熟悉、急需而又有趣的话题，激起思想火花，产生强烈的交际欲望，使学生有话想说、有话可说；还可兼顾今后需要，选取社会生活中实际的话题，为学生走进社会做好准备。

口语交际还是在特定的情境中产生的语言活动。一定的情境是学生增强体验、激发思维和口语表达的环境条件和动力源，离开了特定的情境，这种言语交际活动就无法进行。因此，要依据话题内容，精心创设生活化情境，顺应学生的心理发展，让学生有一种身临其境、似曾相识的感觉，引发学生的真情实感和交际需求，调动学生交际的兴趣，使课堂中的交际活动成为学生日常生活的需要，从而积极主动地参与到交际中，在对话交流中逐步形成良好的语言习惯和交际态度。

292

2. 走进社会大课堂,在社会实践中培养学生口语交际能力

课堂是培养学生的主阵地,但口语交际能力的提高并不仅仅是在课堂上完成的,也不是一朝一夕就能完成的。语言的实践需要通过大量的、长期的课外实践,在实践中学习,在实践中提高。要有组织、有计划地开展学生喜闻乐见的丰富多彩的实践活动,如:找春天、买文具、做手工等,为学生营造一个良好的、自主的、自由的、多边的交流大环境,使学生的语言、思维、应变能力等都得到较好的发展。社会是个大课堂,应立足课堂,走出学校,走进生活,走进大自然,走进社会,扩大视野,使学生在社会这个大课堂中参与、锻炼、提高。譬如:口述见闻、介绍小制作,学生与学生、学生与教师、学生与家长之间交流。这样,学生在不同的场合中体验,与社会上各种各样的人接触、交流,以丰富交际语言,同时丰富自己的生活,逐步学会与人交际,学会与人合作。

(二)实施中的几点建议

1. 面向全体,加强互动

口语交际的核心是"交际",是交际双方通过口头语言进行沟通的动态过程,它是基于一定的话题,展开交流,或陈述事实,或抒发情感,或议论评析,从而达到特定的交际目的。因此,它注重的是人与人之间的交流和沟通,是一个双向互动的过程。参与交际的双方,既是说话人,又是聆听者;既是表达者,又是领会者,交际双方的角色变换是不间断的,这样就形成了言语的双向互动。学生的口语交际能力,只有在双向互动的训练活动中才能形成。因此,必须创造条件使学生由单向个体转化为不同的双向组合,并在双向互动中进行动态的口语交际训练。口语交际课还应全员参与,人人成为交际的主体。要调动全体学生的积极性,围绕话题为学生精心设计多个情境、多个回合,让每一位学生在多个情境、多个回合中都能进行口语交际,得到充分锻炼。

2. 优化评价,增强交际能力

为了让学生得到富有建设性的反馈信息,对自己的口语交际水平有一个真实的认识,并对自身存在的问题进行及时调整,需要及时进行评价反馈。评价必须在具体的交际环境中进行,学生语言是否连贯,思维是否有逻辑,手势、姿态是否恰到好处,都要及时而有针对性地反馈给学生。

首先,要注重学生兴趣的激发。学生有了兴趣,才能有交流动机,有了兴趣,思维才能活跃。孩子们渴望得到别人的赏识,教师要耐心听取学生的发言,不轻易打断学生思路,要善于发现学生交际过程中的闪光点,哪怕是微不足道的进步,也要给予肯定,出现的错误应提醒他换个说法。我们要重点评价学生的参与意识和情感态度。评价中,学生的优点要讲足,并给予肯定和鼓励,缺点和不足既要讲准,又要注意语气婉转,给学生一个宽松的环境,让他们无拘无束地交谈,

积极参与口语交际实践活动。

其次,还要注意组织同学之间的评价及学生的自我评价。培养学生的评价能力,要侧重引导学生对自己、他人的口语交际中的语言、情感态度进行评价,并对他人的发言进行补充修改。在自主评价中,学生听的能力、说的能力、合作意识也得到发展,使学生感到自己是学习的主人,从而增强交际的信心。

3. 重视在日常生活中的语言实践

语文的外延和生活的外延相等,在学生的日常生活中存在着大量的交际活动。日常生活是听、说的源泉,学生对自己周围的人和事最熟悉,也最愿意表达,并且积极主动地参与,所以要引导学生利用这些展开学习和锻炼,并且采取多种形式,遵循学生的认知特点、生活阅历和内心需求,有针对性地组织有价值的活动,给学生增加交际的机会,使学生的交际自然而然地展开,不虚假,不做作,富有实效。如参加自己感兴趣的班队活动,为社会服务等,这些走出去的实践活动,更能充分发挥学生的主体作用,让他们用自己的智慧,共同参与活动的设计,让他们自己去与别人打交道、请求帮助、解决问题等,还可以在读写实践包括其他学科的教学实践中开展口语实践活动,使学生感受生活、体验生活,并在生活中积累、发展,学会"倾听",学会"表达与交流",学会与他人沟通与交往,从而逐步具有"文明和谐地进行人际交流的素养"。

4. 倡导文明交际,提高语言修养

既然"口语交际是听与说双方的互动过程",那么在交际中就必须学会"倾听"、"请教"和"与人商讨"。而交际中的文明态度至关重要,它是一个人语言修养的标志,也能反映一个人的文化品位、道德风貌、思想修养和精神境界。这就要求从小注意培养,从尊重和宽容别人入手,丰富学生的情感世界。没有尊重和理解的交际是利己化、无价值的交际,不利于促进学生的可持续发展,甚至会造成学生人格的分裂。在指导学生口语交际实践中,尤其是在真实的生活情境中都应以"尊重"为前提,能善解人意、关爱他人,同享交往的快乐,这样才能在实施中体现出"工具性与人文性的统一",不断丰富学生的情感,使之逐渐成为态度大方、气质高雅、行为得体的文明人,成为有着文化内涵和底蕴的现代人。

二、教学实施案例:《我会拼图》教学纪实

研究课题:口语交际要贴近学生生活

研究教师:山东德州市黎明小学李延敏;孙敬东撰写课程标准解读,张玉英评析。

教科书简介:《我会拼图》选自人教版义务教育课程标准实验教科书一年级

上册"语文园地四"的训练内容。教学目标:能用不同的圆与半圆的纸片拼出新的图片,培养学生的创造想象能力和动手能力;能较清楚地向别人说出自己拼图的内容和方法,并能评论别人的作品。教学设计一课时。

教学过程:

师:老师给大家领来几个小朋友,你们想不想认识他们?

生(齐):想。

师:(指大屏幕)你看,它是谁?

生1(王梦轩):乌龟。

师:这是谁?

生2(罗浩然):这是一个胖娃娃。

师:你们知道它们是用什么做出来的吗?

生3(王宝程):它们是用圆片和半圆片拼出来的。

生4(刘文):它们是用纸片拼出来的。

师:对,今天咱们也来拼图。(板书课题:我会拼图)请一起读。

生(齐):我会拼图。

师:老师先给大家拼一幅图,行吗?

[评:教师拼图一是培养学生的观察力,二是引导学生看清拼图的步骤,为学生自己动手做好铺垫。]

生(齐):行。

师:(演示拼图过程)你们看,老师拼的是什么?

生5(刘润洲):老师拼的是一只小鸡。

师:谁能说说这只小鸡是怎么拼成的? 先做什么,再做什么?

生6(王翔宇):老师先用大圆做小鸡的身子,前面粘上一个小圆做小鸡的头,然后用笔画出小鸡的嘴、眼睛和脚,就拼出了一只小鸡。

师:你看得仔细,还说得很清楚,真棒! 有个小朋友很能干,他拼的图比老师还要好。你们想认识他吗?

生(齐):想。

师:他在这儿。(课件展示)我们快来和他打个招呼吧。

生7(孙洪远):小朋友,你好。

生8(曹松岳):小朋友,你在干什么,咱们一起玩好吗?

师:曹松岳同学很有礼貌,用商量的语气跟别人说话。这个小朋友也有话跟我们说呢,猜一猜,他会说什么呢?

生9(王若冰):他在说:"我在这儿玩儿呢。"(大家笑)

师:玩儿的什么? 你能说明白吗?

生10（刘峥）：他在说："小朋友，你能拼图吗？我来教你拼小猪吧！"

生11（任尔康）：他在说："我叫王大力，我会拼大象，你会吗？"

师：说得真好。这位小朋友到底说了什么呢？请看大屏幕。（课件演示：小朋友，你能说出这两幅图画是怎么拼的吗？看谁是个观察仔细又能说得清楚的好孩子）

[评：猜猜他说了什么，这是启发学生想象的一个问题。课堂上，让学生展开想象的翅膀，给学生充分的时间和空间，想什么就说什么，这是培养学生发散性思维的一种方式。]

师：那就请在四人小组内说一说，不理解的可以问一问。（生分组交流）

师：同学们说得真热闹，谁愿意变成小兔和小猪，把你是怎么拼成的告诉大家？

生12（杨佳琦）：我是小猪，用大圆、小圆和半圆就能拼出来。

师：你能说出小猪是用什么拼成的，很好，谁还能说得更清楚？

生13（李一冰）：小朋友，我是小猪。这个大大的圆是我的头，这个小圆是我的鼻子，两个最小的圆是我的小眼睛，在头的两旁粘上两个半圆，就是我的大耳朵。你看这就拼成了我。容易吧？

生2（罗浩然）：大家好，我是小猪嘟嘟。先用一个大圆做我的头，然后贴一个小点的圆做我的鼻子，再用两个小圆做眼睛，最后用两个半圆做我的耳朵，我就成这样的了。

师：你说得也不错，同学们评一评，谁说得好？

生1（王梦轩）：李一冰说得好。

生4（刘文）：我觉得罗浩然说得好。

师：同意王梦轩的说法的举手。（生纷纷举手）谁能说说自己的理由？

生7（孙洪远）：我觉得李一冰说得清楚。

生14（赵月玮）：我觉得李一冰说得连贯，不结巴。

生5（刘润洲）：我觉得罗浩然说得也挺好，我能听明白。

师：是呀，他们说得都很好，有谁愿意再说小兔是怎么拼成的？

生10（刘峥）：我是小兔，我是用两个圆和四个半圆拼成的。

师：刘峥同学说的和别人不一样，你觉得怎么样？

生14（赵月玮）：我觉得太简单了，我能说得更好。

师：好，那你就来试一试吧！

生14（赵月玮）：我是小兔子。先用一个圆做我的头，头上贴上一个长半圆做耳朵，再用一个半圆做我的身子，然后在身子的下边贴两个小半圆当我的腿，最后在屁股上贴一个小圆做尾巴。这样，就拼成了我这个小兔子，你们听明白了吗?

生(齐):听明白了。

[评:学生看得仔细,说得清楚,按着拼图的顺序,把自己当成小动物,边说边表演,口头表达能力在不知不觉中提高。]

师:你们不仅能仔细观察,还能说得清楚。老师奖励你们每人一颗"小金星"。

生(齐):谢谢老师。

师:不用谢。大家愿不愿意和刚才那个小朋友一样,自己动手来拼图?

生(齐):想。

师:听你们回答的声音,老师就知道你们很能干,一定能拼出许多不同的图案。我们现在就动手拼图,拼完就送给小组的伙伴瞧一瞧,说一说你是怎么拼的,大家互相评一评,不理解的可以问一问。哪组会拼又会说,奖他一朵大红花!(生动手拼图,师相机指导,放背景音乐;拼完后分组交流,介绍拼图名称及拼的过程,互相评价)

[评:生动形象的动画使学生看了以后想说、愿意说、有话说,小组内互相交流,相互启发,人人有发展机会,达到了面向全体的要求。]

师:刚才,每一组的同学都拼得好,说得好,都奖了一朵大红花。

师:谁愿意告诉大家你拼的是什么?(学生踊跃举手)

生1(王梦轩):我拼的是一只小鸟。

生8(曹松岳):我拼的是一条小金鱼。

生6(王翔宇):我拼的是一个大熊猫。

师:应该是一只大熊猫,你能再说一遍吗?

生6(王翔宇):我拼的是一只大熊猫。

生15(吴亚楠):我拼的是一辆小汽车。

生16(赵义勇):我拼的是一个圆圆的太阳。

师:赵义勇还加上了"圆圆的",这样说就更好了。

生17(商莎莎):我拼的是一只可爱的钟表。

师:你们可真能干,哪个小朋友愿意上台来展示一下你的拼图?

生(纷纷举手):我愿意。

师:请黄紫睿同学上台来展示。

生18(黄紫睿):我拼的是一个大苹果。你们看,用一个圆做苹果,然后我用笔给它画上一个柄,这样一个苹果就拼成了。同学们,请你们提提意见。

生19(李文鑫):我觉得要是再加上两片叶子就更好看了。

生18(黄紫睿):我试试。(用水彩笔画出两片叶子)同学们,这样可以吗?

生(齐):可以。(鼓掌)

生18(黄紫睿):谢谢。

师:黄紫睿很虚心,愿意接受别人提出的建议。谁还愿意站出来?这次我要请两个小朋友互相介绍自己的拼图,看谁既大方又有礼貌。请孙嘉宇、曹松岳上台来。

师:孙嘉宇、曹松岳,你们好,请问你们拼的是什么?是怎样拼成的?

生8(曹松岳):我拼的是一只小乌龟。我先用一个大半圆做壳,再用两个圆做它的脖子和头,身子底下贴两个小半圆做它的腿,最后在屁股上贴一个小半圆做它的尾巴。这样,一只小乌龟就拼成了。请问,你拼的是什么?

生20(孙嘉宇):我呀,拼的是一个钟表。先用一个圆做钟面,再用笔画出指针,然后在圆的下面贴两个半圆,这是钟的两条腿,最后在圆的上面贴一个半圆和小圆。你看,我拼得好吗?

生8(曹松岳):挺好。

师:同学们觉得他们说得怎么样?

生9(王若冰):他俩说得好,曹松岳还说了"请问"。

师:嗯,曹松岳很有礼貌。

生9(王若冰):孙嘉宇也很有礼貌。

师:对。其他同学也非常想向大家介绍自己的拼图,谁上台来介绍?

生(纷纷举手):我来,我来。

师:这么多同学都愿意来。好,我选代表,吴亚楠代表女生,赵义勇代表男生。

生15(吴亚楠):你好!

生16(赵义勇):你好!

生15(吴亚楠):你拼的是什么?

生16(赵义勇):我拼的是葵花。你呢?

生15(吴亚楠):我拼的是葡萄。

生15(吴亚楠):你能说说你是怎么拼的吗?

生16(赵义勇):行。先贴一个大圆,在大圆的四周贴一圈半圆,然后在大圆上画出几条斜线,再点上一些黑点,就行了。你是怎么做的?

生15(吴亚楠):我用了一些紫色的小圆做葡萄粒,再画上两片叶子就行了。

生16(赵义勇):噢,这么简单呀!回家我也拼一串葡萄。再见!

生15(吴亚楠):再见!

[评:全体学生动手拼图,拼完后,小组内再次交流,这是通过自己动手拼的图,把自己拼的过程说出来,然后相互评价,取别人之长,虚心听别人的意见。拼

得好、说得好的同学在全班展示,说得好的发大红花,课堂气氛活跃。]

师:他们不仅说得好,还很有礼貌。大家学会了拼图,回家一定要告诉妈妈。现在我就是你们的妈妈,你会给妈妈说什么? 谁愿意上台来表演?

生21(叶剑成):妈妈,我回来了。

师:噢,好孩子,你今天在学校有什么收获?

生21(叶剑成):我学会了拼图。

师:拼图? 你会拼什么呀?

生21(叶剑成):我会拼太阳。

师:是吗? 太阳怎么拼呀? 说给妈妈听。

生21(叶剑成):挺简单的。你看,先贴一个大圆,然后在大圆的四周贴上一些小半圆,这就能够拼出太阳来。

师:好孩子,你真棒!

[评:老师就是"你们的妈妈",多亲切啊! 课堂上学生就像到家一样,无拘无束,想说就说,口语交际贴近了生活。]

师:我们还可以给好朋友看一看,说一说。(生自由找朋友,介绍拼图过程)

师:坐在后面的老师们,特别想知道你们拼的是什么。谁愿意把你们的拼图送给老师,就请去送吧。(生下位把图送给老师并和老师交流)

[评:学生走到台下和听课老师交流,这是教师设计的又一"交际"的新场所,从同桌交流、小组交流,到跟"妈妈"交流、跟"观众"交流,逐步扩大交流的范围,让学生适应不同环境,达到口语交际的目的。]

师:(课件展示)同学们,老师还带来一些图,你们看是什么? 用什么拼的?

生22(龚珊):这是一只乌龟,是用树叶拼的。

生23(任子翰):这是一条小船,是用三角形和长方形拼的。

生24(郭洪莹):这是用树叶拼成的小鸟。

[评:教师搜集了不同材料,拼成了许多生活中常见的事物,如用树叶拼成小乌龟,用泡沫塑料削成三角形和长方形拼成小船,用火柴盒拼成沙袋等,启发学生注意观察生活中的事物。]

师:你们看,树叶、三角形和长方形的纸片都能拼出好看的图,瓜子、火柴棒也能行。只要肯动脑筋,什么都能做到。

今天,咱们不仅学会了拼图,还能说出是怎么拼的,并能把拼图送给听课的老师,真棒! 回家以后,选择你最喜欢的材料拼一幅图,拿给同学们看,讲给同学们听。

[**总评**:本节课有以下几个主要特点:

第一,创设情境,激发交际兴趣。教学中,老师先通过课件演示,小朋友用图片拼成小兔与小猪,通过画面上小朋友的一席话激发学生爱说的兴趣。在这种情境中,孩子们在小组内交流,不理解的问一问,孩子们参与的积极性很高。又如老师扮演妈妈,师生合作,创设一种母子交流的情境,让学生在无拘无束之中将自己拼图的过程叙述出来。

第二,加强互动,提供交际机会。教学过程的实质是师与生、生与生之间进行学习交往的过程。这节课就给学生充足的语言实践的时间和空间,让每个学生能充分地说,自由地说。譬如:学生在小组内合作交流小猪、小兔的拼图过程;学生自己拼完图后,在小组内交流拼的是什么,怎么拼的,然后互相评价,提出修改建议;师生合作表演学生回家后怎样向家长汇报自己的收获等。师生互动、生生互动及群体间互动,关注每个学生,让学生在互动中得到训练,以提高口语交际的能力。

第三,注重评价,增强交际信心。这节课,注重采用正面引导、积极鼓励等方法,不仅鼓励那些大胆发言、敢于发言的学生,还注重及时发现学生说的过程中的每一个闪光点,让学生获得成功的体验,同时及时指出不足之处,使学生能有所注意。这节课还注重同学之间的相互评价,如:小组内评价、二人之间评价、对其他同学发言的补充等,这就能使学生倾听、表达的能力及合作意识得到发展,学生真正感到自己是学习的主人,从而增强交际的信心。]

主要参考资料

[1] 许双全."口语交际"的内涵及课堂教学特征. 四川教育,2002(2).
[2] 金海芬.牵手生活,让口语交际更精彩.试教通讯, 2007(3).
[3] 朱家珑.口语交际:语文学习不可或缺.小学语文教学,2010(1).

在情境中进行口语交际：
《夸家乡》教学纪实

李冰霖　吴梅卿

课程标准教学建议部分提出了口语交际"教学活动主要应在具体的交际情境中进行"的问题。

一、课程标准解读

（一）关于在情境中进行口语交际的相关问题的认识

课程标准指出，"口语交际是听与说双方的互动过程。教学活动主要应在具体的交际情境中进行，不宜采用大量讲授口语交际原则、要领的方式。应努力选择贴近生活的话题，采用灵活的形式组织教学"，要"重视在语文课堂教学中培养口语交际的能力，鼓励学生在各科教学活动以及日常生活中锻炼口语交际能力"。

1. 只有在交际情境中才能激发学生口语交际的兴趣

口语交际是在特定的环境里产生的言语活动。这种言语交际活动，离开了"特定的环境"就无法进行。只有精心创设符合生活实际的交际情境，才容易使学生有一种身临其境、似曾相识的感觉，情绪也会因此变得高涨起来，学生学习口语交际的主动性就会被激发出来，学习的动力就会增加或持续，他们就会带着情感，怀着浓厚的兴趣，走进交际情境，去进一步体验。

2. 只有在交际情境中才能实现口语交际的双向互动

口语交际是听说双方的互动过程。不同的谈话主题、不同的交际场合、不同的谈话氛围构成特殊的交际情境。在一定的情境中我说你听，你说我听，相互交流，彼此沟通，既表明了自己的意见，也了解了别人的看法。双方在你一言我一语的双向互动中，激发起交际的兴趣，调动自身的语言积累，达到特定的交际效果。

3. 只有在交际情境中才能学会倾听、表达、交流的交际能力以及文明态度

和语言修养

口语交际能力、口语交际的文明态度和语言修养,来自于口语交际的实践锻炼,而不是来自于口语交际知识的传授。贴近生活的交际情境,可以给学生提供演练的平台。

(二)实施中的几点建议

心理学研究表明,人的发展是在与环境的互动中实现的。口语交际是在特定情境中发生的一种交际现象,具有情境性的特征。要努力选择贴近儿童生活的话题,创设具体的情境,或充分利用课内外生活的情境,来营造口语交际的氛围,进行口语交际训练,以提高学生的口语交际能力。

1. 要创设模拟的情境进行口语交际

口语交际能力的培养必须在具体的语言情境中,通过"实践"的手段,在不断地双向互动地说和听的过程中逐步领悟语言的意义和适用范围,逐步建立起自己的内部语言体系和语言文明修养。因此,口语交际课堂必须情境化、生活化,把课堂创设成一种近似生活的情境,让学生在这种"生活式"的语言情境中不知不觉地学习交际,学会交际。

口语交际情境创设的方式很多。这里,简要介绍几种方法:

第一,实物创设情境。直观形象的实物展示,能很快吸引学生的注意力,易于学生观察,容易把学生带入情境中去,使学生饶有兴趣地主动地投入口语交际训练之中,积极地观察、思考、想象,这样,他们的语言才会如涓涓细流,流出心田。

第二,电教创设情境。教师可根据"儿童是用形象、色彩、声音来思维"的特点,运用现代教育手段,引入形象可感的视频或图片资料,创设一个口语交际的视听情境,来刺激学生的视觉或听觉器官,唤醒他们的生活体验,从而提高他们的口语交际欲望。

第三,表演创设情境。"儿童是用形象、色彩、声音来思维的。"(苏霍姆林斯基语)对于那些内容有趣、情节生动、人物形象鲜明的儿童文学作品,如寓言故事、动物故事等,低年级学生往往表现出极大兴趣,如果让学生充当故事中的主人公,分别戴头饰表演,更能引人入胜,诱发他们的创造力。

第四,语言描述创设情境。老师要用富有感染性的生动的语言来描述,为学生创设情感画面,启发学生走向情境,使他们积极主动地融入角色,并在交流过程中用自己的语言帮助学生找到情感共鸣点,使他们在言之有物、言之有序的基础上做到言之有情。

第五,环境渲染创设情境。根据口语训练内容,为学生营造接近生活实际的交际环境。这种环境的创设一方面有利于学生捕捉说话的内容,另一方面有利于学生的临场发挥,使他们表达更准确、更逼真、更生动。

此外,还可创设动手、联系生活、相互评析等情境以激发学生的交际兴趣,丰富交际内容。

2. 要利用现实的情境进行口语交际

训练口语交际能力并不仅仅局限于口语交际的课堂内,口语交际的训练还要在真正的生活情境中开展起来。单靠区区几节口语交际课是远远不够的,要"重视在语文课堂教学中培养口语交际的能力,鼓励学生在各科教学活动以及日常生活中锻炼口语交际能力"。

第一,优化校园语言环境。学生大部分时间是在学校中度过的,校园的语言环境如何,直接关系到学生语言体系的形成。只有优化校园语言环境,组织丰富多彩的口语交际实践活动,才能有效地促进学生提高口语交际能力。主要做法可以采用:一是在学科教学特别是语文教学的其他有关内容中训练口语交际能力。如利用教材内容、插图、课堂发言等机会,不失时机地给予学生口语交际的机会。二是在学校活动中培养口语交际能力,比如学校开展的讲故事、演讲比赛、课本剧的表演;班级开展的各项活动;教师还可利用课余时间,让学生谈谈自己所看到的、听到的新鲜事。此时的学生无拘无束,十分乐意谈感兴趣的话题,这样就起到了交流信息、训练说话的作用;活动课可结合课文内容,组织学生讲故事,从中练习说话。三是在校园里普及普通话等。

第二,利用社会语言环境。社会教育更是口语交际的大课堂,现实生活中蕴含着取之不尽、用之不竭的口语交际资源。要引导学生在社会中进行口语交际的训练,让口语交际和社会生活、家庭生活紧密联系在一起,使学生能够学到在课堂上学不到的知识,又提高口语交际的能力。例如,教师可以带领学生走出课堂,了解各行各业的口语特征;还可以安排小记者组织采访活动;也可以进行一些有主题的社会调查,既丰富学生的课余生活,又锻炼学生的口语能力。语言是人类特有的交际工具。每一次语言交际都是人们思想和情感的交流,都是他们自己的内外部语言体系之间的相互转化。把学生引入社会,让学生与社会上各种各样的人接触,相互交流思想,沟通感情,必然在双向互动的口语交际中提高口语交际能力。

(三)操作时应注意的问题

1. 要注意突出交际情境的探究性,激发交际动机

动机是激发和维持个体的活动,并使活动朝向一定目标的内部心理倾向和动力。人类的任何行为、活动的产生和维持都离不开动机,口语交际活动同样需要交际动机来激发和维持。要注意在教学过程中创设探究性交际情境,在交际情境中提出问题,引发好奇心;在交际情境中揭示矛盾,诱发求知欲;在交际情境

中展开冲突,激发挑战性,从而激发学生的交际动机。

2. 要注意强化交际情境的互动性,营造交际氛围

口语交际的核心是"交际"二字,注重的是人与人之间的交流和沟通。它是一个听方与说方双向互动的过程,不是听和说的简单相加。只有交际的双方处于互动的状态,才是真正意义上的口语交际。因此,创设的情境,不应是只让学生单向地一味地听或说,而应注意构建民主平等的师生关系,让师生在情境中互动;注意营造交流合作的良好气氛,让生生在情境中互动;注意实现人境融合,人境互动。

3. 要注意突出交际情境的开放性,丰富交际内容

口语交际话题的确定,情境的创设,要能够让学生多角度、全方位地进行自由自在的海阔天空的交际,而不应仅仅钉死于一处,要丰富情境、拓宽情境、超越情境,为学生构建起一个广阔的交际平台。

二、教学实施案例:《夸家乡》教学纪实

研究课题:在交际情境中进行口语交际

研究教师:福建省安溪县实验小学吴梅卿执教,李冰霖撰写课程标准解读部分并评析。

教材简介:本节口语交际课,是人教版义务教育课程标准实验教科书小学语文二年级下册第三组"语文园地"口语交际的训练内容。教学时数:一课时。

教学过程:

(一) 谈话导入引话题

师:同学们,咱们的家乡安溪是个山清水秀、物产丰富的好地方。这几年安溪变化很大,很多游客慕名而来,我们作为家乡的小主人,就应该了解家乡,懂得介绍家乡。今天这节课,我们就一起来夸夸家乡。(板书课题)

(二) 创设情境夸家乡

师:老师有位朋友从北京到咱安溪旅游,老师想请班上的小朋友做导游。瞧,她来了。

(师退至讲台边,戴上旅游帽,背上旅行包,挥舞旅行旗)

[**情境一**]夸风光

师:嗨,小朋友们好,我从北京来,今天来到你们的家乡安溪,大家欢迎吗?

生:欢迎。(并鼓掌)

师:谢谢,我听说你们安溪的景点很多,那你们谁愿意带我去参观呢?

生(齐):我愿意! 我愿意!

师：哇，安溪的小朋友好热情啊！这位举红色小旗的小导游，你来吧！

（生挂上导游证，挥动导游旗上台）

师：小导游，你们家乡都有哪些好玩的地方啊？

生：阿姨，我们这儿好玩的地方可多啦！有茶都、清水岩、凤山森林公园、大龙湖旅游区、洪恩岩……

师：啊，这么多景点呀！小导游，你准备先带我上哪儿呢？

生：阿姨，我先带您去茶都吧！

师：小导游，这么多的景点，我们为什么先去茶都呢？

生：因为我们安溪的茶都是全国最大的茶叶批发市场，有三千多个店铺，五个很大很大的茶叶交易大厅，远远地就能闻到一股淡淡的茶香。

师：哇，茶都这么大啊，那我可得去瞧瞧！

生：阿姨，在茶都的三楼有个茶艺表演厅，您还可以欣赏我们安溪独特的茶艺表演呢！茶都二楼有个茶史馆，您要是想了解我们祖国茶文化的发展，那里是非去不可的！

师：是吗？听你这么一说，我都快等不及了，咱们现在就走吧！

生：好，阿姨，您这边请！

（师退至台边，卸下道具）

师：同学们，你们觉得刚才小导游和游客的表现怎么样呢？

生1：我觉得小导游很有礼貌。

生2：小导游说话时很响亮，别人能听得很清楚。

生3：我觉得游客阿姨也很有礼貌。

生4：我觉得这位小导游做得很好，他不但有礼貌，很大方，还能把茶都的特点说得很清楚。

师：看得出同学们刚才认真倾听别人说话了，评得也很中肯。是啊，在与别人交谈时态度要大方，有礼貌，声音要响亮，把话说清楚。

师：接下来请同学们在小组里轮流当游客和导游，像我们刚才那样介绍家乡的景点。

（小组内交流）

师：哇，游客们和小导游的交流这么热烈啊！哪个小组愿意推荐两位同学上台表演？

生1：叔叔，您好！欢迎您来到安溪。

生2：小导游你好！

生1：叔叔，我带您到清水岩玩玩吧！

生2：好啊，可是，我们为什么要先去清水岩呢？

生1:叔叔,你不知道啊,清水岩是国家4A级旅游景点呢,有一千多年的历史!

生2:是吗?除了历史悠久,清水岩还有别的独特之处吗?

生1:有啊!清水岩大小房间共有99间,外形远远看去很像"皇帝"的"帝"字,这可是全国独一无二的呢!

生2:的确很奇特。

生1:叔叔,清水岩有棵大树叫"枝枝朝北树",您猜猜是怎么回事?

生2:我猜啊,可能这棵树的树枝都朝向北方吧!

生1:叔叔,您猜对了,想去见识一下吗?

生2:当然。

生1:叔叔,您去的时候,还可以烧香许愿呢!听我奶奶说,在清水岩许愿可灵了。

生2:听你这么一说呀,我是非去不可了,我们马上就出发吧!

生1:好,叔叔您请!

师:谢谢这两位同学,他们俩的表现怎么样,谁来评一评?

生1:小导游很有礼貌,脸上一直挂着微笑!

生2:他们俩在交谈时能看着对方的眼睛,显得很真诚。

生3:游客和导游的态度都很大方自然。

生4:我最佩服小导游了,他能在与游客交谈时把清水岩的特点说清楚,真了不起!

师:谢谢各位同学的评价,我也觉得这两位同学的表现很出色!

[情境二]夸特产

师:谢谢各位小导游的热情介绍,真是让人大饱眼福。明天我就要离开安溪了,想带点安溪的特产回去,现在我来到了特产城,各位老板,你们能向我推荐一下吗?

生(齐):能

师:接下去,请同学们在小组内轮流当游客和老板,介绍家乡的特产。

(生小组内互动)

师:同学们说得可热闹了,老师发现这个小组夸铁观音夸得特别好,请他们上台来说一说,好吗?

生(齐):好!

生1:阿姨,您好,欢迎您来到安溪!

生2:老板您好。

生1:阿姨,您到我们安溪,可一定得带回一包上好的"铁观音"茶啊!

生2：为什么呢？

生1：我们安溪是"中国乌龙茶（名茶）之乡"，是"中国铁观音"的发源地，我们的茶获得全国唯一一块茶叶金牌。

生2：真了不起，那喝了你们的茶有什么好处呢？

生1：我们的茶是纯绿色食品，含有很多种维生素和矿物质，常喝铁观音，能提神醒脑，生津止渴，那独特的乌龙茶香更是让人陶醉啊。

生2：是啊，我就是被你店里的茶香吸引过来的！

生1：哦，对了，阿姨，喝了我们的铁观音，不但能减肥，还能防癌呢！

生2：啊，这么神奇，那我一定得买了！

师：咱们安溪的特产还有很多，谁愿意再来介绍一下？

生1：阿姨，我的老家湖头盛产米粉，我们湖头米粉可炒着吃，还可以煮汤吃，味道好极了。许多华侨回到家乡最想吃的就是米粉，您可一定要带上点啊。

生2：松软可口的后安柿饼不吃不知道，吃了第一块，想吃第二块。

第3：要说特产啊，我老家龙门最多了，产的花生酪、橘红糕，可是名扬中外啊！

生4：还有官桥豆干呢！阿姨，我们的官桥豆干可不一般，看起来像黄金砖，吃起来像鸡肫。

生5：你们别光说吃的啊！阿姨，我们安溪的藤铁工艺品和石板材也是一绝啊！当然，这些比较难带了。

（生笑）

（三）三言两语写家乡

师：同学们，你说得太好了，通过交流，我们都充分感受到安溪不但风光秀丽，而且物产丰富，的确是个好地方。我们是安溪人，我们爱自己的家乡，现在我提议，让我们用手中的笔写一两句话，夸夸我们的家乡。

（生写）

师：哪位同学愿意把你写的话与同学们交流一下？

生1：我写的是"安溪，安溪，乌龙腾飞的地方"。

生2：安溪是个山清水秀、物产丰富的好地方。

生3：安溪人真好客，入门就泡茶，欢迎五湖四海的朋友来安溪做客！

师：这位同学真了不起，把咱们家乡的民谣也用上了。

生4：安溪位于闽南金三角，交通便捷，四通八达。

生5：安溪，山好，水好，茶好，人更好！

师：说得真棒，听了大家的话，我真为自己是个安溪人而自豪。

（四）总结谈话激情感

师:这节课大家都学习得很认真,不仅能积极发言,认真倾听,还能用一两句话夸夸家乡,老师从中感受到大家对家乡浓浓的热爱之情,让我们共同祝愿我们的家乡更加美丽富饶!

[**总评**:本课教学根据课标精神,力求做到"三个突出":

第一,突出趣味性,激发交际动机。执教者上课伊始,首先以邀请班级学生为来自北京的游客做导游引出话题,激发学生积极参与交际的兴趣,把学生带进了夸家乡的交际情境,让学生在导游与游客、老板与游客互动的角色体验中,懂得如何介绍家乡。由于创设出来的交际情境与实际生活相近,学生在具体的交际情境中,有一种身临其境、似曾相识的感觉,情绪也就高涨起来,积极参与交际活动,既争先恐后地"想说"(对感兴趣的话题发表意见),又如数家珍地"能说"(简要讲述自己感兴趣的见闻),交际氛围浓厚、自然。

第二,突出互动性,培养交际能力。本课教学围绕"夸家乡"这一话题,教者紧扣口语交际的互动特点,从以下两个方面引导学生展开互动:一是从形式上,通过"师生互动",带动"生生互动",让学生在互动中,学会文明和谐地交际,提高学生交际的文明素养。如,交谈时双方都要有礼貌,要认真倾听对方的谈话,要把话说清楚、说完整,对感兴趣的话题可以发问,也可以发表自己的意见等等。二是从内容上,通过"互动夸风光"促进"互动夸特产",环环相扣,多回合交际,让学生有了充足的语言实践时间和空间,不仅学会了倾听和交流,学会了介绍家乡的方法,也有效地促进了学生个性化语言的发展,提高学生倾听、表达和应对的能力。

第三,突出实践性,丰富交际内涵。为了引导学生开展语文实践,从语文实践中获取言语交际的素材,本课教学突出"三个结合":一是交际之前,课内外结合,积累言语材料。通过课前引导学生开展调查、访问、阅读等搜集资料的实践活动,让学生感受家乡的迷人风光和丰富物产,为课内开展交际积累言语材料。二是交际之中,交际与评价结合,指导交际方法。通过师评、自评、互评,让学生在进行口语交际的过程中取长补短,扬长避短,不断提高口语交际的倾听、表达和应对的能力。三是交际之后,说写结合,提高表达层次。以课内交际活动为基础,通过三言两语写家乡的实践活动,以书面语言夸家乡的形式,提高热爱家乡的交际情趣,适度提升表达层次,发展表达能力。]

主要参考资料

［1］刘利.低年级口语交际训练的途径.人民教育出版社网站.

［2］唐菲.口语交际及教学策略.浙江师范大学学记网站.

［3］黄贞良.奏响口语交际的主旋律.福建教育,2010(7,8).

附记:本节口语交际课,是2005年5月全国小语会第二批教育科研课题《小学生语文能力科学评价》在接受全国小语会专家组结题验收时所做的展示课纪实,并刊于《小学语文》2008年第1期。

综合性学习应强调合作精神：
《我读名著》教学设计

王卫东　付红军　陈中杰

　　课程标准在"教学建议"部分提出："综合性学习应强调合作精神，注意培养学生策划、组织、协调和实施的能力。"

一、课程标准解读

（一）关于综合性学习应强调合作精神的相关问题的认识

　　1. 强调合作是语文综合性学习目标的要求

　　课程标准确定了各学段的综合性学习目标。就第一学段（1～2年级）学生而言，小学生的口语表达能力胜过书面表达能力，对周围事物充满好奇心；综合性学习要保护这种好奇心，创设合作的氛围，对学生感兴趣的问题，结合课内外阅读，组织大家进行观察、思考、交流，求得问题的最后解决。对于第二学段（3～4年级）学生，要求能提出生活中的问题，有目的地搜集资料，共同讨论，在教师的指导下组织有趣的语文活动，在活动中学习语文，学会合作。第三学段（5～6年级）学生要通过各种渠道获取资料，能就大家共同关注的问题展开讨论，进行专题演讲等。综上所述，学生在综合性学习过程中所进行的提问、探索、讨论、演讲活动，无一不在合作的环境中得以实现。因此，学会合作，学会分享，在学习中体验成功的快乐，是语文综合性学习所追求的理想境界。

　　2. 强调合作是语文综合性学习的特殊需要

　　第一，语文综合性学习重整合。综合性、整体性是语文学科的重要特点，语文素养是语文学科的整体性在教育学中的体现，是学生学好语文以及其他课程的基础，也是学生全面发展和终身发展的基础。语文综合性学习主要表现为语文知识的综合运用，听说读写能力的整体发展，语文课程与其他课程的沟通，书本学习与实践活动的紧密结合。在整个学习活动中,培养合作意识,群策群力,集思广益,对学习的内容和问题进行充分的研讨、交流、辩论,才有可能多角度、多层次、多渠道地采撷知识,合理吸收,达成共识,相互促进,共同提高。

第二,语文综合性学习重过程。未来社会对人才的要求不仅仅是掌握某种技能或某门具体的知识,关键是对所学的知识进行选择、批判、解释、运用,从而有所发展,有所创新。小组成员的通力合作,丰富了每位成员的学习体验。学生在语文学习中,不断搜集整理信息,综合分析,提出问题,最后解决问题。既有团结协作,又有个性化的激励和竞争,使综合性学习的过程更加具体化。

第三,语文综合性学习重体验。综合性学习要求学生亲自参加到语文实践中,在对事物进行认识的同时获得独特的个人感受,从而不断认识自我和社会,发展自我,不断增强语文学习的积极性和主动性。然而,语文实践更依赖于互助性的交流与合作,学生彼此之间相互启发借鉴,才使得体验更丰富,感受更深切。

第四,语文综合性学习重全员参与。教育的目的在于使每个学生都健康发展。语文综合性学习要求全体学生参与,既突出了发展语文素养的全员性,又强调了共同学习的过程。学习者个体要了解合作伙伴的个性,学会交流与合作,彼此间尊重、理解、宽容,表达自己的想法或接受别人的意见,都是建立合作意识,强调合作精神。

(二)实施中的几点建议

1. 共同确立学习目标

合作学习是一种目标导向活动。统一目标下的综合性学习,是建立在小组或班级共同努力之上的学习体验。要求每个学习者明确学习任务,共同参与目标的制订,才有可能调动起每位学生主动参与的积极性。"只有愿意学才能学得好。"满足学生对归属感和影响力的需要,他们才有信心和兴趣参与到学习活动中来。

2. 选好合作的切入点

一项需要大家共同完成的学习任务是促成合作的最基本条件。但是没有选准突破口,找不到切入点,往往造成表面的热热闹闹,实际上的时间浪费,产生事倍功半的弊端。因此学习伊始,要引导学生对所要学习的内容进行全面细致的分析,根据教学要求,将大家共同关心而又有一定难度的问题提出来,作为学习的突破口和切入点,诱发学习欲望,激发学习兴趣和参与学习的积极性,才会有自学、交流、讨论、帮助、协作的良好氛围。

3. 搞好学习的合理分工

综合性学习中的分工是为了有序、快捷地完成任务,更好地发挥个人才智,互相协调、提示、借鉴,进而实现总目标。尽管在分工学习的过程中,学生之间有竞争和差异现象存在,但在共同目标下他们表达、倾听、评价、欣赏,会凸显良好的合作品质。学生间优势互补,能把综合性学习推向良性运转的发展态势。例如:我们可以将学习的内容按小组分工,把活动的角色及要落实的具体任务按学生的特点分工,给他们充分展示个性的机会,即可确保综合性学习的实效性。

4. 组织学习过程中的愉快交流

孩子们在统一目标下的分工学习不可避免会发生冲突,这种彼此间的矛盾与碰撞是有效合作的重要标志。教师不能为强调友好与合作而一味地指责学生,要因势利导,鼓励他们去协调合作中的认知冲突,给冲突的双方创设交流、分辩、展示的机会,搭建据理力争的学习平台,以便学生学会多角度、多方位观察、思考问题的方法,培养宽容、尊重、理解、欣赏他人的良好品质。

5. 搞好学习后的科学性、民主性评价

综合性学习重在学习过程,而非学习结果;重在知识能力的综合运用,而非掌握知识的多少;重在亲身参与获得的感悟体验,而非接受别人传授的经验;重在全员参与,而非少数学生的出类拔萃。学生在学习活动中的合作态度和参与程度也将纳入评价的重要指标。合作式的评价不仅是评价学生的学,而且要评价教师的教,师生站在同一个平台上接受评价,更见评价的民主性。

二、教学实施案例:《我读名著》实践活动教学设计

研究课题:综合性学习应强调合作精神

研究教师:付红军设计案例;王卫东、陈中杰撰写课程标准解读并评析。

教科书简介:自编教材。活动内容:学生课外阅读我国古典名著——《三国演义》、《水浒传》、《西游记》、《红楼梦》或相关材料,在课堂上汇报交流;办一期手抄报。活动目的:① 激发阅读兴趣,训练学生搜集和处理信息的能力,培养阅读能力和良好的阅读习惯。② 检阅学生课外阅读的效果。③ 学习和借鉴传统文化经典,受到文化熏陶。④ 感受合作学习的愉快,培养合作学习的能力和良好态度。

教学过程:

(一) 课外活动

1. 提前四周布置课外阅读内容:自行阅读我国古典名著(可以读原著,也可以阅读根据原著改编的其他文学形式)。

2. 重点阅读自己最喜欢的一部书,并搜集整理相关材料,办一期手抄报。

3. 根据读书情况,学生自动组合成"红楼组"、"三国组"、"水浒组"、"西游组",各小组提前一周交流、汇总搜集的信息,为课堂交流做准备。

[**评**:课外活动是整个活动的重点和有机组成部分,课堂交流是对活动的检阅和总结。给学生充分的课外阅读时间和空间,让学生用自己喜欢的方式阅读,在此基础上让学生进行合作交流,使整个综合性学习活动过程成为学生个性化学习和合作学习密切结合的过程。]

(二)课堂活动过程

1. 歌曲导入,激发情感。

(1)播放课件,电视剧《三国演义》主题歌:"滚滚长江东逝水……"(师生随音乐伴唱,把学生带到美好的回忆里)

(2)学生说一说这是哪一部电视连续剧的主题歌,谈一谈看画面、听歌曲以后的感受。

(3)教师根据学生的发言总结:我国有悠久的历史和灿烂的文化,《三国演义》、《水浒传》、《西游记》、《红楼梦》四大古典名著更是人类文化宝库的精品,在国内外有着深远的影响。课前,我们阅读了四大名著,有了很多体会。这节课我们以游戏的方式检验一下大家的课外阅读收获,看谁在活动中表现最出色,看哪个小组获得的优胜标志最多。

[**评**:以竞赛的方式,给予每位学生以平等的机遇,并号召小组合作,进行阅读实践成果的汇报交流,更容易激发学生参与的热情,形成浓厚的学习氛围。]

2. 过五关,夺优胜。

(1)第一关:看名片,猜名著。

① 明确要求:根据影视片段,快速抢答出这段影视片节选自哪部名著改编的电视剧,原著作者是谁,本节故事的名称是什么。(成立评判小组)

② 课件播放四段影视画面:分别展示《刘姥姥进大观园》、《草船借箭》、《鲁提辖拳打镇关西》、《齐天大圣》片断,小组抢答。

③ 评判小组根据抢答情况,给获胜小组增加优胜标志。

[**评**:形式新颖,活动有趣,不仅激发了学生对我国古典文化的兴趣,有效地拓展了语文学习的空间,体现了大语文教育思想,而且锻炼了学生敏锐的反应能力,极大地调动了小组合作的学习热情。]

(2)第二关:展示手抄报。

① 小组内介绍自己的手抄报及办报过程。要求学生介绍为办好报所付出的劳动(读了哪些书,搜集整理了什么资料,克服了什么困难,有没有进行调查、询问、上网查询等活动)。

② 小组评价。要求小组内认真评选、交流,选出最优秀的作品参加全班评选交流。

③ 班内展示。各组推荐的手抄报选手借助于实物投影,把作品展示在大屏

幕上,并进行全面介绍。

④ 全班同学参与评选,评审组的同学还要向解说人提出问题,待解答完毕方可通过。

[评:进行办报过程的汇报,在于展示语文学习的诸多途径,给大家一个很好的借鉴,还在于检验学生获取知识的能力。在小组、班级内分别鉴赏手抄报,有利于培养学生的鉴赏力和审美情趣,并且给学生展示的机会,使他们感受成功的自信和喜悦,互相借鉴和鼓励,促进认识水平的提高。]

(3) 第三关:读名著,谈收获。

① 明确要求:根据阅读内容,以小组为单位,按三个话题进行:一是汇报名著的时代背景及成书的过程;二是分析书中塑造的人物形象,谈谈自己的看法;三是试演或描述精彩的故事情节。

② 班内汇报交流(各小组选出三个话题中表现最精彩的选手,代表小组参加展示,实施组与组之间的竞技)。

③ 优胜者评选,按小组分别加标志。

[评:这一关的设计,不仅在于检验小学生读名著的效果,而且考查选手之间的协调配合能力,看能否体现合作精神。学生在交流过程中始终以共同的目标去互相鼓励支持,心往一处想,劲往一处使,进入了合作的最佳境界。当所在的小组在竞技中获胜的瞬间,小组的每个成员都感受到了合作成功的快乐;同样,失败后又有着共同的惋惜和苦恼。这正是设计的目的所在。]

(4) 第四关:读名著,大讨论。

① 过渡语设计:俗话说得好,"尽信书,不如无书"。估计同学们在读书的过程中,一定会遇到一些疑难问题,让我们在相互交流、讨论中消灭疑问,提高认识吧!

② 明确要求:此环节采用自由辩论式,谁都可以提出问题,在全班征得答案。也可以对发表言论的同学提出异议,进行面对面的挑战。

③ 开展讨论。

[评:由于学生受社会阅历的局限,对名著中的人物事件会有更多的问题提出,并且随着阅读的深入,学生的问题逐渐涉及作品的思想和主题。设计这样的环节,为学生的质疑问难铺设平台,又一次迸发了合作学习的火花。学生在互相发问、互相争辩中受到了启迪,明辨了是非,受到了陶冶,锻炼了思辨能力。]

(5) 第五关:开心词典。

① 明确要求:根据四部名著的内容,分别备有故事情节、人物形象两大类题。每小组派两名选手到台上来,一名同学看着屏幕上的词条或画面进行描述、表演,另一名同学背向屏幕,根据描述、表演猜出词条或画面的正确内容(如"三

国组"——草船借箭、七擒孟获、曹操、刘备……)。评委根据题的难度和答对数量的多少,给各小组增加不同数量的优胜标志。

② 小组推荐人选,决定答题类别。

③ 实施比赛。

[评:进入"开心词典",把活动推向了高潮。学生的情绪高涨,在体验快乐的同时,知识得到巩固,对名著的认识进一步加深,诱发了学生的再读欲望。]

3. 课堂活动总结

(1) 活动小结:宣布五关已经闯完,决定优胜名次。

(2) 颁奖:优胜组代表上台揭开奖品袋,当场宣读条幅:"书籍是人类进步的阶梯";"路漫漫其修远兮";"书山有路勤为径,学海无涯苦作舟"。

(3) 总结:表扬优胜组同学的团结合作精神,号召全班向他们学习。对活动中表现突出的同学给予掌声,鼓励他们再接再厉。向全班同学发出倡议:"书籍是人类进步的阶梯",让我们在今后的学习中会读书,多读书,读好书,不断在书中汲取营养,增长才干。当然,"路漫漫其修远兮",需要我们"上下求索"。真所谓"书山有路勤为径,学海无涯苦作舟","敢问路在何方,路在脚下"!

(4) 点击课件:随着音乐,师生同唱电视剧《西游记》主题歌《敢问路在何方》。(全课结束)

[评:教师富有新意的总结与颁奖,突出了本次活动的主题,揭示成功的道理,激发了学生的参与积极性,调动了继续读书的热情,并以富有哲理的名言警句号召学生发愤读书,走好脚下的路,有机渗透思想教育。]

主要参考资料

[1] 王坦. 合作教学的基本理念. 中国教育报,1995 – 12.

[2] 覃丽妮. 在合作学习中学会合作. 北京师范大学基础教育课程研究中心网站.

[3] 郑国民等. 语文综合性学习. 北京师范大学基础教育课程研究中心网站.

[4] 秦训刚. 语文课程标准教师读本. 武汉:华中师范大学出版社,2002.

综合性学习应贴近现实生活：
《节约用水》教学纪实

李凤君　王耀芹　胡建英　李秀梅　张丰勋　刘恩德

语文课程标准(2011版)教学建议部分新增"综合性学习应贴近现实生活"的内容要求。

一、课程标准解读

(一) 关于综合性学习应贴近现实生活的相关问题的认识

语文课程标准(2011版)在教学建议部分新增一段文字,论述综合性学习应贴近现实生活:"综合性学习应贴近现实生活。联系生活中的实际问题开展学习活动,在实现语文学习目标的同时,提高对自然、社会现象与问题的认识,追求积极、健康、和谐的生活方式,增强抵御风险和侵害的意识,增强在与自然、社会和他人互动中的应对能力。"

1. 综合性学习贴近现实生活,是实现语文教学本质回归的需要

语文教学的本质属性是应用之学,而非应试之学。实现语文教学本质的回归,其实质就是让学生通过学习语文,全面提高语文素养。具体地说,就是让学生在学习与日常生活中,能够听懂别人的话,认识文章或读物反映的客观事物,领会文章或读物表达的思想感情;准确地说出或写出自己要表达的意思,抒发自己的喜怒哀乐。

作为语文课程组成部分的综合性学习,贴近现实生活,就是要让学生走进生活,走进大自然,参与到社会实践的各项活动中去,在观察、实验、探究、体验、创作等一系列活动中与生活实践紧密接触。这样,学生就会具体地感悟到"生活处处有语文",从生活中学习语文。学生在生活实践中获取的知识是真知灼见,真切实在;获取的能力是过硬本领,能够解决学习和生活中的问题。坚持这样做,就会形成在生活中学语文、用语文的生动局面,从而为实现语文教学本质的回归发挥重要作用。

2. 综合性学习贴近现实生活,有利于实施新型的学习方式

过去的语文教学,偏重于教师为中心、书本为中心、课堂为中心,结果,学生所得知识偏、虚、孤、死,学生在生活中则是低能儿。因此,《基础教育课程改革纲要(试行)》决定倡导一种新型的学习方式,这就是课程标准提出的自主、合作、探究的学习方式。

综合性学习重在学科内外的联系、重在学习过程,注重激发学生的创造潜能,能较好地整合知识和能力,尤其有利于在实践中培养学生的观察感受能力、综合表达能力、人际交往能力、搜集信息能力、组织策划能力、互助合作和团队精神等,因而很自然地成为实施这一新型学习方式的重要途径。需要强调的是,综合性学习要成为实施新型学习方式的重要途径,贴近现实生活是不可或缺的一环。或者倒过来说,综合性学习只有贴近现实生活,才能成为实施新型学习方式的有力保障。这是因为,只有在现实生活中,学生的自主、合作、探究学习才有真实具体的环境,培养各种相关的能力才有可靠有力的凭借。这样,学生语文素养的培养,就会要风得风,要雨得雨,必将得到全面提高。

3. 综合性学习贴近现实生活,是达成综合性学习目标的重要途径

语文课程标准(2011 年版)指出:"综合性学习主要体现为语文知识的综合运用、听说读写能力的整体发展、语文课程与其他课程的沟通、书本学习与生活实践的紧密结合。"因此,实践是第一位的。而实践是离不开现实生活的。因此,语文课程标准(2011 年版)专门增写一段文字,作为实施综合性学习的第一项重要措施,就是"综合性学习应贴近现实生活",足见其分量之重,意义之大!

实际上,这一段文字提到的联系生活中的实际问题要做到的诸多方面,也正是综合性学习要达到的重要目标。所以,贴近现实生活,的确是达成综合性学习目标的重要途径。这需要我们充分利用现实生活中的语文教育资源,优化语文学习环境,引导学生开展丰富多彩的语文实践活动,拓宽语文学习的内容、形式和渠道,开阔视野,丰富知识,砥砺能力。

(二)实施中的几点建议

1. 转变思想,明确认识,落实综合性学习贴近现实生活

语文综合性学习是语文课程内容的一个亮点,是语文课程改革的一个突破。作为教学目标的实施者——教师,只有转变观念,明确认识,不断提高自身的综合素养,才能适应新课改的要求;也只有转变思想,明确认识,掌握角色的定位,才能真正转变自己的教学行为。接下来要做的,就是调查了解学生现实生活的方方面面,为贴近现实生活实施综合性学习制订计划,采取措施,具体落实教学活动。

2. 根据现实生活的实际,确定综合性学习的内容与形式

综合性学习要贴近现实生活,就是要求教师在指导学生进行综合性学习时,对于学习内容与形式的选取,要充分考虑学生的生活实际,要从社区、学校、家庭、学生的实际出发,因地制宜,因时制宜。不同的地区、学校开展语文综合性学习的内容和方式应该是不同的,切忌机械照搬,盲目跟风。

例如,五年级上册《遨游汉字王国》综合性学习活动,如果在城市,教师就可以指导学生分组走上街头,对店牌、门牌、广告牌、宣传标语等用字是否规范、有无错别字进行查对,并尝试编写宣传汉字规范化的广告语。这种方式对于城市的学生比较适合,对生活在农村的学生就不一定适合了。

3. 灵活安排综合性学习成果的展示与教学评价

对于综合性学习成果的展示,不同的年级活动成果展示的形式也应该不同。教师在做活动设计时,要按照学生的心理特征设计出符合学生年龄阶段特点的活动成果展示形式。比如,以"社区活动"为例,第一、二学段的学生宜侧重于对社区各种设施的了解,因此活动形式可以是教师带领下的参观,汇报展示的形式以语言描述、图画展示为主;而第三学段的重点应放在理解和思考社区的设施建设与人们生活之间的关系上,活动形式可以是小组活动为主,考察的结果可以用报告、图片、模型或统计数据等形式表现。

对于综合性学习成果的评价,教师要从学生参加活动时的态度、情感以及参加活动时的能力、行为等诸多方面对学生进行综合评价,不要单单以最后的成果为标准评价学生。因为对于小学生来说,重要的不是研究成果,关键是学生是否经历并体验了活动的过程,是否进行了探究,是否在知识、能力、情感态度和价值观等方面有新的提高。

(三) 操作时应注意的问题

1. 准确把握教师有效指导与学生自主活动的度

无论做什么,都要把握恰当的"度","过"与"不及"都不好。综合性学习的开展同样如此。小学生开展综合性学习,虽然是以学生的自主学习和亲身体验为主要活动方式,但由于受年龄、经验的限制,在学习过程中,教师要加强对学习方法的指导,遵循"从扶到放"的原则,既不可包办代替,也不可放任自流。学生在学习上的自主不是先天具有的,而是在后天的学习活动中,在老师的指导培养下,通过自己不断地学习逐步形成的。

对于不同年级的学生,教师要因人而异。第一学段的学生,教师主要在激发学生学习语文的兴趣、学习观察自然和社会、感受生活中处处有语文,以及初步掌握学习方法上下功夫。第二学段的学生,教师应做好引导者、评价者、合作者的角色,重点指导学生制订好活动计划,掌握正确的调查方法,获取有效的信息,

确定好学习成果的展示形式。对于第三学段的学生,教师要指导学生根据自身实际、学习内容和环境特点,选择灵活多样的学习方法,确定适合的展示形式,开展合作学习。

2. 贴近现实生活实施综合性学习,牢记综合性学习姓"语"

课程标准(2011 版)新增添的一个短语应该引起我们的重视,即"在实现语文学习目标的同时,提高……"。这里的意思十分明确:综合性学习贴近现实生活要开展各种学习活动,是在实现语文学习目标的同时达成其他目标。根据这一要求,我们要牢记综合性学习姓"语",不论学习活动在联系现实生活时涉及课内还是课外、校内还是校外、自然还是社会以及各有关学科,都要落脚于"全面提高学生的语文素养"。

二、教学实施案例:《节约用水》教学纪实

研究课题:综合性学习应贴近现实生活

研究教师:山东省寿光世纪学校课题研究组王耀芹、胡建英、李秀梅、张丰勋,由胡建英执教;李凤君撰写课程标准解读;刘恩德评析。

教科书简介:《节约用水》是苏教版课程标准实验教科书语文第十册中安排的一次综合性学习。教学设计两课时,此为第二课时:学生汇报交流。

教学准备:分组做课前准备。

1. 家庭节水调查。

2. 抓拍浪费水的镜头,搜集浪费水的实例。

3. 收集有关水的故事、诗歌、成语。

4. 到旱灾现场,了解干旱情况。

5. 准备节水知识竞赛。

教学过程:

师:水是生命的源泉,生命最早出现在水中。水是文明的摇篮,古老的河流和湖泊孕育着人类辉煌的文明。人类的生活和生产离不开水,水是大自然赋予人类的最宝贵的财富之一。

从古到今,水哺育了一代又一代的炎黄子孙,水滋润了源远流长的华夏文明。诗文是华夏文明中独具魅力的一枝,其中文人对水的描绘精彩纷呈。第一小组的同学针对古今诗文中对水的描写展开了调查,下面请他们展示"诗文水韵"。

生 1(牟安冲):我们小组研究了诗文水韵,下面请大家跟我们一起进入华夏诗文,去领略文人墨客笔下的水的韵律。

生2(于泽方):我们发现了许多描写水的优美篇章。河水、瀑布、泉水在文人笔下熠熠生辉。谢大光的《鼎湖山听泉》中描写深夜听泉一段给人留下了深刻的印象,有请王宇和董文昊朗诵给大家听。(出示投影)

生3(王宇)、生4(董文昊):(朗诵)入夜,山中万籁俱寂。借宿寺旁客房,如枕泉而眠。深夜听泉,别有一番滋味。泉声浸着月光,听来格外清晰。白日里浑然一片的泉鸣,此时却能分出许多层次:那柔曼如提琴者,是草丛中淌过的小溪;那清脆如弹拨者,是石缝间漏下的滴泉;那厚重如倍司轰响者,应为万道细流汇于空谷;那雄浑如铜管齐鸣者,定是激流直下陡壁,飞瀑落下深潭。至于泉水绕过树根,清流拍打着卵石,则轻重缓急,远近高低,各自发出不同的音响。这万般泉声,被一支看不见的指挥棒编织到一起,汇成一曲奇妙的交响乐。在这泉水的交响之中,仿佛能够听到岁月的流逝,历史的变迁,生命在诞生、成长、繁衍、死亡,新陈代谢的声部,由弱到强,渐渐展开,升腾而成为主旋律。

生2(于泽方):他俩朗诵得好吗?

生(齐):好!

生1(牟安冲):我国古典诗词对水的描绘有很多很多,我从中记录了这些。请大家一块来读一读。(出示投影)

(1)天门中断楚江开,碧水东流至此回。

(2)山重水复疑无路,柳暗花明又一村。

(3)日出江花红胜火,春来江水绿如蓝。

(4)泉眼无声惜细流,树阴照水爱晴柔。

(5)君不见黄河之水天上来,奔流到海不复回。

(6)飞流直下三千尺,疑是银河落九天。

(7)水光潋滟晴方好,山色空蒙雨亦奇。

[评:关于水的话题,从"诗文水韵"切入,看来教师是用了一番心思。语文综合性学习,与自然科学的学习确应有所区别。]

生2(于泽方):作者生动优美的语言,再加上同学们入境入情的朗诵,真让我们身临其境。水,不仅滋养了人们的身体,还滋养了人们的灵魂。可是,在那些缺水的干旱地区,人们正经受着缺水的煎熬。烈日下排队等水,水成了生活中的必修课。人们多么期待水的降临啊!请听王恩泽同学给大家朗读马朝虎写的《水》一文中的片段。(出示投影)

生5(王恩泽):(朗诵)下雨天是村子里每个人都期盼的日子。那时候,家家户户都建有水窖,用来在下雨天储水,以备今后很长一段时间使用。只有在下雨的日子里,大家才可以痛痛快快地洗上一回澡。先是像我们这样的孩子,全身脱得光溜溜的,在雨中奔跑跳跃,大呼小叫,尽情地享受水带给我们的抚摸与清凉,还仰起头,张大嘴巴,去吃来自天空的水。然后大人们也加入到了洗澡的行列里来,只是他们远没有我们这样的无遮无挡——男人们穿着短裤,女人们则穿着长衣长裤。……从头顶倾注而下的水滑过了我们的脸,像一条小溪流,顺着脖子缓缓地滑过了我们的胸和背,然后又滑过了我们的大腿和膝盖……在水的滑动中,我听得到每个毛孔张开嘴巴的吸吮声,我感觉得到血管里血的流动在加快。水,这不多不少,在抚摸过全身的每一寸皮肤后,刚好能够润湿脚板,地上几乎没有一滴被浪费掉的水。

师:同学们,水是生命之源。众多的河流湖泊为人们饮用、灌溉、航运等提供了各种便利,也为人们提供了游泳、划船、垂钓、观光的好去处。河流湖泊施与人类无限的恩泽,为人类做出了无私的奉献。人们的生存离不开水,如果缺少水,会怎样呢? 第二小组的同学把他们的目光聚集到了受旱地区,让我们一起跟着他们直击旱情。请第二小组为我们展示他们的收获。

生6(刘继发):请大家听我读这样一段文字:(出示投影)

目前山东、河南、河北等9省市出现大旱,山东旱情尤其严重。

山东遭遇持续4个多月的特大干旱,6095万亩农田受旱,69万人、30万头大牲畜出现临时性饮水困难。根据降水频率分析,目前全省气象干旱已达六十年一遇的特大干旱等级,部分地区为百年一遇,个别地区如济宁、菏泽市为二百年一遇。

生7(侯政同):我们小组为大家带来了一组图片,请看。

(1)这是现在干旱的农田,土地龟裂,麦苗枯萎。(指第一张图片)

(2)这是无水可喝的农民到处找水。可是,这些水不过是污水一滩啊!(指第二张图片)

(3)这是干涸的池塘,牛羊没水喝,有的仰头嘶叫,有的无力地躺在地上。(指第三张图片)

师:看了这些图片,你有什么感受?

生8(孙海心):没有水,庄稼不能生长,没有收成,造成粮食的短缺。我很后悔自己平时不注意节约用水,看到别人浪费水也不敢提醒他。我们必须节约用水。

生9(冯伟贞):看了这些图片我很心痛,他们在喝这样的泥水,而我们却在浪费这么好的水。

生10(杨金润):没有水,动物不能活下去,甚至会造成稀有物种濒临灭绝,那我们就会失去动物朋友。我们要珍惜每一滴水,尊重自然,敬畏自然。

生11(谷宗泽):看了这些图片,我有些胸闷。没有水就面临着失去生命的危险,是多么可怕啊! 所以我们一定要节约每一滴水。

师:是啊,他们生活在缺水的灾难中,而我们这里却不珍惜宝贵的水资源,浪费水的现象时有发生。我们对水的知识了解还很不够。下面请第二小组同学为我们提供一组关于节水的知识。

生12(刘金萍):水是我们生命的源泉,缺少水我们将无法生存。关于水的知识,大家知道多少? 让我们进行一场别开生面的节水知识竞赛,欢迎大家来抢答。(出示投影)

节水知识竞赛:

(1) 人体内的水分,大约占到体重的(60%)。

(2) 1993年1月18日,联合国大会通过决议,将每年的(3)月(22)日定为"世界水日",用以开展广泛的宣传教育,提高公众对开发和保护水资源的认识。

(3) 我国把每年的3月22日所在的那一周定为("中国水周")。

(4) 甘肃省地处中国西北地区,因地制宜推出了("121"雨水集流工程)的经验,就是农村每户建100平方米集水面积,修两个集水坑,建一亩水浇地。

(5) 每年5月15日所在的那一周为全国城市(节约用水宣传周),增强人们计划用水、节约用水的观念。

(6) 在一些地方,实行用水包费制,即不管几口人,也不管用了多少水,每户都缴同样多的水费。你认为这样的收费制度怎么样?

生13(张华宇):这样的收费制度造成了水资源的严重浪费,是不科学、不合理的。

师:从刚才的知识竞赛中,我们能体会到节水的重要性和必要性。第三小组的同学做了节水调查,请他们展示"用水小调查"的具体情况。

生14(隋凌峰):同学们,我们小组在调查的过程中,发现浪费水的现象随处可见。大家看。(出示投影)

(1) 直接用水龙头接水洗脸。

(2) 在餐厅洗手的时候,打肥皂时不关水龙头。

(3) 用纯净水浇花。

(4) 接的水很多,有时候没喝完就倒了。

(5) 洗抹布时,直接开着水龙头冲洗。

(6) 冲厕所的水龙头坏了,有时候冲很长时间。

生15(董慧聪):同学们,打开水龙头,清洁甘甜的自来水便哗哗流淌。然而自来水并非"自来",而是来之不易的! 有的引自几十千米、几百千米外的某条江河、某座水库,还要经过水厂的沉淀、杀菌、净化……其间需要多少道工序、多少人的辛勤劳动啊! 所以我们要牢记古训——饮水思源、细水长流。

生16(马自华):有关节水的成语、名言警句还有很多很多,你知道多少? 比一比谁知道得最多!

生17(李泓青):饮水思源,惜水如金。

生18(代国威):积水成渊。

生19(王恩泽):滴水如油,滴水不漏。

生20(马宁):浪费用水可耻,节约用水光荣。

生21(范子欣):节约用水,造福人类;利在当代,功在千秋。

[评:从旱灾现场的图片,认识到缺水的严重性,进而认识到节水的重要性以及浪费水的不应该,然后到汇集节水的成语与名言警句,环环相扣,让学生紧密联系现实生活,提高了关于水的自然、社会现象与问题的认识,同时锻炼了搜集信息、处理信息和理解、表达的能力以及合作协助的能力。]

师:同学们,从第三小组的调查中,我们知道了节约用水,势在必行。第四小组的同学专门进行了调查,收集整理,找到了许多节水的小窍门。请第四小组同学为大家提供节水小窍门。

生22(张媛):我们在调查中,发现了许多节水的好办法。下面我们为大家介绍一下。

生23(段祥淳):洗衣:用洗衣机洗少量衣服时,水位不要定得太高,衣服在深水里飘来飘去,衣服之间缺少摩擦,反而洗不干净,还浪费水。

生24(尹凯伟):洗澡:不要将喷头的水自始至终开着,可以先从头到脚淋湿一下,再打洗发液或涂沐浴液,最后一次冲洗干净。

生25(冯俊彬):厕所节水:如果厕所水箱过大,可以在水箱里放一块砖头或一只装满水的可乐瓶,以减少每一次的冲水量。

生26(冯海伦):一水多用:洗脸水用后可以洗脚;养鱼的水可以用来浇花;淘米水、煮过面条的水可以用来洗碗筷。

生27(张朝阳):说到一水多用,这一点在我们学校就有非常好的做法。学校人工河东南有一个废水处理站,就是把生活废水集中处理后循环使用,可以洗澡、养鱼、浇地,甚至加热后还可以饮用。

生16(张华宇):我再补充一下。听教服部的崔老师说,全校同学都注意节约用水,一天就能节约水1200吨呢!这可不是一个小数目!

生29(马自华):节约用水的好办法,我们学校还有高效节水灌溉系统,现在草坪上那旋转着喷水的装置就是高效节水灌溉系统。为了具体地了解,我们可以去观察一下。

生30(张振华):收集废水:家中应预备一个收集废水的大桶,收集洗衣、洗菜后的家庭废水冲厕所;洗餐具:最好先用布把餐具上的油污擦去,用热水洗一遍,最后才用较多的温水或冷水冲洗干净。

生31（董江涛）：生活习惯：刷牙、取洗手液、抹肥皂时要及时关掉水龙头；不要用抽水马桶冲掉烟头和碎细废物；洗土豆、萝卜等应先削皮后清洗；正在用水时，如需开门、接电话，应及时关水。

师：谢谢第四小组的节水金点子。同学们，如果我们每一个人一天节约一点水，那么一年下来，我们会节约多少水啊！我们不仅自己要带头节约用水，还要让更多的人懂得节约用水，这也是我们的责任。让我们积极行动起来，争做"节水小卫士"。我们可以设计节水公益广告宣传节水，不仅自己要节水，还要倡导全民节水。

（学生写公益广告，准备交流）

师：哪位同学来读读你写的公益广告？老师把它打在大屏幕上。

生1（牟安冲）：在你用水打闹时，水已悄悄流走。

生32（冯磊磊）：节约用水，从我做起。

生7（侯政同）：来也匆匆，去也冲冲，但不要浪费。

生4（董文昊）：浪费水就是浪费生命。

生6（刘继发）：积土成山，积水成海，请节约用水。

生14（隋凌峰）：水是我们的朋友，人人都要珍惜。

师：同学们写得真好，让我们一块儿读一读我们自己的大作。

（生齐读大屏幕上的公益广告）

[评：贴近现实生活实施综合性学习，不但提高了对水的诸多问题的认识，还通过调查研究找到了节水办法，并且通过编写节水公益广告，倡导全社会节水，可谓一举数得，使学生语文素养与生活能力的提高相得益彰。]

师：是啊，我们用水时，不能忘却"珍惜生命之源"。当然，节约用水，需要每一个人的不懈地努力。为了地球上的生命更加灿烂，让我们一起节约用水。

[总评：这是一节综合性学习的汇报交流课，汇报交流的主要内容以及有关的准备工作安排在课前与第一课时，在这一节课看到的主要是汇报交流的步骤与结果。综观这节课，可以看出教师在以下两个方面下足了功夫。

第一，从现实生活中搜集信息。"节约用水"的话题本来就源自生活，纸上谈兵是难以解决实际问题的。所以，切入话题，教师引导学生联系学习实际和生活实际；有关旱灾的照片，则是学生在旱灾现场拍摄的；家庭浪费水的图片，也是来自学生对一些家庭调查的结果；至于节水的办法，当然也离不开对现实生活的观察与思考……学生与现实生活零距离接触，活生生的现实会比较容易触动学生的心灵，学生从中获取的认识必定是真知灼见，掌握的能力也一定是能够解决实际问题的真实本领。

第二，紧紧把握综合性学习的语文属性。教师始终围绕着"实现语文学习目标"组织活动，比如，切入话题联系的古今诗文，讨论节水先是汇集有关的成语和名言警句，后是学生自行编写节水公益广告语……这些都是与语文学科直接相关的；其他如旱灾现场的观察拍照，家庭浪费水的调查了解，浪费水和节水的讨论，自编公益广告语的交流等，所涉及的观察、思维、理解、表达以及搜集与处理信息等各种能力的锻炼与培养，也无一不在语文素养的范畴之内。因此可以说，学生在语文素养得到提高的同时，又获得了节约用水的认识与方法，对二者"度"的把握是比较恰当的。]

主要参考资料

[1] 崔峦. 求是·崇实·鼎新——课程改革中的语文教学. 北京：人民教育出版社, 2005.
[2] 张立霞. 小学语文综合性学习活动的教学策略. 百度文库.
[3] 张景利. 小学语文综合性学习实践与思考. 人教网.

综合性学习要突出自主性：
《走进秋天》教学纪实

邹惠涛　王　巍

课程标准在"教学建议"部分提出了"综合性学习应突出学生的自主性"的要求。

一、课程标准解读

语文课程标准(2011 年版)关于综合性学习有如下规定："综合性学习应突出学生的自主性,重视学生主动积极的参与精神,主要由学生自行设计和组织活动,特别注重探索和研究的过程。"在此提出综合性学习应突出自主性的问题。

（一）关于综合性学习应突出自主性的相关问题的认识

这里所说的综合性学习是指语文综合性学习。语文综合性学习要突出学生的自主性,必须使学生在学习目标的要求和教师的指导下,根据自身认知结构和需要,积极、主动、创造性地完成具体学习任务。为此,无论是教师还是学生都应有以下几种意识:

其一,目标意识。教师要为学生确定一个准确适度的学习目标,并让学生明确这一目标,及实现目标的方法,同时把自己的努力目标与小组或班级的整体学习目标结合起来。

其二,主体意识。要充分尊重每一位学生,包括尊重学生的兴趣、特长、独立人格、自信心和民主精神。要把学生作为学习的主人、认识和发展的主体,发挥他们在学习过程中的主人翁地位和主观能动作用,让学生学会学习,学会发展,学会评价。

其三,竞争意识。要不断增强学生的竞争意识,将竞争机制引入学习活动中来,采取多种竞赛方式,如朗读比赛、演讲比赛、口才辩论会等,鼓励学生参与竞争。

其四,创新意识。要培养学生的创新精神,注重激发学生的自主、独创精神;要培养学生推崇创新、追求创新和以创新为荣的意识。

(二)实施中的几点建议

1. 要给学生信心

语文综合性学习是课堂教学的延伸,甚至有些活动可以直接引进课堂教学中来。但在学习活动中,教师不可以急于求成。选择角度过宽,会让学生感觉在短时间内需要获取的知识太多,无从下手,这样只能导致学生失去信心,不去主动努力。学习活动的内容要小,学生通过几天的努力就会有所提高,活动时会产生成就感,这样学生的自信心才会提高,敢于表现自己,全面提高能力。

2. 要让学生动心

综合性学习的内容要丰富,形式要多样,才能激发学生的兴趣,让学生动心。比如,进行手抄报展、创办小记者团、开新书推荐会、组织百科知识竞赛、到校外参观访问等活动,扩展了活动的空间,能开阔学生的视野,学生会兴趣盎然,积极地去完成学习活动,而且效果也会非常好。

3. 要对学生放心

语文综合性学习活动应该由学生自己主持,但常常会出现学生在台下准备充分,可一走到台前就不能挥洒自如的现象。如果为了避免此现象的发生,教师便亲历亲为,学生会丧失很好的锻炼机会。教师要对学生放心。活动伊始,可以"扶"着学生走,从语言表达到体态姿势给予指点,再放手让学生去做。此外,要勤换主持人,让每一个学生都有展示、锻炼的机会。

(三)操作时应注意的问题

1. 学习的内容要提前示意

教师要提前告诉活动的内容,让学生做好准备。如:在一次百科知识竞赛中发现学生对成语的掌握较差,于是决定进行一次成语方面的学习活动。活动的前一周,便布置学生利用课余时间识记成语,阅读成语故事,办以成语为专题的手抄报等。准备的过程就是学生对成语的掌握过程,在具体开展活动时,学生的表现会很突出,效果也会非常好。

2. 教师扮演的角色要留意

教师是学习活动的参与者,不能成为活动的主体。活动前要帮助学生确定活动的内容及形式,活动中出现问题时要指导学生恰当地解决,活动结束时要指导学生进行评价,给予鼓励。教师的一切活动要以学生为中心,以提高学生的自主学习语文能力为目的。

二、教学实施案例:《走进秋天》教学纪实

研究课题:综合性学习要突出学生的自主性

研究老师:山东省青岛市辽源路小学邹惠涛,威海市统一路小学王巍评析。

教科书简介:中年级综合性学习课《走进秋天》是根据本班学生学习语文的实际需要自行编写的。教学设计一课时。

教学过程:

(一)激情入境

1. 课前准备

师:同学们,你们喜欢秋天吗? 那让我们唱一首秋天的歌吧。

2. 激情导入

师:同学们这么喜欢秋天! 今天,老师把秋天带来了。看,一幅幅多美的秋色图啊! 课前,大家收集了描写秋天的词句。这节课,让我们一起走进秋天。(播放秋季景观课件)

[评:借助现代化的电教手段,在上课伊始便把学生引入秋天的意境中,让学生感受秋天的美,激发学生参加学习活动的兴趣,并勾起对平日积累词句的回忆,为学习活动的开展做好准备。]

(二)介绍主持人及活动内容

师:首先,大家推出本次活动的主持人和评委。(生推出主持人和两位评委)主持人,你给我们大家讲几句话,好吗?

主持人:好的。我愿意为大家服务,一定会主持好今天的活动。

师:评委有话要说吗?

评委甲:大家好。希望大家在这次学习活动中积极主动参与,努力提高自己的口头表达能力。

评委乙:我们一定会以公正、公平的态度做好评委工作。

师:很好。下面,就请主持人来主持学习活动吧。

主持人:今天的学习活动,要过四关:蹚词语河、过古诗林、越美文山、绘情景画。这四关都是难关,大家有信心通过这四关吗?

生(齐):有!

(三)活动1:蹚词语河

主持人:好,下面进入第一关——蹚词语河。请各小队把你们收集到的有关秋天的词语以最快速度凑在一起,选一名代表,在半分钟内背出来,看哪一小队说的最多。开始准备。第一小队!

评委甲:开始。（按下课件中的倒计时按钮,显示剩余时间）

生:夏末秋初、时值秋季、时过中秋、晚秋时节……（课件倒计时显示:"时间到,请停止!"）

师:一定要把词语说清楚。评委,听不清楚的词语可不能计入比赛成绩哟。

[评:活动课应尽量放手给学生,以学生为主体,但在活动时发现问题教师一定要及时指出,教师要充分发挥其"导"的作用。]

主持人:请第二小队。

评委甲:开始。（倒计时）

生:落叶飘零、丹枫迎秋、满山红叶……（时间到）

主持人:请第三小队。

……（第三、四小队略）

主持人:请评委公布此轮比赛成绩。

评委乙:此轮比赛,第一小队共说32个词语,获得第一名,给他们上升四格。（第一小队队员欢呼）获得第二名的是第四小队,他们共说了26个词语,给他们上升三格。第三小队说了23个词语,上升两格。第二小队成绩不理想,只说了22个词语,给他们上升一格。（课件评比台上升相应的格数）

（四）活动2:过古诗林

主持人:下面进入第二关——过古诗林。现在,进行古诗接龙比赛,各小队按顺序背诵描写秋天的古诗,看哪个小队背得最多。先请第一小队。

生:《山行》杜牧——远上寒山石径斜,白云生处有人家。……

主持人:请第二小队。

生:《秋夕》杜牧——银烛秋光冷画屏,轻罗小扇扑流萤。……

主持人:第三小队?

（各小队队员背诵的古诗略）

主持人:请评委公布比赛成绩。

评委甲:这轮比赛四个小队表现不分上下,给四个小队各上升一格。

[评:四个小队轮流背诵描写秋天的古诗,以古诗名句陶冶学生的情操。]

（五）活动3:越美文山

主持人:不仅古人喜欢秋天,现代人也有不少描写秋天的文章,涉及的景物还真不少。下面,我们进入第三关——越美文山。山上设有八个关卡,它们依次是:树、田野、秋雨、雾、月、花、动物、风。最先通过这八个关卡的小队为优胜小队。此轮比赛采取抢答的形式,各小队报组号,最先报组号的小队将获得过关的权利。现在开始!（生争着报组号,主持人示意第三小队）

[评:此环节以"越美文山"为主题,在山上设立关卡,让学生闯关,最大限度

地调动了学生比赛的积极性,让学生在不知不觉中丰富了语言。]

生:(第三小队)我们来过第一关——秋天到了,叶子自然要落,蝴蝶不见了……(教师在课件的"树"这一关卡上"插"上第三小队的队旗,以下活动均如此,以显示各小队通过的关卡)

主持人:开始!（示意第二小队）

生:我们来过第一关——院子中间有一棵高大的苹果树……

主持人:开始!（示意第四小队）

生:树开始落叶了,枯黄的叶子落在地上……

主持人:开始!（示意第三小队）

……

[评:积累的语句不要求长,一句、两句,能充分体现景物的特点,感受到秋天的美即可。]

主持人:开始!（示意第一小队）

生:我来过第四关——用手轻轻推开窗户,哇,好美。窗外白茫茫的一片,像蝉翼般的轻纱,又如缥缈的薄烟……

主持人:开始!（示意第四小队）

生:第五关——我认为这篇文章写得非常美,我朗诵给大家听一听。老师,您能为我放一下配乐带吗?

师:非常愿意,请稍等一下。（教师播放配乐带)好,开始吧。

生:银白色的圆月,明镜般地高高悬挂在天空,把如水的清辉静静地倾泻在大地上……

月亮在空中慢慢地走着,我的思绪也跟着它飘向远方,我突发奇想:千百年来,我们人类站在地上赏月思故乡……

师:太美了,老师都听入迷了。（掌声)

[评:一篇优美的文章,用充满感情的语言朗诵出来,并配以恰当的音乐,对于听者来说真是一种美的享受,在听的过程中也会丰富语言。语文综合性学习要关注吟诵实践。通过吟诵,把自己的感情、体会融入他人的文章中,可以把他人的文章化为自己的东西。]

……

主持人:开始!（示意第四小队）

生:我来过第八关——秋风像一个仙女,踏着轻盈的舞步……

主持人:祝贺第四小队,他们首先通过这八个关卡。请评委公布一下此轮比赛的成绩。

评委乙:此轮比赛,第一名是第四小队,给他们上升三格;第二名的是第三小

330

队,给他们上升两格;一、二小队获得第三名,给他们各上升一格。

[**评**:把对秋天的描写分成八个方面,即八个关卡,集中了秋天的主要景物,让学生从不同角度认识秋天,感受秋天的美。]

(六) 活动4:绘情景画

主持人:各小队的热情可真高啊,描绘得也非常好,我都快听入迷了。不过,那都是别人的感受,你们眼里的秋天是什么样的呢?请大家用手中的彩笔把它描绘出来吧!下面,进入第四关——绘情景画。绘画之前,请评委公布评比规则。(课件出示评比规则)

评委甲:评比规则:(1) 画面要突出秋天的特点。(2) 能将自己的创作意图说清楚。(3) 画面要有创意,要体现创新精神。

[**评**:绘画之前出示评比规则,使绘画有据可依,避免了学习活动的盲目性。]

主持人:现在开始。

师:来,到我这来拿绘画用具。(各小队绘画,主持人和评委也加入其中)主持人,咱们可以停止了吧?

主持人:可以。时间到,绘画结束。请各小队把你们的画拿上来,让大家参观一下。请介绍一下你们的画面。

生:秋天是果实成熟的季节,我们小队突出了这一特点,画了两棵果树。你看,果树上结满了五彩缤纷的果子,让人一见就垂涎欲滴。天上偶尔刮过几阵风,把已经摇摇欲坠的果子吹落下来。

生:同学们,你们在描绘秋天时是不是都想到了稻田、落叶呢?秋天也是螃蟹最肥的时候。我们小队画了两只大螃蟹。

……

[**评**:学生在介绍中运用平时积累的语言,很形象、生动地描绘出画面上的内容。]

主持人:队员们,现在我们评比一下哪个小队画得最漂亮。

生:我觉得这四个小队都突出了秋天的特点。

主持人:你们都同意吗?(各小队一致同意)

生:四个小队都把图画描绘得很美,尤其是第一、四小队用上了平时积累的语言,真正做到了老师常说的活学活用。

主持人:评委,你是怎样认为的?

评委乙:我和他的意见是一致的。

生:第四小队的画面很有创新,秋天到了,天气变冷了,他们给小白鸽也围上了围巾。……(部分评价略)

评委甲:各小队队员谈得都很好,依据队员们所说,我们两位评委商量决定,给一、二、四小队各上升三格,第三小队突出了秋天的特点,画面描绘得也很好,但缺少创新意识,给他们小队上升两格。

[评:这一环节的设计,可以引导学生把积累的词句运用到实际中,活学活用的同时,观察能力和创新能力也得到了提高。此外,在很短的时间内,每小队画出一幅画,这就要求队员们必须共同完成,培养了学生的合作精神。本环节实现了课程标准在第二学段的阶段目标:能在老师的指导下组织有趣味的语文活动,在活动中学习语文,学会合作。]

(七) 小结

主持人:请评委公布此次比赛获胜小队。

评委甲:今天的活动各小队表现得都很好,第四小队共上升了十格,获得此次比赛的冠军,恭喜你们。第一小队上升了九格,获得第二名。第三小队上升了七格,获得第三名。第二小队只上升六格,很遗憾,希望在以后的活动中取得好成绩。今天获得语言积累小卡通的队员是:赵鑫、袁瑜楠、方苑、王君文、张舒。

主持人:请这五位语言积累小能手到前面来,由老师为大家颁发"语言积累小卡通"。

师:(颁发小卡通)祝贺你们!下次语文综合性学习活动的主持人、评委,将从你们中间产生。这次活动能够顺利进行,主持人和两位小评委的功劳也不小,让我们对他们表示感谢!(掌声)下周的综合性学习课就进行我们共同讨论商定的主题"环保大家谈"活动,请同学们积极做好准备,好吗?(生齐声说好)

主持人:活动到此结束!

[总评:这节课有以下特点:首先,突出了学生的主体地位。一是从选择课题、设计方案、开发利用资源到活动的具体实施,都由学生自己操作、自行完成;二是学习活动的评价、评判、总结由学生自己完成。其次,培养了学生的创造意识。学习中学生运用以往积累的语言材料,通过蹚词语河、过古诗林、越美文山,绘声绘色地描绘出秋天的美,再加以绘情景画,让学生经历了体验感悟的过程和再运用的过程,达到了通过实践再升华创新的目的。此外,教师的角色发生了很大的变化。教师由以往的管理者、解释者和评判者转变为合作者、协调者和服务者,把语文学习的课堂还给了学生,课堂上充满了生命活力。]

评价为促进学生发展服务：
《冬天是个魔术师》教学纪实

岳明星　张金华

　　随着课程改革步入深水区的发展,课程评价的理念得以不断深化和提升,评价更注重发挥其诊断、反馈和激励的功能,更关注学生的发展。

一、课程标准解读

　　课程标准明确指出语文课程评价的根本目的是"为了考察学生实现课程目标的程度,检验和改进学生的学习和教师的教学,改善课程设计,完善教学过程",从而有效地促进学生的发展。这里主张发展性评价观,体现了质性评价的基本理念。

(一) 关于评价为促进学生发展服务的相关问题的认识

1. 现行语文教学评价存在的不良现象

　　现行的语文课程评价虽然进行了很多改革,也取得了一些比较有效的经验,但仍存在着诸多问题。其表现:一是评价目的的功利性。为了学校的发展,为了家长的需求,过分夸大了评价的结果。二是评价内容的片面性。评价对象虽然已涵盖语文学习的各个方面,但评价的大部分内容是知识,能力、方法、习惯等方面或者是训练了,却不列入评价结果而被排斥在外。三是评价方式上的刻板性。现行评价以等级或分数为最终的呈现方式。在操作的过程中,仍以所谓标准化的形式居多,不能生动地呈现学生发展变化的过程。四是评价主体的局限性。绝大多数是由教师单方面"主宰"学生的命运。虽然也提倡主体参与,但最终的决定权仍牢牢地把握在老师手中。五是评价方式表面化。激励评价已为大多数老师所确认,但评价往往浮于表面的热热闹闹,不能沉进语文学科去激励学生语文学习的进步与发展。总之,评价目的上的功利性倾向是考试和分数的功能被夸大化的结果;评价内容方面的片面性是考试和分数的功能被夸大化的具体表现;评价方式上的刻板性是考试和分数的功能被夸大化后不可避免的现实问题。

2. 要全面掌握评价的内涵

语文是一门人文性和工具性都很强的学科。我们的评价应该反映学生语文学习的成就和进步，激励学生的语文学习；应该全面了解学生语文学习的历程，帮助学生认识到自己在学习策略、思维或习惯上的长处和不足；应该使学生形成正确的学习预期，形成对语文积极的态度、情感和价值观，帮助学生认识自我，树立信心。总之，评价必须促进学生的发展，为学生的发展服务。

第一，评价内容要综合化。评价建议强调，要注意识字与写字、阅读、写作、口语交际和综合性学习五个方面的有机联系，注意知识与能力、过程与方法、情感态度与价值观的交融、整合，体现语文课程目标的整体性和综合性，避免只从知识、技能方面进行评价。可见，评价内容要综合化，是从发展的角度提出的，既要关注学生知识与技能的理解和掌握，更要关注他们情感与态度的形成和发展；既要关注学生语文学习的结果，更要关注他们在学习过程中的变化和发展。

第二，评价主体要多元化。课程标准强调，实施评价，应注意将教师的评价、学生的自我评价与学生之间的相互评价相结合。加强学生的自我评价和相互评价。在促进学生主动学习、自我反思的同时，还强调："根据需要，可让学生家长、社区、专业人员等适当参与评价活动，争取社会对学生语文学习更多关注和支持。"实施评价时要尊重学生的主体地位，尊重个体差异，促进每个学生的健康发展。这里，课程标准要求学校和教师、家长要把评价对象当作一个平等合作的伙伴来对待，克服传统评价把评价对象及其他一切有关的人都排除在外，造成评价者和被评价者之间产生紧张对立情绪的现象，充分尊重每个人的尊严、人格与隐私，实现评价主体的多元化，体现民主性。

第三，评价方式要多样化。课程标准指出，"形成性评价和终结性评价都是必要的"，但"应加强形成性评价"，要坚持"定性评价和定量评价相结合"。要加强对学生的语文学习档案资料和考试结果进行分析，要加强平时教学过程中的随机评价。针对学生学习语文的阶段性特点，依据学段目标，既可以用书面考试、口试、活动报告等方式，也可以用课堂观察、课后访谈、作业分析、建立学生成长记录袋等多种评价方式。

第四，评价结果要差异化。评价的最终目的是促使学生全面发展和主动发展，而不仅仅是鉴别、选拔学生。要尊重学生个体差异，引导学生个体通过对评价结果逐项细读，对照反思，全面了解自身的素质发展状况、发展水平、发展差异（优缺点），找到继续发展的方向，提出改进的措施，从而发挥评价的导向、激励、改进的功能。

（二）实施中的几点建议

1. 应将评价目标从甄别选拔转变为促进学生发展

课程改革要求更新评价观念,建立以"发展功能"为核心的符合教育方针和儿童身心发展规律的新的评价体系,来科学地评价学生素质发展状况,评价学生是否在原有的基础上得到全面发展,得到生动活泼主动的发展。据此引导教师去改进教学,完善教学过程,有效地促进学生的发展;引导学生去认识自己,找到发展的方向和立足点,促进自主发展的实现。这是当前评价制度改革的一个重要问题,更是学生是否能够稳步、持续发展的关键性问题。

2. 应将评价主体从单一化、单向化转变为多元化、互动性

在课程改革中,我们应把学生从单一的、单向化的"围城"中解救出来,让学生参与到评价中来,进行自评、互评;应当让学生学会实实在在的评价,而不仅仅是表面上的"指责"或"表扬"。另外,根据需要,应让家长、社区也参与到评价中来,实现评价主体的多元化、互动性。

3. 应将评价方式从单一的量化评定转变为多样化的综合评定

课程标准指出,要运用多种评价方式,全面反映学生语文学习水平。以下几种方式可供参考:

第一,"定量评价＋定性评价"。这里要求学校和教师既要对学生的素质状况进行量化处理(由于素质状况是比较模糊的,难以精确量化,采用等级评价比较适宜),又要对学生的素质状况进行质的鉴定,还要对学生的语文学习档案资料和考试结果进行分析,客观描述学生语文学习的进步和不足,并提出建议,用最有代表性的事实来评价学生。对学生的日常表现,应以鼓励、表扬等积极的评价为主,尽量从正面加以引导。

第二,"动态评价＋静态评价"。动态评价是对学生的素质发展幅度进行评价,它侧重于纵向比较,显示发展过程,属于形成性评价;静态评价是对学生的素质发展水平进行评价,它侧重于横向比较,显示发展结果,属于终结性评价。采用成长记录的方式,收集能够反映学生语文学习过程和结果的资料,记录成长过程。只有将两种评价结合起来,才能准确评价学生是否在原有基础上得到全面发展以及发展状况,为后续发展找准立足点和方向。

第三,"观察＋考查＋考试"。学生素质是内在的,是无法一目了然的,也不是一张试卷可以一试而定的。因此,要改革考试办法,通过笔试和口试相结合、观察与测评相结合等形式,全面收集评价信息,提高评价结果可信度。观察是通过平时的听、看、查、访等,对学生素质状况中某些难以测评的因素(如心理状况、语文态度、语文素养等)进行"目测",捕捉素质外显信息的方法;考查和考试,是测量学生基本知识、基本技能等掌握运用情况的重要方法(测评时应以考查为

主,辅以必要的适当的考试,以减轻学生精神压力)。

4. 在评价标准上应软化"班级成员参照",强化"自我参照"

评价不是为了给学生排队或给学生一个等级性的标签,而是为了让学生在原来的基础上更好地发展。在日常评价过程中,应淡化学生之间的评比,提倡学生与课程目标、教育目标比较,强调学生个体过去与现在的比较,从中发现自己的进步与不足,并在此基础上提出具体的改进建议,让学生知道怎样可以做得好一些或者更好,激励学生向更高水平迈进。教师应用积极的眼光,从多个角度、方面、特质去看孩子,发现学生的优点和长处,让学生在自尊、自信中快乐地成长。在强调评价内容多元化的同时,一定要考虑学生与学生之间的个体差异,这种差异正是人才多样化的真正起点。

(三) 操作时应注意的问题

1. 评价的内容要全

单纯评价知识的识记效果是不够的,还要评价能力,评价学习习惯。凡是学生需要学习的、教师需要施教的,都要评价。同时,要突出评价内容的基础性和基本性,防止搞烦琐哲学。

2. 评价的方法要多样

不可能存在一种能测量各种不同类型的学习内容的工具。唯一可行的方法是综合运用各种行之有效的评价方法。对基础知识和某些易于用书面测试方式进行评价的内容,仍可使用书面评价;对口语、阅读表现力等以口试形式测评;对习惯方面的发展,可依据教师的日常观察下结论。能定量的定量,能定性的定性,不可强求一律。

3. 要注意不同主体的评价

语文教学的最终目的是要促进学生语言方面的社会化进程。因此,不仅要由学校和教师对学生进行考核,还要充分听取家长对学生语文发展的意见,充分考虑社会对我们的语文教学的总体评价。可采用问卷法、座谈访问法、个案调查法等。学生参与评价过程与结果分析,主要是为了让学生通过自我评价提高自主意识、反思能力与学习的积极性和主动性,从而有效地促进发展。家长参与评价过程,是为了让家长更多、更好地了解自己的孩子与学校的教育教学,从而帮助、支持孩子,使家长成为学校教育另一可利用的有效资源。家长评价、同伴评价和自我评价要根据实际情况灵活运用,不能机械地实施。可按照评价的不同目标、内容或功能选择不同的评价主体,还要提供具体的指导和调控,一方面对提供的评价信息与意见要谨慎采用,另一方面要防止学生形成只看他人缺点,对自己却只看优点的倾向。

4. 要注意语文学科对其他学科以及学生其他方面的发展的消长作用

评价不能就语文论语文。语文教学是对学生实施全面素质教育的一个重要方面。这个方面不是孤立地存在的,也不是孤立地发挥着作用的。评价要树立整体的质量观,不仅限于学科自身,还要充分考虑语文学科对其他学科,乃至学生全面发展的影响。学生的语文成绩提高了,同时促进了其他学科的学习和素质的全面提高,那么这样的教学就是高质量的教学;反之,语文成绩提高了,却对学生其他学科的学习构成消极的影响,甚至以牺牲学生的身心发展为代价,那么语文成绩再高也是没有价值的。如果不将语文教学放在影响学生发展的方方面面构成的整体中评价,那就是片面的评价,是得不出正确结论的评价。

二、教学实施案例:《冬天是个魔术师》教学纪实

研究课题:评价为促进学生发展服务

研究教师:山东省威海市北竹岛小学岳明星设计教学和组织实施;张金华评析。

教科书简介:《冬天是个魔术师》是北师大版义务教育课程标准实验教科书语文一年级上册的课文。教学设计两课时,此为第一课时。

教学重难点:1. 认识 17 个生字,能正确认读,初步学习一些识字方法。2. 能正确、流利地朗读课文。

教学过程:

(一) 导入新课

师:(小魔术:巧变硬币)像老师这样能变魔术的人叫什么?

生(齐):魔术师。(课件出示:魔术师)

师:可是老师只会变一个,能当上魔术师吗?

(生摇头)

生1(潘启龙):能变很多魔术的人,才是魔术师。

师:冬天也是个魔术师。(课件出示:冬天是个)他会变什么呢? 今天就来学习《冬天是个魔术师》。

生(齐):《冬天是个魔术师》。

(二) 初读课文、识字

1. 探究识字方法

师:读课文的时候,遇到不认识的字怎么办?

生1(潘启龙):用拼音拼一拼。

生2(邵春林):问问同学。

生3(刘铭):问问老师。

生4(祁子轩):把这句话读一读,多读几遍就猜出来了。

师:这可是个新方法,能给大家讲讲吗?

生4(祁子轩):昨天我在家里读书,有这样一句话:"白雪公主倒在地上。"我不认识"倒"字,去问妈妈,妈妈让我自己想办法。我就翻来覆去地读,读了几遍就猜到念"dǎo"了。再去问妈妈,就知道读对了。

师:大家觉得她的方法怎么样?

生(齐):非常好!

师:那我们就把这种方法命名为"祁子轩识字法",好不好?

[评:教师像命名"牛顿定律"一样把这种识字方法命名为"祁子轩识字法",肯定了学生的创造精神,给了她极大的成就感,也激励着所有的学生动脑创造新的识字方法,在创造的过程中,初步形成独立识字的能力。]

师:还有别的方法吗?

生5(李姗蔚):还可以让图画帮忙。

2. 识字

(1)学生自己尝试识字。

师:同学们掌握了这么多的识字方法,真了不起!下面,请同学们自己读课文,边读边把不认识的字圈出来,用你喜欢的方法去认识它们,每认识一个字,就奖自己一个小"√"。

[评:运用自评——奖小"√"的方法,在调动学生主动识字的积极性的同时,帮助他们发现存在的问题,有重点地去学习,有利于自省意识的培养。]

(2)小组合作识字。

师:老师看到许多同学圈出了自己的新朋友,并且认识了它们。有一些生字娃娃特别淘气,跑到大屏幕上来了。你还认识它们吗?(课件出示生字)请同学们先在小组内读一读。小组长注意:每认识一行,就奖励一个小标志。如果能帮助别的同学,就奖励一个心形的小标志。(生小组合作识字)

[评:教师巧妙地运用学生喜欢的小标志激发学生参与小组活动的热情,培养学生的合作意识,对学困生有极大的促进作用。同时,教师注意把互评引入小组学习当中,学生人人参与评价,人人有所发展。]

师:这么多同学得到小标志了,真棒!快抬起头让老师看看!

[评:教师亲切的话语让每一个孩子都迫不及待地昂起头,展示自己的成果。成功的喜悦悄悄地弥漫在每个孩子的心头。]

(3)小老师教识字。

师:谁得了四个小标志?我们请这三位同学做小老师来领大家读。

[评:注意学生的发展差异,充分发挥优生的"领头雁"作用。]

生6(张奥林):(领读)呼、地、吹、雪、变、那。

生7(刘佳林):(领读)些、色、冬、围、巾、冻。

生8(林启明):(领读)衣、本、领、真、是。

(4) 去音节识字。

师:这些音节娃娃都走了,你还认识它们吗?刘明广,你来试试好吗?(学生9刘明广读这17个生字)读得怎么样?用你喜欢的方式夸夸他。

[评:调动全班学生参与评价,渗透评价方法的指导。同学们有的伸出大拇指,有的说"你真行",有的同他握握手。同学的鼓励让他浑身充满力量,在接下来的学习中,他频频举手,思维非常活跃。]

师:他读得真好!你想不想来试试?我们一起来好吗?(生读生字)有些同学觉得不过瘾,我们来进行抢读,怎么样?(生抢读:些、领、呼、那、真)

[评:通过多种形式的识字学习,有效地解决了教学难点。在学习过程中,教师评价及时,方式多样,努力让每一个学生都参与到评价中来,让每一个学生都体验到成功的喜悦,并用这种喜悦带动他们向下一个目标冲刺。]

(5) 做游戏,巩固识字。

师:咱们同学真棒!不用老师教就和这些字娃娃交上了朋友。下面,我们做个游戏,休息一下。(同桌做游戏:两人用生字卡片做"我说你摆"的游戏)看同学们玩得这样投入,老师也想来参加,可以吗?我们换个方式。老师摆一张卡片,你告诉大家,这个字娃娃是谁,再组词说话,好吗?

生10(王鸿凯):衣,衣服。

生9(刘明广):衣,星期天,妈妈给我买了一件新的衣服。

生11(陈寒雨):衣,妈妈给我买了一件非常漂亮的新衣服。

师:多会说话呀!把什么样的衣服都说出来了。能不能不说衣服呢?

生12(于海鹏):老师,我还知道一种小虫子,叫衣鱼。

师:(惊讶地)哇?能讲讲吗?

生12(于海鹏):衣鱼不是鱼,是一种小虫子,长长的,扁扁的,常躲在黑暗的地方,吃衣服和书。

师:你是怎么知道的?

生12(于海鹏):我是从电视上看到的。

师:你真是个有心人。原来,只要我们多留心,电视也能教给我们很多知识。

[评:注重发挥教师的导向作用,通过对一个学生的评价,提醒大家要做生活的有心人。]

(师出示"巾、本、色、变、冬、地",生组词说话;多音字"地"的练习:冬天

"呼"地一吹,满天飘起了雪花,一会儿,大地就变白了)

师:冬天这个魔术师听说大家这么快就和生字娃娃交上了朋友,不相信。他给老师送来了一些生字卡片,让老师来考考大家。怎么样,敢不敢应战?(出示几个难认的字"雪、围、些、那、领、冻、呼";生或开火车,或抢答)

[评:教师善于运用学生喜欢的游戏方法,如我说你摆、我摆你说、迎接挑战、开火车等来调动学生识字的积极性。同时,注意将识字与生活相结合,组词说话,突出重点,突破难点。尤其是把多音字"地"放到句子中去掌握字音,效果非常好。]

(三) 读文

1. 朗读课文

师:大家已经和这些字娃娃交上了朋友,现在读课文该不成问题了吧?请大家读读课文,边读边想:冬天这个魔术师会变什么?(生自由读)

生13(鞠慧莹):冬天能变出好多好多雪花。

师:你是从哪儿知道的? 能读读吗?(鞠慧莹读第二自然段)

师:你觉得她读得怎么样? 说说理由。

生14(邹明哲):我觉得她读得挺好的。

师:哪儿读得最好?

生14(邹明哲):"他'呼'地一吹"读得好。

师:你能像她一样读吗?(邹明哲学读)还有要谈的吗?

生15(姜雨):我觉得"冬天是个魔术师"这儿读得不好,不像个魔术师。

师:你说,魔术师该是个什么样?

生15(姜雨):魔术师应该很神气。(做动作读)

师:我们都像个小魔术师一样,来,试试看! 冬天是个魔术师。他"呼"地一吹——

生:(接读)满天飘起了雪花,一会儿大地就变白了。

师:让我们男女生比赛,看谁读得最神气。(男女生赛读)读得太棒了! 冬天还会变什么?

生16(崔含琪):冬天能让熊、蛇、青蛙、刺猬冬眠。

生17(郑旋):冬天能让人们穿上厚厚的衣服。

生18(王兆任):冬天能把湖面冻得像大镜子。

师:你能像刚才这样,把剩下的三个自然段读一读吗?任选一段。(生从另外三个自然段中任选一段练习朗读,交流评价)

[评:教师根据学生的回答重点指导朗读第二自然段,然后请学生从另外三个自然段中任选一段进行朗读,学生自己选择学习内容,情绪高涨。尤其宝贵的

是教师把学生之间的评价引入朗读中,注意让学生评价具体,评出"朗读小明星",促进全班互动。]

师:同学们读得这么棒,你愿意当个魔术师来表演表演吗?

[评:表演是每一个小学生都乐于参加的,在学生已经充分朗读的基础上,让本节课的"朗读小明星"戴上魔术师的小帽子,手持魔杖引读,其他同学可以加上表情、动作,再现课文中的情景,从而使学生的朗读水平百尺竿头再进一步。在这里,教师注意扮演者人称的转换,由"他'呼'地一吹"变成了"我'呼'地一吹",给学生一种身临其境的感觉,有助于激发学生情感。]

2. 拓展说话

师:冬天这个魔术师还会变什么?(出示课件:冬天是个魔术师,他"呼"地一吹……)

生19(李曜辰):冬天是个魔术师,他"呼"地一吹,变出了许多冰凌子。

生20(杨晓彤):冬天是个魔术师,他"呼"地一吹,变出了许多漂亮的冰花。

生6(张奥林):冬天是个魔术师,他"呼"地一吹,让大树都长出胡子来了。

生21(关梦迪):冬天是个魔术师,他"呼"地一吹,给大地盖上了大棉被。

师:冬天这个魔术师会变这么多的东西。假如他现在就在你的面前,你会怎样夸夸他?

生22(毕瑜婷):冬天,你真棒!

生23(张亚群):冬天,你送给我这么多礼物,谢谢你!

生11(陈寒雨):冬天,你真不愧是个魔术师。

师:课文中是怎么夸的?

生(齐):冬天的本领真大呀!

[评:这一个环节新颖、有趣。学生从生活实际出发,展开想象,锻炼了学生的口语表达能力和想象能力。在这个过程中,教师注意充分运用体态语进行评价,比如点点头、伸出大拇指夸奖、面带微笑等,促使学生张开想象的翅膀尽情翱翔。]

(四) 总结

师:学了这么长时间,你都学到了什么?

生5(李姗蔚):我知道冬天可以变很多魔术。

生6(张奥林):我认识了很多新的生字娃娃。

生24(董雨桐):我知道冬天来了,有些小动物,像熊、蛇、青蛙要冬眠。

[评:学生是学习的主人,因此学习小结的机会自然要让给学生。这本身也是自我评价。]

（五）布置作业

师：下课以后，大家仔细观察，看看冬天这个魔术师还会变什么，把你看到的画下来，比比谁看得多，画得漂亮。

现在，请大家像小魔术师一样神气地坐着，让老师看看，这节课你得了多少小标志？

[评：此问看似漫不经心，实则教师独具匠心。]

师：每位同学都得到小标志了，真了不起！继续努力，争取下节课得更多！

[总评：这节课，教师把过程与方法、知识与能力、情感态度与价值观三个维度有机地结合在一起，紧紧抓住学习的重点和难点来展开教学工作。

第一，注重自主、合作、探究的学习方式。教学内容的确定，教学方法的选择，评价体系的设计都应有助于这种学习方式的形成。这个班的班额很大，单靠教师一人很难真正使每一个学生都投入到教学活动中去，因此教师紧紧抓住本课的两个重点——识字和朗读，组织学生同桌合作、小组合作。比如识字，首先请学生自己圈出生字，努力掌握；再让学生进行小组合作，会的教不会的，让学生动起来，达到全会的目的；接着，请小老师领读，正音；再让学生同桌两人在一起，你说我摆，两人合作，再次巩固生字；最后进行我摆你说、开火车等，全班合作。这样，环环相扣，顺利地解决了教学难点。

第二，注重课堂的趣味性。一年级的小学生年龄小，自我控制能力差，上课时间短，如何让小学生在一节课内得到发展，学有所得呢？在教学过程中，教师根据学生学习的难点，设计了一系列的游戏，如你摆我说、我摆你说、开火车、小比赛、小表演等，生动活泼，学有成效。

第三，让评价成为学生发展的动力。一年级的孩子太小，认字量又太少，如果让他们操作评价表一类的表格不切实际。为此，教师注重运用学生喜欢的学习方式，把教师的评价、学生的自我评价与学生间互相评价相结合，把即时评价与延缓评价相结合，使评价真正成为学生前进的动力。尤其值得一提的是，教师把满腔的爱播撒到课堂教学的每一个环节，播撒到每一个孩子的心田。学生回答错了，不是一棒子打死，而是鼓励他再想想；读得不理想，就再给他一次机会。课堂最后，看看每个学生额头上的小标志，诚心诚意地祝贺他们，教师的每一个眼神、每一个动作、每一句话，都鼓舞着学生向着更高的层次迈进。]

要突出语文课程评价的整体性和综合性：
小学生语文素质发展评价改革研究报告

夏克花　孙海英

2011 年版语文课程标准在"评价建议"中指出："语文课程评价要体现语文课程目标的整体性和综合性，全面考察学生的语文素养。应注意识字与写字、阅读、写作、口语交际和综合性学习五个方面的有机联系，注意知识与能力、过程与方法、情感态度与价值观的交融、整合，避免只从知识、技能方面进行评价。"

一、课程标准解读

（一）对要突出语文课程评价的整体性和综合性的认识

课程标准提出的"要突出语文课程评价的整体性和综合性"这一评价原则主要讲了两层意思，第一层意思是："突出语文课程评价的整体性和综合性"的目的，就是要落实语文课程目标，全面考察学生的语文素养。第二层意思就是：怎样突出语文课程评价的整体性和综合性的问题。强调了"两个注意"：一是注意识字与写字、阅读、写作、口语交际和综合性学习五个方面的有机联系；二是注意知识与能力、过程与方法、情感态度与价值观的交融、整合，避免只从知识、技能方面进行评价。

这与课程标准"前言"部分阐明的语文课程要"全面提高学生的语文素养"这一基本理念是吻合的。课程标准指出：九年义务教育阶段的语文课程，必须面向全体学生，使学生获得基本的语文素养。语文素养是学生学好其他课程的基础，也是学生全面发展和终身发展的基础。语文课程应激发和培育学生热爱祖国语文的思想感情，引导学生丰富语言的积累，培养语感，发展思维，初步掌握学习语文的基本方法，养成良好的学习习惯，使学生具有适应实际生活需要的识字写字能力、阅读能力、写作能力、口语交际能力，正确地理解和运用祖国语言文字。同时，语文课程还应通过优秀文化的熏陶感染，促进学生和谐发展，使他们提高思想道德修养和审美情趣，逐步形成良好的个性和健全的人格。

以往的评价往往过于注重学生的学业成绩,注重选择和甄别,语文学习的评价主要集中在听、说、读、写能力及基础知识的掌握,注重近期的显性效果。而且评价方法单一,大多是笔试题、客观题,强调定量分析,导致教师的"教"和学生的"学"都是围绕一张笔试试卷进行,以致学生的能力、智力、习惯、情感等重要素质得不到应有的培养和提高。因此语文课程标准强调了语文课程评价要突出整体性和综合性,要从知识与能力、过程与方法、情感态度与价值观三个维度进行评价。因为知识与能力是学习的基础,语文素养的形成离不开语文知识的积累,离不开语文能力的培养。过程与方法是语文学习的重点,根据语文的特点,语文学习离开了过程(语言的活动和交往、语言的运用和实践),就难以使语文知识内化为语文能力,难以养成良好的语言习惯,掌握语文学习方法比获得现成的语文知识更重要。情感和态度又是语文学习的保证。"每一个儿童来到学校的时候,除了怀有获得知识的愿望外,还带来了他自己的情感和感受的世界。"(杜威语)评价语文学习的情感与态度,着眼于语文学习的兴趣、学习习惯、实践与运用等方面,是把语文教育长远的隐性的效果放到了重要的位置上考虑。

(二)实施中的几点建议

要落实课程标准倡导的评价理念,实施中需切实做好如下两方面的工作:

首先,要根据课程标准中各学段课程目标,确立各年级小学生语文素质发展评价重点内容,制定相应的评价标准,以落实各年级课程目标。由于小学生语文素养的培养涉及识字写字、阅读、习作、口语交际、综合性学习等方方面面,每个方面又有许多小的分支,如识字评价有课内识字与课外识字之分,阅读评价也有课内阅读与课外阅读之别,所以,我们的评价不能一下子就全面入手,面面俱到,那样,势必会面面不到。学科评价内容要根据年级特点,有所侧重,突出重点。一般来说低年级侧重识字写字、朗读、口语交际,兼顾阅读、写话、语文综合实践活动;中高年级侧重阅读、习作、综合性学习,兼顾识字写字、朗读等。每个学期的评价内容同样重点突出。这样,随着学生年级的增高,梯次调整评价重点,最终各个击破,全面落实课程评价目标,实现了语文课程评价的整体性和综合性。为便于分层落实,各个击破,依据"阶段"理论,各年(学)段评价目标制定时要做到"三个一点":离孩子实际近一点,不要好高骛远;要求低一点,由低到高;实在、具体点,不要太抽象。要让学生看得见、做得来。依据"循环"理论,低年级达成的,到中高年级还需要重复训练,否则,终极目标难以实现。

二是要选取适宜的评价方式,采取切实可行的评价方法,确保评价能发挥应有的作用,不流于形式。在制定各年级预习目标的同时,要研究制定出具体的评价办法,让教师在具体操作时,有法可依,在此基础上,进一步发挥教师主动性、创造性,进行个性化评价。否则,由于教师专业素质参差不齐,评价往往会流于形式,发挥不了激励、导向、反馈等作用。如我区鲸园小学制定的三学段"预习"评价目标,就体现了上述精神(见下表)。

小学低—中—高学段预习目标	
年 级	预习评价目标
低年级	1. 读通课文,读准字音。 2. 在课文中标好自然段,画出生字词。
中年级	1. 读通课文,读准字音。 2. 自学生字词,会读、会写。 3. 了解课文大意,并能概括出主要内容。 4. 能提出自己不懂的问题。
高年级	1. 读通课文,读准字音。 2. 自学生字词,会读、会写。 3. 了解课文大意,并能概括出主要内容。 4. 能针对文中的关键词句圈点勾画做批注。 5. 口头回答课后问题,能提出自己不懂的问题。 6. 了解文章的布局谋篇,想想为什么这样写。

(三)操作时应注意的问题

无论何种内容的评价都不是短期就能发挥作用的,需要长期不懈地坚持,才能达成学科目标。因此,学科评价首先要做到持之以恒。学生良好学习习惯的养成需要时间,更需要毅力,因此,评价过程中,我们切不可"前松后紧"、"一曝十寒"。其次要狠抓落实。强调个"严"字,做到不见实效不收兵。如我区鲸园小学为落实语文课标中小学生书写目标,制定了各年级写字教学评价目标及评价标准,狠抓学生书写。规定每节语文课前2分钟,每位老师都要在黑板一侧给学生规范一个笔画,书写一个范字;每天下午第一节课前安排15分钟的练字时间,教师予以指导;每晚练写30字;每周写一篇田字格;每学期进行一次写字比赛,结果列入教师考评及学生学习成绩综合评价。由于常抓不懈,现在,鲸园学生书写水平稳步提高,位列全区之首,成为学校学科一大特色,2011年5月,学校通过了山东省语言文字工作委员会组织的"全国规范汉字书写教育特色学校"评估验收。

二、教学实施案例：
"小学生语文素质发展评价改革"研究报告

　　"小学生语文素质发展评价改革"实验课题,是全国小语会立项的课题。该课题立足于培养21世纪高素质人才,立足于促进每位学生的全面发展,努力探索新时期小学语文学科学生、教师评价的内容、方法、组织形式,以建立适应素质教育需要的科学的评价体系。

(一)课题的提出及理论依据

1. 对传统教学评价的反思

　　传统小学语文评价基本上是以一次性的纸笔测试作为对中小学生进行学习质量评价的依据,这种评价制度的导向使教师、学生只重视对书面考试内容的学习,而忽视书面考试所考察不到的诸如学习的情感态度、口语交际、听话说话、参加语文实践活动情况等内容的评价,不利于学生语文素质的全面发展。当前,从世界各国课程改革发展的趋势看,评价的功能和新的评价技术,都有了本质性的变革。评价不再仅仅是甄别和选拔学生,而是能促进学生潜能、个性、创造性的发挥,使每一个学生具有自信心和持续发展的能力。改变传统评价内容,同时在评价方法与技术等方面进行新的尝试,是我们改革的目标之一。

2. 语文课程标准的指向

　　语文课程标准指出:要"充分发挥语文课程评价的多重功能"。语文课程评价具有检查、诊断、反馈、激励、甄别和选拔等多种功能,其目的是为了考察学生实现课程目标的程度,检验和改进学生的学习和教师的教学,改善课程设计,完善教学过程。要"恰当运用多种评价方式"。形成性评价关注学习过程,有利于及时揭示问题、及时反馈、及时改进教与学活动;终结性评价关注学习结果,有利于对教学活动做出总结性的结论。因此形成性评价和终结性评价都是必要的。应加强形成性评价,注意收集、积累能够反映学生语文学习发展的资料,可采用成长记录袋等各种方式,记录学生的成长过程。对学生语文学习的日常表现,应以表扬、鼓励等积极的评价为主,采用激励性的评语,从正面加以引导。要坚持定性评价和定量评价相结合,全面反映学生语文学习的状态及水平。评价方法除了纸笔测试以外,还有平时的行为观察与记录、问卷调查、面谈讨论等各种方法。语文学习具有重情感体验和感悟的特点,更应重视定性评价。学校和教师要对学生的成长记录和考试结果进行分析,评价结果的呈现方式除了等级或分数以外,还可用有代表性的事实客观描述学生语文学习的进步,并提出建议。评价要尊重学生的个体差异,有利于每个学生的健康发展。各种评价方法都有一定的适应性,在评价的客观性和深刻性上也各有差别。因此,评价设计要注重可行性和有效性,力戒烦琐,防止片面追求形式。要"注重评价主体的多元与互动"。应注意将教师的评价、学生的自我评价及学生之间的相互评价相结合,加强学生的自我评价和相互评价,促进学生主动学习、自我反思。评价要理解和尊重学生的自我评价与相互评价。要尊重学生的个体差异,有利于每个学生的健康发展。根据需要,可让学生家长、社区、专业人员等适当参与评价活动,争取社会对学生语文学习的更多关注和支持。要"突出语文课程评价的整体性和综合性"。语文课程评价要体现语文课程目标的整体性和综合性,全面考察学生的语文素养。应注意识字与写字、阅读、写作、口语交际和综合性学习五个方面的有机联系,注意知识与能力、过程与方法、情感态度与价值观的交融、整合,避免只从知识、技能方面进行评价。

3. 基于对儿童心理学理论、认知建构理论的理解

马斯洛"优势需要"理论告诉我们:人的各种各样行为是由一定的动机支配的,对学生语文素质进行全面评价,满足人类自尊、自我实现等高级需要,可使学生在某个或某些方面获得优良成绩,受到鼓励,从而强化学生的学习兴趣、动机。特别是对那些在诸方面不足而某些方面有良好表现的学生来说更是如此。全面评价可充分发挥"罗森塔尔效应",能明显显示学生的某些优势,使学生产生微妙的积极的情感变化,由某些方面的优势,逐步发展和形成某方面特长,进而实现优势迁移,成为有用之材。社会发展对人才素质提出了更高的要求,改革评价体系,全面提高学生语文素质是时代赋予我们的使命。

基于上述认识,本着评价的全面性、激励性、发展性、全体性、可操作性等原则,开展了此项课题的研究。

(二)课题研究的主要目标

1. 探索小学语文学科学生评价的内容、方法、形式等,建立适应素质教育需要的科学的、操作性强的评价体系,使每一位学生都能在原有基础上得到较大的发展。

2. 通过实验,形成一支高素质、多层次、能胜任语文教学工作的教师队伍,培养一批热心教改、有一定科研能力与管理能力的科研人员。

(三)课题研究的主要内容

1. 以语文课程标准提出的各年段学生语文素质培养目标为参照,研究具体的、操作性强的小学生语文素质发展评价指标。

2. 研究与评价指标相对应的小学生语文素质发展评价内容、方式及评价结果的表述形式等,以充分发挥评价的检查、诊断、反馈、激励等功能。

3. 研究教师评价的内容、方法、形式及评价结果的表述方式等,促进教师的专业发展。

（四）课题研究具体实施步骤（略）

（五）实验具体操作细目（见《评价手册》略）

（六）实验取得的成果

小学生语文素质发展评价改革实验在我区开展多年,取得了一定的成果,表现在:

1. 多维的评价目标,促进了学生的全面发展

针对传统评价过于注重学生语文知识的纸笔考察,弱化甚至舍弃了那些笔试不易考察的内容及学习的情感、态度、价值观等非学业性内容的评价,我们在实验过程中不但对学生语文知识的掌握和一般能力的发展情况进行评价,同时增加了对学生语文学习的过程与方法、情感态度的评价,将那些笔试不易检测的内容也纳入评价。将笔试测评与非笔试测评相结合,单项考察与综合测评相结合,日常评价与终结评价相结合。评价努力做到关注特长,张扬个性,注重过程,体现综合,让每位学生都得到全面而具个性的发展,在提高学生语文素质的同时,培养学生能一生不断自学、思考、探索、创新和应变的能力以及充分的自信和合作精神。如:我们的"非笔试测试"占期末总成绩的 15% ~ 20%（低年级20%,中高年级15%）。"非笔试测试"以游艺活动等多种形式来考察笔试试卷无法测评的识字、朗读、口语表达、综合性实践活动等内容,真正把日常评价与终结性评价相结合,极大地激发了学生对非笔试测试相关内容学习的兴趣,促进了学生的全面发展。笔试测评试卷也紧扣新课程理念和儿童特点,形式灵活,图文并茂,语言生动有趣,密切联系学生生活实际,注重创设丰富多彩的问题情境,灵活考察学生语文学习情况,不仅体现了学生的主体地位,也调动了学生参与的积极性,最大限度地挖掘了学生的创造性,学生们"乐考",也更"乐学"了。

制作了《小学生语文素质发展评价手册》,内含各年级、各学期《小学生语文素质发展评价表》、《课外阅读考级说明》、《小学生课外阅读必读、选读书目》、《课外阅读考级证书》样本、《小学生各年级课外阅读目标》、《小学阶段必背古诗》、《小学语文课堂教学评价标准》以及《家长意见反馈表》等等。《评价手册》教师和学生人手一册,学生语文素质发展情况及时记录在册,有效地促进了学生的全面发展。

重新修订《评价手册》,坚持以生为本,主要从学生"成长足迹"、"成长成果"、"成长交流"三方面,对其语文素质发展过程分年级进行评价记录。"成长足迹篇"包括"情感态度习惯"、"汉语拼音"、"识字写字"、"口语交际"、"阅读"、"习作"、"综合实践"等栏目。"成长成果篇"包括"我的荣誉"、"期末回头看"等栏目。"成长交流篇"设立了"我对自己说"、"小伙伴悄悄对我说"、"老师告诉

我"、"爸爸妈妈的话"等栏目,简便易操作。另外,手册中还收录了许多促进学生发展的、富有激励性和启发性的名言警句,充分发挥了评价的自我检查、诊断、反馈、激励功能;将形成性评价与终结性评价结合在一起,深受师生喜爱。学生小学五年级毕业时,学校将留有学生成长足迹的五年的《评价手册》精心装订起来,在毕业典礼上发给每一位学生,学生可以终身保存。

将原《评价手册》中《各年级阅读考级目标》、《各年级课外阅读考级说明》、《各年级课外阅读必读、选读推荐书目》等分离出来,在全区推广、建立了学生课外阅读考级制度。学生阅读量达到考级要求的,可申请参加考级,考级通过的学校发给相应级别的考级证书,期末向家长颁发喜报,学生阅读积极性更加高涨。课外阅读考级制度的建立,扩大了学生的阅读量,提高了学生的综合能力。

加强对写字评价的研究。如我区南山小学设计了笔画练习纸、偏旁练习纸、小组合作创新作业和书写评价纸等,学生可对照评价标准随写随评,随评随改,规范了书写标准,张扬了学生个性,提高了写字教学效率。同时,尽可能地简化写字评价过程,精设写字评价指标,制定了包括情感态度、书写习惯、基本能力、综合能力等方面内容的六级写字标准,建立了考级制度,使写字在素质教育中继续发挥其审美、益智、健体的作用。

为学生建起成长记录袋。包括评价手册、激励卡、喜报、学生最满意的作品——最好的作文、日记、作业及获奖材料等,记录下了学生成长的足迹,激励着学生不断进取、不断发展。

2. 动态的评价过程,使学生得到了持续发展

新的教育理念,使教师明确了评价的目的,不仅促进学生在原有水平上的提高,更注重挖掘学生的潜能,发挥学生的特长,帮助学生认识自我,建立自信。如对识字写字的评价,每生均设立了一个听写本,每课结束后听写一次,但不记成绩,每单元结束后,再对此单元所有生字进行一次综合测评,合格者获得激励章(卡);教师分段总结,并记录在《评价手册》"识字写字栏"内。成绩不理想的,可复试(允许复试两次),按最高成绩记入《评价手册》。学生学习生字的积极性明显提高,改变了以往教师逼着学生写生字,甚至罚写生字的现象。教师也不必再"一刀切"地布置写生字的作业了。

3. 多样的评价方式,激励了学生的主动发展

多元化的评价目标采取多样性的评价方式,过程评价与终结评价相结合,定性评价与定量评价相结合,显性评价与隐性评价相结合,取得良好效果。精心设计一套评价激励章,有的印制了激励卡,利用激励章(卡)对学生进行即时评价。如在读书笔记展评中,连续三次获得小蜜蜂印章者,可得到一枚"读书卡";写字

姿势端正,书写正确、美观、整洁,写字本中得到四颗红星印章,就可获得一枚"写字卡"……奖励印章,教师操作简便;奖励卡片,迎合儿童心理,深受儿童喜欢。

优化育人环境,营造浓厚评价氛围。充分利用班级、校园、网络各种评价展台对学生进行即时评价。如:班级建立了"识字园地"、"日记展台"、"俊字园地"、"习作之窗"、"激励章(卡)积累台"等板块。各板块设计风格各异:高年级清新典雅,朴素大方;低年级生动活泼,情趣盎然。不但发挥其评价、激励功能,也优化了班级、校园环境,给人以美感。每一个园地都有一个别具特色的名字:"学艺大擂台"、"文苑"、"你真棒"、"你追我赶"、"丫丫园地"、"三味书屋"等等。如用"嘿,我真棒"栏目,展示学生钢笔字;用"瞧,这是我的作品"栏目,展示优秀手抄报;用"小荷才露尖尖角"栏目,展示学生优秀习作。学校宣传栏开辟了"群星璀璨"等栏目,介绍宣传全校的"故事大王"、"古诗小状元"、"阅读小博士"、"识字小能手"……各种展示台,激发了学生的竞争意识,调动了学生学习的主动性,学生由最初的追求激励(章)卡片的数量到逐渐养成良好的学习习惯,促进了学生的主动发展。

低年级教师在识字教学中,将趣味性与实践性融为一体,充分发挥了评价的激励作用。如老师在教室里设置了"笔笔用心"、"童言童语"、"每日一首古诗"、"摘苹果"等栏目。所谓"摘苹果"就是,教师先在教室后面的黑板上画一棵大苹果树,树上结满了"果子"(写满字的苹果卡片),谁能认识苹果上的字,就读(或写)给老师听(看),老师就奖励他一个小苹果卡片。一周下来,数一数谁的小苹果卡片多,认的字多,老师就奖给他一个大苹果卡片。有时教师在苹果树旁边画一棵桃树,把要求"会认"和要求"会写"的字分开。这样做,得到苹果卡的同学还想得到桃子卡,你争我比,学生识字的热情越来越高,识字量越来越大,识字成了小学生生活当中的一大乐事。学生识的字多了,"写作"的热情也高了,有时用会写的字写一则短篇"日记",老师将它们张贴在"童言童语"栏目里,学生非常高兴,学习更主动了。还有的低年级教师在班级设立的识字园地里绘制了学生喜闻乐见的苹果、花草(生字卡片),把生字写在不同颜色的花草上,学生课下可随时随地进行识记,哪位同学能识记下来,就先读给教师听。

4. 多主体参与的评价,促进了学生的自主发展

在评价过程中,采取学生自评、小组互评、教师综评、家长助评等多主体参与的评价方法,有效提高学生的主动性,培养学生反思和自律意识,实现学生的自主发展。如对学生学习情感态度的评价,学生在自评、小组互评中自我反思。《评价手册》的"成长交流篇"里,特意设计不同栏目,将师评、自评、生评、家长评价有机结合在一起。为将家庭、学校教育紧密结合,使学校、家庭教育评价形成

350

合力,设计《家校联系册》,加强对学生学习全过程的评价。《家校联系册》记录下了老师的殷切期望、家长的句句教诲,成为学生不断进取的动力。

(作者单位:威海市环翠区教育教学研究培训中心)

主要参考资料

[1] 突出语文评价的整体性和综合性. http://news. edu – chn. com/newsadmin/htmlnews/4162011/100223733472836. html.

[2] 解读语文标准. http://blog. 163. com/chenghonglin168 @ 126/blog/static/10918314920095271023 2833/.

评价要突出综合性：
《"精彩极了"和"糟糕透了"》教学设计

邓爱群　王海明

一、课程标准解读

课程标准在"评价建议"中提出语文课程评价要"突出语文课程评价的整体性和综合性"。

（一）关于评价要突出综合性的相关问题的认识

1. 现行语文教学评价存在的弊端

现行教育评价中的弊端,也体现在语文学科的评价之中。主要有:

第一,评价过于强调甄别与选拔,忽视促进学生发展的功能。当前仍然不同程度地存在着教育围着考试转的现象,反映在学生能够评价的内容上,出现了将评价进行主次分配的现象:对考试要求的内容优先考虑,重点保证;考试不涉及的内容较少关注,以知识、智力、学习成绩为核心,而学生健康的体魄、纯洁善良的心灵、乐观豁达的态度、友好合作的交往、勤劳质朴的作风等往往被置于学生发展目标的次要地位。全面和谐的发展意味着学生身心的健康成长,是学生身体、智慧、情感、态度、价值观和社会适应性的全面发展。而以往的评价只是为了甄别学生的智力,选拔所谓的高才生,其实质是为了"选择适合教育的儿童",那些在这种评价制度下被甄别为"差"的学生,就没有了选择教育的权利,对学生个体的发展极为不利。

第二,评价过于注重学业结果,忽视学习过程考察。评价指标单一,千篇一律地对待每个学生。因此,学生的心理压力很大,学生怕考试,怕面对那张决定他们成败的成绩单。而考试的内容多从学生的基础知识和基本技能出发,很少考察学生的其他方面。学会做人、学会做事、学会合作、学会学习,这已成为对一个公民的基本要求,对任何一方面的忽视都可能造成学生发展的偏颇,不利于学生的全面发展。而且每个学生都是一个独立的人,都有着与众不同的特点,有的喜欢发言,有的喜欢静静地思考,有的擅长形象思维,有的擅长逻辑思维,有的喜欢表演,有的喜欢写作,而千篇一律的考卷不可能考察到学生的个体差异。

第三,评价方法单调,过于重视笔试测验,对其他考察方法和质性评价方法不够重视。以往的评价,几乎除了笔试没有别的评价方法,出现了"一张试卷定乾坤"的现象,而很多方面,如学生的探究、实践和创新能力等,单单通过笔试这单一的评价方法是很难表现出来的。用考试这种表现性评价来评价学生的基础知识点,不但费事费力,而且不能保证覆盖面,不能起到评价的激励作用,不能真正促进学生的发展。

2. 综合评价有利于促进学生语文素养的全面提高

第一,全面提高学生的语文素养。有两个要点:一是义务教育阶段的语文课程标准,是面对全体学生,不让一个学生掉队,而不是搞宝塔式的培优,抛弃大多数。二是语文素养。语文素养的主要内容包括:学生热爱祖国语文,丰富的语言积累,语感能力和思维能力,实际需要的识字写字能力、阅读能力、写作能力、口语交际能力,以及学生的品德修养和审美情趣。

第二,三维课程评价指标。课程标准系统地提出了三个维度的课程目标,即知识与能力、过程与方法、情感态度与价值观,这三维课程评价指标综合性地体现在各个阶段目标之中。例如"知识与能力"的评价,应有下列要素:① 语文知识评价(借助拼音和字典认准汉字,区别字形、字音、字义,理解词义、句义、文义);② 文学知识评价(了解文体样式,了解文学常识,欣赏文学作品,背诵古今诗文);③ 文章知识评价(了解词法、句法,了解修辞手法,了解表达方式);④ 一般能力评价(会听,会说,会读,会写);⑤ 发展能力评价(独立分析并评价生活,独立思考并提出问题,学会讨论并分析问题,敢于创新并解决问题)。再如"过程与方法"的评价,应有下列要素:① 课堂参与(注意听讲,主动参与,发表见解,质疑讨论);② 阅读习惯(天天朗读,做到正确、流利、有感情;学会默读,边读边想、边批注);③ 表达习惯(用心观察生活、想象生活,用心进行口语交际和书面表达);④ 学习方法(熟练运用字典、词典,学会预习、复习,查引资料);⑤ 课外练习(有摘录、剪贴、笔记,天天有阅读量,天天有小练笔)。而"情感态度与价值观"的评价,一评语文学习的兴趣,二评语文学习的习惯,三评语文学习的方法,四评语文学习的交往。因此,评价"情感态度与价值观"应有下列要素:① 热爱语文(热爱生活,积累语感);② 关心文化(关心科学,关心人文);③ 参与实践(接触社会,学会交流);④ 学会合作(共同探究,共享成果);⑤ 化智为德(认识自我,珍爱人生)。

课程标准强调评价要突出综合性,其主要目的是全面提高学生的语文素养。

（二）实施中的几点建议

第一,要注重过程的评价。课程评价理念注重过程评价,终结性评价与形成性评价要相结合,实现评价重心的转移,即从过分关注结果转向对过程的评价,这是面向未来、重在发展的评价。因为只有在关注过程中,才能有效地帮助学生形成积极的学习态度、科学的探究精神,才能注重学生在学习过程中的情感体验、价值观的形成,实现"知识与能力"、"过程与方法"以及"情感态度与价值观"的全面发展。

第二,评价方法要多样化。新课程评价倡导采用灵活多样、具有开放性的评价方法,而不仅仅依靠纸笔作为收集学生发展证据的手段。首先,闭卷考试与开放性试题相结合。其二,书面评价与口头评价相结合。其三,即时评价与终结评价相结合。

第三,评价指标要多元化。课程评价的三维体系要求评价指标多元化。要涵盖知识与能力、过程与方法、情感态度与价值观三个方面,以做到全面提高学生的语文素养。如有关情感、习惯的评价可以分解为:热爱祖国的语言文字,喜欢学习语文;认真听讲;积极发言;按时、认真完成作业,善于思考问题;爱护书本文具;养成良好的阅读习惯;口头语言文明、规范,态度大方;写字姿势端正。大到热爱祖国的语言文字,小到爱护书本文具,都进行了关注与评价,考虑到学生学习的各个方面,全面提高学生的语文素养。

(三)操作时要注意的问题

第一,关注学生的个体差异。多元智能理论认为:每个人都同时拥有九种智能,只是九种智能在每个人身上以不同的方式、不同的程度组合存在,使得每个人的智能各具特色。所以每个学生都是独特的,也是出色的。评价时要关注学生个体间发展的差异性和个体内发展的不均衡性,从多个角度来评价、观察学生,重在寻找和发现学生身上的闪光点,发现并发展学生的潜能。

第二,以肯定性评价为主。评价的最终目的是促进学生的发展,而自信是发展的内在动力。以肯定为主的激励性评价可以充分调动学生的积极性,给学生自信,让学生在自信中走向成功。但是,建议性评价也是必要的,可以使学生认清自己努力的方向。

第三,评价要持之以恒。做任何事都必须持之以恒,评价只有做到持之以恒才能有利于学生养成习惯,使学生也能持之以恒地保持饱满的热情,投入到学习当中。

二、教学实施案例:《"精彩极了"和"糟糕透了"》教学设计

研究课题:语文课程评价要突出综合性

研究教师:山东省威海市长峰小学邓爱群解读课程标准和设计教学;王海明

评析。

教科书介绍:《"精彩极了"和"糟糕透了"》是人教版义务教育课程标准实验教科书语文五年级上册第六单元的一篇精读课文。

教学重点:有感情地朗读课文,说说父亲和母亲对巴迪的诗为什么有不同看法;通过人物动作、语言和心理活动描写的语句,体会作者怎样逐渐理解了父母的两种不同评价中包含的爱,感受爱的不同表达方式。

教学难点:通过人物动作、语言和心理活动描写的语句,体会作者怎样逐渐理解了父母的两种不同评价中包含的爱,感受爱的不同表达方式。

教学过程:

(一)导入新课

1. 板书:精彩极了、糟糕透了。

2. 试着读出不同的语气,并说出在什么样的情形下说的。

[评:目的在于训练语感,并让学生明白在不同的情形下,"精彩极了"和"糟糕透了"所表达的感情是不同的,为下文的学习奠定基础。]

3. 在板书上加上"和"字,揭示课题。

(二)检查预习,提出问题

1. 说预习方法。

学生可能交流的预习方法有:① 不认识的字、不懂的词可查字典解决。② 边读边想,把自己的体会写在旁边。③ 画出自己觉得含义深刻的句子。④ 试着提出一些问题,并试着解答,在不懂的地方打上"?"。⑤ 可以查阅有关资料,如作者介绍、文章背景等等。

对学生交流的预习方法应给予充分的肯定,鼓励学生运用自己喜欢的方式预习,并且学习别人的好的学习方法,养成预习的良好习惯。

[评:教师在这里注重了预习方法的交流与指导,使学生熟练运用字典、词典,查引资料,学会边读、边想、边批注,学会质疑,注重了"过程与方法"的评价。]

2. 交流预习情况。

第一,学生交流读懂了什么,评出自学能力。可以说自己的感受,说文章的主要内容,说对某个词、某段话的理解,也可以说自己查阅的资料。

第二,交流不懂的问题或提出的问题,评出最佳问题。学生可能提出的问题有:作者为什么成年后越来越感到自己当年是多么幸运?那首诗到底是"精彩极了"还是"糟糕透了"?为什么说"精彩极了"也好,"糟糕透了"也好,这两个极端的断言有一个共同的出发点——那就是爱?"不被哪一股风刮倒"是什么意思?很短的诗,父亲为什么看了很长时间?

学生提出问题都加以鼓励,并把有价值的问题简单地写在黑板上。

[评:教师在这里设计让学生交流读懂了什么,可以提出哪些问题,使学生主动参与课堂教学,发表自己的见解,并且提出问题,体现了一种"过程与方法"的评价,体现了以学定教的教育理念。]

(三)自主探究

1. 说解决问题的方法:通常我们遇到问题怎样解决?

学生可能交流的方法有:小组合作、同桌合作、自己通过反复读课文进行理解、通过有感情地朗读课文体会文章的情感、边默读边思考,等等。

对学生交流的方法,加以肯定和鼓励,鼓励学生独特的解决问题的方式。

2. 学生说说自己想用什么样的方式方法解决问题。

3. 自主合作。要求:① 可以选择自己感兴趣的问题进行探究;② 可以用自己喜欢的方式解决问题,可以小组合作,也可以同桌合作,还可以自己独立解决问题。

解决措施:根据小组及个人探究情况,评出最佳合作小组、最佳探究奖。

[评:"学生是语文学习的主人"。这里尊重学生的个性差异,鼓励学生选择适合自己的学习方法、方式进行探究,张扬学生的个性,培养学生的合作意识,让学生学会与人合作、共同探究、共享成果。]

(四)交流

现在我们来交流一下各组的探究成果,看哪个小组获得最佳合作奖和最佳探究奖!

1. "精彩极了"也好,"糟糕透了"也好,这两个极端的断言有一个共同的出发点——那就是爱。

(1)体会母亲的"精彩极了"所表现的爱。你能从哪些地方体会出母亲的爱?试着读一下。(指导学生朗读,并抓住两个"嚷"字,体会母亲的爱)

(2)体会父亲"糟糕透了"所蕴含的爱。抓住"很长一段时间"体会:同学们猜测一下,父亲可能想了些什么?(从学生的猜测中,了解学生对父亲的评价和理解程度,并进一步指导朗读)

(3)理解作者的情感变化。过渡:面对这两个极端的断言,作者当时的感受一样吗?试着用自己的话说一下。(只要说清楚即可,不必很详细,因为下面的朗读中将再一次体会)

(4)分角色朗读。师生合作朗读,同学们愿意和老师合作吗?(选两名同学分别当爸爸和妈妈,其他的老师读)

读完后请同学们评价。

学生之间合作朗读。老师给予评价,重在鼓励。评价方法:同学之间的评价,重在鼓励;师生之间相互学习,相互鼓励。

2. 我越来越体会到我当初是多么幸运。

（1）作者当初很难接受父亲的评价,为什么成年后却觉得很幸运？试着用文中的语言回答。

（2）作者在成年之后理解了这种评价所蕴含的爱,心存感激,感到幸运,请同学们自由朗读课文后三个自然段,试着感受作者的心情。（让学生自由地朗读,充分体会文中的感情）

[评:教师着重进行朗读训练,重朗读中对文章的感悟,而且朗读方式多样,如有感情地朗读、分角色朗读、自由朗读等。在朗读过程中运用了多种评价方式,如同学间评、师评等,提高学生的阅读兴趣。]

（五）质疑

通过刚才的交流,还有什么不懂的问题吗？如有不懂,集体讨论解决。

[评:这一教学环节必不可少,它是学生探究情况的进一步表现。]

（六）延伸扩展

1. 老师讲自己的经历。在生活中,我们每个人都可能经历不同形式的爱,有的来自父母,有的来自师长,有的来自同学。老师就有这样的经历:老师刚参加工作时,有一次,学校领导和老师都来听我的课,听完后,有的老师说邓老师讲得好,有的老师却提出了严厉的批评,当时我接受不了。可后来我慢慢地懂了,这两种评价都是对邓老师的爱,都是希望邓老师成为一名最优秀的老师。在这些老师的爱中,邓老师一天天在进步,邓老师非常感谢那些老师,感谢他们的鼓励和批评。同学们也有过这样的体会吗？

2. 同学谈自己的体会。

（学生可以畅所欲言,老师可以随时评价）

3. 小结。表扬使人受到鼓励,批评使人警惕。如果只有表扬,容易让人骄傲,倘若只有批评,容易让人失掉信心,消沉下去,所以作者说,将谨慎地把握住我生活的小船,使它不被哪一股风刮倒。

[评:课程标准指出,培养学生"高尚的道德情操、健康的审美情趣和积极的人生态度,是与帮助他们掌握学习方法、提高语文能力的过程融为一体的,不应该当做外在的附加任务。应该根据语文学科的特点,注重熏陶感染,潜移默化,把这些内容渗透于日常的教学过程中"。这里延伸扩展,由自己的人生经历,引导学生谈体会。这种方法既拉近了与学生的距离,又让学生受到熏陶感染,在此基础上,学生定会有很多个人体会想要说,那么这种对学生情感的触动、心灵的震撼会深深印在学生脑海里,从而帮助他们确立正确、健康的情感,积极的态度,正确的价值观。]

357

（七）再读，积累

作者成年之后才感到自己很幸运，我们现在就感到很幸运了。因为通过这篇课文的学习，我们不仅读懂了作者父母对作者的爱，也读懂了别人给我们的爱，我们是不是很幸运啊？请同学们再读课文，再一次体会文中洋溢着的爱！并把自己喜欢的段落或语句背下来。看谁背得快，谁是"背书大王"！

［评：运用"幸运"过渡，再次激起了学生的情感，引发学生朗读、背诵的欲望，让学生积极地感悟、积累语言。］

（八）布置作业

（1）学习了这篇课文，同学们一定有很多话想说，课后把自己的感受写下来，或者把文中最能表达自己的感受的句子抄下来，制成卡片，放在自己的成长袋中，时时鼓励、提醒我们，让我们在师长的爱中健康成长！

（2）收集有关爱的文章、歌曲、诗歌、图画、故事，阅读课大家欣赏。

［评：作业设计有广度、深度。其中，第一项作业，学生可根据自己的能力和爱好选做，可以写感受，可以摘抄制卡片，并且放在成长袋中，体现了一种大语文教学观。］

［**总评**：教学设计体现了课程改革的新理念：首先，突出了语文课程评价的综合性。教学设计涵盖了课程评价的三个维度，即知识与能力、过程与方法、情感态度与价值观。其二，采用多种评价手段进行评价。如最佳问题手、自学能手、最佳合作奖、最佳探究奖、背书大王等的评选，同学间互评、教师对学生的激励性语言评价等等，从各个方面评价学生，让所有的学生都有展示的机会，发挥评价的激励、导向作用。其三，采用合作探究的学习方式，让学生自己提出问题，通过小组合作解决问题，培养了学生的问题意识和合作精神。其四，体现以学生为主体的理念。本课的教学设计从预习到提出问题，到合作探究，到交流，都是从学生的角度出发，鼓励学生用自己喜欢的方式解决自己感兴趣的问题，作业的设计业照顾到了各个层次的学生，学生可以根据自己的兴趣进行选择，充分体现了以学生为主体的理念，尊重学生的自主选择。］

主要参考资料

［1］陈中杰.质疑、解疑，感悟、探究——《"精彩极了"和"糟糕透了"》教学设计.山东教育，2002（25）：18.

［2］形成性评价在新课程改革中的实践与探索. http://www.ht88.com/downinfo/26680.html.

综合采用多种评价方式：
小学语文素质发展评价改革实验报告

郑君华　夏建娟

一、课程标准解读

课程标准强调："应充分发挥语文课程评价的多重功能,恰当运用多种评价方式,注重评价主体的多元与互动,突出语文课程评价的整体性和综合性。要根据不同年龄学生的学习特点,按照不同学段的课程目标,抓住关键,突出重点,采用合适方式,提高评价效率。语文课程评价应该改变过于重视甄别和选拔的状况,突出评价的诊断和发展功能。"

（一）关于采用多元评价方式的相关问题的认识

1. 充分发挥语文课程评价的多种功能

课程标准中强调,评价具有检查、诊断、反馈、激励、甄别和选拔等多种功能,其目的是为了考察学生实现课程目标的程度,检验和改进学生的学习和教师的教学,改善课程设计,完善教学过程。应发挥语文课程评价的多种功能,尤其应注意发挥其诊断、反馈和激励的功能,有效地促进学生的发展。

2. 恰当运用多种评价方式

评价要尊重学生的个体差异,有利于每个学生的健康发展。对学生的评价应注意形成性评价与终结性评价相结合。同时应加强形成性评价,注意收集、积累能够反映学生语文学习发展的资料,记录学生的成长过程。对学生语文学习的日常表现,应以表扬、鼓励等积极的评价为主,采用激励性的评语,从正面加以引导。在评价方法上除了纸笔测试以外,还有平时的行为观察与记录、问卷调查、面谈讨论等各种方法。

3. 注重评价主体的多元与互动

在评价过程中要将教师的评价、学生的自我评价及学生之间的相互评价相结合,加强学生的自我评价和相互评价,促进学生主动学习,自我反思。

359

4. 突出语文课程评价的整体性和综合性

语文课程评价要体现语文课程目标的整体性和综合性,全面考察学生的语文素养。应注意识字与写字、阅读、写作、口语交际和综合性学习五个方面的有机联系,注意知识与能力、过程与方法、情感态度与价值观的交融、整合,避免只从知识、技能方面进行评价。

(二)实施中的几点建议

评价方式是服从于评价目的的。综合采用多种评价方式,实施时要注意这样几点:

第一,树立评价以人为本的观念,发挥评价的促进功能。评价方式的运用,要关注个体的处境和需要,尊重和体现个体差异,激发个体的主体精神,以促使每个个体最大可能地实现自身价值。因此,评价要倡导学生与课程标准、教育目标比较,与自己的过去比较,强调在比较中客观地了解和评价学生,并在此基础上提出具体的改进建议,让学生知道怎样可以做得更好,激励学生向高水平目标迈进。

第二,评价基于学生差异,要评出特长。课程评价的目的,不仅仅是为了使学生掌握一定数量的知识,更重要的是在自身发展的基础上不断提高能力。"世界上没有两片完全相同的树叶",也绝对不会有两个完全相同的孩子。每个孩子都有自己所擅长的方面,课程评价所要达到的目的当然包括发挥孩子的特长,评价方式的运用应让每个孩子的优点都得到展现,让每个孩子都能体验到成功的喜悦。

二、教学实施案例:
综合采用多种评价方式,让理想和梦想一起飞翔

研究课题:综合采用多种评价方式

研究教师:山东省威海市实验小学郑君华撰写报告;山东省威海市鲸园小学夏建娟解读课程标准和评析。

威海市实验小学和鲸园小学于2001年9月承接了"小学语文素质发展评价改革"国家级课题实验任务。实验为我们带来了对以往教育深入思考的契机,我们最终懂得了只有适合人的发展的教育才是真正的教育。

在实验过程中,我们改变了过去评价重甄别与选拔、轻情感与过程的功能,构建了评价内容多元化、评价过程动态化、评价主体互动化的发展性评价体系,实现了定性评价与量化评价相结合,日常评价与定期评价相结合,他评与自评相结合,师评、生评与家长评相结合,既关注学生知识的理解与掌握,更关注他们情

感与态度的形成和发展;既关注学生语文学习的结果,更关注他们在学习过程中的变化与发展。评价方法丰富多彩,评价形式灵活多样,拓宽了语文教学渠道,让学生贴近生活,走进社会,走进自然,在自主的天地里学有所乐,学有所得,学有所创。

本着全方位、多角度、多主体、跟踪式、多维立体评价的原则,我们制定了《小学语文多元激励性评价体系》、《阳光档案》、《成长的足迹》、《小学语文素质发展评价手册》等评价细则,建立了激励卡课课比、成长足迹月月评、评价手册期期赛、阳光档案岁岁行的"足迹式全程评价"模式。多元激励评价体系涵盖了语文学习的各个方面:汉语拼音、识字写字、口语交际、阅读教学、作文教学、综合学习等,都各有一整套评价方法。

《成长的足迹》是根据多元激励性质量评价体系自行编排的记录孩子成长进步的一个小册子,将德育、语文、数学、英语整合在一起,利于直观地看到每一个孩子的成长历程;每月填写一次,学生就自己在本月中的识字、写字、习作、读书等情况进行自评,汇总一个月来的语文学习情况,"喜报园"(学生将一个月所得喜报贴在这里)和"加油站"(老师、同学或家长指出学生的优势及不足)则展示了孩子一个月以来的收获、优势及仍需要努力的地方,比较全面而客观地记录了孩子成长的每一步,帮助学生养成良好的学习习惯。

《阳光档案》则关注学生的成长过程,记录学生的成长足迹,在《成长的足迹》的基础上建立学生成长档案,粘贴在教室墙上或陈放在书架上,形成一道风景。学生成长档案的内容可以包括最得意的作品:如最满意的作业、搜集的资料、所做的观察记录、调查报告、成长日记、阅读卡、手抄报等。学生定期进行档案袋展览、交流,看到自己的进步,体验成功的快乐,同时在与别人的比较中看到自己的不足,努力去争取更大的进步。

[评:课程评价在课程改革中起着导向与质量监控的重要作用,成为课程改革的关键环节。课程改革纲要明确提出,要建立促进学生、教师和课程不断发展的评价体系。面对这一要求和变化,进行小学语文素质评价改革实验不仅顺应了当前课程评价发展的趋势,而且针对我国现行课程评价体系中的不足与局限提出了改进意见,课题具有前瞻性和现实性。]

(一) 把校园还给学生,让校园焕发生机

为给学生创造一个良好的学习环境,"让学校成为学生向往的精神家园",建设文化校园成为我们追求的目标。为此,学校进一步强化环境育人功能,赋予了走廊、楼梯、活动室以主题文化内涵,徜徉其间,浸润其中,潜移默化,润物无声。

漫步走廊中,"读书时,双手捧;读完后,书轻放","初读文,画生词;不明意,查字典","到校园,不慌张,走进教室先开窗","下课铃声响丁零,师生再见礼貌好"……这些琅琅上口的儿歌,让孩子们在传唱中学会了如何读书学习,如何自立自强。"上课时认真听,不仅是听老师上课,还包括听同学的精彩发言,并且边听边反思自己的想法。"学习中的听、说、读、写,惜时专注、勤思善问、循序渐进、持之以恒等习惯养成小妙招成了孩子们习惯养成之路上的资源宝库。"少成若天性,习惯成自然","思想决定行动,行动养成习惯,习惯形成品质,品质决定命运"……这些名言更是让孩子们在吮吸精神营养、丰厚人文底蕴的同时,提升了道德境界,培养了良好习惯。

徜徉在综合实践楼中,抬起头是"内外兼修,至善至美","和而不同,人人精彩","博学笃志,切问近思"……这些凝练的字句让学生在中华民族传统文化的意境之中,时时处处感受经典文化的精髓。走进阅览室,感受着一位位名人的人格魅力,与高尚对话,与历史交流,与智慧撞击。开启漫画小屋,心灵写真、绘画记事、作文配画、看画写文等动漫心情画揭开了学生的心灵密码,提升了创新思维与幽默品质。

为了培养学生的良好习惯,让学生体验成功的喜悦,我们在教室中悬挂着习惯目标引导。以书写、反思、表达、阅读习惯为切入点,制定各年级习惯目标,既针对年龄特点,告诉学生该怎样做,又体现梯次性,让学生逐步养成良好习惯。每个教室门口都有一个主题系列展板,"笔笔用心"是将学生每周的习字优秀作品进行展出;"奇思妙想"则把学生的睡前日记等粘贴出来与大家共享;"心灵手巧"涵盖了我们的创新作业、实践创作等。总之,小小的展板成了孩子们展示的舞台,他们在思索、动手、创造的过程中养成了良好的习惯,体验到了成功的喜悦。班级内的"星星榜",由反思习惯、书写习惯、表达习惯、礼仪习惯、健身习惯等方面组成,分别以不同颜色表示。自评、组评、师评相结合,"一日一评、一周一结、一月一总"跟踪式评价,让星星记录学生成长的足迹,孩子们在寻找差距、制定奋斗目标的过程中获得努力追求的动力。

[评:课程标准指出:"语文教师应高度重视课程资源的开发与利用,创造性地开展各类活动,增强学生在各种场合学语文、用语文的意识,通过多种途径提高学生的语文素养。"实验开发了生活中的语文课程资源,为学生学习语文创造了优良的氛围。]

(二)把课堂还给学生,让课堂充满情趣

情趣是学习者内在的动力。评价改革的最终目的就是最大限度地激发学生的学习动力,使每个学习个体得到最大限度的发展。学习语文重在个人体验。有一千个学生,应有一千把衡量的尺子。语文老师是一个人文工作者,应具有人文关怀,这种关怀是对生命的尊重与热爱。观念的转变,带来了"蹲下身子和孩子说话"的新型师生关系,带来了充满情趣、拨动心弦的课堂教学。

注重情趣的教学是平等的对话。以往的语文课堂我们习惯见到的是师生问答的传统教学形式,教师机械地提问,学生被动地回答,教师什么都讲到了,课堂上什么都不缺,唯独缺少神韵,缺少生机。当老师们真正认识到成长无法替代,发展必须主动时,对"教师是教学活动的合作者、引导者、组织者"这一新的角色定位有了深刻的理解。

"上帝不能到每个课堂里去,所以创造了老师。""后进生是背阴坡的小草,只要享受到师爱的阳光,一样可以绿漫山坡,生出灵芝。"这是实验教师新的学生观。教师观念的转变,评价方法的改变,使师生之间能够平等地交流,学生敢于发表自己的见解,敢于向老师说"不"。有一次,二年级的邹素英老师上一节公开课,指导学生朗读时,一位平时学习不太好的男孩站起来读书,读得确实很不好,他读完时,只有一个小女孩为他热烈鼓掌。听课老师以为她在鼓倒掌,邹老师让她说说鼓掌的理由,没想到这个年仅八岁的孩子从容不迫地说了三点:他有勇气站起来就应该为他鼓掌;他读得虽然不好,但比以前有很大的进步;我们鼓励他,他会读得更好。听到这里,邹老师满怀激情地表扬了这个女孩,台下掌声四起。

把课堂还给学生,尊重学生的主体地位,尊重学生自身的体验,让学生与文本平等地对话,与生活对话,在对话中体验情感、积淀语言、感悟人生,这是评价改革实验给课堂带来的又一可喜变化。教师尽可能地为学生提供一些体验学习乐趣的机会,让学生自我感悟、自我发展,坚信酸甜苦辣都有营养,成功失败都是经验,这些宝贵的财富定能使学生受益终生。

注重情趣的教学是赏识与激励。"准备一百顶高帽给你的学生戴。""给每个孩子发奖,让每个孩子抬起头做人。"打开每个孩子的"阳光档案",你都会发现里面装满了孩子们沉甸甸的收获。评价观念、评价方法的改革,给了每个孩子发展个性、体验成功的机会。课堂上,教师热情地鼓励每一个学生,帮助学生建立自信,做学生真诚的合作者。教师不但欣赏那些各方面优秀的学生,而且真诚地帮助那些后进生,让他们感到自己在集体中非常重要。暂时落后不要紧,只要不放弃希望,不放弃欣赏,我们尽可以期待明天。老师们不再只关心孩子学习成绩的好坏,大家更关注孩子们的心灵是否快乐。在这样和谐、亲切的气氛中,学生的创造力与生命力得到大大激发,课堂上时而唇枪舌剑,时而妙语连珠,时而迸发开心的笑声,创造思维的火花随处可见。

[评:语文教学应在师生平等对话的过程中进行,包括教学评价。教师是教学活动的引导者和组织者。学生是语文学习的主人,是课堂的主人。建立新型的师生关系,才能使课堂充满生机,才能使孩子愿学、乐学。]

（三）把梦想还给学生，让童真插上翅膀

"兴趣是最好的老师。"对于孩子表现出来的特殊兴趣，如果能加以珍惜和正确指导，往往会培养出优秀的人才。我们充分地利用各种评价手段，力求让每个孩子都能体验到成功的感觉和飞翔的快乐。

充分发挥评价的客观性和导向性，运用多种评价手段，真真实实地起到了提高学生语文学习兴趣的作用。课堂上孩子们回答问题十分踊跃，课外时间专心致志地读书，写起作文来有板有眼，他们时时处处都在主动地积极地争取成长的机会；《成长的足迹》上老师的句句教诲，家长的声声叮咛，更使他们鼓足了干劲。每学期，在利用《评价手册》评比优秀时，孩子们也不放过这个互相学习的机会。搜集最优秀的评语更是孩子们课余时津津乐道的话题。也正因为如此，《阳光档案》时下已成为每一个孩子的至宝，袋里装满了孩子近年来语文学习的成果。无论是一张小小的激励卡、一页秀美的钢笔字、一份内容充实的作文、一期设计新颖的手抄报、一张语文测试试卷、一份喜报，还是阅读考级证书，都记录着他们成长的足迹。孩子不管有了什么宝贝，都会第一个想到要装进自己的成长袋里，让童年多一份美好的回忆。

各种检测语文综合能力的比赛、一月一次的写字比赛、一学期两次的阅读考级、古诗诵读、限时默读、作文比赛……花样繁多的比赛不仅没有增加学生的负担，相反，学生对比赛充满了期待，因为比赛又为他们带来了沉甸甸的收获。实验切切实实促进了学生语文能力的发展和提高，为语文教学带来了良性循环。全国作文比赛金奖、银奖、集体组织奖，全国读书活动优胜奖，书画大赛一、二等奖……学生在比赛中各展风采；语文会议、百年校庆、小导游、小记者尽展风流。老师们收获着累累的硕果，也收获着耕耘的快乐。

"给孩子眼前的渴望，给他远方的目标，给他长久的付出和深深的期待。让他每天都站在新的起跑线上，让他每天都有一次在自己的历程上向着前方奔跑的经历。在他顽强的拼搏中，他的身体强壮起来，他获得了克服困难的勇气和力量，崇高的人格也在跑道上日日形成和完善起来。"这熠熠生辉的字字句句，就是我们工作的信念。

[评：语文教学应激发学生的学习兴趣，注重培养学生自主学习的意识和习惯，为学生创设良好的自主学习情境，尊重学生的个体差异，鼓励学生选择适合自己的学习方式。只有这样，语文学习的课堂才是学生们的乐园。评价改革的成功与否，关键在于有没有使孩子们真正得到发展。我们创造各种条件，运用各种手段，想尽各种办法，目的只有一个，让孩子们享受学习过程，在学习过程中得到发展，学会学习。]

(四) 把希望还给教师,让理想扬帆远航

称职的教师引导学生走路,不称职的教师代替学生走路。这不仅是理念的转变,更是一个放飞理想、放飞心灵的过程。

不做"燃尽自己"而"照亮别人"的"蜡烛",要做既"照亮别人"又不"燃尽自己"的"油灯"。常听人把教师比作"蜡烛",赞颂教师甘为人梯、无私奉献的精神,这是教师一种可悲的存在形式。如果教师通过不断"加油",不"燃尽自己",反而不断充实自己,那该多好!在实行评价改革的过程中,老师们发现,随着孩子们阅读范围的拓展,脑子里积淀的古诗文越来越多,他们出口成章,下笔成篇。很多古诗老师也不知道。老师们急了,拿来唐诗宋词和孩子们一起背;每天的练字时间,老师和孩子们一起陶醉在古筝那古朴的韵律中,师生共享,相得益彰,共同发展;一学期两次的阅读考级,不仅激发了学生的阅读兴趣,也激发了老师的读书兴趣,中外名篇,古典现代,师生一起徜徉在浓郁的书的气息之中。孩子们高兴地和他们信赖的老师交流读书的收获,分享读书的喜悦,这是真情的流露,是师生间心与心的碰撞。师生之间这种高质量的对话,让老师学生都时时感悟生命的涌动与成长。全面系统的评价体系,不仅促进了学生语文学习的发展和提高,也为教师提供了放飞理想的大好机遇,师生互相聆听与倾诉,共享彼此的阅历和经验,共享人生的意义和价值,向着理想教育的彼岸扬帆远航。

"踏遍青山人未老,风景这边独好。"语文评价改革解放了教师,解放了学生,还每一位师生一个公正的价值定位,推动了语文教学过程的优化,同时为学生营造了一个创新学习的乐园,使他们的创新意识和实践能力得到了最大限度的发展。小学语文教育的春天,正如千万语文教育工作者所期盼的那样,乘改革之舟踏浪而来。

[评:每当看到孩子们全心投入的专注表情,每当看到孩子们为通过阅读考级欢呼雀跃……每位语文教师无不倍感欣慰。参与改革实验的老师都由衷地感到:我们的路子是正确的,我们的付出是值得的!]

附记:威海市实验小学和鲸园小学"小学语文素质发展评价改革"实验已通过国家级鉴定,学校被评为国家级优秀实验学校,其研究成果在山东省教育学会小学语文教学研究专业委员会第十一届年会及评价改革实验研讨会上展示交流。

识字评价要能激发学生识字写字的积极性：《乌鸦喝水》教学纪实

汪 玮 张秀敏

课程标准倡导的评价理念之一是评价过程的动态化和评价实施的日常化。评价不仅关注学生的语文学习结果，而且关注学生发展的过程，将评价贯穿于日常的语文教学行为中，才能促进评价对象不断转化与发展。

一、课程标准解读

（一）关于识字评价要能激发学生识字写字的积极性的相关问题的认识

首先说明，这里所研究的识字评价属于课堂教学中的非规范评价。

1. 课程标准关于评价识字的建议

课程标准在评价建议部分对评价识字提出如下建议："识字的评价，要考察学生认清字形、读准字音、掌握汉字基本意义的情况，以及在具体语言环境中运用汉字的能力，借助字典、词典等工具书查检字词的能力。第一、第二学段应多关注学生主动识字的兴趣，第三、第四学段要重视考察学生独立识字的能力。"

2. 识字评价要能激发学生自主识字

我们认为，识字评价应能激发学生独立自主识字。首先，要让学生成为学习识字的主人。课程标准提出，学生是学习语文的主体。同样，学生也是学习识字的主体，是学习汉字的主人。评价识字，要促进学生成为学习识字的主体，做学习汉字的主人。其次，要让学生形成学习汉字的学习方式。课程标准倡导"自主、合作、探究的学习方式"。评价识字，也应有助于学生的这种学习方式的形成，促进学生在识字方面的自我发展。总之，评价识字应能激发学生对学习汉字的浓厚兴趣，养成主动识字的习惯，鼓励学生选择适合自己的学习识字的方法，形成独立自主识字的能力。

（二）实施中的几点建议

这里所说的识字评价主要指的是形成性评价。在教学实施中，可注意以下几点：

第一，评价识字要与课堂识字教学浑然一体。课堂识字评价具有模糊性和潜在性，很难与识字教学严格区分，要把评价有机地渗透、附着于学生学习识字的行为之中，与学习识字融为一体，不露痕迹。

第二，评价识字要体现学习识字的阶段性。每个学习阶段都有识字学习的阶段目标。评价识字要紧扣阶段学习目标，促进阶段目标的达成。

第三，评价识字要倡导学生自我评价。课堂教学中评价识字，要教师评价、学生互相评价、学生自我评价相结合，特别要倡导学生自我评价。

（三）操作时应注意的问题

第一，评价识字要突出情感性评价因素。要求师生都要付出情感，以实现师生双方情感、多方情感的沟通，洋溢着尊重与信任、期待与赏识。

第二，评价识字要注意评价语言的激励性。评价识字时要尊重学生识字的个体差异，鼓励学生选择自己喜欢的识字方法，培养学生自主识字的意识和习惯。教师的评价语言要有激励性，要有亲和力。课堂上要有吸引学生、激发学习兴趣的导语和诱发学生情感的连接语，如"我们比比谁是识字大王"，"只要用心学，你也能自己认识很多字"，"请大点声，你的观点对我们都很重要"，等等。

二、教学实施案例：《乌鸦喝水》教学纪实

研究课题：识字评价要能激发学生自主识字

研究教师：山东省威海市第二实验小学张秀敏；汪玮解读课标和评析。

教科书简介：《乌鸦喝水》是北师大版义务教育课程标准实验教科书语文一年级上册第13单元《手和脑》中的一篇主题课文。教学设计两课时，此为第一课时。

教学过程：

（一）导入新课

师：(板书课题)请同学们齐读课题。

生(齐)：乌鸦喝水。

师：谁来说一说，你是怎样认识这几个字的？王佳良。

生1(王佳良)：我是看书自己认识的。

师：很好，自己识字不依赖别人。徐林。

生2(徐林)：我是听妈妈说的。

师：这也是一个好方法。丛明昊。

生3(丛明昊)：我是自己读拼音认识的。

师:请拼音朋友来帮忙,也是个好方法。同学们的识字方法真多呀!

师:谁能说一说你对乌鸦的了解?司天颐。

生4(司天颐):我知道乌鸦的声音不好听。

生5(孙言明):我知道乌鸦的羽毛是黑色的。

师:同学们的知识真丰富!只要多读书,你就能学到很多知识。丁丁知道我们同学最喜欢听故事了,今天他为我们准备了一个乌鸦喝水的故事,我们一起来看看,好吗?

生(齐):好。

(二)初读课文,认识生字

师:现在,老师请同学们运用你喜欢的识字方法自己读课文,有不认识的字拿出笔把它们圈起来。(生自由读书)

师:谁有不认识的字,可以互相问问,可以下位。(生自由活动)

师:(出示 15 个生字)你认识哪个就读哪个。(生读自己认识的字)

[评:教师充分尊重学生的识字水平和个体差异,让学生自己选择识字方法,促使每个学生都有所发展。]

师:(课件出示有拼音的生字)请同学们看看你已经认识了几个,不认识的看能不能用学过的方法来记住它。(生试读)

师:谁愿意当小老师?王佳良你来,愿意读哪个,能读准哪个就读哪个。(生1王佳良领读了全部的生字)

师:佳良你真棒,不愧是我们班的"识字大王"!老师相信,只要认真地学,你也能像佳良这样认识很多字的。有信心吗?

生(齐):有。

[评:课程标准强调,一年级重在培养学生的主动识字愿望。请识字多的学生当小老师带领大家识字,既能使这名学生有展示自己的机会,又能有效地激发其他学生的主动识字的兴趣。]

师:(课件出示去掉拼音的字)拼音小朋友走了,老师相信大家一定能读准。下面,我们一起来开火车读,谁读对了,大家就跟他读一遍,好吗?(师生做开火车识字游戏)

师:现在我们一起做"我指你说"的小游戏好吗?我随便指,大家齐读。(学生齐读生字)

师:(课件出示:喝—渴、乌—鸟)看谁能找到好办法来分清这几个字。先自己想想,再和同桌交流一下。(生交流自己的识字方法)谁有好方法来帮我们记住这些字？陈茜。

生6(陈茜)：我观察到,鸟比乌多了一个点。

师：你观察得真仔细!

生7(李少有)：老师,我是这样记的:口渴了要喝水,所以渴是三点水旁;喝水要用嘴,所以是口字旁。

师：你的方法真棒。这样,老师记住这两个字了,谢谢你。

[评：以上主要是考察"认清字形"的情况。学生的潜能是很大的。教师激励性的语言一下子激活了学生的思维,他们自己动脑想出了很好的识字方法,真正做到了自主识字。]

师：现在请同桌两个,用你手里的卡片做打扑克游戏,老师看哪两个同桌能得到"最佳合作奖"。(播放音乐,生同桌活动,师适时引导)

[评：识字教学如果只靠教师单一的教授,很容易使学生感到枯燥,教师开展了学生感兴趣的多种活动,学生不知不觉就学会了生字。]

师：这些字娃娃又回到课文的句子中去了,你还能认识它吗?(课件出示,生字用不同颜色标出:① 一只乌鸦口渴了,到处找水喝。② 瓶子里有水,可是瓶子很高,瓶口很小,里边的水又少,它喝不着。③ 怎么办呢? ④ 它想了一想,有办法了! ⑤ 瓶子里的水慢慢升高,乌鸦就喝着水了。)

师：刚才,老师发现大部分同学都能和好朋友一起读,现在谁愿意来读给大家听?王羿。(生8王羿读第一句,生9钟杰读第二句,生10李婉莹读第三句,生11宋楠读第四句,生12钟明君读第五句)同学们读得这么准确! 老师真佩服大家,在这么短的时间里就认识了这么多的字。

[评：多种形式的练习读,学生不知不觉就在游戏中学会了生字。]

(三) 再读课文,整体感知

师：这些字娃娃我们都认识,再读课文就应该读得又快又准了。请同学们再完整地读一读课文,能读几遍就读几遍,每读完一遍就给自己画一颗小星。(学生自己练习读)现在,谁愿意读给大家听?付筱。(生13付筱读课文)

[评：学生读课文,"每读完一遍就给自己画一颗小星",目的之一是激励学生自我评价识字。]

(四) 细读领悟

师：谁来说说读完课文,你读懂了什么?慧元。

生14(李慧元)：我知道了乌鸦是怎么喝水的。

师：你能用课文中的话来说说乌鸦是怎么喝到水的吗?(生14李慧元读课文中的句子,师随机出示第二幅图、第三幅图及文字课件)乌鸦喝着水了,心情怎样?

生15(李晗)：很高兴。

师:那同学们能读出乌鸦的高兴吗?请大家试一试。(生试读课文)

师:同学们觉得这只乌鸦怎么样?

生(齐):很聪明。

师:对呀,遇到问题只有像乌鸦这样开动脑筋才能找到办法。现在我们比一比谁最爱动脑。大家想如果没有小石子,乌鸦该怎么办呢?小组讨论一下,发表自己的见解,组内可以共同商量一个好办法。(学生小组合作商量方法)

师:今天,你学会了什么?可以说说自己学会的词语、句子,也可以说说自己明白的道理。

[**总评**:这节课,识字评价与课堂教学紧密地结合在一起。这种识字评价是完整的教学过程不可分割的一个组成部分。老师充分利用识字评价,调动学生的积极性,放手让学生用自己喜欢的方式认字,因此学生会学得轻松,学得容易,掌握得牢固。课堂上恰当地运用识字评价,引导学生自主识字,学生能从繁重的识字负担中解放出来。]

主要参考资料

[1]张祥明.课堂教学中的非规范评价.课程·教材·教法,2003(8).

[2]高洪娟.关于孩子识字教学.神州,2011(28).

[3]高修军.我们需要什么样的识字教学.四川教育,2011(22).

要倡导学生自我评价写字能力：《五级写字考级》教学纪实

李海英

一、课程标准解读

（一）关于倡导学生自我评价写字能力的相关问题的认识

1. 要重视写字情感的自我评价

关于课程评价，课程标准指出："练字的过程也是学生性情、态度、审美趣味养成的过程。"这充分表明：学生的写字情感评价是非常重要的。写字兴趣要贯穿于整个写字教学之中。可以美激趣，以活动引趣，以楷模增趣，以恒心持趣，让学生感到写字充满了活力。持久地保持良好的写字心态，有助于学生专注、细致、坚毅等心理品质的形成。重视学生写字情感的自我评价，能培养学生的写字兴趣，增强自信心。

2. 要重视写字姿势与习惯的自我评价

识字与写字的评价建议明确指出："义务教育的各个学段的写字评价都要关注学生写字的姿势与习惯，引导学生提高书写质量。"写字是一项集中注意力，全身心投入的肌体活动。写字评价要重视培养写字姿势与习惯的自我评价，有助于将良好的写字习惯自然转化成一种良好的写字动力，让学生树立"规规矩矩写字，堂堂正正做人"的意识。

3. 要重视写字悟性的自我评价

同样，在写字教学中也应该加深对学生写字悟性的自我评价。写字教学中培养学生的悟性是至关重要的。悟是升华，练是关键。让学生在练中生悟，悟中促练。要给学生足够的时间，引导学生用自己的眼睛去细心观察、去发现，用自己的心灵去感悟。重视了写字悟性的自我评价，学生在感悟的过程中就能提高自己的欣赏品味和审美情趣。

4. 要重视写字综合能力的自我评价

写字评价也应注重评价的整体性。要让学生针对写字的实际情况进行全面、综合的评价,检验自己的写字作品能否做到正确、端正、整洁,并有一定的美感。引导学生通过自评,找出自己的优缺点,引导学生提高书写质量。

(二)实施中的几点建议

第一,评价主体多元化。写字评价既要注意教师的评价,又要加强学生的自我评价和相互评价。还应该让学生家长参与评价过程,畅通多方面信息反馈的渠道,以促进学生写字的发展。

第二,评价内容综合化。写字评价要突出语文课程评价的整体性和综合性,要从知识与能力、过程与方法、情感态度与价值观几方面进行评价,全面考察学生的写字素养。

第三,评价时机全程化。要弱化评价的选拔、甄别功能,强化评价的激励、促进功能。评价不要只在写字结束后进行,要伴随学生写字的全过程,给予必要、及时、适当的鼓励性、指导性评价。

二、教学实施案例:《五级写字考级》教学纪实

研究课题:学生自我评价写字能力在写字教学中的应用与开发

研究教师:山东省威海市码头小学李海英设计教学和组织实施。

教科书简介:写字考级课《五级写字考级》。写字考级采用等级制评定学生的写字水平,共分五个等级,采取自愿申报、分年级组织的方式进行。内容包括情感态度、读帖能力、基本能力、综合能力等方面。成绩达到 80 分,考级便通过。在情感态度方面,重点让学生谈出自己对写字的兴趣;在读帖能力方面,重点考查学生的悟性,如笔画的长短、组块的大小、结构的疏密等;在基本能力方面,重点考查八种基本笔画的书写及书写规律的掌握;在综合能力方面,着重考查学生的书写质量和书写速度。考查的间隙穿插交流个人写字心得,讲述与写字有关的小故事,使紧张的考级变得轻松而愉快。教学设计一课时。

教学内容:写字考级课《五级写字考级》

教学过程:

师:同学们,这节课进行写字考级。今天有 12 名小选手报名参加。我们表示欢迎!(生鼓掌)为了确保写字考级公正合理,我们采用自评、互评和师评的办法。互评,共分六个组,主要是由评委小组长来主持。请问评委小组长,有没有话要跟大家说?

[评:写字考级实施,注意体现评价的多元和互动。把评价的权利放给学生,加强学生的自我评价和相互评价。这样,能激发学生的主动性和责任感。]

生 1(刘成圆):我很高兴能担任一组评委小组长。我代表全体评委向大家

宣布:本次考级我们一定会做到公正合理。请大家相信我们。谢谢!

师:一组评委负责1号和2号选手。二组评委负责3号和4号选手。依此类推,那么六组的评委就负责11号和12号选手。老师说明白了吗?

生(齐):说明白了。

师:先请12名小选手站好,面向同学自我介绍一下吧。

生2(于跃):我是1号选手于跃。我希望这次写字考级能挑战成功!

生3(隋婉辰):大家好!我是2号选手隋婉辰,希望大家能支持我。

生4(王茜):Hello, every one. 我叫王茜,凭我的实力,我一定会顺利通过五级的!

生5(丛林傲雪):大家好!我是4号选手丛林傲雪。我希望大家能支持我,鼓励我!谢谢!

生6(李涵):大家好!我叫李涵。我希望大家能相信我,鼓励我。

生7(李扬):大家好!我是6号选手李扬,我一定会顺利通过五级!我不会让大家失望的。

生8(滕英男):大家好!我叫滕英男,是7号选手。我希望大家能鼓励我!

生9(顾佳惠):大家好!我是8号选手顾佳惠。请大家支持我。

生10(李炳煊):大家好!我是9号选手李炳煊。这次写字考级我一定会顺利通过!谢谢大家。

生11(阮方):大家好!我是10号选手阮方。在这次考级中希望大家能支持我!

生12(郭丹):大家好!我叫郭丹,是11号选手。请大家能鼓励我。

生13(王腾飞):大家好!我是12号选手王腾飞。这次写字考级我一定会挑战成功!

师:看来这12名小选手信心十足,我衷心地祝愿你们能顺利过关!

师:让我们挥洒金笔,向五级挑战!(师电脑出示)挑战第一关:写字情感。请你选择自己喜欢的方式,谈一谈你从写字中体验到的乐趣。1号选手做好准备,开始!

生2(于跃):大家好!我非常喜欢写字,我最崇拜当代的硬笔书法家卢中南,他简直把欧体写活了,我也想写得像他那样漂亮,做卢中南第二。

生3(隋婉辰):以前,我写字并不好看。每当看见别人写字很美时,总是很羡慕,也想写一手好字。可是开始时,几天下来也不见有多大长进,真是泄气不想练了。可是爸爸对我说:坚持下去就一定会有收获的。我照爸爸的方法,练了几个星期,果然,我的字渐渐精神起来,也好看多了。写字真是让我感到其乐无穷。

生4(王茜):在我家的写字台上,放着一本台历,上面写的全都是威海著名书法家单国防伯伯的字。每当我看到他的字写得那么美时,就很羡慕,也想练一手好字。从此,我养成了提笔练字的好习惯,老师和同学们都说我的字有了很大进步。我觉得,要想写一手好字,就得天天练。

生5(丛林傲雪):我对写字充满了无穷的兴趣。小时候,妈妈就经常给我讲唐代书法家褚遂良的故事,听了他的故事我很感动,也想练一手好字。当我发现我的字有很大的进步时,心里有说不出的高兴。在写字中,我发现字就和一个人的长相一样,要讲究人体比例,这样写出的字才好看。

生6(李涵):说起写字,我特别喜欢。当我提笔练字的时候,我就十分高兴。可是写完,看着我写的字一点儿都不漂亮的时候,真是很着急。记得老师常对我们说:要想写好字,就得天天练。功夫不负有心人。过了一段时间,我发现自己的字漂亮多了,当我再次欣赏自己的杰作时,好像在欣赏一幅美丽的图画一样。

生7(李扬):从上学起,我就酷爱写字,可是有时候也贪玩,把自己在床头上贴的"一时不练手生"几个大字忘得一干二净。有一次,我读了王羲之墨染池塘的故事,我真感动。从此,我总是勤奋练字,写字水平也一天天提高。最后,我想赠送大家一句格言:要学惊人艺,须下苦功夫!

生8(滕英男):我觉得写字充满了无穷的乐趣。我从小就非常喜欢宋代大书法家欧阳询的字,他的字结构比较紧密,很有筋骨。每当看到他的字,我就深受启发。我从写字中还学会了做人的道理:做人和写字一样,一定要有恒心。

生9(顾佳惠):我以前对写字不太感兴趣,总觉得整天和那些方块字打交道,真是件枯燥无味的事情。可是我身边的写字榜样张妙玉同学深深地感动了我,使我从此也养成了提笔练字的好习惯。我的写字水平提高了很多,我真是很高兴。从这件事,我也深深地感到:写字呢,就和做人一样,一定要有毅力。

生10(李炳煊):我特别喜欢写字。每当写字的时候,我都会认认真真。为什么呢?因为有一次我从课外书中看到了郑板桥一字千金的故事。读了之后我深受启发,字对于一个人是多么重要啊!要想写好字,不仅要勤奋地练习,而且要用心地去感悟。

生11(阮方):我非常喜欢写字。有一次,我从课外书上看见启功教授发愤练字的故事,我深受启发。从此以后,我便发愤练字。每当我看见自己练出一篇满意的字时,心情就会无比舒畅。最后,我赠送大家一句至理名言:端端正正写字,堂堂正正做人。

生12(郭丹):我以前不太喜欢写字,写的字又不漂亮。自从学校加强了写字训练后,我的字一天天进步,每当看到我写的一手好字时,心里总是乐滋滋的。

生13(王腾飞):我特别喜欢写字,爸爸对写字也很感兴趣。有一次,爸爸带我去看书法展览。当我看到墙壁上的字时,我真是很羡慕。从那以后,我就发愤练字。我深深地体会到:做人也要像练字那样,端端正正写字,堂堂正正做人。

[评:练字的过程也是学生性情、态度、审美趣味养成的过程。写字评价要注重学生的写字情感体验,让学生在写字中陶冶情操。]

师:让我们来看看评价标准,(电脑出示:评价标准)看清楚了,自我评价一下吧!(生自我评价)再回到小组,听听大家的意见。(师参与评价)我们来展示一下三组的评价情况。请6号选手把你的评价表拿过来,大家仔细看,6号选手给自己打16分,请问为什么呢?

生7(李扬):我觉得我说得不如别的同学那么好。

师:6号选手还挺谦虚的。评委给打19分,请评委评价一下。

生14(林旭静):我觉得6号选手说得很真实,让我们受到了很大的启发。所以我们给他打19分。

师:想不想知道老师为什么打18分?

生(部分答):想。

师:我觉得6号选手说得有道理,也很诚恳,我给你打18分。不过,给你提一个小建议:希望你以后声音大一点儿,好吗?

生7(李扬):好。谢谢老师!

师:在写字中,我们的悟性是非常重要的。下面就来考考大家的眼力!让我们进入挑战第二关:读帖。第一项必答题,老师给你1分钟的时间,仔细观察字帖上字的结构和书写规律,将答案填写在答题纸上。请打开你面前的信封,将字帖准备好,开始。

[评:写字教学要注意培养学生的悟性。要让学生观察了解字的结构和形态,懂得这个字的每个部件是如何搭配的,把握写好这个字的重要笔画。练是关键,悟是升华。练中生悟,悟能促练。写字考级时考查悟性是非常重要的环节。]

师:停,时间到,请填写答案。(生在考卷上填写答案。)我们来看看评价标准,看清楚后开始评价。(电脑出示:字贴——芹箱宇空;岗茂笑定;宽窄冠第。它们是〔 〕结构,书写规律是〔 〕。)(生自评,小组互评)刚才老师看过你们的评价,自评和互评完全一致,老师也同意你们的意见。这一回,我们展示一下六组的评价情况。请12号选手把你的字帖和评价表拿过来。这就是12号选手读的字帖,自己和评委都打了10分,请评委评价。

[评:评价时应注意将教师的评价、学生的自我评价及学生之间的相互评价相结合,要理解和尊重学生的自我评价与相互评价。]

生15(赵洪升):12号选手读的字帖,字的结构答对了,但书写规律应该是上小下大,他写成了上大下小,所以我们给他打10分。

师:评价得非常合理。下面进行第二项抢答题,谁最先站起来,谁就回答,答对者在原来分值的基础上奖励 2 分! 大家的眼光是雪亮的,一定帮老师把好关。注意听好,第一道题,读帖时字帖应放在什么位置最好? 开始! 谁最先站起来?

生(齐):9 号。

师:请 9 号选手回答。

生 10(李炳煊):读帖时应把字帖放在正前方,这样便于观察。

师:答案基本正确,评委给加 2 分。第二道题,读帖的时候,你都要注意什么? 请 7 号回答。

生 8(腾英男):读帖时我们不仅要认真读,还要细心去感悟。

师:答案完全正确,评委给加 2 分。第三道题请听好,读帖时,你都要观察什么? 请 8 号回答。

生 9(顾佳惠):我们要观察字的结构和书写规律。

师:答案基本正确,评委给加 2 分。抢答题到此结束。

师:让我们进入挑战第三关:综合能力。首先,我来考考大家的基本功。我们已经学过了八种最基本的笔画,请在笔画练习纸上各写一遍,并用"↑"、"↓"标出它们的书写规律。请你把笔画练习纸准备好,开始! (生在笔画练习纸上书写)

[评:写字教学要关注学生写好基本笔画、基本结构和基本字,引导学生掌握基本的书写技能。写字考级考查学生的基本书写技能是必不可少的一步。]

师:趁这个时间,哪位同学想当一回小记者,进行一次采访? (纷纷举手)好,这位男同学,你来。

生 16(小记者:刘金):请问这位同学,我可以问你一个问题吗?

生 17(宋涛):可以。

生 16(小记者:刘金):请问,正确的写字姿势是什么呢?

生 17(宋涛):二指定位,小臂定位,拳头定位,右耳定位。

生 16(小记者:刘金):谢谢你的回答。请问这位同学,你认为你的字写得怎么样?

生 18(刘苗):我的字写得不好。

生 16(小记者:刘金):那你今后该怎么做呢?

生 18(刘苗):我今后要勤奋练习,也要写一手好字。

生 16(小记者:刘金):请问这位同学,今天的考级你最支持谁?

生 19(于志浩):我最支持 6 号选手。

生 16(小记者:刘金):为什么呢?

生 19(于志浩):因为 6 号选手和我同桌,不但字写得漂亮,而且经常帮助我。

[评:写字教学要特别关注学生的写字姿势和习惯,鼓励学生在日常书写中增强练字意识,做到天天练,讲究练字效果。]

师:12名小选手都已写完,小记者采访到此结束吧!(电脑出示)让我们来看看评价标准,(电脑出示)看清楚后,开始评价!(生自评,小组互评,师参与评价)这一回,我们来展示一组的评价情况,请2号选手把你的评价表拿过来,(实物投影出示)大家请看,这是2号选手书写的笔画,请问评委,你们为什么给他打18分?

生20(苗苗):我们认为2号选手在书写"捺"的时候,捺脚没有提笔。

师:老师也同意你的观点。捺脚这儿能提起笔就漂亮多了。再来看看二组的评价情况,请3号选手把你的评价表拿来,请问评委为什么打了18分呢?

生21(曲婷婷):我们认为他书写的"竖钩"有点斜,而且还涂描了。

师:评价得很公正。同学们,每个字都是由笔画组成的,我发现同学们的笔画写得挺不错,那么组合成字能不能写得很漂亮?让我再来考考大家的组字能力。(电脑出示)请看大屏幕,把格组纸准备好,每个字大、中、小各写一组,开始。趁这个时间,我采访一下评委,谁来告诉我你最崇拜哪位书法家?

生22(丛雪):我最崇拜王羲之。

师:你呢?

生23(李豪):我最崇拜柳公权。

师:那你能为大家讲一下他的故事吗?

生23(李豪):我为大家讲一下柳公权小时候练字的故事。柳公权是我国唐代著名的书法家。他小时候喜爱书法,善于学习。有一次,柳公权和几个小伙伴在村旁的老桑树下举行"书会",约定每人写一篇大楷,互相观摩比赛。公权很快就写了一篇。这时,一个卖豆腐脑的老人来到桑树下歇凉。柳公权就把自己的字递给老人,让老人品评。老人接过字一看,只说:"我看这字好像我担子里的豆腐脑一样,软塌塌的,没筋没骨,有形无体,不值得夸耀。你还是到城里去看看有人用脚写的字吧。"小公权求知欲很强,便独自去了。一进城,就见北街一棵大槐树上挂着白布幌子,上写"字画汤"三个大字,字体苍劲有力,笔法雄健潇洒。其间一个黑瘦的老人,没有双臂,赤着双脚坐在地上,左脚压住铺在地上的纸,右脚夹起一支大笔,挥洒自如地在写对联。柳公权"扑通"一声跪在"字画汤"老人面前说:"我叫柳公权,愿拜您为师,请您告诉我写字的秘诀……""写尽八缸水,砚染涝池黑;博取百家长,始得龙凤飞。""字画汤"向柳公权说:"这就是写字的秘诀。"柳公权把老人的话牢记在心。从此,他博取百家之长,创造性地发愤练字。后来,他被誉为楷书四大家之一。

[评:这一环节的设计真是恰到好处,趁着考级同学写字的时间,让评委同学

了解书法家的故事,以楷模激趣。]

师:你的故事讲得非常精彩。小选手们已经写完,(电脑出示)请看评价标准,谁来读一下?周政同学。

生24(周政):评价标准:1. 大小适中; 2. 居中,不偏斜; 3. 无涂描; 4. 有一定美感; 5. 有一定的速度。

师:开始评价。(生自评,小组互评,师参与评)这一回,我们来展示四组的评价情况,请8号选手把你的评价表拿过来。(实物投影出示)大家请看,8号选手给自己打了16分,为什么呢?

生25(段晓谕):因为"格"字的"口"写得太大了。

师:你的评价很公正。这节课还有哪个组一次也没有展示?好,请把五组9号选手的评价表拿过来,(实物投影出示)评委给打18分,请评委评价一下。

生26(姚致君):因为9号选手在写"革"字时涂描了。

[评:让学生根据评价的标准谈出字的优点和不足,引导学生要写规范字,提高写字的审美水平和审美能力,使自己受到美的熏陶。]

师:我对你们的评价非常满意。由于时间关系,这节课还有6名选手的评价没来得及展示,等下课我们再来看看。请评委马上汇总成绩。(各小组评委计算成绩)请评委组长公布成绩。

生1(刘成圆):1号选手89分,2号选手92分……

师:看来这12名小选手都超过了80分,全部通过,祝贺你们! 请你们站好,老师为你们颁发证书! 举起来让大家看看,下面还没有考级的同学羡慕吗?

生(齐):羡慕。

师:肯定羡慕。请问3号选手,此时,你有没有话要跟大家说?

生4(王茜):我真高兴,我想今后还要继续努力,把字练好!

师:请问8号选手,你要跟大家说些什么呢?

生9(顾佳惠):我今天真快乐,我也非常感谢同学们对我的支持。我今后要把字写得更好!

师:下面没有考级的同学,你有没有话要跟大家说?(纷纷举手)

生18(刘苗):看到这些同学字写得那么好,今后我也要天天练,把字写好。

师:你再讲。

生19(于志浩):看到这些同学都拿到证书,我心里真有点着急,下一次我也想申报考级。

师:老师相信你们下一次也能成功! 本次写字考级就到此结束了。这节课12名小选手写得非常认真。小评委呢? 评价得公正合理,表现得非常出色。下课前,请把我们班的写字箴言齐声说一遍。

生(齐):笔如长剑天天练,字如其人日日新!

[**总评:**本节课的教学对学生的写字评价进行了大胆的尝试,是一个新的突破。主要体现了以下特点:

第一,充分发挥了评价的激励、导向作用。整堂课,评价贯穿始终。以鼓励、表扬等积极的评价为主,采用激励性的评语,从正面加以引导,极大地激发了学生的写字兴趣。

第二,加强了学生的自我评价。本节课综合采用了多种评价方式,既注意了教师的评价,又加强了学生的自我评价。自评时,让学生根据写字的目标对自己的字进行评价,有助于学生随时进行自我反馈,自我分析,自我调节,自我完善。

第三,把评价的权利交给学生。评价时学生即时描述写字的优点和不足,并提出建议。这样,不但提高了学生的审美水平,而且能让学生养成良好的书写习惯,有效地提高书写质量。]

主要参考资料
[1] 温儒敏.关于学习语文新课标的若干问题.小学语文教育会刊的博客.
[2] 林陈苏.浅谈小学生写字教学.青年文学家,2010(21).
[3] 毛姣影.关于培养学生正确写字姿势的思考.小学生作文辅导,2011(3).

写字教学要重视形成性评价：
《结构(三)左右结构》教学纪实

孙先学　王晓英　周　玲

一、课程标准解读

(一)关于写字教学要重视形成性评价的相关问题的认识

1. 写字教学的评价建议

关于写字教学评价,课程标准提出了五个方面:一是"兴趣",评价要关注学生主动识字的兴趣;二是"姿势",评价要"关注学生写字的姿势";三是习惯,评价"要关注学生的写字习惯";四是"能力",评价要重视书写的正确、端正、整洁;五是"态度",评价要激发学生识字写字的积极性。以上五个方面,就是写字评价的五项内容。此外,提出写字评价要杜绝的现象,即不能简单地用罚抄的方式来达到纠正错别字的目的。

2. 要掌握写字教学的课程目标

要评价好写字教学,既要掌握总目标,体现写字教学评价的整体性,还要掌握阶段性目标,体现写字教学评价的阶段性。

首先,要明确写字教学总目标。写字教学的总目标有三点:一是"正确",二是"工整",三是"速度"。

其次,要明确写字教学阶段目标。第一学段(1~2年级)写字重点目标:一是情感和态度,喜欢学习汉字,初步感受汉字的形体美;二是知识和能力,掌握汉字的基本笔画和常用的偏旁部首,笔顺规则,书写规范、端正、整洁;三是姿势和习惯,正确的写字姿势,良好的写字习惯;四是数量,会写800个左右的汉字;五是类别,硬笔写字。第二学段(3~4年级)写字重点目标:一是情感和态度,对学习汉字有浓厚的兴趣;二是知识和能力,熟练地书写,做到规范、端正、整洁;三是字体,正楷字;四是数量,会写1600个左右;五是类别,硬笔写字、毛笔临摹。第三学段(5~6年级)写字重点目标:一是情感和态度,在用毛笔书写楷书中体会汉字的优美;二是知识和能力,硬笔书写楷书,行款整齐,力求美观,有一定的速度;三是字体,楷书;四是数量,会写2500个左右的汉字;五是类别,硬笔书写楷书、毛笔书写楷书。

再次,要明确写字教学建议。关于写字教学,课程标准提出了以下六点建议:第一,识字、写字是阅读和写作的基础,特别是写作的基础,因此,第一学段(1~2年级)写字是"教学重点"之一。第二,识字与写字,1~2年级要多认少写。第三,要重视对学生写字姿势的指导。第四,要引导学生掌握基本的书写技能。第五,养成良好的书写习惯。第六,要保证写字时间,在课标中新增了一条关键性建议:"第一、第二、第三学段,要在每天的语文课中安排10分钟,在教师指导下随堂练习,做到天天练。"

(二)实施中的几点建议

第一,写字形成性评价的目的是检验学生学习写字的情况和教师教学策略的适应性,以便完善课堂教学过程,促进学生写字素养的提高。

第二,写字形成性评价应注意评价的整体性和综合性,要从写字的知识与能力、写字的过程与方法、学生的情感态度与价值观几方面进行评价,以全面考察学生的写字素养。

第三,写字形成性评价要注意学生平时写字的表现和写字的兴趣中潜在的信息,写字教学过程中学生的自我反思和小结、同学们评价的信息,以及来自家长、社会方面的信息等。

第四,写字形成性评价要注意重视定性评价。要客观地描述学生学习写字的进步和不足,并有针对性地提出学习写字的建议,应以鼓励、表扬等积极的评价为主,采用激励性的话语,从正面引导学生学习写字。

第五,写字形成性评价应注意教师的评价、学生的自我评价与学生间互相评价相结合。要十分珍视学生的自我评价和相互评价,尊重学生的写字个体差异。

第六,写字形成性评价应根据学段写字达成的目标要求,突出重点,既注意写字教学目标的整体性,又注意其阶段性。

二、教学实施案例:《结构(三)左右结构》教学纪实

研究课题:写字教学中要重视形成性评价

研究教师:山东省威海市南山小学王晓英;孙先学、周玲解读课标并评析。

教科书简介:《结构(三)左右结构》是人教版六年制小学语文教科书写字第九册中的内容。教学设计一课时。

教学过程:

师:同学们,又到了练字时间了。请问写字课代表,今天该欣赏哪个小组收集的名人字帖了?

生1(毕宁):二组。

师:小组长,上来介绍一下吧。

生2(苗蕾):同学们,我们收集的第一份字帖是欧阳询的《九成宫》。这份字帖的特点是字形细长中显秀丽,运笔大方有力,结构比较紧密,造型上最求险峻之美,字体生动活泼。我觉得性格开朗的人比较适合练它。第二份字帖是王羲之写的《黄庭经》。王羲之是中国历史上影响力最大的书法家,被尊为"书圣"。他的书法博采众长,运笔流畅,笔法精湛,字体俊美,形成了自己独特的风格,为后世广为流传。我觉得性格内省的人比较适合练它。

[评:欣赏字帖的环节把学习兴趣引向课外,体现了大课程观。学生的介绍表现了较高的欣赏水平,可见常规训练之扎实,教师育人意识之强烈。]

师:原来,字和人的性格还有关系呢。看来苗蕾对字还真有研究!大家看这两份字,写得确实漂亮,老师也非常喜欢。大家想不想也把字写得这么好,成为欧阳询和王羲之第二?

生(齐):想!

[评:学生的兴趣得到激发,信心得以调动,便是教学的成功所在。]

师:都这么有信心哪!那我们可要感谢苗蕾了。下面,让我们随着优美的音乐来进行练字前的准备活动。(放录音)第一步进行"坐姿训练":二指定位,小臂定位,拳头定位,右耳定位。

[评:以身体器官定位更符合小学生实际,体现科学性。]

师:第二步进行指力训练:右手放好,左手轻轻搭在右腕上,三指捏好,手指随着老师的口令拨动:水平、垂直、左斜、右斜、左转、右转。再来一遍。

[评:抓住写字的关键动作进行常规训练,体现了训练的针对性、有效性。]

师:第三步我们应该进行——

生齐:基本笔画训练。

师:请看大屏幕。(课件出示八种基本笔画)小组相邻的同学互相说说八种基本笔画的书写规律。(生互相说)谁愿意说给大家听听?

生3(祝贺):横:按—提—按;竖:按—提—按;撇:按—提;捺:提—按—提;点:提—按;提:按—提;钩:提—按—提;折:提—按—提。

师:说得非常正确,声音也很响亮。请同学们拿出笔画练习纸,我们来写一写,每种笔画长短各写一遍。(生在笔画练习纸上书写,师巡视)

[评:强化训练八种基本笔画的书写规律,抓住了写字的基础。]

师:谁愿意把你写的笔画拿到前面展示给大家看看?他写得怎么样?

生4(王雪):我认为他写得很好,每一笔都很符合书写规律。

师:请同学们仔细看他写的长竖钩。你发现了什么?

生5(毕成良):他的竖钩写歪了,如果能写得直一点就更好了。

师:你看得真仔细! 小组的同学互相看看你们的笔画写得怎么样?(生互相评,师巡视)

师:老师发现,同学们的基本功越来越好了。

师:请看大屏幕。这些字都是老师从写字书上精选出来的,现在老师要考考大家的眼力,给你 10 秒钟的时间观察,看看这些字有什么共同之处?(生观察)

师:你发现了吗?

生(部分):左右结构。

师:好眼力! 这就是我们今天要研究的主要内容——《结构(三)左右结构》(板书)。

师:同学们再看大屏幕,仔细观察这组字,看看它们在结构上有什么特点?

生6(王斯秦):左边窄一些,右边宽一些。

师:那我们给这种结构类型的字起个什么名字好呢?

生7(岳美廷):左小右大。

生8(徐明辉):左边窄右边宽。

生9(康春石):左窄右宽。

师:大家认为哪一个更合理一些?

生(齐):左窄右宽。

师:老师也非常赞同。那我们就把这种结构类型的字叫做“左窄右宽”型。(课件出示)老师在观察这组字时,发现了一个问题,可是怎么想也想不明白:同样是一个字的两个部件,为什么有的要写得窄一些,有的要写得宽一些呢? 谁能帮帮老师?

生10(王乐乐):我觉得这是为了字的漂亮,笔画多的就应该写得宽一点,笔画少的就应该写得窄一点。

师:那老师这样写不行吗?(故意写个大点的左宽右窄的“倘”字)

生11(李哲林):(笑)这样写很难看,感觉不舒服。

生12(蔡圣丹):这样整个字就不成比例,不好看了。

师:老师有点明白了。你是说部件之所以有大有小,是为了字的整体美,局部要服从整体。

生13(金弼洲):我觉得写字和朗读差不多。您说过,读书时要有轻重缓急才好听。我想写字也是这样吧,要有变化才好看。

师:这个比喻挺恰当的。

生14（王思思）：我觉得写字还像同桌两个人坐在一起学习。长得小的同学就应该少占地方，把大地方让给大同学，这样两人才能愉快地相处。写字也是一样，笔画少的就应该写得小一点，把大地方让给笔画多的，这样写起来才好看。

师：说得多好啊。不仅写字是这样，做人也是如此，都要相互谦让。现在老师完全明白了。同学们这么聪明，看来可以当老师的老师了。

[评：观察、表述的过程正是学生感悟的过程，学生的联想与理解充分展示了教师育人思想的成功。]

师：现在，请同学们看自己手里的字帖，这样眼离字近一些，便于观察。字帖上有这么多字，我们先写哪一个？

[评："眼离字近些便于观察"——教师对写字的研究可谓深透。]

生（齐）：胳、倘……

师：那我们就来写"胳"字吧。听好老师的要求：把目光集中在"胳"字上，从结构到部件，到笔画都认真读，仔细悟，然后把它牢牢地记在心里。（生读帖）

[评：扎实的读帖训练发挥了自主作用，抓住了写字训练的重点与难点。]

师：大家把格组训练纸拿出来，我们练习一下。本来呀，我们大格、中格、小格这一组可以练六遍，现在大家说吧，想练几遍？

生（齐）：两遍。

[评：充分地尊重学生，激发了兴趣，保护了积极性。]

师：这样吧，我们这次要写六遍，把这组字练满。注意：大格里的字要放得开，小格里的字要收得拢。把字帖放在合适的位置，开始写吧。（生写，配乐）

师：谁愿意把你写的字展示给大家看？（展示一生的作品）她写得怎么样？

生15（郑晨）：我觉得她的字结构很好，做到了左窄右宽。

师：你很善于发现别人的优点。

[评：教师及时肯定，恰当地强化了学生的欣赏意识。]

生16（徐凯伦）：她写在中格的"口"字写得太方了，应该是上宽下窄。

师：你观察得真仔细！能帮她修改一下吗？（生修改）写得多好啊。不仅"口"字写得好，而且笔笔用心。谁还想来展示？（一生展示）

师：他写得怎么样？

生17（刘再星）：他的字结构也很好，不过大格中"月"字旁边的横折钩写歪了，如果能直点就好了。

师：你真是个细心的孩子！能帮他修改一下吗？（生修改）请同学们注意观察他中格里的"各"字，你发现了什么？

生18（柴琳）：他的撇涂描了。

师：说得好，老师要求大家写字时要不涂描。

384

[评:教师有针对性的激励,使每个学生的个性得以张扬,自主作用得以发挥。]

师:现在我们来评一评自己的字,和老师一起来:如果你的字做到了左窄右宽,说明你已经掌握了这个字的结构特点,可以得50分;如果"月"字旁"横折钩"写得很直,可以再得10分;如果"各"字第一笔"撇"的起笔比"月"字旁稍微高一些,这说明你观察很仔细,再加10分;如果"各"字中的"横撇"的"横"和"月"字"横折钩"的"横"基本取平,再加10分;如果你的"口"字做到了上宽下窄,再得10分;如果你的"月"和"各"的下部基本取平的话,可以再加10分……大家算一算,你得了多少分?(生算分,互相询问)

师:老师统计一下,得80分的同学请举手?(大部分同学举手)不错!得了90分的同学请举手?(十几个同学举手)很好!有没有达到100分的?(两位同学举手,师竖起大拇指)真是不简单!其他的同学可要继续努力呀!

[评:把需要强调的内容巧妙地转化成评价内容,使学生在积极主动的参与中学习评价、学习写字,表现了教者的独到匠心。]

师:通过自评,大家都找出自己的不足之处了吧?

生:找出来了。

师:现在给大家提出修改要求。老师发现同是一个字,可是你写的是你的体,我写的是我的体,五花八门。这次呀,大家要把"胳"字写得和字帖一个样,像是一个人写出来的,大家有没有信心?在中格里写一遍,试试看。(生写,师巡视,选两份写得很好的字)

师:大家看这两份字,写得多像这字帖呀!他们的观察能力和模仿能力都很强,我们几乎分辨不出来了。老师发现,同学们的字经过修改以后,结构更合理了,写得也更美观了。

师:现在大家的"胳"字已经写得非常好了,可见大家基本上掌握了左窄右宽这种类型字的写法。我们再来看字帖(课件),像这种结构类型的字还有很多,老师相信大家同样能写好它。请同学们拿出书写评价纸,把字帖上的字都写下来,看谁写得又快又好。(生写,配乐)

师:请同学们根据右边的评价细则为自己打分。(生自我评价)请小组长主持,对你们组的每个同学进行评价。(同学互评)

[评:参与的过程就是提高的过程,认真地欣赏与分析相对合理的部分,展示出学生的评价意识和评价能力。]

师:同学们评价得这么热烈,积极性这么高,老师也想参与,谁想第一个让老师评?(评一生的作品,实物投影展示)你为什么给自己打85分?

生19(姜光裕):因为我的字不在格中间,都偏下了,而且有的字大小也不太均匀。

师:你很谦虚。老师觉得你的字结构写的非常好,都做到了左窄右宽,整体看起来也很美观,美中不足的是字没有居中,有的笔画写得也不够标准,比如说,这个捺的捺角如果能写得平一些就更好了。老师基本上同意小组的意见,你可以得91分。(师用红笔打分)由于时间的关系,老师今天在课堂上就评到这儿,课后请小组长把你们组其他同学的字收起来,老师课后再评,好吗?

生(齐):好!

师:经过一段紧张的练习,我们来轻松一下,欣赏欣赏我校小书法家的作品。(课件出示书法小组学生的作品,学生欣赏)

师:大家看得津津有味,脸上满是赞许,满是羡慕。我想,大家已经发现,这八名小书法家中就有四位是我们班的,小伙伴的作品写得这么好,大家有没有问题要问他们?

生:有!(部分学生举手)

[评:欣赏伙伴的作品,激发了上进心,巧妙的把兴趣引向课外,再次体现了大课程观,营造了浓厚的学习氛围。]

师:这样吧,让我们把问题留到课后再向他们请教,好吗?

生:好。

师:大家还记得我们班练字的诀窍?

生:悟性加勤奋。

师:今天的课后练习就要靠大家的悟性加勤奋,小组合作来完成。在课堂上我们学习了左窄右宽这种类型的字,其实这样的字很多,远远不止字帖上的那些,请同学们从课本以外再找出八个字,写在小组合作创新纸上,小组长负责贴在你们的作品园地中,下节课我们要评出优胜小组。

[总评:本节课体现了以下特点:第一,充分发挥自主作用,注重能力培养。教学中,凡学生能做的,教师不包办一丝一毫,在学生的感悟、观察、欣赏、评价中实现集体提高。第二,准确把握实质,注重习惯培养,从坐姿训练、指力训练、笔画训练到读帖训练、格组训练、评价训练,都展示了教师对写字教学的深刻理解,培养了学生良好的写字习惯。第三,实现大课程观,注重素质培养。教师不仅把学生的写字兴趣扩展到课外,还巧妙地把书写与育人结合起来,使学生在写字训练中感到了乐趣与奥妙,综合素质得以提高。]

主要参考资料

[1] 施燕红. 如何落实写字的 10 分钟. 小学语文教师,2012(3).

[2] 冯世学. 字是练出来的. 小学语文教学,2012(01).

朗读评价要促进学生发展：
《梅花魂》教学纪实

倪红梅　许咏梅

一、课程标准解读

阅读心得的内潜性和信息储用的长期性使阅读评价比写作评价更加艰难。语文课程标准关于阅读教学评价的建议，在攻破阅读评价这个难题上有了新的突破。就以朗读的评价为例，课标标准提出："能用普通话正确、流利、有感情地朗读课文，是朗读评价的总要求。根据阶段目标，各学段的要求可以有所侧重。评价学生的朗读，可从语音、语调和语气等方面进行综合考察，评价'有感情地朗读'，要以对内容的理解与把握为基础，要防止矫情做作。"

（一）关于朗读评价要促进学生发展的认识

1. 评价内容应全面多维

对学生朗读的评价，首先当然要评价其外露的语音、语调和语气，这是由朗读本身的特点决定的。我们评价别人的朗读，当然要注意他的语调是否适中、语音是否优美、语气是否表达得自然真实，但是，仅仅评价这些是远远不够的，必须深入地挖掘读者对作品内容、情感、文体等的把握、理解。

首先，借评价引导学生读懂文章内容。只有理解了文章内容，朗读时才能做到读准生字词、辨别标点符号，合理进行词语组合，读出句逗，形成语流，才能克服一字一顿、一词一顿的"唱读"现象，达到正确、流利。所以，要通过评价学生的朗读，引导学生理解文章的内容，将文字符号转换为现实语言。

其次，要注意学生对文章内容的理解与把握。朗读要耳闻、目视、口诵、脑思，调动多种感官参与。通过反复朗读，逐步感受语言的内蕴和文章的气势，体会作者想要表达的情感，领会文章的布局谋篇、遣词造句的精妙，了解文章的文体性质，这样，方能委婉处给它个委婉，激昂时还它个激昂。所以，评价朗读时一定要通过评价引导学生深刻领悟文章字里行间蕴藏的情感，思想感情与作品的内蕴谐振，声音节奏与作品的声律合鸣。同时要通过评价引导他们领会不同的

387

文体要用不同的语气、语调来表达。

另外，还应注重读书能力的评价。着重抓两方面：一是读者的阅读技法，即学生对朗读方法的掌握程度。二是综合评价学生朗读过程中的感受、体验、理解和价值取向，考察其朗读的兴趣、方法、习惯。其他方面，如参与状态的评价、交往状态的评价、思维状态的评价、语文素养达成状态的评价等，也要适时给予恰当评价。

最后，读不是终极目标，而要通过充分精致的读激发学生积极思考，在思考的过程中体验成功的快乐，这才是读的终极。因此，朗读评价不仅注重学生读的态度、读的质量，更多的是让学生感受自己在读的过程中的成就感，而让这强大的成就感激发他积极享受读书过程中思考的快乐。在评价学生朗读的过程中，教师始终要注意学生通过读进步了多少，收获了多少，只要是进步的，只要经过思维的积极运动的，教师都应该及时加以鼓励和表扬，从而激发学生读的自信心。在指导学生的读书过程中教师要充分利用激励机制，使学生爱读书，善读书，真正做到读得有情，读得有味，以成功造就成功。

总之，不管对朗读、默读或是诵读的评价，教师都不要只看学生的语音、语调、语速等外在表现，要透过形式看内容，看学生是否对文章内容真正理解，作品中的词语句段是否进入学生的内心，是否引起他们对客观事物的感知体验和思考，他们是否养成了默读等好习惯、好方法，发现、爱护、珍惜每位学生的每个优点、每个微小的进步。通过评价，把授方法、练习惯变得深入浅出，把指不足、提方向变得亲切具体，为学生的终身发展奠定基础。

2. 评价标准要科学规范

无规矩不成方圆。学生读得怎样才叫好，读得怎样是差，这要有个度。这就需要给各评价项目定指标，否则评价就难以进行。根据小学生的特点，课标制定了评价朗读的标准，即朗读的总要求——"能用普通话正确、流利、有感情地朗读课文，是朗读评价的总要求"。具体地说，正确即要求读音正确、清楚响亮，不读错字，不丢字、添字，不重复字句，停顿适当，这就要心到、口到、眼到，防止有口无心。流利，要求朗读中不断读，不读破句，连贯地读，把几个词联系起来，按意群停顿。有感情，要求我们能正确处理重音、停顿，把握好语调的抑扬顿挫，语气的轻重缓急，控制好速度和节奏，做到感情自然流露，不矫情做作，这是朗读的高境界、高标准、高要求。

"根据阶段目标，各学段的要求可以有所侧重。"这是强调评价标准要分学段制定。这样既考虑到学生的年龄特征，又照顾了教材的特点，科学而规范。我们评价学生的朗读时一定要从不同学段的目标出发：不能拔高要求，不能要求一个低年级的儿童能通过诗文的声调、节奏等体味作品的内容和情感；也不能降低标准,因为一个高年级的儿童能够诵读儿歌、童谣和浅近的古诗,展开想象,获得初步的情感体验,感觉语言的优美,就大力地表扬、肯定、鼓励。这些都不合乎课标的要求,也违背了人的发展规律。针对学生的不同情况不同层次,教师对于学生朗读的评价标准应做灵活的调节,实现同一内容的多维评价。朗读一句话,教师应把握评价的梯度目标:正确流利有感情,读通读懂,读出味道读出情感,读出话语的内旨,读出个体的理解。根据不同学生,教师利用这样多维活动式的评价,定能实现评价的激励功能与推动作用。而针对同一学生思维的不同发展过程,教师也应根据上面这样的梯度目标进行学生朗读不同阶段的过程评价。

(二)实施中的几点建议

1. 评价方式灵活多样

(1) 学生评价教师

我们常说看别人容易,自己做起来就难了。对于别人朗读得好与坏,学生分辨起来并不是一件难事。所以,培养学生的朗读能力,第一步应让学生有意识地去听,去分辨,进而做出评价。

在训练初期,学生对于评价别人的朗读较为陌生,不知从何处说起,教师此时可由浅处入手。采用对比朗读是一种好方法:同一段文字,用两种方法朗读,故意出现一些显而易见的错漏。如教《虹》(五年制第二册)一课时,可出示句子:"看呀,太阳出来了。天上出现了一道美丽的彩虹,红、橙、黄、绿、青、蓝、紫。是谁飞上了蓝天,画成了这座七彩的桥?"教师采用对比朗读:第一遍用较平淡的语气,第二遍读出见到"天上出现了一道美丽的彩虹"的惊喜语气。再让学生来评,哪一遍好? 学生当然很容易指出第一遍读得不好。为什么不好? 他们不一定能清楚地表达。这时教师再告诉学生刚才两遍好的地方和不好的地方。这样,学生对语言所表达的感情有了初步认识,也为他们学习评价别人打下了基础。

(2) 学生互相评价

在对学生进行朗读评价能力的训练中,除了以教师的朗读为材料,更多地应该以学生的朗读为材料,引导学生对同学的朗读予以充分解剖,给予大胆的恰如其分的评议,找出不足,发现长处,指明该怎样读,为什么这样读。你一言,他一语,甚至是争辩,让学生畅所欲言。这对朗读中存在问题的矫正,对学生朗读能力的提高,是非常必要的。而且,每个学生都在朗读和评价中提高了语文能力,人人爱读书、人人读好书的局面就会逐渐形成。

如我在教《小音乐家扬科》一课时,读到"白桦树哗哗的,在扬科的头上不住地号叫"的句子,我让学生自由练习朗读,然后抽到一名朗读水平中下的学生来试读,效果不理想,我请学生互相讨论评议。同学们各抒己见,说得十分尽兴。

如果说在评议教师时有一些拘束,现在评议学生则是毫无顾忌了。之后,我请全体学生根据刚才的评议再练习,最后我又请刚才那位同学朗读,全班一致认为,他进步了很多。

学生互评时,教师要注意引导学生采用赞赏性、建议性、补充性的评价,避免尖锐的讽刺嘲笑或人身攻击。

通过学生的互相评议,被评的同学能发现自己的长处和短处,从而扬长避短;发表意见的同学也能体验到帮助别人的喜悦而增强朗读的兴趣。

（3）教师评价学生

要真正提高学生有感情地朗读的水平,教师对学生的评价也是必不可少的。小学生的朗读大多是从教师的范读中模仿的,他们对别人的评价更是多数从教师的评价中体会到的。而且由于学生水平的局限,朗读中的问题或优点不可能全面认识到。因此教师的评价更有其重要性,能够发现学生不能发现的问题,教给他们不曾掌握的方法。而且由于小学生的心理特点,教师对他们的鼓励和肯定是激发他们兴趣的动力,这更是不可缺少的。

教师评价时,简单地、一概而论地说“好”与“不好”的做法是不可取的,这样不利于学生朗读水平的提高,而且容易挫伤学生读书的积极性。所以学生读书后教师要及时地给予具体的、恰如其分的评价,注意评价语言的艺术性。对于在朗读理解中具有创造性的同学,教师要及时对他们的闪光点提出表扬和鼓励,充分肯定他们的长处,让他们体会到成功的喜悦。对于理解的有偏差的同学,教师也不要随意否定,要多给他们信心和力量,要相信他们,应该婉转地告诉学生哪里读得不好,并给予示范,教给方法,让其知道自己也能读好书,使之再次积极地尝试着理解。

（4）学生自己评价

古人说得好,不仅要知其然,而且要知其所以然。在朗读教学中,学生读完后,说说自己为什么这样读,可以让学生略有所思。而后,一遍比一遍读得有味,一遍比一遍能深切地体会作者的思想感情,促使学生乐读、好读、会读。

2. 评价手段巧妙丰富

评价的手段至关重要,就像我们日常教学中的教具,设计得好,运用得妙,就能激发学生的兴趣,调动学生的积极性和参与热情。评价手段的设计上要颇具匠心,种类丰富多彩,形式灵活多样。如成长记录袋、朗读检测单、调查表、朗读卡、小论文甚至体态语等等,其中,最重要的是评价语言要具体幽默。教师评价语言的设计,直接影响学生对自己朗读情况的认识。学生读书后教师要及时地给予具体的、恰如其分的评价,并且要让学生知道自己哪个地方读得好,哪个地方还需改进。只有如此,才能真正使学生读有所思,读有所得。

（1）情景语

不采用直接的评价词句，而是结合课文语境对学生朗读做出反馈。如特级教师支玉恒老师教读《第一场雪》，学生第一次读完后，他这样询问："雪大不大？"学生都说："不大。"那学生再读，果然读出大雪纷飞的感觉。这样的评价语生动形象，使学生始终处于课文传达的氛围中。

（2）修辞语

在《闪动的红星》中有句比喻句："那甜甜的声音仿佛是沁人心脾的春风。"教师在学生读完后评价："你读得也是甜甜的，真好。"这一评价看似随手拈来，却巧妙地暗示学生读得柔和，读出了欢快的情绪。

（3）幽默语

它是调节课堂气氛的手段，体现了教师的教学机智，能有效提高学生的朗读兴趣。如《海底世界》中有一段写海底动物的"窃窃私语"。一位学生读得过于响亮，教师听后说："你这么读，小动物都被你吓跑了。"学生们在愉悦的氛围中，领悟到朗读此段的处理方法。

这些评价语，从评价的内容看，既有语音技巧方面的评价语，即对语调、停连、重音、节奏等的指导评价；又有情态方面的评价语，即对学生朗读时的表情、体态的评价。实际教学中，要视具体情况灵活运用。

3．评价过程动态持续

评价的目的不是给学生下一个精确的结论，更不仅仅是为了给学生一个等级或分数来与其他人比较，而是为了借评价促进学生朗读水平、语感等的发展。加强对学生朗读发展过程的考察，使学生及时了解自己的进步与不足，不断明确努力方向，提高朗读的自信心，从而培养良好的朗读习惯，从朗读中积累大量的优美诗文、好词佳句，发展敏锐的语感，加深对语言文字的体验与感悟。所以要充分发挥评价的教育功能，使学生不断得到激励，以促进学生语文素养的全面提高。这就要求我们在实践中变重终结性评价、轻形成性评价，为关注学习结果更重视学习过程，并持之以恒。提倡采用成长记录的方式，收集能够反映学生朗读过程与发展的资料，使学生看到自己成长的历程，从而主动地加强朗读的练习，养成习惯，才能促进语文教学质量的持续提高。

（三）操作时应注意的问题

语文课程丰富的人文内涵对学生精神领域的影响是深广的，学生对语文材料的反应又往往是多元的。在引导学生评价时，应该重视语文的熏陶感染作用，注意教学内容的价值取向。应尊重每个学生的差异，欣赏每位学生的"悟得"，尊重学生在学习过程中的独特体验。"一千个读者就有一千个哈姆雷特。"教师不要追求统一的认识和感情标准，而要以"尊重、相信、欣赏"的态度，鼓励学生敢于标新立异,大胆发表自己的真情实感和独到见解。引导学生通过自我评价、同桌互评、全班抽评等方式,开展阅读反思与评判,使朗读成为在教师引导下主动的、富有个性的过程,使语感能力得到最大限度的发展。

每一次的训练评价,教师都应以发展的眼光,全局地观察学生整体的能力,同时要重视不断根据学生的发展变换评价的角度,让评价为学生整个发展奠基,使读成为流动的读、发展的读、全程的读。

二、教学实施案例:《梅花魂》教学纪实

研究课题:"朗读评价促发展"教学实验

研究教师:山东省威海市码头小学倪红梅、许咏梅。

教科书简介:《梅花魂》是人教版义务教育课程标准实验教科书语文五年级上册的一篇精读课文。

教学时数:一课时

教学过程:

(一)导入新课

(师课前板书课题,画一朵梅花;出示课件;说明:课件是课题,背景是一幅风雪中的梅花图,配有呼呼寒风的音乐)

师:这节课我们学习第6课《梅花魂》。课前预习后,你对梅花有哪些了解?

生1(王晓艳):梅花是中国的国花。

生2(尹福胜):梅花在寒冷的初春时节开放,它非常耐寒。

生3(王琛):梅、兰、竹、菊被称为"四君子"。

生4(刘栋):梅、松、竹被称为"岁寒三友"。

师:大家的知识面真广。是啊,梅花不畏严寒、傲霜斗雪的精神以及清雅高洁的形象,自古以来就为中国人民所崇尚。古往今来,有多少文人雅士为之歌颂。伟大的领袖毛泽东就有这样的词句:"风雨送春归,飞雪迎春到。已是悬崖百丈冰,犹有花枝俏。俏也不争春,只把春来报。待到山花烂漫时,她在丛中笑。"你能背诵几首歌颂梅花的诗词吗?

[评:教师简单的小结肯定了学生的预习,又将交流引向与梅花有关的古诗词,借教师的背诵激发学生的兴趣,可谓一箭双雕。]

生5(陈思):驿外断桥边,寂寞开无主。已是黄昏独自愁,更著风和雨。无意苦争春,一任群芳妒。零落成泥碾作尘,只有香如故。

生6(贾群):吾家洗砚池头树,个个花开淡墨痕。不要人夸好颜色,只流清气满乾坤。

392

师:还有这么多同学想背。这样,下周的赛诗会上,我们把歌颂梅花的诗词作为其中一项内容,在赛诗会上大家尽情背诵好吗?

[评:将阅读课与语文实践课结合、沟通,体现了教师对朗读积累的重视,更激发学生课后自觉朗读积累的兴趣。]

那么这篇课文以《梅花魂》为题,有什么用意呢?让我们自由地读课文,体会其中的情感。

(二) 新授

(生自由读全文)

师:课文读完了,你愿意把自己读后的见解、你心中最想说的话,说给大家听听吗?不用举手,想好了,站起来说就行。

[评:学生在充分地读之后,自由地谈论,教师不追求统一的认识和感情标准,而以尊重、相信、欣赏的态度,鼓励学生敢于标新立异,大胆发表自己的真情实感和独到见解,落实"阅读是学生的个性化行为"。]

生3(王琛):我发现这篇课文也运用了前后照应首尾连贯的写作方法。开头由梅花想到外祖父,然后写了关于外祖父爱国的几件事,结尾也由梅花想到外祖父,想到他的爱国。

师:这样写有什么好处?

生3(王琛):更加突出了外祖父的爱国之心。

师:你读书时善于思考,真棒!希望同学们在今后的习作中尝试运用这种写作方法。

[评:教师短短两句话,既对学生的朗读做了鼓励性的评价,又引导学生深入思考写作方法,同时运用于写作中,可谓一举两得。]

生7(刘丹丹):读了这篇课文,我非常受感动,被外祖父那深沉的爱国心所感动!

生8(于苗):我感到外祖父特别喜爱梅花,特别爱国。

师引导:你从哪可以看出外祖父的爱国心?能结合具体事例说说吗?

[评:并不因学生谈了自己的感受而满足,顺势引导学生谈出主要内容,检查评价学生对课文内容的理解,教师的调控艺术由此可见一斑。]

生8(于苗):外祖父教外孙女学唐诗宋词,在读到伤感诗句时就流下思乡泪。

(师板书:读)

生8(于苗):外祖父因为一幅墨梅图而平生第一次训斥"我"妈。

(师板书:训)

生8(于苗):外祖父因为不能回国而像小孩子一样呜呜呜地哭起来了。

(师板书:哭)

生9(刘潇潇):离别前一天,外祖父把他那幅最宝贵的墨梅图递给了我,并希望我能保持梅花的秉性和中国人的气节。

(师板书:递)

生10(谢树威):外祖父送我们回国那天,又送给我一张绣着梅花的手绢。

(师板书:送)

师:文中的五件事写出了老华侨不同的心情,复杂的情感,却同样恰到好处地表现了他的爱国之情,下面大家选择自己喜欢的部分自由朗读,细细体味其中的情感。

[评:既对学生的回答稍加总结升华,又尊重学生的兴趣,引导其自由朗读品味思想感情,评价内容多元化。]

(生自由朗读)

师:同桌或前后位可以互相交流一下。

[评:舍得花大量的时间让学生自由朗读,体会情感;互相交流,合作学习。]

师:谁愿意把你喜欢的部分读给大家听听?

(生11 李波读第一件事:诵古诗词)

师:你为什么喜欢这一部分?

生11(李波):因为从这个自然段中我可以体会出老华侨特别爱国。

师:你从哪儿体会出来的?

生11(李波):从老华侨读伤感诗句流泪,体会出他思念家乡,思念祖国,从而看出他的爱国。

师:你读书时会抓住重点句,这是一个很好的读书方法。能简单介绍一下那三句诗词吗?

[评:简单的评价,强调了读书的方法,为学生提出了朗读的方向,同时引导学生谈重点诗句。]

生11(李波):"独在异乡为异客,每逢佳节倍思亲"出自王维的《九月九日忆山东兄弟》,"春草明年绿,王孙归不归"出自王维的《山中送别》,"自在飞花轻似梦,无边丝雨细如愁"出自秦观的《浣溪沙》。这些都是伤感的或思乡的诗句。

师:我们也把这三首诗作为下周赛诗会的内容好吗?

[评:及时与语文实践活动联系,时时体现语文教学的综合性与实践性。]

师:还有谁喜欢这一部分? 谈谈你的体会。

[评:"阅读教学要珍视学生独特的感受、体验和理解",教师不以一位学生的体会代替所有学生的思维,而是继续询问,充分体现学生自主学习的理念,尊重每个学生的差异,欣赏每位学生的"悟得",尊重学生在学习过程中的独特体验。]

生7(刘丹丹):老华侨身在异国他乡,却还读中国的唐诗宋词,学习中国的传统文化,并且教给外孙女。我从这儿也能体会出他的爱国之心。

师:谈得非常好!谁还想谈?(一段时间学生静默、思考)

师引导:放声朗读,体会一下你刚才重读的词语,你能体会出怎样的情感?

[评:引导学生将朗读与情感相融合,设身处地地读,读中体会作者的情感,这也是在渗透读书的方法:抓住重点词语。]

生12(王贤敏):因为老华侨眷恋祖国而不能回去。

师:从他的小孩子一样的哭声中,你能体会出什么?

生13(王梦威):伤心。

生4(刘栋):无奈。

生14(徐慧娟):遗憾。

师:是啊,深深地思念祖国,眷恋祖国,却因为自己年纪太大了,而永远也回不去了。他的泪珠里、他的长长的叹息中、他呜呜呜的哭声中,有太多的无奈,太多的遗憾,太多的感慨!我们就是从他的这种情感中体会出他的爱国!请大家再自由地朗读一遍,体会体会。

[评:教师饱含深情的小结,升华了学生的情感,激发了他们对老华侨的理解、同情,在感同身受的情况下再读,不同于开始的朗读。]

师:谁再来读你喜欢的部分?

(生15刘子华读第四件事:送墨梅图)(师点击课件,出示这段文字)

师:你为什么喜欢这一部分呢?

生15(刘子华):因为老华侨送墨梅图给外孙女时说的那段话非常感人,可以看出他非常喜爱梅花,非常爱国。

师:你从哪儿体会出来的?

生15(刘子华):"愈是寒冷,愈是风欺雪压,花开得愈精神,愈秀气。她是最有品格、最有灵魂、最有骨气的!"

(师随学生的回答点击课件,重点段的文字、重点词句加着重号)

师:"她是最有品格、最有灵魂、最有骨气的!"你从这句话中能发现什么?

生10(谢树威):梅花是一种植物,这里却用了女字旁的"她"。老华侨把梅花作为祖国母亲的象征,所以用女字旁的"她"。

师:你的理解能力真强!还有哪些重点词句?

[评:借助评价,引导学生由谈初步感受逐渐深入到体会重点词句的感情,进行语言文字的理解、感悟训练。]

生16(许丹丹):"许多有气节的人物","他们不管历经多少磨难,不管受到怎样的欺凌,从来都是顶天立地,不肯低头折节"。

师：你知道哪些有气节的人物？

生17（刘健）：李大钊。

生18（刘威）：文天祥、刘胡兰。

生19（张晓蕾）：夏明翰、陈然、叶挺。

[评：引导学生联系课外知识进行联想，体会"有气节的人物"的特点。如果此时追问一句：他们给你留下了什么印象？与梅花有什么关联？则更利于学生理解文章，理解外祖父。]

师：还有谁想谈谈你的体会？（学生静默）

师引导：外祖父对外孙女讲梅花的性格，讲中华儿女的品质、气节，为的是什么？

生20（刘奥）：想让他的外孙女学习这种品质，这种气节。

师：你从哪句话体会出来的？

生20（刘奥）："一个中国人，无论在怎样的境遇里，总要有梅花的秉性才好！"

师：这段话有几层意思？

生20（刘奥）：三层。

师：哪三层？

生20（刘奥）：第一层到"她是最有品格、最有灵魂、最有骨气的"，写梅花的坚强不屈的性格。第二层到"他们就像这梅花一样"，写中华儿女坚强不屈的品质。最后一句是第三层，写老华侨希望外孙女也学习梅花的性格、中国人的气节。

（师点击课件，出示三层）

师：你的概括能力很强！外祖父把梅花作为中华民族的象征，他保存这幅墨梅图，是让自己保持梅花的秉性，也就是中国人的气节。现在，把它送给外孙女，也是让外孙女保持这种秉性，这种气节。这也就是课题"梅花魂"的内涵。

师：下面请同学们听一首歌。（出示课件，还是那幅风雪梅花图，配上《红梅赞》歌）

[评：利用电教手段，创设情境，使学生受到了感染。]

师：这是电影《红岩》的主题歌《红梅赞》。之前咱们学完《狱中联欢》，有好多同学读了《红岩》这本书，听着这首歌，你有什么感想？

生1（王晓艳）：我想起了《红岩》里的英雄儿女，他们在血与火的考验中，坚强不屈，顶天立地，他们是我们的骄傲！

师：你想起了哪些英雄儿女？

生1（王晓艳）：江姐、丁长发、刘思扬、成岗、许云峰。

[评：与学过的课文、学生的课外阅读相联系，温故而知新，更深刻地理解了课文的深刻内涵，同时激发学生的爱国情感。]

师：下面我们就随着音乐分层朗读，先读第一层。

（生21 于海珍读第一层）

师：能谈谈你刚才朗读时的感受吗？

[评：引导学生自主评价，使其自我总结、反思，知其然，更知其所以然。]

生21（于海珍）：我感受到老华侨非常喜爱梅花，他把梅花当作了祖国的象征。他像爱祖国一样爱梅花。

师：读得感人，谈得更是简练而入木三分。谁还想读？

（生22 王荣威读第一层）

师：我的眼前好像出现了老华侨，感受到了他那颗爱国心。

[评：教师的两次即时评价既给学生以激励，使其更乐于读书，又为学生自评、互评做出了榜样。]

师：第二层谁来读？（学生纷纷举手）

师：大家都想读！这么朴实感人的语言，老师也想读。这样吧，大家推荐一名同学，和老师比一比，看谁读得好。

[评：师生赛读，更调动了学生听、读的积极性。]

（生齐推荐学生23 丛文楼，师生分别读第二层）

师：我们来谈谈我们朗读时的感受吧。

生23（丛文楼）：我感受到老华侨非常爱国。

师：我谈谈我的感受。我感受到老华侨对中华民族英雄儿女那种坚强不屈精神的无比崇敬的情感，和为中华民族出了这么多有气节的人物而感到骄傲的情感。请大家来评一评，我们俩是不是把这种情感表达出来了？我们读得怎么样？

生24（梁高超）：我觉得老师读得好。把老华侨那种崇敬的情感、骄傲的情感读了出来。

师：谢谢，听了你的评价我更有信心了。

生25（耿静娴）：我觉得丛文楼读得比老师好，她读得更有感情，更投入；老师谈感受谈得比丛文楼好，把老华侨的感情理解得很细致很深刻！（生齐鼓掌）

[评：教师与学生比赛朗读，是教师平等的教学观念所驱动；教师与学生分别谈自己的读书感受，既是平等的交流，又是巧妙的引导；学生能够直言、准确评价教师的朗读，指出其中的不足，是和谐、平等的教学氛围下的必然结果，也是教师长期引导学生正确评价朗读的必然结果。]

师：评得实在太好了，大家都情不自禁地为你鼓掌呢。下面同桌一个读，一个评，看看能不能体会老华侨的情感。（同桌兴致高昂地练习朗读）

[评：给全体学生朗读、评价的机会，使其有所感悟、收获。]

师:第三层,想读的同学一起来。

(生齐读第三层)

师:我仿佛听到了华侨老人对外孙女的殷切期待。大家读得真有感情。下面我们男女同学配合朗读,女同学读第一层,男同学读第二层,最后一层大家齐读。

(男女配合朗读)

师:我听出了老华侨的喜爱,他的崇敬,他的骄傲,他的期待!

[评:对重点段的处理一反过去老师喋喋不休地讲解,而是在学生充分谈感受的基础上,通过多种形式的朗读,多种形式的评价,使学生借读表情,评中交流感情。]

(接着交流第二件事)

(生26 夏小婷读第二件事:因墨梅图训斥妈妈)

师:谈一谈你自己的朗读感受吧?

生26(夏小婷):这一部分写老华侨因为一幅墨梅图而平生第一次训斥妈妈,我感受到老华侨非常爱国。读后我非常受感动。

师:你从哪体会出老华侨的爱国?

生26(夏小婷):分外爱惜、顿时拉下脸来、第一次训斥、清白、玷污、轻轻、慢慢。

师:重点词语找得真准! 为什么老华侨会因为一幅画发那么大的脾气呢?

生27(徐明宇):因为老华侨把墨梅作为中国的象征。

师:你很会联系上下文来理解。那么在这个自然段中,你能不能找到关键的词语有所体会呢?

生27(徐明宇):"清白、玷污",表面看是在说梅花,实际上老华侨心里想着的是祖国。

师:你理解得真深刻! 我们从老华侨气愤的情感中体会到了他的爱国心。除了气愤,你还能体会到怎样的情感?"保险刀片、轻轻、细绸子、慢慢",你能体会出老华侨怎样的情感?

生28(熊少峰):老华侨非常心疼这幅墨梅图。

师:是啊,从这些词语中,我们体会到了他对弄脏了的墨梅图的心疼,他对墨梅图的分外爱惜,体会到了他的爱国心。

[评:师引导学生抓住重点词来体会感情,学法的指导、朗读的指导于潜移默化之中渗透,学生在下面的朗读中不由自主地注意到这几个重点词。]

师:谁还想读? 你想读哪一句就读哪一句,想读几句就读几句。

[评:真正体现对学生的尊重,学生有朗读的自主权,自然就产生朗读的兴趣。]

（生29 胡雪莹读第三件事：因不能回国而哭）

师：谈谈你读后的感受？

生29（胡雪莹）：这件事非常感人，老华侨因为不能回国而像小孩子一样呜呜呜地哭起来了，我体会出老华侨非常爱国。

师：这一次的哭与读伤感诗句时的哭有什么不同呢？

生30（李银姬）：这一次的感情更强烈了，因为家人都回国了，而自己深深思念着祖国却不能回去。

师：听了他刚才的朗读，你还体会出什么？

生31（孟迪）：可以体会出莺儿和妈妈都很爱国。

师：你听得认真，理解能力也很强。下面同桌两人分角色朗读，旁白就由莺儿来读。

［评：分角色朗读这种形式使学生耳目一新，在朗读中再次体会了祖孙三代的爱国之情。］

师：大家读得都很投入。还有一件事谁来交流？

（生32 钟群读最后一件事：送绣梅手绢）

师：你为什么喜欢这一部分？

生32（钟群）：我读了这一部分非常受感动，老华侨又送给外孙女一条梅花手绢，可见他对祖国的感情是多么的深厚！

师：你还能体会出老华侨什么样的感情？

生33（孙姗姗）：对亲人恋恋不舍。

师：你从哪体会出来的？

生33（孙姗姗）：外祖父把"我们"送到了码头，船快开了，我们上了船，他也随着上了船。从这里可以看出他对"我们"恋恋不舍！

师：那么，老华侨依恋的只是亲人吗？

生34（张威）：还有日夜思念的祖国。

师：是啊，同学们体会得真深刻！在他对亲人、对祖国的依恋中，你还可以体会出老华侨什么样的心情？亲人离开自己回国了，自己深深眷恋的祖国也永远回不去了，他当时的心情你能理解吗？

生35（高娜）：我感觉老华侨非常孤独！非常痛苦！

师：你体会得真深刻！你能从文中哪些词语体会出老华侨的孤独、痛苦？

生35（高娜）："撩乱"、"一下子衰老了许多"、"泪眼蒙眬"。

师：重点词找得真准！从老华侨依恋的情感、孤独的心情中我们感受到了他的爱国心。老华侨又一次地送梅花，他其实是让外孙女把自己对祖国的眷恋之心带回祖国啊！多么感人的故事，多么炽热的爱国心。请大家闭上眼睛，让我们随着作者陈慧瑛一起再来怀念老华侨,重温老华侨那浓浓爱国之情。(点击课件,配乐对话,将课文内容适当变化,完全变成人物对话)

[**评**:教师饱含深情的导入语言,加上合理的电教手段,为学生创设了良好的情境,引导他们身临其境,学生对其中的情感体会得更深了。]

师:请同学们睁开眼睛,能谈谈你此时的心情或者感受吗?

生36(徐大龙):老华侨的爱国心深深感动了我,也激起了我对祖国的爱。

生18(刘威):我对梅花有了更深的感情,梅花在我心中已不再是简单的花,她是我们亲爱的祖国的象征!

生7(刘丹丹):我多么希望老华侨再年轻一些,让他随着亲人一起回到他魂牵梦绕的祖国!

师:大家和我一样都沉浸在作者的回忆里,被身在异国他乡的华侨老人那深沉的爱国之情所感染。我想起了我们学过的《难忘的一课》。此时此刻我真想大声说一句:我们都是中国人,我们爱中国! 对台湾师生说,对华侨老人说,对全世界所有炎黄子孙说。大家想说吗?(点击课件,课件是歌曲《我的中国心》,屏幕上是风雪梅花图做背景的两行红字:我们都是中国人,我们爱中国!)

生(齐):想。

(师生一起在《我的中国心》的歌声中表达心声:我们都是中国人,我们爱中国!)

[**评**:歌声更起到了渲染作用,将师生的爱国情升华到了最高潮。课结束了,而爱国情依然充盈着、激荡着师生的心。]

附板书设计:

梅花魂

读

送　爱国　训

递　哭

[**总评**:《梅花魂》是一篇情感性很强的文章,非常感人。教学中,许老师做到了如下几点:

第一,运用多种手段,创设了和谐、主动的课堂氛围。老师成功地运用了"情境教学法",利用电教媒体、教师的激情铺叙创设情境,让学生受到情感的熏陶感染。在和谐、主动的氛围中,师生共同经受爱国主义的洗礼,学生朗读时自然能够入情入境。

第二，课堂的提问以情感交流为主。教师摒弃了"问题提问"的方式，提出的问题始终围绕学生的情感体验，即从学生的情感需要出发，在学生想说点什么的时候，给他们一个交流、畅谈的机会。比如在初读后，教师让学生自由地交流自己的感悟、见解；在选读后，让学生自由地朗读自己喜欢的部分，谈自己的体会；在学生读完后，又让学生交流自己的朗读感受等，渗透了读书的方法：读完要有所感悟。

第三，体现了以读为主，读中感悟的教学方法。注意了循循善诱地引导学生"读中感悟，借读表情"，品读、诵读，激情澎湃地读，悲伤慨叹地读，学生读书的兴趣与能力在教师适时的评价、鼓励、启发中得到了锻炼。更为重要的是运用学生自评、互评以及教师评等多种方式，综合评价学生读的水平、能力、情感与思维等多个方面的素质。

第四，注重课内外联系，教材前后沟通，体现了大语文教学观和语文教学的综合性。]

主要参考资料
[1] 魏微. 重视发挥朗读在小学语文教学中的作用. 课程・教材・教法，1997（4）.
[2] 杨春柳. 朗读评价语浅析. 语文天地网.
[3] 冒继承. 朗读训练的评价艺术. 人教网.

重视对作文修改的评价：
《难忘童年》作文修改教学纪实

龙雪英　尹安玲

要重视作文修改的评价是课程标准提出的新的习作教学评价理念。

一、课程标准解读

关于作文修改评价，课程标准提出："要考察学生对作文内容、文字表达的修改，也要关注学生修改作文的态度、过程和方法。要引导学生通过自改和互改，取长补短，促进相互了解和合作，共同提高写作水平。"

（一）关于重视作文修改评价的相关问题的认识

1. 在评价目标上，由单一目标转向多维目标

上面引文中的第一句阐述了作文修改的评价目标。除了对作文内容和文字表达的修改外，主要讲了三点：一是评价修改作文的态度，二是评价修改作文的过程，三是评价修改作文的方法。

这三点，实际讲了作文修改的三维评价目标。以往的习作教学，批改作文主要是教师的工作。近些年比较强调学生修改作文，特别是近几年来将修改作文的要求提升为习作教学的课程目标。课程标准不仅明确地提出要重视作文修改的评价，而且规定了作文修改的三维评价目标。其中，尤其强调过程和方法的评价。这样做的目的是全面落实课程标准关于习作教学的课程目标。

2. 在评价主体上，由单向评价转向多向评价

作文教学的艺术与技巧在于使自我教育的愿望成为每一个学生的精神需要。评价不光是教师单方面的工作，更重要的是学生是评价的主体，要让学生在参与评价中学会发现自我、教育自我、提升自我，从而完成对自我的激励与超越。作文修改权应交给学生，教师不应越俎代庖。每个人都有自己的写作意图、写作思路、情感体验、表达方式等，让别人修改往往会歪曲作者的本意，因此，要先让作者自己修改。同样，作文修改评价权也应交给作者本人——每位学生。学生

是习作的主体,习作修改的主体,习作修改评价的主体。

3. 在评价标准上,由"班级参照"转向"自我参照"

"班级参照"法往往以班级尖子学生的习作水平作为修改的评价参照,这样会挫伤大多数学生修改作文的积极性,不利于全体学生的发展。习作修改的评价标准上,要软化"班级参照",强化"自我参照"。"自我参照"法就是"个体标准"法,它以每一个体的现实基础和条件为依据,确立适合个体发展需要的内差性评价标准。这种评价因人而异,因而具有个体性和灵活性的特点,它能促使学生在对自己过去、现在和未来的认识中增加自信,发挥其创造潜能。因此,我们要多采用"自我参照"的评价标准进行评价,让学生对比自己的原作和修改,看到自己的提高,从而增强每个孩子的信心。

(二)实施中的几点建议

1. 让学生学会否定自我——学会修改方法

否定自我就是超越自我。要想让学生学会自评自改作文,不断提高写作水平,必须让学生善于发现问题,主动否定自我。指导学生修改,要根据不同年龄段学生的实际水平,采用由"扶"到"放"的方法。具体做法是:先浏览学生的作品,在错别字、不正确的标点、不恰当的词语、不尽如人意的内容处打上问号;而后,学生在自查、互查中改正错别字及不恰当的标点,在反复朗读、品味中"换"意思不明确的词句,"调"前后紊乱的语序,"添"不具体的内容,"删"多余累赘的描述。当学生的自改水平有所发展,再放手让学生自己发现文章不足之处,自己修改。

2. 让学生善于享受成功——激发修改欲望

学生的每一点修改都是他们再创作的成果。如何燃起学生的创作之火?最有效的方法就是让学生享受成功的喜悦。对孩子的文章不能求全责备,而应给予更多的赞美和激励。不是聪明的孩子常受表扬,而是常受表扬会使孩子更聪明。因此,习作评改更应该重视让学生在自我欣赏中品尝到成功的乐趣,产生强大的动力,激发再创作的欲望。教师要启发学生,善于发现自己的成功之处,即与自己原来的作文相比有哪些提高,哪些是自己修改的,哪些是通过合作修改成功的。然后让学生在小组和班级中交流自己的成功之处,展示其成功,使作者和合作者都享受被欣赏的喜悦,从而增强修改作文的兴趣及学生间的交流与合作。

3. 写修改体会——促进习惯养成

这是习作修改评价的最高层次。小作者在修改、欣赏中总结成功与失败的经验与教训,自觉扬长补短,逐渐领悟修改作文的成功经验,激发再创作欲望,从而使自己不断创新发展,最终达到完善自我的目的。可采用"伙伴寄语"、"自我勉励"等方式,让学生对自己的修改过程及效果进行反思。"修改体会"是学生对自己的作文修改进行再认识再提高的过程,通过写修改体会,强化学生的修改意识,逐步形成习惯。

二、教学实施案例:《难忘童年》作文修改教学纪实

研究课题:让学生愿改会改自己的作文

研究教师:山东省威海市经济技术开发区河北小学龙雪英,山东省威海经济技术开发区教研中心尹安玲。

教科书简介:《难忘童年》是山东教育出版社小学语文教科书第八册第七组的习作练习。教学设计两课时,此为第二课时。

教学重点:

1. 让学生学会如何把语言写生动,写具体。

2. 学习修改文章的方法。

教学难点:如何把语言写生动。

教学过程:

(一)导入新课,交代学习目标

师:上节课写了有关童年的文章,我浏览了同学们的作品,感觉大部分同学写得还不错,但存在一些问题需要修改。我相信,大家一定能修改出令自己满意的文章。

(二)在合作中学会修改习作的方法

师:请大家共同读这篇文章,结合本次写作要求,谈一谈你对这篇文章的看法。(课件展示具有代表性的学生作品)

洗　盐

童年是难忘的。我的童年充满快乐,每当我回忆起来,就觉得快乐又回到我的身边。

记得在我七岁的那年夏天,妈妈让我去帮她买盐,并再三告诉我要快去快回。于是我就拿着妈妈给的 2 元钱向商店走去。走着走着,我发现两个小伙伴在玩玻璃球。这可是我最喜欢玩的游戏。我连忙走过去加入了他们的行列。玩着玩着,我突然想起妈妈交给我的任务,就连忙向商店跑去。

由于着急,我一路小跑向家里跑去,谁知一不小心被绊倒,盐被摔出老远,撒了一地。我连忙站起来,把盐捏起来。尽管我很小心,但仍混进许多沙子,这怎么办呢?我突然想起妈妈洗米的情景。于是捧着盐拿到水龙头下冲洗。谁知盐越洗越少,我吓得哇的一声哭了起来。妈妈听见了跑过来,了解到事情的经过后,哈哈大笑起来,我却被笑得莫名其妙。

现在我长大了,知道了其中的道理,但它永远当作一个笑话收藏在我的记忆里。它时时提醒我,没有知识就等于无知。

生1:这篇文章的小作者选材不错,挺有趣的。

生2:小作者选材不错,但叙述太平淡了。如果叙述得再生动些,这篇文章肯定会更有趣,更令人难忘了。

生3:小作者叙事太简单,没有突出洗盐的过程,体现不了我当时的幼稚可笑,也就不能让人难忘。

师:同学们的欣赏水平还挺高啊!不错,这篇文章选材很有意思,可为什么我们读起来感觉不到有趣呢?就像咱们同学所说的那样:没有用生动的语言描写出当时我幼稚可笑的做法。这篇文章的不足,应该说是本次写作中我们大家普遍存在的问题。怎样才能把语言写得生动有趣呢?通过这节课的习作修改练习,同学们肯定会自己找到答案的。

[评:通过出示有共性缺点的文章,让学生自主地评价,能让学生从主观上明确写同类作文时应该注意的问题,同时也明确本次作文修改的主要目标。]

师:你认为哪些地方能改得更生动一些呢?请小组合作修改,看哪个小组修改得最好。

[评:小组合作,更好地发挥大家的智慧,寻求最佳的修改效果。]

师:大部分同学都能仔细读作文并认真思考,这一点大家做得很好,这是修改作文最重要的一点。哪个小组能把你们修改的地方交流一下?

[评:教师注意对学生修改态度的评价,激励学生认真修改文章,为学生养成认真修改的习惯奠定了基础。]

生4:这篇文章中的小作者因为幼稚的想法做了可笑的傻事,所以我们认为应该把小作者当时为什么这样想的过程写出来,就更能突出文章的趣味性。我们在小作者想的地方这样修改:"盐里混了沙子,回家肯定得挨妈妈的骂,得想个办法把沙子去掉。可是用什么办法呢?我急得像热锅上的蚂蚁——团团转。这时,我忽然想起妈妈每次做米饭时,为了去掉米里的沙子,就把米放在水中洗一洗,我何不把盐也放在水里洗一洗呢?对,就这样办。"(掌声)

师:大家的掌声已证明他们组修改得有多棒。他们组的修改好在哪儿呢?

[评:这一教学环节设计十分巧妙,让学生在自主评价别人文章的修改中,觅到修改的方法。]

生5:这位同学把人物的心理活动补充描写得很具体,让人一看就明白小作者为什么想到用水洗盐这一幼稚可笑的做法。

生6:这组同学还用上了歇后语,更能充分体现当时小作者心急的样子。

师:对,把人物的心理活动描写具体,是让语言生动起来的一个好办法。(板书:心理描写)还有这位同学说的,恰当地运用歇后语或名言警句,更能增强语言的生动性。(板书:好词好句)怎样才能做到恰当地运用好词好句呢?

生7:在日常的阅读中学习书本上是怎样运用的。

生8:要注意在阅读中积累一些好的词句段,再运用到自己的文章当中。

师:是啊,扩大阅读、加强积累是学习用好词好句来写文章的最好方法。

生9:这篇文章中连续用了三个"连忙",也显得重复,我们认为可以换成同义词:赶紧、马上、急忙等词语。

师:去掉或换掉重复啰唆的词语或句子也可使语言更生动。(板书:去换重复啰唆的语言)你们小组看得可真仔细。

生10:我们组认为把小作者急于赶回家不小心摔倒时的情景写具体,更会增加文章的趣味性。我们想这样补充一下:我拿着盐飞快地向家中跑去。谁知,越急越出毛病,不知怎的,我脚下一绊,只听"扑通"一声,我被重重地摔了个狗啃泥,手中的盐也被摔出老远。上帝保佑,盐可千万别撒,不然我又得吃不了兜着走了。于是我顾不得摔得火辣辣的膝盖,急忙拿起盐,没想到盐却从手指缝直往下流。(掌声一片)

师:同学们的掌声再一次证明你们合作得特别精彩。看来,把人物的动作描写具体,也能增强文章语言的感染力。(板书:动作写具体)

生11:老师,我们组还认为当妈妈听到我的哭声时,过来应该和我说一些话,更能让文章有真实感。我们在这里是这样修改的:妈妈听到我的哭声后,连忙跑过来,问:"怎么了孩子?""我……我……我把盐弄撒了,混进了沙子,怕你说我,就想用水把它洗干净,谁知越洗盐越少……"妈妈听了哈哈大笑起来。"傻孩子,盐是不能用水洗的。""那为什么米可以用水洗呢?"我不解地问。"米遇到水不会化,可盐一遇到水就化了,不然我们怎么拿它做菜呢?"

师:这个组的同学是用什么方法来修改的?

生12:我认为他们是把人物的语言写得符合人物特点,更生动更形象。

师:这个小组的同学真善于动脑。把人物的语言按人物身份特点写出来就生动有趣多了。

[评:学生合作修改习作,既能发挥优等生的带头作用,又能让后进生有说话的机会。让每一个学生都得到发展是我们的目的。通过交流修改的内容,学生能从中体会到成功的快乐,从而消除对修改习作的恐惧心理,同时学会了将文章的语言写得更生动的方法。]

(三)展示作文修改,评价作文修改

师:同学们把这篇文章改前与改后对比一下,你有什么感想?

生13:我觉得把文章语言写生动,会让更多的人喜欢读,连自己都喜欢。

生 14：我知道了用生动有趣的语言,能使文章更有可读性。

生 15：我学会了许多把文章语言写生动具体的方法,我很想用这些方法来修改自己的文章。

师：你真是个爱学习的好孩子,大家都想这样做吗?

生(齐)：想!

师：好,下面大家就按照我们刚才学习的这些方法,来修改自己的文章。先找自己作文中存在的问题,再想用什么方法解决;可先自己修改,然后伙伴之间自由结合互相修改。看谁修改得最好,合作得最棒。(师巡视)

[评：让学生善于找出自己文章的不足,用学到的方法来弥补不足。坚持自改与互改相结合,求得独立修改与合作发展相同步。]

师：我看同学们修改得已经差不多了,同学们修改作文的认真劲儿让老师真高兴。(从身旁随手拿过一位学生的作文本)这是张朋同学的作文,你们看,他的作文被他修改得红红的一片(学生用红笔修改自己的作文)。老师相信,只要你每次作文都能这样认真修改,作文水平定会大幅度提高。

[评：教师关注了学生的修改过程,给多修改、认真修改的学生以肯定和鼓励,极大地鼓舞了学生修改的热情,给每一个孩子以信心。]

师：谁愿意把自己认为修改得最精彩的地方读给大家听听?

生 16：(投影图略)这是我给王宇臣同学修改的文章《捉月亮》。不知王宇臣同学是否同意我的修改?

生 17(王宇臣)：你加上一些修饰月亮美丽的词很好,加上一些动作,更能体现我对月亮的喜爱,加上睡觉时做有关月亮的梦和天不亮就起来看月亮,这些都非常符合小孩子的特点。我认为你修改得非常好。谢谢你。

[评：学生自改或互改,巩固了刚学到的修改方法;同时,通过展示学生修改的成功之处,每位学生都尝到成功的喜悦,从而进一步激发了修改的兴趣。]

(四) 在享受成果的喜悦中,促进修改习惯的养成

师：刚才同学们又对自己或伙伴的文章进行了修改,修改后的文章有了很大的提高。又到了"伙伴寄语"的时间了。请大家自由合作,请伙伴为你的作品给出评价。当然,如果修改中有很深的感受,也可自己寄语自己。(生生之间互相结合,认真读伙伴的作品,然后以"伙伴寄语"为题写出评价;师巡视引导)

师：同学们的寄语深刻而有道理。你们都是了不起的小老师。下面交流一下：

生 18：我为赵江晨同学写了寄语。我的评价是这样的(投影展示伙伴寄语)：对比你修改前后的文章,我发现修改后的文章语言更生动。第一,写出了人物的动作。如：只听"吧唧"一声,哎哟我的屁股,只觉得一股钻心的痛,我捂着屁股在地上打滚。第二,人物的心理描写比较具体。如:我想蝴蝶之所以能在天上飞来飞去,因为它有一对翅膀,如果我也有一对翅膀,不也能飞上天吗? 嗯,得给自己装上一对翅膀。看到这里,我忍不住笑了,我仿佛看到了一个幼稚天真、很会动脑筋的小男孩儿。我想,这件事肯定是你亲身经历的吧,不然怎能写得如此形象生动? 同时从你文章中那么多的好词好句也可以肯定你是一个爱读书的孩子。而我的文章,胡编乱造,语言干巴巴的没情趣。以后,我会向你学习的,写出和你一样好的文章。

……

[评:这一环节的设置,既可让学生在互相评价中学习对方的优点,提高学生的写作和鉴赏能力,又可激发学生的写作欲望,要知道,大部分孩子在伙伴寄语中都能扬扬洒洒几百字,这无疑又是一次写作的锻炼。]

师:听了同学们的交流,我很感动,看来这节课大家的收获的确不少。谁来谈谈自己的收获?

生19:这节课我学会了怎样修改语言才能更生动。

生20:(对照板书)加上一些好词好句,把人物的动作、心理活动写具体,去掉重复啰唆的词语,都是让文章生动的好方法。

生21:我运用学习到的方法修改了自己的文章。这是我的习作当中最好的一篇。

生22:我给伙伴修改了文章,受益匪浅。

师:大家的收获可真不小,一定能写出好文章来。

[评:通过写体会,让学生明白"将习作语言写生动"的方法,同时通过谈收获,再次品尝到成功,有助于学生良好的修改习惯的养成。]

[总评:这节课的教学特点主要表现在以下几个方面:

第一,教学程序设计合理,让学生会改。教学程序分为三步:① 在合作中学习修改方法。方法从哪里来? 教师没有生硬地把方法教给学生,而是通过合作修改一篇文章,让学生去发现修改的方法。② 在自改互改中运用修改方法。学生学会修改方法后,让学生进行自改和互改,在学中用,在用中学。③ 在享受修改成功的喜悦中促进修改习惯的养成。学会方法、会运用方法并不是目的,让学生养成认真修改的习惯才是目的。教学中让学生享受成功的喜悦,从而产生修改的动力,教学效果极好。

第二,评价观念改变,让学生愿改。教师的评价观发生了根本性的转变:一是在评价目的上,由动机走向目的。教师采用了多种激励措施,充分发挥了成果的激励功能,让学生从中体验成功的欢乐。二是在评价过程上,由注重结果转为注重过程。教师关注了学生修改作文过程中的态度和方法等,从多角度入手,调动不同层面学生的修改积极性,促进学生良好习惯的养成。三是在评价主体上,由单向评价转向多向评价,坚持师评、自评、互评相结合,让学生在主动参与评价的过程中发展。

第三,教学重点突出,让学生一课一得。教师根据习作语言不生动这一实际情况,确定教学重点为"如何把语言表达得更生动",通过合作修改,归纳出方法,如:"去换重复啰唆的词句","加上一些好词句","把人物的动作、心理活动、情感体验写具体"。评价时,在发现问题、进行自改互改、欣赏修改成果中,让学生真切感受到用好语言的乐趣,激发了学生的阅读兴趣及热爱祖国语言文字的思想感情。

第四,学生的主体地位得到了充分的体现。作文修改和修改评价,突出了学生的主体性、主动性。学生修改作文的自我意识得到了增强,合作精神得到了培养。同时,这样的作文修改评价,多了些"纵"的比较,让每个学生都发现自己的进步;少了些"横"的衡量,给每个学生以信心。鼓励标新立异、与众不同之作,促使学生养成良好的作文修改习惯。]

主要参考资料
郭根福. 语文课程的新理念与作文教学的新策略. 福建教育,2002(11A).

写作要综合采用多种形式评价：
《一张照片》写作赏评教学纪实

杨　烨　范秀山

2011年版语文课程标准在"评价建议"中强调"充分发挥语文课程评价的多重功能,恰当运用多种评价方式"。在"关于写作的评价"中则具体指出,作文"评价结果的呈现方式,根据实际需要,可以是书面的,可以是口头的;可以用等级表示,也可以用评语表示;还可以采用展示、交流等多种方式"。

一、课程标准解读

（一）关于作文评价结果的呈现方式的相关问题的认识

1. 全面理解并把握作文目标

全面理解、辩证认识课标强调"充分发挥语文课程评价的多重功能,恰当运用多种评价方式"在作文教学中的含义。要认识到作文评改和评价的依据是作文目标,只有辩证地理解、准确地把握各个阶段作文的具体目标,在作文评价和指导学生操作中,才有个标准尺度,才能与学生形成共识,才具体明朗,易于操作;才能克服评价中的随意性,不会失之偏颇。长期以来,人们不断从不同角度指出作文教学中的问题:比如忽视学生存在,无视人的价值,教师以自己的动机替代目标等;再如写作指导缺位,尤其缺乏"怎么写"的指导,作文命题导向有误,小学作文评价存在无的放矢、偏否定化、格式化、雷同化、复杂化、简单化、不规范,让学生无所适从等问题。究其原因主要是对各个阶段的作文目标理解不透彻,把握不准确。因此,只有全面理解并把握作文目标,尤其要把目标结合教材具体分解到每次作文的教学指导和评价中,才可能做到循序渐进地按照目标指导,有的放矢进行多种形式的评价。

2. 关于作文评价结果的呈现方式

课程标准从不同角度讲了作文评价结果的呈现方式。

第一,从作文评价形式呈现来看,可以是书面的,也可以是口头的。也就是说,可以用"书面"语言方式,即在学生作文簿上写评价结果;也可以使用"口头"语言方式,即面对面地评价学生的作文。

第二,从作文质量的表述方式来看,可以用等级表示,也可以用评语表示。用等级表示,即评出名次等级,如甲乙丙丁等;用评语表示,即用总批或眉批、旁评等。

第三,从参与评价的对象来说,课程标准明确指出"注重评价主体的多元与互动","应注意将教师的评价、学生的自我评价及学生之间的相互评价相结合,加强学生的自我评价和相互评价,促进学生主动学习,自我反思"。

3. 要强化作文评价结果的综合呈现

第一,这是基础教育课程改革的需要。作文评改是小学语文教学中必不可少的重要环节之一,作文教学伴随着学生年级的升高,越来越凸显出它在语文教学中的重要地位。作文批改包含教师的"批"与学生的"改"。它是学生了解自己习作水平和教师获取教学效果反馈信息的一个主要渠道,同时也是提高小学生作文水平的一种重要手段。因此,课程标准要求作文评价结果呈现必须多元化。作文评价要发挥学生自我评价和相互评价的作用,体现学生的主体地位,充分调动教师和学生的两个积极性。

第二,这是改革作文评价现状的需要。目前作文教学效率不尽如人意,学生畏惧作文,家长对孩子的作文水平不满意,仍然困扰着某些地区的作文教学和评改。有相当多的教师,以及教育行政部门和学校抓教学的领导,还有一些家长似乎忽视了一个特殊环节——对小学各阶段作文的具体目标和批改方式并不甚了解,或者说没有引起足够的认识。作文教学评价的参与者往往以教师为主,学生只作为评价的陪衬,因而学生缺乏参与习作的自主性和评价的积极性。评价结果的呈现形式往往以书面为主,评价形式和评价结果呈现形式比较单调。因此,强化作文评价结果的综合呈现,成为革除作文教学弊端的亟需。

4. 对教学大纲和课程标准关于作文评价结果呈现形式要求的回顾

1950 年版语文课程标准提出:"在发还儿童的写作成绩时,对于问题多的课卷,应多着重采取个别指导的方式,详细说明它的优点和缺点。对于多数儿童共有的缺点,应该在课堂里提出当众讲解,以引起儿童普遍地注意改进。"1978 年版教学大纲指出:"要重视作文的指导、批改和讲评。教师批改作文,要看到学生的进步,加上鼓励,适当指点。对作文中带有普遍性的问题,可以联系阅读教学进行评讲。"1986 年版教学大纲首次提出:"逐步指导学生学习修改自己的作文。"2011 年修订后的课程标准则明确提出评价结果呈现要采用多种形式。

(二) 实施中的几点建议

第一,要端正作文教学理念和作文评价理念,转换教师的角色,综合性地采用多种形式评价学生的作文,全面提高学生的语文素养。

第二,要积极开展作文教学整体改革。以往的作文教学多是教师命题、写前指导,学生起草、修改和誊抄,最后教师批改和讲评;学生很少去认真阅读琢磨教师的批改或自行修改,结果收益不大。现在应遵照课标精神,倡导学生初稿完成后,教师浏览,批阅;而后,教师导评,学生修改初稿,或学生自评互评,小组复议赏析,然后,教师评讲或学生自评和互评。着眼于作文教学进行整体改革,从根本上改进作文评价结果的呈现方式。

第三,要重视并发挥读写结合在作文评改和作文评价中的作用。课程标准在"教学建议"中指出"要重视写作教学与阅读教学、口语交际教学之间的联系,善于将读与写、说与写有机结合,相互促进"。读写结合是传统语文教学的一个原则,也是阅读教学和作文教学整体改革中极为重要的一个环节。阅读教学是作文教学的基础,作文教学是在此基础上的提高和升华,读中学写,读中悟写,读写结合,以写促读,读写并进,二者浑然一体,密不可分,相互促进,是提高语文教学整体质量的一个极其有效的措施。因此,作文教学评改和评价不能与阅读教学中所学到的表达方法相脱离,否则,作文评改和评价就失去了依托,成了无源之水、无本之木,学生也会茫然无所参照。如果在阅读教学中有意识地强调与之相配合的作文目标,和学生一起对阅读文本的写作方法做些力所能及的适宜的评价,引导学生把在阅读教学中学到表达方法或技巧,尝试运用到自己的作文中去,"明修栈道,暗度陈仓",那么就为作文评价打下了基础。这样不露痕迹地将作文评价和阅读教学密切结合,必然有利于在实现课程标准整体目标的同时,推进阅读教学以及作文评改与评价的改革进程。

(三)操作时应注意的问题

第一,强化综合,采用多种形式评价,不等于放弃或削弱书面评价形式。教师的书面评价形式仍然是作文评价结果的重要呈现方式,要求应更具体,更有针对性,更具有亲和力,更切合学生作文的实际,也更符合学生发展语言和发展思维的规律。同时注意几种评价形式相互穿插、不断变化和有机结合,使其活泼多样,充满情趣和乐趣。

第二,强化采用多种形式评价不等于放弃或削弱教师评价的作用。不要因为强化学生在评价中的主体地位,就放松指导点拨,随意地让学生自己评价或者互相评价。作文是一种复杂的心智活动,是一种创造性思维,是语文能力的综合体现,是循环往复、逐步提高的过程。学生学习作文尽管可以通过读写结合、读中悟写学到一些方法,但不可能无师自通。应该说作文评改、评价是体现学生作文能力的一个更高层次的目标。这就更需要教师循循善诱地、细心地、有针对性地指导,师生采用的多种形式的评价才不会流于形式,才是切实有效的作文评价改革。

第三，强化作文评价目标，不等于思想僵化，固守模式，千篇一律。不同的人阅读同一篇文章，会有不同的感受和不同的评价；对作文评价同样存在着"仁者见仁，智者见智"的现象，这是正常的，也是允许的。因此，对一篇习作的评价，师生之间、同学之间、师生和家长之间，肯定会存在不同的看法。这就需要教师在准确把握目标的同时，灵活机动而不越矩，平等谦逊而不自负，求同存异而不刻板，延迟评价而不急躁，模糊宽容而不定性，给评价留有余地，留有不断理解、相互认可的空间；用教师的人格魅力和教学艺术来推动作文评价及评价结果呈现方式的改革。

第四，不断总结经验，探索作文评价和呈现形式的规律，力求既有章可循，又具有可操作性。"写作要综合采用多种形式评价"是一个比较新的研究课题，也是广大教师一直在不断尝试和实验的一个目标。因此，既要大胆尝试，又要谨慎操作。课程标准指出要"注重评价主体的多元与互动"，因此，应做一些调查研究，包括和学生谈心交流，及时捕捉反馈信息，教师之间相互切磋探讨，广泛征求家长的意见，随时写下教学纪实或教学心得，总结经验教训等。坚持下来，必定会逐步摸索出作文评价和呈现方式的一些规律，总结出一些成熟的经验，使作文评价既有章可循，又具有可操作性。

二、教学实施案例:《一张照片》写作赏评教学纪实

研究课题:教学评价在写作教学中的运用

研究教师:山东省聊城市冠县第二实验小学杨烨;范秀山解读课标和评析。

教科书简介:这次习作是人教版六年制小学语文第七册"积累·运用八"的习作，其内容和要求是:"一张照片是一幅图画，一张照片是一个故事。你们家一定保存着一些照片，这些照片大多记录着美好的回忆。拿家庭生活照片来说吧，有的记载着一些值得纪念的日子，如奶奶的生日、舅舅考上大学的那一天。有的留下了值得纪念的地方，如游览名胜古迹，搬进新居。总之，无论春夏秋冬，无论家里家外，都珍藏着你的记忆。那么，你就把它写出来，让老师和同学来分享你的快乐吧。要写清拍照片的时间和地点。至于是写照片上的内容，还是写拍照时发生的事，你想写什么就写什么。如果家庭照不好写，写你喜欢的其他照片也可以。"

教学重点:调整教学过程，设计作文初评修改课、鉴赏课和评价课，提高学生自我评改、相互评改作文的能力。

教学难点:引导学生主动地运用多种形式评价作文。

413

教学过程：

师：这次作文同学们围绕一张照片，写出了许多精彩的故事。请大家先浏览一下自己的作文，回忆一下习作经过，谈谈自己的感受，例如什么地方写出了真情实感，修改稿比初稿有哪些进步等等，好吗？

生1（孙文博）：我觉得要写得真实，写出照片的具体内容。我的初稿写《我最狼狈的一张照片》，只是自己内心觉得"狼狈"，在作文中却找不出"狼狈"的样子，与题目不太相符。

生2（李备）：我这篇作文写得还可以，这是第三次修改稿，题目是《我当了一回"皇帝"》。初稿我只写了爸爸怎样照相，写我当"皇帝"照相的内容，却只写了一句话。我按作文要写具体的要求进行了修改，把我怎样穿"皇帝"衣服照相和照相时的心情详细写了，这才觉得抓住了习作重点。

师：对。经验就是一笔财富！

生3（王光晨）：习作前我打算写照片内容和故事经过，最后写照片上是谁，让人读了觉得好奇。结果，从始至终总是人称不一致。看来我要在人称运用上下一番功夫。

师：教训哟，要吸取，要想办法弥补！

生4（王东平）：我写的是"全家福"，改了两次稿，我还是不太满意，但不知道怎么改。我写了每个人的长相，别人却说我写得不形象、不真实。

师：有困惑，可请教大家帮助解决。

生5（吕延顺）：我的作文写得还可以，就是错别字太多。

师：听了同学们的谈话，我知道同学们作文所写的故事，有喜有忧，有笑有泪，读着同学们的作文，就好像看到你们在神采飞扬地讲述着自己的故事。因此，动情之处，我写下了评语。不过，有些作文老觉得语犹未尽。下面，先仔细体会老师的评语，针对自己的作文，谈谈对评语有什么看法。

［评：先由学生自评，然后引导到对老师评语的看法，评价对象发生了变化。引导学生体会评价老师的评语，就改变了老师辛苦批改，学生茫然不解毫不重视，教师徒劳，师生互不沟通的现象。通过及时反馈，让学生在明确目标，知道得失，站在更高的起点上进行反思，这对提高学生写作能力，培养自我评价能力，起到很好的推动作用。］

生6（赵赫）：（读作文）"我从相机里看到一幅美景：长满绿树、绿草的万寿山峰峦起伏，非常好看，金碧辉煌的排云殿上面，是一座八角宝塔形的佛香阁，万寿山下面是波光粼粼的昆明湖。爸爸正朝这边看，妈妈笑得合不拢嘴，只听见'咔嚓'一声，这个镜头就定格在照片上了。回到家里，爸爸给我冲洗照片，我得意地欣赏着我的作品，高兴地笑了。"老师对最后一段批注说"内容交代不清"。

414

对此,我不理解。

师:请同学们先发表意见,说一说看法。

生7(郭杰嵩):最后几句话不写也可以,因为作文的前面已经说了照相的内容。

生8(王庆松):虽然没有直接说是照片的内容,可已经写了,不用再写了。

生9(梁建富):从最后一段"得意地欣赏着我的作品"来看,应该再写一下照片的内容才好。

师:我的看法是,你用写镜头内容的方法省略了照片内容,挺有新意的,但有些内容交代不清。比如:你从相机里看到的一定是一幅远景画,人物在什么地方不清楚。前边又没写清爸爸的位置,不知他和你妈妈的距离有多远,由此就产生了疑问。如果把这些交代清楚就好了。你说呢?

生10(张培生):我觉得老师说得对,你上面写的是景,而后面欣赏的是照片,交代得比较模糊。

生6(赵赫):嗯,有道理。

[评:此处突出了写作内容要真实具体,这是课程标准对四年级学生习作的目标要求,也是教师应该紧抓不放、不断提高要求的最基本、最重要的指导。]

师:谁再谈一谈自己对老师评语的意见?

生11(霍远航):我写的是去和姥姥、姥爷、大姨、妈妈一块儿照的一张相。姥姥家的农家小院,农具磨得光亮,看到它,觉得姥姥、姥爷非常辛苦,所以就写下来了。老师的评语说我写得真实,也很朴实,写出了真情实感。我觉得老师给我评得很对。我感到写自己的亲身经历才真实可信。

师:希望你继续用自己的眼睛去发现,用心去写出自己的独特经历。

生5(吕延顺):我写的是令我伤心的一张照片。一次照相,我抱着小猫贝贝,贝贝被闪光灯刺伤了眼睛又哭又叫。后来看着照片上小猫呆呆的眼睛,就觉得自己好像犯了罪。老师在旁边写了"感情真实,描写自然形象"。老师评得对,这确实是一件令我伤心的事,每次想起我都要流泪。

师:看了你的作文,老师也感同身受。请你读读,让大家欣赏一下。(生5吕延顺读作文,略)

师:谁能评一评他的作文?

生12(张培山):他写的作文,词、句写得好,"危险早已向我家可爱的小贝贝劈来","劈"字用得好。还有"我把小猫抱入怀中,心如玻璃瓶掉在地上一样碎了",写出了他非常伤心的心情。

生13(李胜博):还有"小猫不时地惨叫几声,好像在哭泣",把小猫描写得像人一样,读起来更让人伤心。

师：他写的作文内容真实，用词恰当，交代清楚，有许多可借鉴的地方。下面，同学们交换作文，相互评价，相互欣赏，吸取写作经验，积累精彩语句。

[评：在集体评论中，注意引导学生把作文写得真实、写得具体，表达真情实感，注意遣词造句，突出了习作重点。只有将习作目标交代得明确具体，让学生有标可依，有章可循，学生评价时才心中有数，修改时才能把目标和大家的评价意见落到实处。]

生14(赵飞)：吴建威的作文开头写得好："咦？这张照片是怎么回事？我和妈妈怎么正在长城上向下奔！"读了开头，就会急于知道是怎么回事，愿意往下看。

生15(潘璐)：吴建威的两篇作文，写的都是在长城上照的照片。他第一篇写了去北京游览的所有名胜古迹，而第二篇把有些内容去掉了，主要写了爬长城照相的经过。这样重点写与照片有关的内容，其他联系不大的，可以不写。这样，中心就会更明确。

生12(张培山)：梁建富的作文用词比较准确。请看，写爬千佛山："我们小心地踩着山石，拽着树枝，一步步往上挪。后来干脆手脚并用，'爬'到了山顶。"我好像看见了他正一步步艰难地向上爬。

生16(刘天)：孙文博的作文写得很简单，可很明白，不像我的作文有许多与照片无关的话。

师：有这样的感受吗？我们一起看一下。(孙文博读文，略)

生16(刘天)：他开头写照片"可爱"，然后写自己小时候的样子——"胖"、"大眼睛"；接着交代时间、地点和事情发生的原因，很清楚。结尾写事情的经过，写难忘照片。我觉得他写得很简洁，不拖泥带水。

师：评得好！还有不同意的看法吗？

生17(刘凤偲)：我觉得他用词好，比如"无可奈何"、"任凭"、"大吵大闹"、"大哭不止"等词语，写出了"我"倔强的个性。

生12(张培山)：他那个"破涕为笑"用得好，写出了小孩子不高兴就哭，高兴就笑的样子，把孩子的特点写活了。

生18(申海南)：他的字写得好，字体好看，很工整。

师：你不但欣赏他的文章，也很欣赏他写的字，充分取人之长，值得学习。

生19(杨韶梅)：他写人说话时，有的地方写出了说话时的语气，比如"妈妈叹着气说"，而后面"小姨灵机一动"，却没有写出语气，我觉得也应该写具体。

师：好，刘凤偲又有新的发现了，请结合你的作文谈一下好吗？

生17(刘凤偲)：我写的是和爸爸妈妈在景阳冈游玩时的相片。开始只写了自己骑在石狮子上照了一张相，可同桌读后，说看不出照片好在哪里。我又改成

416

了:"那只石狮子在张着大嘴朝远方长吼,我骑在它上面,手里拿着一把气势威严的'大刀',另一只手抓住石狮子身上的铁链,脚蹬在石狮子的脚上,身体向前倾,'大刀'指向前方的天空,嘴张着,好像在喊'杀呀,杀呀!'"改完后,同桌觉得比以前好了,因为我加上了神态描写。

师:听清了吗?他觉得比以前写得好,因为写出了人的神情。还写出了什么?

生20(杨艳博):他把人物的动作,把怎么拍照的也交代清楚了。

师:对,写人不但要写出人的外貌,还应写出人物的动作、语言,这样人物才是"活生生"的,别人读后才觉得生动。

[评]引领学生采用多种形式进行——自评、互评,生评、师评,这样就会越评越投入,越评越具体,越评心越明。学生就会在评价的实践中,逐步学会把握评价的目标,评价的方法、方式,以及评价的态度,教学评价的作用就会得到充分发挥。]

师:我们谈习作的感受,进行了自评、互评。就本次作文,谁能总结一下自己的收获呢?

生1(孙文博):这次写《一张照片的故事》,要简单交代一下照片的内容,写清楚故事的经过;要注意对人物的神态、动作、语言的描写。

生21(吴建威):与照片无关的内容不要写,要既简单又明白。

生22(张涵):要用词准确,写真实的事。

师:好文章是修改出来的。请你们运用刚才获得的知识,把自己的作文再修改一下,也可以互相修改。(生交流互改,师巡回指导)请看梁建富同学修改的。

生9(梁建富):"我在山顶上找了一位最可爱的'小佛祖',和他一起照相。"改为"我在山顶上找了一位最可爱的小佛祖,只见他笑眯眯地露着圆溜溜的大肚子,衣服在两旁飘动着,我觉得他很好玩,就扒住他学他的样子,笑眯眯地照了一张相。"

师:同学们觉得怎么样?

生(齐):改得好!

师:请同学们在作文后面写下自己的收获,或写出感受和体会。(生写收获体会)

[评]联系作文实际谈收获、进行评价,"一石激起千层浪",一人谈感受,大家受启发;一人讲收获,大家有感受,从而使综合评价的效果得到巩固,得到升华。]

生11(霍远航):我体会到了我们不是没有写好的能力,而是缺少一双善于发现的眼睛,只要用心去观察、去描写,作文就一定会写得很好。

师:对,要善于用心观察,捕捉材料,内容才能写得真实具体。

生4(王东平):我知道了写作文要用词恰当,写出人物的表情、心理和动作,写出自己的感受。

师:也就是自己的心情,对吗?

生5(吕延顺):我的收获是:只有写出真情实感,才是好的作文。写完后认真修改,会让作文更生动。

生21(吴建威):我认识到要根据题目要求,抓住主要内容写具体;同时多用一些比喻句、拟人句等表达手法,引人去读。

生9(梁建富):我的体会是:要写出照相时的情景,最好是描写具体,用词要恰当;还要写出这样照的原因,交代清楚拍照的时间、地点、人物。

师:希望同学们把自己的收获,记录到自己的《习作百宝箱》中,注意运用到以后的习作中。

[**总评**:这节写作赏析课,大致有以下特点:一是综合运用作文评价结果的呈现方式,体现出对作文评改和评价改革的尝试。从教师角度来说,有书面形式,有口头形式。书面形式,主要是评语形式;口头形式,主要是与全体学生面对面的评价交流。从学生方面来看,主要是口头形式。二是教师开始转变角色,解放思想,努力让学生真正成为作文评价的主体。一方面引导学生对自己的作文做出评价,并相互之间做出比较客观的评价。另一方面,鼓励学生大胆地对老师的评语提出自己的看法,对其他同学的作文提出自己的意见,体现学生开始走向作文评改和评价的主体地位,促进在教与学的双向交流过程中把课程标准规定的习作目标切实落到实处。]

主要参考资料

[1] 中央教育科学研究所.叶圣陶语文教育论集.北京:教育科学出版社,1980.
[2] 倪建斌.评出打动心灵的作文.小学教学·语文.2011(10).
[3] 陈慧敏.作文:自我表达与相互交流.小学教学·语文.2011(12).
[4] 史天一.作文评价的弃与拾.小学教学·语文.2012(01).

探究性与创新性阅读：
《走一步，再走一步》教学纪实

刘晓辉　顾松堂

一、课程标准解读

语文课程标准指出："语文课程丰富的人文内涵对学生精神世界的影响是广泛而深刻的，学生对语文材料的感受和理解又往往是多元的。因此，应该重视语文课程对学生思想情感所起的熏陶感染作用，注意教学内容的价值取向……同时也要尊重学生在语文学习过程中的独特体验。"这段话充分体现了现代语文教育的特点，强调了语文教学的人文性——注重培养学生的多向思维能力和创新精神，尤其强调通过阅读，重视独特的感悟、体验，使学生学会品味生活，发展个性。因此，语文教学中，我们应本着新课程理念，认真实施探究性和创新性阅读教学方法，使学生具有独立阅读的能力，注重情感体验，有较丰富的积累，形成良好的语感；学会运用多种阅读方法；能初步理解、鉴赏文学作品，受到高尚情操与趣味的熏陶，发展个性，丰富自己的精神世界。尤其重视培养学生良好的语感和整体把握的能力，使学生在品味中更加关注社会、自然、人生，培养创新精神，发展健康个性。这里所提出的语文教学的总的要求，体现了新的语文教育理念和新的语文教育观，它应当贯穿于整个语文教育教学中，指导各个阶段的语文教学。

（一）关于探究性与创新性阅读的有关问题的认识

1. 准确理解阅读教学阶段目标的内涵

语文课程标准对不同年级段教学提出了具体的要求。第四学段（7～9年级）阶段目标对阅读基本功提出了详细的要求，对阅读科技作品、议论文、古代诗词、文言文等不同文学样式的文章做了基本规定。第四学段对阅读文学作品提出的要求是："欣赏文学作品，有自己的情感体验，初步领悟作品的内涵，从中获得对自然、社会、人生的有益启示。对作品中感人的情境和形象，能说出自己的体验；品味作品中富于表现力的语言。"这段话共分两句，提出了两方面要求：第一是"对自己"，即阅读文学作品对自己产生的影响，重点是能有"自己的"情感体验，并且在初步领悟作品的内涵的基础上，获得对自然、社会、人生的有益启示，也就是通过阅读获得认识自然、社会、人生的能力。第二是"对作品"，即对阅读的作品能够深刻理解和确切分析。这里包括两个方面：体验感人的情境和形象；品味富于表现力的语言。当然，在学习和落实阶段目标中这一阅读目标时还必须与本阶段的其他阅读目标相联系，使之成为一个整体，不可顾此失彼。

2. 准确理解阅读教学阶段目标的要求

新课程注重人文性与工具性的统一。它从培养学生的个性和创新精神出发，提出了新的更加具体的要求，主要表现在两个方面：

第一，重视发挥语文教学提高学生人文素养的功能。新的语文教学理念要求学生具有独立阅读的能力，学会运用多种阅读方法。有较为丰富的积累和良好的语感。注重情感体验，发展感受和理解的能力。能阅读日常的书报杂志，能初步鉴赏文学作品，丰富自己的精神世界，使其在语文阅读中品味生活，关注自然、社会、人生，在独到的体验中逐步形成良好的个性和健全的人格，这就必然有利于学生提高人文素养。

第二，重视发挥语文教学提高学生语文素养的功能。语文课程标准在"总体目标与内容"中指出，学生通过阅读能具有独立阅读的能力，有较为丰富的积累和良好的语感。在"学段目标与内容"第四学段目标中提出：对作品中感人的情境和形象，能说出自己的体验；品味作品中富于表现力的语言。这些规定都是从培养提高学生的语文素养的角度提出的，这是对语文教学提出的更高的要求。语文教学不能把语文变为实用主义的工具，而应当使语文教学成为提高人的语文素养的为人各方面发展奠基的学科。

因此可以说，在教学要求上，语文课程标准发生的两个最为重大的改变：一是语文教学不只是要体现其工具性，而是体现其工具性与人文性的统一；二是语文教学不仅要培养学生的语文能力，更重要的是要提高学生的语文素养。

3. 准确理解阅读教学的内容

在语文课程标准指导下编写的语文教材，无论在编排体系上还是在选文上都较过去的旧教材发生了很大的变化。这主要表现在：

第一，新编教材是以学生生活、社会生活等为线索来安排编写单元的，不再提阅读知识方面的要求。比如，教材七年级（初中一年级）第一册第一单元所选文章提出了关于对人生的思考方面的要求。这样就更加突出了语文教学的人文性。

第二，新教材选文时主要考虑了文章的思想内涵、与现实及人生的联系，是为提高学生的语文素养服务的。

第三,新教材淡化了语文知识的系统性,代之以思考、欣赏、品味等多种练习形式,更有利于培养学生独立阅读的能力。

新课程在选材上注重选取一些反映时代气息、具有生活情趣的课文,在呼唤"人"的回归方面体现得尤为显著。新课程涉及面广泛丰富,有写天文、地理、音乐、舞蹈、艺术的,有写春夏秋冬四季更替的,还有写花鸟、生命、幸福的,等等。这些课文具有深刻的思想性与人文性,在潜移默化中陶冶学生的情操,对培养学生正确的人生观与价值观极为有利。学生在学习中能联系自己的生活,产生共鸣,自然产生阅读的兴趣。

这就要求我们全面理解教材的编排体系,把握教材内容,以新的课程理念认识语文教材,完成语文教学的任务。

4. 准确把握阅读教学方法

过去阅读教学中阅读的方法只是简单地为训练服务。教师提出问题,要求学生围绕问题阅读文章,回答问题,然后按教学顺序概括文章内容、主题,划分段落层次,理清文章脉络结构。阅读为掌握文体知识服务,学生没有自由,老师让读什么就读什么,整个阅读学习过程都是一个模式,学生总是在老师的指挥棒下被动学习,这必然束缚了学生的思维和个性的发展。

新课程更注重培养学生的阅读能力、语言品味与揣摩能力以及感悟能力。引导学生进行探究性阅读、多角度阅读、体验性阅读、创新性阅读。也就是在教师的导引启发之下,学生主动参与阅读过程,主动探究、发现,从阅读材料中筛选信息、处理信息、猜想验证,从不同角度阅读材料,从而获得独特的体验、感受,并从体验中感悟,获得启迪,有所创新。这些阅读方法对于学生提高阅读兴趣、发展个性都大有裨益,使学生真正成为一个读书者,而且是一个好读者和会读者。

但是,新的语文课程并不排斥学习语文知识和学习阅读的方法。在实际语文教学过程中,如果忽视学习语文知识和阅读方法,那就是不完整的,是片面的,是不能完成语文学习任务的。这就要求我们处理好与学习语文知识及阅读方法的关系。在新课程理念指导下,学习语文知识不靠死记硬背,而应当在运用中掌握;学习阅读方法不靠生搬硬套,而应当在阅读中领悟。

(二)实施中的几点建议

第一,阅读是学生的个性化行为,不应以教师的分析来代替学生的阅读实践。应让学生在主动积极的思维和情感活动中加深理解和体验,有所感悟和思考,受到情感熏陶,获得思想启迪,享受审美情趣。要珍视并鼓励学生独特的感受、体验和理解。

第二,探究性阅读和创造性阅读注重让学生结合自己的生活实际去感悟、体验,注重张扬学生的个性,但也不可完全游离于教材之外。要在阅读品味基础上从内容本身的内涵中获得独到的体验。若一味强调学生的见解越与众不同越好，容易促使部分学生为了哗众取宠而钻牛角尖，产生偏激的思想，这就违背了发展学生健康个性的初衷。在阅读教学中，教师尤其要注意引导学生扬善摒恶，形成正确的人生观、价值观。对于学生错误的观点和认识要及时纠正和引导。

第三，在阅读教学中，为了帮助学生理解课文，可以引导他们随文学习必要的语法和修辞知识，但不必进行系统、集中的语法修辞知识教学，也就是要注意将知识的传授作为辅助阅读的工具，而不能使之成为阅读的最终目的。

第四，探究与创新阅读中应逐步培养学生阅读的兴趣，扩大阅读面，增加阅读量，从而使学生的思维更活跃、更深刻，不断提高学生搜集处理信息的能力，感受、理解、欣赏和评价的能力。

探究性阅读与创新性阅读方法教学，符合新课程的教育理念，有利于培养学生的智慧，培养学生的悟性和灵性，有利于培养学生的创新意识与创造能力，为学生的个性发展与终生发展奠定雄厚的基础。

二、教学实施案例:《走一步,再走一步》教学纪实

研究课题:探究性与创新性阅读

探究性阅读是在教师的"导引"启发之下,学生主动参与阅读过程,主动探究、主动发现,从阅读材料中筛选信息、处理信息、猜想验证、形成解释的阅读方式;创新性阅读就是学生通过多角度思维,从不同角度、途径、方位解读阅读材料,进行个性化阅读,以期获得独特的体验、感受,从而提高创新能力的阅读方式。这种阅读方法有利于培养学生的阅读兴趣,张扬学生个性。

研究教师:山东省青岛第四十四中学刘晓辉;顾松堂。

教授题目:《走一步,再走一步》

教材简介:本文是人教版义务教育课程标准实验教科书语文七年级上册第一单元中的一篇文章。写的是美国作家莫顿·亨特65岁时回忆自己8岁时爬悬崖的一次经历。教学重点是理解故事所蕴含的人生哲理和让学生学会多角度思考。难点是让学生在主动积极的思维和情感活动中,加强理解和体验,有所感悟和思考,受到情感熏陶,获得思想启迪,享受审美乐趣;培养学生探究性阅读和创新性阅读的能力,提倡多角度的、有创意的阅读,利用阅读期待、阅读反思和批判等环节,拓展思维空间,提高阅读质量。

教学时数:一课时

教学内容:

1. 有感情地朗读课文,了解文章内容,并能完整有条理地复述故事情节。

2.在探究性与创新性阅读中学习多角度思考问题,领悟文章所蕴含的生活哲理。

3.学习积累词汇。

4.联系实际生活培养学生勇于战胜一切艰难险阻的精神。

教学过程:

师:同学们,在人的一生中,难免会遇到种种艰难险阻。有的困难犹如一座险峻的高山,看似无法逾越。逃避不是办法,因为没有人愿意成为生活的懦夫,怎么办呢? 今天,让我们共同来学习美国作家莫顿·亨特写的一篇文章《走一步,再走一步》,(板书课题)大家一定会从中得到有益的启示。学习这篇文章,希望同学们完成如下目标。(出示投影)

学习目标

1.有感情地朗读课文,了解文章内容,并能完整有条理地复述故事情节。

2.在探究性与创新性阅读中学习多角度思考问题,领悟文章所蕴含的生活哲理。

3.学习积累词汇。

4.联系实际生活培养勇于战胜一切艰难险阻的精神。

师:请同学们齐读目标。(生齐读学习目标)

师:首先请同学们跳读课文,画出不认识的字和不理解的词,并运用工具书自己识记生僻字词。

生:自由朗读课文,通过查字典识记生僻字词。

师:下面请同学们做投影上的练习。(出示投影)

1.给下列加点的字注音或根据拼音写汉字:

训诫(　　)　níng(　　)视　啜(　　)泣　头晕目眩(　　　　)
yū(　　)回　小心 yì yì(　　　　)　瘦骨 lín xún(　　　　)

2.解释加点词语在句子中的含义:

(1)我的心里一直牢记着母亲叫我不要冒险的训诫。

(2)我的心在瘦骨嶙峋的胸腔里咚咚直跳。

(生举手朗读字词,完成练习)

师:下面我们来学习文章内容。老师为大家朗读课文,请同学们认真听读,整体感知文章内容,根据投影上提示的思考题把握故事情节,边听边画出重点情节的关键性语句。(出示投影)

思考题:

(1)故事发生在美国哪个城市?

(2)故事发生在什么时间?

（3）爬悬崖的一共有几个孩子？有名字的是哪两个？

（4）那座悬崖有多高？岩石架有多高？

（5）"我"冒险爬上岩石架后发生了什么？

（6）谁帮助"我"脱险的？怎样帮助的？

师：听我朗读课文。（师有感情地范读课文；生边听边画出关键性语句）

师：下面谁来复述一下故事的情节？要求口齿清楚，声音洪亮，复述内容完整，有条理。其他同学认真听，一会儿请一两位同学评价。

生：那是57年前费城7月里一个闷热的日子，"我"和杰利等5个小男孩去爬悬崖，悬崖虽然只有20米高，但对"我"来讲却是高不可攀，其他孩子很快攀上崖顶，只有"我"在爬上一处岩石架后，陷入上下两难的处境，结果孩子们嘲笑"我"之后，各自回家，"我"却被困在山上。夜晚，父亲找到了"我"，他没有把"我"抱下来，只是鼓励"我"从一小步开始一步一步自己爬下悬崖，最终使"我"尝到了成功的喜悦，也明白了如何去克服困难。

师：首先让我们感谢这位同学的复述，下面我请其他同学评价一下刚才他复述的情况。

生1：他复述的内容很完整，而且具有条理，但语言还不够精练，复述故事的过程可以更概括些。

生2：这位同学复述的情节比较详细清楚，使我们了解了故事的前因后果。我认为如果能点出文章中的"我"明白了一个怎样的人生哲理就更好了，因为文章最后将这个道理说得很明白。

师：那么，你认为文章蕴含的人生哲理是什么呢？

生2：（读）"不要想着远在下面的岩石，而要着眼于那最初的一小步，走了这一步再走下一步，直到抵达我所要到的地方。"

教师：两位同学评价得都恰如其分，尤其是第二位同学提到了文章所蕴含的道理，他找到了最后一段中的一句话。那么，这句话让我们明白了什么道理呢？你认为文章中还有哪些语句也富含哲理，使你感悟深刻？大家可以讨论交流一下。（学生热烈讨论、交流）

师：下面找同学来谈谈自己的感悟，并请同学们将这些语句积累下来。

生1：我认为"不要想着距离有多远。你只要想着你是在走一小步。你能办得到的"这几句话充满哲理。它告诉我们遇到困难不要去想困难有多么大，多难克服，而是要充满信心，从最近的最小的困难入手去解决。

生2：我喜欢"我每次只移动一小步，慢慢爬下悬崖"。这句话告诉我成功来自于一步一步的坚持，积少成多。

生3：我喜欢倒数第三段，在父亲的鼓励下，"我"有了战胜困难的勇气。可见,鼓励对于一个孩子有多么重要。我希望我们的父母也能多给我们一些鼓励,我们一定会做得很好。

师:同学们谈得很好。文章中许多语句都富含哲理,通过交流,我们明白了在人生的道路上,不管面对怎样的艰难险阻,只要把大困难分解为小困难,一个一个地认真解决,终将战胜巨大的困难,赢得最后的胜利,希望大家在生活中也能这样去面对困难、战胜困难。

师:以上我们通过了解故事情节,初步明确了文章的中心。文中许多充满哲理的语句给了我们有益的启示。尤其是父亲指导"我"走下悬崖的片段非常感人,下面让我们重点研读赏析这一片段,进一步领会故事蕴含的生活哲理。下面我找同学来朗读文章第14~22小节,其他同学听读的同时思考投影上的问题。(出示投影)

思考题:

(1)本段文字哪些语句是自然环境描写?在文章中有何作用?

(2)我在父亲的指导下下了山,为什么会产生巨大的成就感?

(3)"不要想着距离有多远。你只要想着你是在走一小步。你能办得到的。"这句话给你以什么启示?

(生朗读课文)

师:这位同学读得很有感情,下面请大家讨论交流投影上的问题。

(生思考、讨论交流)

生1:我认为15小节"时间一分一秒地过去,暮色开始四合"这句话属于环境描写。它突出了"我"一个人呆在悬崖上已经很久,恐惧一直伴随着"我","我"感到时间过得很慢,从而突出困难大,给"我"造成巨大的心理压力,渲染了一种气氛。

生2:16小节"暮色苍茫,天上出现了星星,悬崖下面的大地越来越暗"一句也是环境描写。这一环境描写说明了"我"面临着巨大的困难,更加能够突出"我"克服困难的勇气值得敬佩。

生3:我认为第二个问题,作者获得巨大的成就感是因为对于从小体弱多病而且胆小的"我",这是平生第一次自己克服困难,获得成功,因此格外具有成就感。

生4:第三个问题,这句话的含义是当我们面临困难时,无论困难有多大,只要想着眼前应该怎样做,一步步去解决,就能将大困难化解成小步骤,坚持到底就会胜利。

师:通过以上思考题我们进一步领会了故事蕴含的哲理。在父亲的不断鼓励下,"我"逐渐有了信心、勇气,最终克服困难。那么,文中能体现"我"的变化的语句有哪些？请同学们找出来用不同的语气读一读。

生1：（朗读）"你能办得到的"；"这似乎能办得到"；"我能办得到的"。

师：这位同学找到了体现"我"的变化的句子。那么，每句话应该把重音放在哪些字词上来读，才能很好地体现出"我"的变化呢？

生2：第一句重音应放在"你能"上，表现父亲对儿子的信任和激励；第二句重音放在"似乎"上，说明"我"有了些信心，但勇气还不足；第三句重音放在"能"上，表现了"我"对克服困难充满信心。

师：这位同学说得很好，请同学们有感情地朗读这三句话。（学生自由朗读）

师：通过有感情地朗读，品味语言，我们加深了对课文的理解。希望同学们在今后的阅读中都能学会有感情地朗读课文，品味文章语言，从而把握文章深刻的含义。

师：一篇文章，除了探究中心意思之外，还可以多角度地阅读，这样读就不至于老是往一个方面去想，能读得有创意，能提高阅读质量。多角度阅读，首先要确立角度，关键也在于确立角度。怎样确立角度呢？可以着眼于某一个人物，也可以着眼于某一情节，提出问题，思考问题。举个例子说，评论杰利什么地方做得对，什么地方做得不太好，就是一个角度。这样的角度课文中很多。下面请同学们自由讨论，看看我们还可以从哪些角度找到独特的体验、见解。

（生自由讨论，教师巡回指导）

师：哪位同学来谈谈你独特的视角、不同的感悟？

生1：我从父亲的角度来读文章。我特别喜欢这位伟大的父亲，当孩子面对困难时，他没有一味宠爱去替儿子解决困难，而是在不断的鼓励下，使孩子有了克服困难的勇气。并且这位父亲指导孩子如何把大困难变成小困难逐一解决，从而使儿子体会到了自己克服困难的成就感，提高了克服困难的能力。这使我想到现在许多父母总是把孩子当成宝贝捧在手里，什么事都包办代替，结果孩子依赖性太强，个人能力很差。我想，这篇文章也应该让家长看看，从中获得启发。我们在以后的生活中也不要一味依赖父母，而应该自己的事情自己做。（掌声）

生2：我想作为孩子，我们不要老让大人抱着走，而是要善于从大人那里接受好的经验，增强自己的能力，因为经验对于人取得成功非常重要。

生3：我比较喜欢杰利这个孩子。他在"我"遇到困难时没有像其他几个孩子一样嘲笑"我"，而是有点不放心，而且还带"我"的父亲来救"我"。我认为同学之间、朋友之间就应该互相帮助，而不是在别人有了困难或不好时嘲笑别人，应该对别人特别是弱者多一份爱心。（掌声）

师：同学们从不同的角度谈了自己对文章的理解，并能联系自己的生活谈出独到的见解,十分精彩。这篇文章从不同角度给了我们有益的启示,希望大家都能从中悟到不同的做人道理,并运用到实际生活中去。

师:生活中我们难免遇到困难。你遇到过什么困难?你是怎样处理的?学过此文后,你在反思中有什么新的启示?

生1:有一次,我做数学作业遇到一道难题,解了20多分钟,怎么也找不到入手的地方,本来想放弃,第二天照同学的抄上就算了,但后来想到人应该知难而进,于是静下心来,反复研究已知条件,根据已知提示进行推理,最后终于把题解出来了,这时已是深夜。虽然很累,但是我尝到了克服困难的成功感。和本文的作者一样,我也是一步一步克服困难最终取得成功的。我今后在遇到困难时还会充满信心,通过自己的努力取得胜利。

生2:我的爸爸妈妈都是下岗工人,家境挺困难。为了支持我的学业,爸爸只好外出打工。有一次,妈妈病了,我又正赶上期中考试,既要复习还要照顾妈妈。一开始,我认为自己一定考不好,干脆就放弃了复习。后来老师了解了情况,她鼓励我勇于面对困难,还说逆境往往更能锻炼人的能力。她帮我制订了学习计划,在生活上也给予了许多帮助。于是我每天一大早起床给妈妈做饭,边做饭边听英语、背单词,在学校课间我也抓紧时间学习,晚上放学买菜做饭,晚饭后复习,每天坚持到十一二点。最终在我的照料下妈妈很快康复,期中考试我也取得了班级第三名的好成绩。我特别感谢我的班主任,她就像文中的父亲一样给了我自信和克服困难的勇气。同时,我也明白了逆境中应该更加坚强才能克服困难,取得胜利。

师:你有一位非常可敬的班主任,我会把她作为学习的榜样。你的坚强也令人十分敬佩,我想我们大家都应向这位同学学习。以上两位同学都谈了自己克服困难的经历,我相信大家一定也有许多类似的经历。困难并不可怕,它更能磨砺我们的意志,愿同学们都能做生活的强者,在困难面前走一步,再走一步,直至成功。

师:下面布置今天的作业。(出示投影)

作业:

1. 有感情地朗读课文,进一步体会文章蕴含的人生哲理,加深感悟。
2. 将自己克服困难的一次经历写成一篇短文。

掌握写作策略，提高独立写作能力：
《"以小见大"作文构思法指导》教学设计

顾东臣　栾贻爱

一、课程标准解读

语文课程标准在第四学段目标与内容中指出："注重写作过程中搜集素材、构思立意、列纲起草、修改加工等环节，提高独立写作能力。"

（一）关于提高独立写作能力的相关问题的认识

叶圣陶先生说，语文教学"最终目的为自能读书，不待老师讲；自能作文，不待老师批"。这里的"自能作文"是作文教学的最终目的。语文课程标准提出的"独立写作能力"也就是叶圣陶先生所指出的"自能作文"。所谓"独立"强调学生写作的主体地位和独立性，不依赖他人而能自己完成；"写作能力"，包括审题立意能力、选材组材能力、遣词造句能力、检查修改能力等。独立写作能力是现代社会公民必备的语文素质。

现代认知心理学认为：现代知识分为陈述性知识、程序性知识和策略性知识。陈述性知识是关于"是什么"的知识，包括各种事实、概念、原则和理论等。程序性知识是关于"如何做"的知识，包括如何从事并完成各种活动的技能。策略性知识是一种较为特殊的程序性知识，它是关于认识活动的方法和技巧的知识。策略性知识与一般的程序性知识的区别在于，一般的程序性知识主要调节个体外部活动，而策略性知识则是调节个体内部的认识活动。很显然，独立的写作能力不是一般的程序性知识，而是能够根据不同的情境仍然独立写作的策略性知识。

关于独立写作能力的这一认识，可以解决我们教学中的许多困惑。比如，有老师给学生讲"开头和结尾的写法"，开头的方法讲了6种，结尾的方法讲了6种，结果学生熟练地背诵了，但在具体写作时依然按照自己的原来的方式进行，毫无成效。主要原因在于把开头、结尾写作能力的学习简单化。课堂上强调学生对写作策略性知识的记忆而不是运用，把重点放在写作知识系统性的讲授上，

428

认为只要把知识给学生讲明白了学生在写作中就会用,完全忽视了写作策略的主观性和情境性特点。吕叔湘先生认为"语言的使用是一种技能,一种习惯,只有正确的模仿和反复的实践才能养成"。因此,独立写作能力作为一种写作策略,其学习的过程和方法不是传授和记忆,而是多种情境下的运用。

(二)实施中的几点建议

1. 创设情境,激活思维

所谓情境,即情形、景象、境地的组合。创设情境的方式很多,有直观情境、推理情境、语言情境、问题情境等。例如,可以展示与当前学习内容相关联的一段文字资料、图片,设计一个问题或活动等,激发学生主动参与的热情与兴趣,点燃学生思维之火花,促使学生进入最活跃的状态,从消极的知识接受者转变为积极的言语行为的参与者,从而有大量的机会独立思考,表达自己的见解,在自身的主动参与过程中建构写作策略。

2. 明确写作知识,集中注意

写作策略不是写作方法理论,但写作策略离不开写作基础知识,后者是前者的基础。正如吕叔湘先生所说:"学习语言不是学一套知识,但知识可以帮助提高语文能力。"因此,写作策略指导必须把相关的写作策略知识的含义及其具体内容教给学生。例如,讲"抓住事物的特征,说明事物"的写作策略的使用时,必须让学生明确"事物的特征"、"说明事物"等的含义。只有学生对构成写作策略的相关概念内涵已经理解,教师才可以按照的一定的学习规律引导学生学习,同时避免因陌生术语的存在而分散学生的注意力。

写作策略知识不应通过抽象的叙述方式传授给学生,而应通过设置一系列问题,让学生在比较、对比中自己主动建构。

3. 提供范文示例,感悟策略

引导学生掌握了写作策略的相关概念后,要精心选择例文。提供范文示例,一方面使抽象的写作技巧具体化、感性化,像鲁迅先生所说的"凡是已有定评的大作家,他的作品,全部就说明着'应该怎样写'";另一方面,可充分调动学生学习的积极性和主动性,促使学生从例文本身自主探究,感悟写作策略具体的运用方法。例如,一位教师在"以小见大"的构思法指导中,先给学生印发了两篇范文《我终于得到了》和《我家灶头的变化》,要求学生预读,初步了解大意,然后对比哪一种写法更好。学生讨论后发现,一种是面面俱到式的写法,虽然全面却容易泛泛而谈,一种属于以小见大的写法,让人"窥一斑而知全豹",富有个性魅力,给人的印象深刻。接下来教师引导学生在范文的阅读中探究这种方法的使用要求。在这一过程中,激发了学生的认知兴趣,使学生在实践中体悟到了技法的运用要求。

需要注意的是例文既可以是名家名篇,也可以是教师的下水文甚至可以是存在一定问题的学生习作。但例文的难度必须在学生的"最近发展区"内,不能超出学生的认知结构。

4. 设置变式练习,内化策略

写作策略的特点之一是适用情境的灵活性。要让学生掌握写作策略,必须进行不同的练习。如说明一座或一组建筑物,要求抓住建筑物的特征,按空间顺序进行说明。在学习了"采取抓住不同建筑物不同特征的策略,按照空间顺序进行说明"后,再安排学生抓住建筑物外形特征、抓住建筑物的结构特征、抓住建筑物的总体设计特征等规则,按由远及近或由近到远,由内到外或由外到内,由下到上或由上到下,由前到后或由左到右等顺序进行练习。

变式练习的设置要注意两点:

(1)练习形式要多样化。根据学生认知发展特点及写作策略难易程度,可采用书面练习、口头作文练习、修改病文等形式。

(2)练习要有层次性。练习的呈现要遵循先易后难的认知顺序。一开始先设置与原先学习情境相似的问题情境进行练习,随着对写作策略知识的掌握,练习应有所变化,可逐渐演变成与原先情境完全不同的新情境。

学生在这种具有多样性、复杂性、接近生活的现实情境的变式练习中,一方面可以更好地体会写作策略具体的适用条件、范围和要求,另一方面可以通过思维的比较、对照等提高写作主体的应变意识和能力,内化写作策略。

5. 引导自我反思,优化策略

写作策略指导目的是让学生可以根据不同情境的条件有意识地调整和控制自己的写作,提高写作能力。因此,学生掌握写作策略的过程显然也是学生对自己的写作过程和结果认识的过程。只有经常性地引导学生自我反思,提高学生的元认知能力,才能切实提高学生写作策略的使用水平。

引导学生自我反思的方式有很多。比如,语文课程标准要求"能与他人交流写作心得,互相评改作文,以分享感受,沟通见解"。"交流心得"实际就是让学生具体描述自己的写作过程,也就是说从构思开始一步步是如何做的。学生描述的实际上是在写作过程中应用的策略。学生叙述完之后,教师和学生共同评价这些方法的优劣。对于肯定的可以进一步让其他同学也尝试是否真的有效,对于在写作中遇到的困境,共同讨论解决。学生对自己的写作过程进行反思,总结出进步的一面,发现存在的缺点。成功的写作经验可以内化为写作策略,指导以后的写作。另外,可以通过让学生写"批注"和"后记",促使学生对自己的写作过程进行深入思考。

除了学生谈自己的写作体验,教师也可以与学生交流自己"下水作文"的写作心得。讲解写这篇文章的过程中所遇到的困难和怎样克服这些困难的,自己在写作中的收获等。这种方式不仅可以减轻学生写作的恐惧感,增强写作的自我效能感,而且可以使学生在反思辨析的过程中优化写作策略。

总之,通过引导自我反思,使学生能够产生写什么、用什么方法写等自我意识和自我体验,并通过这种自我意识和自我体验调控自己的写作,提高写作策略的运用水平。

二、教学实施案例:
《"以小见大"作文构思法指导》教学设计

研究课题:掌握写作策略,提高独立写作能力

研究教师:山东省青岛市第 44 中学顾东臣;课程标准解读部分由栾贻爱撰写。

教学过程:

(一) 切题讨论导入

1. 师:同学们,假如我们要写一篇反映人们生活水平比原先有较大提高的文章,老师现在提供两种写法,你认为哪一种写法好? 哪一种写法给人的印象更深刻?

写法 1:将现在人们在吃穿住行等方面的情况跟过去一一对比。

写法 2:只侧重写某一方面的变化,如写"我"家餐桌的演变:泥桌—木桌—玻璃桌—红木桌

2. 组织学生讨论发言后,教师小结:前一种是面面俱到式的写法,虽全面却容易泛泛而谈;后一种属于以小见大的写法,让人"窥一斑而知全豹",富有个性魅力,给人的印象往往很深。

(二) 例文写法研讨

1. 板书概念:以小见大法:用日常生活中看似细微平凡的题材来由点及面,推微知著,表现某一重大或深刻的主题的方法。

2. 例文赏析。师:同学们,用这样的方法到底有什么效果,具体又有什么要求呢? 我们先来看例文《我终于得到了》。(例文省略)

3. 析读《我终于得到了》一文。

(1) 要求学生快速阅读范文,边读边思考:作者认为自己得到了什么? 本文的主旨又是什么?

(2) 组织学生讨论回答,教师最后明确:本文写的不过是"我"得到了两盒普通的板蓝根,反映赞颂的却是人间最纯真最美好的感情,是无私的爱和可贵的

精神,赞扬的是洋溢着文明之风、充满人间之爱的社会,结尾是点睛之笔。

（三）归结运用要领（板书并略做讲解）

1. 立意从大处着眼,写作从小处落笔。

2. 小题材应典型,叙写力求具体生动。

3. 注意虚实结合,写好点睛之笔。

（四）构思训练交流

1. 板书出示作文题目和话题:窗口、身边的新鲜事、以"人们观念的变化"或直接以"变化"为话题。

2. 组织学生以四人为一小组进行审题讨论,交流各自的写作构思,最后整合成一份交流稿,推选代表进行班级交流。

3. 小组推选代表发言。

（五）作业布置

要求:运用以小见大法完成一篇记叙文,字数在600字左右;题目可在课堂构思训练题中选,也可自拟。

［**总评**:本教例以练习导入,激发学生的认知兴趣,同时在比较中引导学生感悟"以小见大"的好处;然后,在范文阅读中探究这种方法的使用要求,教师归纳总结;接下来让学生在实践中体验,把这种知识转化为能力,从而真正掌握这种技法的运用要求,提高学生的写作能力。整个教学过程学生始终处在"过程"中,教师引导而不包办,学生自己想、自己写,思维一直处于活跃状态,学生的主体性得到了充分发挥。］

主要参考资料

［1］戴健林. 提纲策略的运用对中学生写作影响的实验研究. 广州大学学报, 2001.

［2］叶圣陶. 叶圣陶语文教育论集. 北京:教育科学出版社,1980.

［3］伍新春. 高等教育心理学. 北京:高等教育出版社,1999.

［4］栾贻爱,顾东臣. 中学生作文困难的原因分析及对策研究. 青岛大学师范学院学报, 2011(4).

注意课程内容的价值取向：
《落叶》教学设计

何倩云　邵明香

课程内容的价值取向既是教学目标之所在，也是课程内容的核心价值，同时是选择教学程序的基准。

一、课程标准解读

课程标准的前言部分，提出"注意课程内容的价值取向"；实施建议部分，在"教学建议"中又强调"重视情感、态度、价值观的正确导向"。可见重视语文课程对学生思想情感所起的熏陶感染作用，注意课程内容的价值取向，是语文教育的重要特点，也是课程标准倡导的基本理念之一。

（一）关于注意课程内容的价值取向的相关问题的认识

1. 依据教材的特点确定课程内容的价值取向

对于语文教师来说，准确把握课程内容的价值取向，必须要对不同教材的核心价值有清醒的认识。课程目标中的阶段阅读目标对不同文体分别进行了表述。第三学段：阅读叙事性作品，"说出自己的喜爱、憎恶、崇敬、向往、同情等感受。阅读诗歌，大体把握诗意，想象诗歌描述的情境，体会作品的情感。受到优秀作品的感染和激励，向往和追求美好的理想。阅读说明性文章，能抓住要点，了解文章的基本说明方法。阅读简单的非连续性文本，能从图文等组合材料中找出有价值的信息"。第四学段："欣赏文学作品，有自己的情感体验，初步领悟作品的内涵，从中获得对自然、社会、人生的有益启示。对作品中感人的情境和形象，能说出自己的体验；品味作品中富于表现力的语言。""阅读简单的议论文，区分观点与材料（道理、事实、数据、图表等），发现观点与材料之间的联系，并通过自己的思考，作出判断。""阅读科技作品，还应注意领会作品中所体现的科学精神和科学思想方法。"这样表述是针对不同文体的特点，提出更具体的阅读要求。最关键的是提示教师必须具有这样一种意识：为不同文体的教材确立不同的价值取向,才能有效地达成"全面提高学生的语文素养"这一课程目标。值得注意的是,即使是相同文体的文章也要根据文章自身的特点确定相应的价值取向。

2. 根据学生的特点确立课程内容的价值取向

首先,不同年级的学生文化层次不同,不同年龄的学生生活经验不同,不同地区的学生文化背景不同,因此即使是同一篇语文材料,由于教学的对象发生了变化,提升学生语文素养的目标也随之发生了变化,也就是课程内容的价值取向发生了变化。这就要求教师具体情况具体分析,准确地把握课程内容的价值取向。

其次,语文课程丰富的人文内涵,决定了不同的学生对同一篇语文材料的感受和理解往往呈现出多元化的反应,这就构成了理解的差异。学生在语文学习活动中,往往能挖掘出许多独特的东西来,这些思维的火花,有些甚至超出教师的预期,成为意想不到的收获。但由于价值选择与取向的模糊性和不稳定性,他们的价值选择与取向又往往良莠并存,其中夹杂着许多模糊不清的认识,甚至是错误的价值取向。那么教师就要在尊重学生的独特体验的前提下,引导学生提炼独特体验中的"合理信息",剔除一些"不合理的误导信息",适时帮助学生形成正确的人生观和价值观。这一过程既是学语文的过程,又是一次生命提升的过程。课程标准说"尊重学生的独特体验"就是尊重学生独特体验中的那些"合理的信息";换个角度来说,课程标准提出的"注意课程内容的价值取向",就是要注意学生独特体验中的那些"不合理的信息"。

3. 依据时代的特点开发课程内容的新的价值

教育是一项社会活动,自然要遵循一定的社会价值观,任何时代、任何国家莫不如此。选入教材的语文材料"继承和发扬中华优秀文化传统和革命传统,体现社会主义核心价值体系的引领作用,突出中国特色社会主义共同理想,弘扬以爱国主义为核心的民族精神和以改革创新为核心的时代精神,树立社会主义荣辱观",培养良好思想道德修养和审美情趣,形成良好的个性和健全的人格。那么把时代和民族倡导、尊崇的主流价值观贯穿于语文学习的全过程应是一项基本的教学任务,这是社会、国家赋予教育的基本义务。

课程标准前言还指出:"当今世界,经济全球化趋势日渐增强,现代科学和信息技术迅猛发展,新的交流媒介不断出现,给社会语言生活带来巨大变化,对中华民族优秀传统文化的继承,对语言文字运用的规范带来新的挑战。时代的进步要求人们具有开阔的视野、开放的心态、创新的思维,对人们的语言文字运用能力和文化选择能力提出了更高的要求,也给语文教育的发展提出了新的课题。"

时代在前进,社会在发展,人们的价值观念也在随之发生急剧的变化,教学内容的价值取向自然与时俱进。阅读前人的作品时,对于作者的价值取向,既会有认同、接受、赞赏的一面,也不可避免地会发生矛盾和碰撞。这是很正常的,体现了阅读的本质:即历史性读物总是在不断更新的阅读中生成着永不完结的意义。进入新课程,语文课程更多地从关注自然、关注生命、关注审美教育的基点着眼,追求的是发展,是融合,而不是漠视和否定。教师和学生在语文学习过程中能够结合时代的特点对教材进行二度开发,做出发展性的个性体验,我们应该大力提倡这种创新思维,这种超文本的阅读正是语文教学创新的体现。

我们的语文教学曾经在很长一段时间内,忽视学生的超文本阅读,认为那是对文本价值取向的背叛。现在,课程标准的实施提倡学生的个性化阅读,把学生超文本阅读的独特体验提升到一个"尊重"的地位,于是不可避免地引发了学生的独特体验与文本的价值取向之间的矛盾。实际上,如果教师能够以发展的眼光来审视这种变化与矛盾,能结合当时的国情来理解文本的价值取向,自然也就能够结合时代的特点来理解学生的独特体验。许多的矛盾不但能够化解,而且能够融为一体。因此,课程标准主张"立足教材,超越教材",既要引导学生走进文本,理解文本的价值取向;又要引导学生能够走出文本,感悟新的价值。走得进,出得来,个性与共性、文本与生活也就相得益彰。

(二)实施中的几点建议

1. 注意课程内容的价值取向,是尊重学生独特体验的前提与基础

虽然语文材料的人文内涵可以因人而异,却并不是可以随意曲解的。如果没有了真善美这个"度",那么注意课程内容的价值取向就毫无意义。课程标准在表述这一内容的时候也是先"注意"后"尊重",无论学生的独特体验多么富有新意,引导学生走进文本、感悟文本、理解文本在当时情境下所蕴含的价值取向,都是语文教学的一项根本任务。对文本的阅读是时读时新,但是文本的核心价值取向是唯一不变的,如果语文教学一味地追求所谓的独特、所谓的创新,在文本以外天马行空,而忽视引导学生走进文本、理解文本的价值内涵,那我们的语文教学就是地地道道的舍本逐末。

2. 既要尊重学生的独特体验,又要重视情感、态度、价值观的正确导向

课程标准指出:语文课程丰富的人文内涵对学生精神领域的影响是广泛而深刻的,学生对语文材料的感受和理解又往往是多元的。因此,在语文学习过程中,学生的独特体验与文本的价值取向发生矛盾是正常的,即使文本已经有了相对客观的标准答案,也应当宽容学生有自己的感悟。只要学生的独特体验不是违背真善美的基本原则,即使出自个别学生,也应该尊重学生独特的情感、体验和有独特创新的理解。

但教师不能一味地尊重学生的独特体验,不加辨析地笼统肯定和赞赏,特别

是当学生的情感、态度、价值观出现大的偏差时，教师要充分发挥主导作用，牢牢把握语文材料的核心价值取向，及时在教学活动中进行价值引导，帮助学生看清那些不合理的错误信息，调整学生的体验，在对话、交流、碰撞中提高认识，形成正确的价值观。否则，只能说是对学生的"伪尊重"，是极不负责任的做法。从教学的角度讲，有效的积极引导才是一种真正意义上的尊重。这才是课程标准"尊重"的本意。

3. 既要尊重学生的独特体验，也要尊重教师的独特体验

因为教师所处的特殊地位，教师的独特体验往往能够左右课堂教学的价值取向。在把握课程内容价值取向的前提下，教师应该结合时代特点对文本内涵做出新的理解，发掘文本的新价值，确立正确、精当、合适的课程内容，促进学生的发展。只要是不违背真善美的基本原则，教师对教材的创造性的理解和使用都应该得到尊重。课程标准赋予了教师新的使命，也对教师提出了更高的要求，要不断地提升自己，练就一双慧眼，挖掘教材背后隐藏的课程价值，才能让语文课程真正实现工具性与人文性的统一，让学生的语文素养得到实实在在的全面提高。

（三）操作时应注意的问题

1. 要注意重视语文课程的潜移默化作用

培养学生高尚的道德情操和健康的审美情趣，形成正确的价值观和积极的人生态度，是与帮助他们掌握学习方法、提高语文能力的过程融为一体的，不应当作外在的附加任务。而具有丰富人文内涵的语文课程，对学生的情感、态度、价值观的影响是广泛而深远的，所以语文课程不能不重视熏陶感染、潜移默化的作用，而熏陶感染、潜移默化不能指望立竿见影、一蹴而就，重在"润物细无声"。一是要发挥语文课程以情感人、以美育人的独特功能，使学生在感受语文材料、感悟语文底蕴的过程中，受到心灵的感动、人格的感化，逐步形成良好的个性和健全的人格。二是要发挥语文教师独特的人格魅力，用教师自身的人文精神去滋润、去涵养、去提升学生的人文素养和文化品位。只有当教师深情投入、真情流露、热情洋溢、激情四射的时候，才能以情悟情、以心契心、以神会神，学生才能受到真正的熏陶和感染，才能真正地自我实现生命的价值。

2. 要注意不可强行灌输

课程标准提倡教师要认真钻研教材，创造性地理解和使用教材，所以教师对课程内容的解读当然是越深刻越好，但是，要清醒地认识到，教师钻研教材不是个人的文学鉴赏，而是要为学生的语文阅读服务的。所以，不要强行把自己以几十年的知识积淀得来的解读灌输给学生，以为这可以带给学生思维的冲击，其实以教师的分析代替学生个性化的阅读实践并不符合学生的认知规律和审美情趣，更不利于落实课程标准所强调的"要尊重学生在语文学习过程中的独特体验"。

3. 要注意重视激励性评价

既然课程内容的价值取向可以根据学生的特点来调整和确定,那么教师就要以生为本,把思考、发现、批判的权利交给学生,让他们的情感、思维张扬,使学习过程成为一个富有个性化的过程。这就需要教师敏锐地捕捉学生反馈的信息,珍视学生的个性化体验,善于运用赏识和期待的语言评价学生、激励学生,尊重学生的自尊心和自信心,爱护学生学习的自主性和积极性,鼓励学生运用多种方法,从不同的角度、不同的层次进行探究,让学生在激励中创新,在激励中提升,在激励中实现生命的价值。

二、教学实施案例:《落叶》教学设计

研究课题:课程内容价值取向的选择与实施

研究教师:山东省威海市第三中学何倩云,威海市统一路小学邵明香。

教科书简介:《落叶》是鲁教版七年级上册第二单元的一篇散文。教学设计一课时。

教学目标:

1. 通过反复诵读,品味生动形象而又富含哲理的语言,体味作者由落叶而引发的生命感悟。

2. 了解托物言志的写法,引导学生感受生命的真谛。

教学过程:

(一) 坦陈心迹——"我"眼中的落叶

同学们,今天老师想送给大家一个礼物,大家能猜出是什么吗?(学生七嘴八舌地猜测,老师出示各种形态的落叶)从大家的眼神中,我看见了大家的失望,能告诉老师为什么失望吗?

你对落叶有什么想说的吗?(学生谈感想或想法,教师暂不做评价)

刚才同学们发表了自己对这几枚落叶的看法,今天,就让我们一起走进当代著名作家贾平凹先生的心灵世界,看看他面对这枯萎的落叶,有何感想。

(板书标题《落叶》、贾平凹)

[评:课程标准指出:语文课程丰富的人文内涵对学生精神领域的影响是深广的,学生对语文材料的反应又往往是多元的。尊重并重视学生的个性化理解是语文教学的前提。这一环节意在从学生对落叶的个性化解读入手,引导学生由浅入深,由感性到理性地认识落叶的象征意义。]

(二) 走进文本——"作者"文中的落叶

1. 自由阅读

现在请同学们以自己喜欢的方式读课文,大家可以大声朗读,也可以小声吟诵。遇到生字新词,建议大家利用课文下的注释和工具书自主学习。

学生交流:掌握了哪些生字新词,对哪些词语还心存疑惑。

师生读写生字新词。

[评:语文具有工具性,无论形势如何变化,能读会写都是语文教学永恒不变的第一要义,也是人文语文的基础与关键。]

2. 配乐美读

(1)读完贾平凹的《落叶》,你对落叶有没有新的感悟?请结合自己的理解,有感情地大声朗读这篇文章。

(2)教师播放音乐《绿叶对根的情意》,营造美的氛围。

(3)朗诵指导:读罢课文,本文写了什么样的落叶?作者对落叶的态度前后发生了怎样的变化?

学生谈自己的见解。

参考:春天枝多叶茂,夏天繁盛蓬勃,给我们美好灵动、飞舞快乐的感觉。秋天叶子凋落,瘦骨嶙峋,一片衰败的景象。但它快乐幸福毫不悲伤,每时每刻都在享受生命的乐趣。

喜欢—同情(哀叹)—敬仰—感悟人生真谛

[评:这一环节旨在发挥语文课程以情感人、以美育人的独特功能,使学生在感受语文材料、感悟语文底蕴的过程中,受到心灵的感动、人格的感化。配乐朗诵的方式为学生营造了美好的氛围,充分调动了学生的积极性和创造性,使语文的课堂充盈着琅琅书声。

再者语文教学应当遵循阅读—品味—感悟这一规律,帮助学生由感性的体验上升到理性的思考。因此在这一环节教师不应先入为主,而要让学生先读课文,对文本有一个整体的把握和了解。]

3. 品味阅读

不加咀嚼的朗读永远不能真正理解、感悟一篇美文的思想内涵,因而我们需要多读多品才能有所收获。

(1)请同学们再次仔细品读课文,用圈画词句品读法,标记出自己最喜欢的或对自己有启示的句子,并在旁边点评。

教师提示:

① 找出并诵读描写绿叶的句子,分析作者用词的巧妙,体会作者的情感。

② 找出并诵读描写落叶的句子,分析作者用词的巧妙,体会作者的情感。(体会情感,以引为主,允许学生有独立的情感体验)

③ "我于是很敬仰起法桐来",作者敬仰法桐什么?

438

（2）小组先研讨,而后全班交流。

（3）教师适时点拨梳理,并板书。

参考内容:

美——用词美、修辞美、哲理美

情——赞美、喜爱、同情、敬仰

理——欢乐到来,欢乐又归去是天地间欢乐的内容

凋落自己,换来新生

4. 感悟阅读

凋落自己,换来新生。这片落叶让我想起了印度伟大诗人泰戈尔一生的志愿:生如夏花之绚丽,死如秋叶之静美。这不正是我们追求的至高境界吗? 让我们高声齐诵文章的最后两段吧!

[评:语文课程标准要求读书要有"独特的感受和体验",要"多角度、有创意地阅读"。课堂上留给学生足够的时间去独立鉴赏本文优美的句子,在交流中,让学生谈自己的感受。这样既尊重鼓励了学生的多元化解读,又突出了学生的主体地位。课堂标准说"尊重学生的独特体验"其实就是尊重学生独特体验中的那些"合理的信息",因此虽然学生是课堂主体,但教师在课堂上的主导作用决不能忽视。]

（三）感悟文本——我"心灵"中的落叶

1. "落叶"的真谛

任何成功的文学作品都是内容与形式的完美结合。比如竹子会让我们想到守节操、有气节、清高脱俗的人;松树会让我们联想到意志坚定、坚强不屈的精神和具有松树品格的人……同学们想想:落叶让我们想到什么? 这是什么写作手法?（托物言志）

参考:贾平凹写的是落叶,其实又何尝不是人生?

2. 生命的真谛

请结合自己的阅读体验和生活经历,谈谈你对生命的理解。

（学生谈理解）

参考:无论在任何处境中,对生活始终要充满希望。

应该拥有落叶的精神——牺牲自己,成就他人。

敬畏生命,珍惜生命。

善待一切生命。

[评:课程标准主张"立足教材,超越教材",既要引导学生走进文本,理解文本的价值取向,又要引导学生走出文本,感悟新的价值。这篇文章是在解读作者的一次心灵体验,读它的同时,读者也经历了一次心灵的触动。初一的学生阅历

439

浅,可能就事论事,这个环节就是鼓励学生结合自己的生活体验联想到人生,进而领悟生命的意义,从而珍惜生命、热爱生命、充实生命。]

(四)小结提升

(再次拿起落叶)

我曾说过要把落叶当作礼物送给大家,其实,它们不仅仅是枯萎的落叶。它是永恒的生命,是生命中永恒的追求。拥有夏花秋叶般崇高的品格,才是我们人生追求的至高境界啊!

我们是青葱的绿叶,生机勃勃,所以我们更要珍惜生命,充实人生!

这就是贾平凹借助《落叶》要送给大家的礼物啊!

(五)我手写我心

其实自然现象中有许多与落叶一样的现象,虽然司空见惯,但也能给人启迪。请你选择熟悉的自然现象,完成仿写,不少于600字。

[总评:本教学设计,有以下几个特点:

第一,重视诵读,以诵读带动思考。朗读是把握情感的重要方法。通过多样的诵读,自由诵读—配乐美读—品味阅读—感悟阅读等形式,让学生在经历和沉浸于朗读的过程中受到美的熏陶和感染,透过品味语言来与作者对话,从而激发学生对生活对生命的热爱之情。对于意蕴或哲理丰富的句子还会让学生反复地朗读几次,进而感受语句中所包含的深层内涵,感悟文章主旨。

第二,尊重学生独特的体验,坚持以学生为主体,教师为主导。课程标准特别强调学生是学习和发展的主体,本次的课堂教学过程中较好地突出了学生的主体地位,给学生留足了思考、探究的时间,让学生谈自己的感受。另外,教师也充分地发挥了主导作用,既尊重学生对文本的多元解读,也及时给予学生正确的引导和评价,同时适时地分析小结,帮助学生加深印象。

第三,重视课程的人文性,引领学生走进、深入、跳出文本。立足于文本,引导学生走进文本,感悟文本,理解文本在当时情境下所蕴含的价值取向,是语文教学的一项根本任务。本案例的思路是引领学生走进文本,深入文本,跳出文本,结合个体的经历,对生命这个话题有更深的理解和体悟。]

主要参考资料

[1] 沈道奇. 语文课应注意教学内容的价值取向. 阅读与鉴赏(学术版上旬刊), 2011(6).

[2] 陈荣华. 浅谈语文教学内容的价值取向. http://www.yuwen123.com/Article/201110/51407.html.

语文课程标准部分内容的比对与研究
（2011 年版与 2001 年实验稿）

林治金　刘彦臣　林　磊　韩方罡　肖殿水

实验稿语文课程标准，经十年的试行，成绩还是显著的，课程改革和课程标准提出的许多先进的理念、方法，已逐步沉淀下来，并得到了各界认同。这次修订，特别注意把课程标准中实施并逐步得到认可的那些新理念和做法，体现出来。以下，我们选择课程标准中的部分内容进行比对，研究其修订的基本情况。

一、关于"前言"中的"导语"与"课程性质"

（一）关于"前言"中的"导语"
1. "导语"的文本比对

2001 年实验稿课程标准	2011 年版课程标准
现代社会要求公民具备良好的人文素养和科学素养，具备创新精神、合作意识和开放的视野，具备包括阅读理解与表达交流在内的多方面的基本能力，以及运用现代技术搜集和处理信息的能力。语文教育应该而且能够造就现代化社会所需的一代新人发挥重要作用。面对社会发展的需要，语文教育必须在课程目标和内容、教学观念和学习方式、评价目的和方法等方面进行系统的改革。	语言文字是人类最重要的交际工具和信息载体，是人类文化的重要组成部分。语言文字的运用，包括生活、工作和学习中的听说读写活动以及文学活动，存在于人类社会的各个领域。当今世界，经济全球化趋势日渐增强，现代科学和信息技术迅猛发展，新的交流媒介不断出现，给社会语言生活带来巨大变化，对中华民族优秀传统文化的继承，对语言文字运用的规范带来新的挑战。时代的进步要求人们具有开阔的视野、开放的心态、创新的思维，对人们的语言文字运用能力和文化选择能力提出了更高的要求，也给语文教育的发展提出了新的课题。

2001 年实验稿课程标准	2011 年版课程标准
九年义务教育语文课程的改革,应以马克思主义和科学的教育理论为指导,总结我国语文教育的成败得失,借鉴各国母语教育改革的经验,遵循语文教育的规律,努力建设与现代社会发展相适应的语文课程,在培养学生思想道德素质、科学文化素质等方面发挥应有的作用。	语文课程致力于培养学生的语言文字运用能力,提升学生的综合素养,为学好其他课程打下基础;为学生形成正确的世界观、人生观、价值观,形成良好个性和健全人格打下基础;为学生的全面发展和终身发展打下基础。语文课程对继承和弘扬中华民族优秀文化传统和革命传统,增强民族文化认同感,增强民族凝聚力和创造力,具有不可替代的优势。语文课程的多重功能和奠基作用,决定了它在九年义务教育中的重要地位。

2. “导语”的修订撮要

重写。第一段文字,首先提出“语言文字是人类最重要的交际工具和信息载体,是人类文化的重要组成部分。语言文字的运用,包括生活、工作和学习中的听说读写活动以及文学活动,存在于人类社会的各个领域”,接着,强调“对人们的语言文字运用能力和文化选择能力提出了更高的要求,也给语文教育的发展提出了新的课题”。第二段文字,首先提出“语文课程致力于培养学生的语言文字运用能力,提升学生的综合素养,为学好其他课程打下基础;为学生形成正确的世界观、人生观、价值观,形成良好个性和健全人格打下基础;为学生的全面发展和终身发展打下基础”,接着,强调课程的地位。

3. “导语”的回应问题

课程改革出现了“人文性”加强了而“工具性”忽略了,“文学性”、“欣赏性”突出了而“基础性”削弱了等现象。

（二）关于“课程性质”

1. “课程性质”的文本比对

2001 年实验稿课程标准	2011 年版课程标准
语文是最重要的交际工具,是人类文化的重要组成部分。工具性与人文性的统一,是语文课程的基本特点。 　　语文课程应致力于学生语文素养的形成与发展。语文素养是学生学好其他课程的基础,也是学生全面发展和终身发展的基础。语文课程的多重功能和奠基作用,决定了它在九年义务教育阶段的重要地位。	语文课程是一门学习语言文字运用的综合性、实践性课程。义务教育阶段的语文课程,应使学生初步学会运用祖国语言文字进行交流沟通,吸收古今中外优秀文化,提高思想文化修养,促进自身精神成长。工具性与人文性的统一,是语文课程的基本特点。

2. "课程性质"的修订撮要

将实验稿"课程性质与地位"改为"课程性质",将实验稿两段五句话改写为一段三句话。一句讲语文课程的综合性、实践性,"语文课程是一门学习语言文字运用的综合性、实践性课程"。一句讲义务教育阶段的语文课程的课程价值,一句讲语文课程的基本特点。这三句话,强调课程的目标和内容必须聚焦于"语言文字运用",突出"综合性"、"实践性"的特点。语文课程内容十分丰富,但教学目标和内容都必须围绕"学习语言文字的运用"的核心。

3. "课程性质"修订的回应问题

由于对语文课程内容缺乏明确的限定,出现了语文学科内涵的不定、外延的膨胀,课程理论杂糅性、课程内容模糊性的问题,导致对学科性质没有基本的正确的认识,缺乏辩证思维,矫枉过正,顾此失彼。

二、关于"课程基本理念"

(一)关于"全面提高学生的语文素养"

1. "全面提高学生的语文素养"的文本比对

2001 年实验稿课程标准	2011 年版课程标准
九年义务教育阶段的语文课程,必须面向全体学生,使学生获得基本的语文素养。语文课程应培育学生热爱祖国语文的思想感情,指导学生正确地理解和运用祖国语文,丰富语言的积累,培养语感,发展思维,使他们具有适应实际需要的识字写字能力、阅读能力、写作能力、口语交际能力。语文课程还应重视提高学生的品德修养和审美情趣,使他们逐步形成良好的个性和健全的人格,促进德、智、体、美的和谐发展。	九年义务教育阶段的语文课程,必须面向全体学生,使学生获得基本的语文素养。 语文课程应激发和培养学生热爱祖国语文的思想感情,引导学生丰富语言积累,培养语感,发展思维,初步掌握学习语文的基本方法,养成良好的学习习惯,具有适应实际生活需要的识字写字能力、阅读能力、写作能力、口语交际能力,正确运用祖国语言文字。语文课程还应通过优秀文化的熏陶感染,促进学生和谐发展,使他们提高思想道德修养和审美情趣,逐步形成良好的个性和健全的人格。

2. "全面提高学生的语文素养"的修订撮要

将实验稿中的一段文字补充为两段文字。其中第二段文字,添加了"初步掌握学习语文的基本方法,养成良好的学习习惯"和"语文课程还应通过优秀文化的熏陶感染,促进学生和谐发展,使他们提高思想道德修养和审美情趣,逐步形成良好的个性和健全的人格"。

3. "全面提高学生的语文素养"修订的回应问题

社会的反映,一是表述为"语文素养"削弱了语文课程的"工具性";二是用

"语文素养"作为核心概念而不用"语文能力",会增加语文课程的负担。

（二）关于"正确把握语文教育的特点"

1．"正确把握语文教育的特点"的文本比对

2001年实验稿课程标准	2011年版课程标准
语文课程丰富的人文内涵对学生精神领域的影响是深广的,学生对语文材料的反应又往往是多元的。因此,应该重视语文的熏陶感染作用,注意教学内容的价值取向,同时也应尊重学生在学习过程中的独特体验。	语文课程丰富的人文内涵对学生精神世界的影响是广泛而深刻的,学生对语文材料的感受和理解又往往是多元的。因此,应该重视语文课程对学生思想情感所起的熏陶感染作用,注意课程内容的价值取向,要继承和发扬中华优秀文化传统和革命传统,体现社会主义核心价值体系的引领作用,突出中国特色社会主义共同理想,弘扬以爱国主义为核心的民族精神和以改革创新为核心的时代精神,树立社会主义荣辱观,培养良好思想道德风尚,同时也要尊重学生在语文学习过程中的独特体验。
语文是实践性很强的课程,应着重培养学生的语文实践能力,而培养这种能力的主要途径也应是语文实践,不宜刻意追求语文知识的系统和完整。语文又是母语教育课程,学习资源和实践机会无处不在,无时不有。因而,应该让学生更多地直接接触语文材料,在大量的语文实践中掌握运用语文的规律。	语文课程是实践性课程,应着重培养学生的语文实践能力,而培养这种能力的主要途径也应是语文实践。语文课程是学生学习运用祖国语言文字的课程,学习资源和实践机会无处不在,无时不有。因而,应该让学生多读多写,日积月累,在大量的语文实践中体会、把握运用语文的规律。
语文课程还应考虑汉语言文字的特点对识字写字、阅读、写作、口语交际和学生思维发展等方面的影响,在教学中尤其要重视培养良好的语感和整体把握的能力。	语文课程应特别关注汉语言文字的特点对学生识字写字、阅读、写作、口语交际和思维发展等方面的影响,在教学中尤其要重视培养良好的语感和整体把握的能力。

2．"正确把握语文教育的特点"的修订撮要

修订版的三段文字是对实验稿的补充。第一段文字,添加了"要继承和发扬中华优秀文化传统和革命传统,体现社会主义核心价值体系的引领作用,突出中国特色社会主义共同理想,弘扬以爱国主义为核心的民族精神和以改革创新为核心的时代精神,树立社会主义荣辱观,培养良好思想道德风尚"。第二段文字,添加了"语文课程是学生学习运用祖国语言文字的课程",要"多读多写,日积月累"。

3．"正确把握语文教育的特点"修订的回应问题

社会反映,突出了世界语文教育的共性,忽略了"汉语文教育的传统"。"工具"的失落,"人文"的升腾,"共性"的张扬,语文教育存有"去汉语文"、"去汉语

文知识"、"去汉语文技能"的倾向。

（三）关于"积极倡导自主、合作、探究的学习方式"

1. "积极倡导自主、合作、探究的学习方式"的文本比对

2001年实验稿课程标准	2011年版课程标准
学生是学习和发展的主体。语文课程必须根据学生身心发展和语文学习的特点，关注学生的个体差异和不同的学习需求，爱护学生的好奇心、求知欲，充分激发学生的主动意识和进取精神，倡导自主、合作、探究的学习方式。教学内容的确定，教学方法的选择，评价方式的设计，都应有助于这种学习方式的形成。 　　语文综合性学习有利于学生在感兴趣的自主活动中全面提高语文素养，是培养学生主动探究、团结合作、勇于创新精神的重要途径，应该积极提倡。	学生是学习的主体。语文课程必须根据学生身心发展和语文学习的特点，爱护学生的好奇心、求知欲，鼓励自主阅读、自由表达，充分激发他们的问题意识和进取精神，关注个体差异和不同的学习需求，积极倡导自主、合作、探究的学习方式。教学内容的确定，教学方法的选择，评价方式的设计，都应有助于这种学习方式的形成。 　　语文学习应注重听说读写的相互联系，注重语文与生活的联系，注重知识与能力、过程与方法、情感态度与价值观的整体发展。综合性学习既符合语文教育的传统，又具有现代社会的学习特征，有利于学生在感兴趣的自主活动中全面提高语文素养，有利于培养学生主动探究、团结合作、勇于创新的精神，应该积极提倡。

2. "积极倡导自主、合作、探究的学习方式"的修订撮要

对实验稿的两段话做了补充。第一段文字，补充了"鼓励自主阅读、自由表达"。第二段文字，补充了"语文学习应注重听说读写的相互联系，注重语文与生活的联系，注重知识与能力、过程与方法、情感态度与价值观的整体发展。综合性学习既符合语文教育的传统，又具有现代社会的学习特征"。

3. "积极倡导自主、合作、探究的学习方式"修订的回应问题

课程改革中的误区，一是开展"自主、合作、探究"式教学，就是让学生分组讨论，共同研究问题；二是探究性学习的泛化和绝对化；三是盲目排斥接受性学习。

（四）关于"努力建设开放而有活力的语文课程"

1. "努力建设开放而有活力的语文课程"的文本比对

2001年实验稿课程标准	2011年版课程标准
语文课程应植根于现实，面向世界，面向未来。应拓宽语文学习和运用的领域，注重跨学科的学习和现代化科技手段的运用，使学生在不同内容和方法的相互交叉、渗透和整合中开阔视野，提高学习效率，初步获得现代社会所需要的语文实践能力。	语文课程的建设应继承我国语文教育的优良传统，注重读书、积累和感悟，注重整体把握和熏陶感染；同时应密切关注现代社会发展的需要，拓宽语文学习和运用的领域，注重跨学科的学习和现代科技手段的运用，使学生在不同内容和方法的相互交叉、渗透和整合中开阔视野，提高学习效率，初步养成现代社会所需要的语文素养。

2001 年实验稿课程标准	2011 年版课程标准
语文课程应该是开放而富有创新活力的,应尽可能够满足不同地区、不同学校、不同学生的需求,并能够根据社会的需要不断自我调节、更新发展。应当密切关注当代社会信息化的进程,推动语言课程的变革和发展。	语文课程应该是开放而富有创新活力的。要尽可能满足不同地区、不同学校、不同学生的需求,确立适应时代需要的课程目标,开发与之相适应的课程资源,形成相对稳定而又灵活的实施机制,不断地自我调节、更新发展。

2. "努力建设开放而有活力的语文课程"的修订撮要

修订版在实验稿的基础上,第一段文字补充了"语文课程的建设应继承我国语文教育的优良传统,注重读书、积累和感悟,注重整体把握和熏陶感染;同时应密切关注现代社会发展的需要"。第二段文字补充了语文课程应该是开放而富有创新活力的,要尽可能满足不同地区、不同学校、不同学生的需求,"确立适应时代需要的课程目标,开发与之相适应的课程资源,形成相对稳定而又灵活的实施机制,不断地自我调节、更新发展"。

3. "努力建设开放而有活力的语文课程"修订的回应问题

课程改革中存在的主要问题,一是课程资源开发的单一性,二是课程资源开发离语文课程越来越远。

三、关于"总体目标与内容"

(一)关于"总体目标与内容"部分的"导语"

1. "总体目标与内容"部分的"导语"的文本比对

2011 年版课程标准与 2001 年实验稿课程标准相比,增添了"总体目标与内容"的"导语":"课程目标从知识与能力、过程与方法、情感态度与价值观三个方面设计。三者相互渗透,融为一体。目标的设计着眼于语文素养的整体提高。"

2. "总体目标与内容"部分的"导语"的修订撮要

修订版所添加的一段导语,突出强调了课程目标设计的三维性(知识与能力、过程与方法、情感态度与价值观)和语文课程的核心概念(语文素养)。

(二)关于"总体目标与内容"的具体条款

1. "总体目标与内容"的具体条款的文本比对

2001 年实验稿课程标准	2011 年版课程标准
1. 在语文学习过程中,培养爱国主义感情、社会主义道德品质,逐步形成积极的人生态度和正确的价值观,提高文化品位和审美情趣。	1. 在语文学习过程中,培养爱国主义、集体主义、社会主义思想道德和健康的审美情趣,发展个性,培养创新精神和合作精神,逐步形成积极的人生态度和正确的世界观、价值观。

2001 年实验稿课程标准	2011 年版课程标准
2. 认识中华文化的丰厚博大,吸收民族文化智慧。关心当代文化生活,尊重多样文化,吸取人类优秀文化的营养。	2. 认识中华文化的丰厚博大,汲取民族文化智慧。关心当代文化生活,尊重多样文化,吸收人类优秀文化的营养,提高文化品位。
3. 培植热爱祖国语言文字的情感,养成语文学习的自信心和良好习惯,掌握最基本的语文学习方法。	3. 培育热爱祖国语言文字的情感,增强学习语文的自信心,养成良好的语文学习习惯,初步掌握学习语文的基本方法。
4. 在发展语言能力的同时,发展思维能力,激发想象力和创造潜能。逐步养成实事求是,崇尚真知的科学态度,初步掌握科学的思想方法。	4. 在发展语言能力的同时,发展思维能力,学习科学的思想方法,逐步养成实事求是、崇尚真知的科学态度。
5. 能主动进行探究性学习,在实践中学习、运用语文。	5. 能主动进行探究性学习,激发想象力和创造潜能,在实践中学习和运用语文。
6. 学会汉语拼音。能说普通话。认识3500 个左右常用汉字。能正确工整地书写汉字,并有一定的速度。	6. 学会汉语拼音。能说普通话。认识3500 个左右常用汉字。能正确工整地书写汉字,并有一定的速度。
7. 具有独立阅读的能力,注重情感体验,有较丰富的积累,形成良好的语感。学会运用多种阅读方法。能初步理解、鉴赏文学作品,受到高尚情操与趣味的熏陶,发展个性,丰富自己的精神世界。能借助工具书阅读浅易文言文。九年课外阅读总量应在 400 万字以上。	7. 具有独立阅读的能力,学会运用多种阅读方法。有较为丰富的积累和良好的语感,注重情感体验,发展感受和理解的能力。能阅读日常的书报杂志,能初步鉴赏文学作品,丰富自己的精神世界。能借助工具书阅读浅易文言文。背诵优秀诗文 240 篇(段)。九年课外阅读总量应在 400 万字以上。
8. 能具体明确、文从字顺地表述自己的意思。能根据日常生活需要,运用常见的表达方式写作。	8. 能具体明确、文从字顺地表达自己的见闻、体验和想法。能根据需要,运用常见的表达方式写作,发展书面语言运用能力。
9. 具有日常口语交际的基本能力,在各种交际活动中,学会倾听、表达与交流,初步学会文明地进行人际沟通和社会交往,发展合作精神。	9. 具有日常口语交际的基本能力,学会倾听、表达与交流,初步学会运用口头语言文明地进行人际沟通和社会交往。
10. 学会使用常用的语文工具书。初步具备搜集和处理信息的能力。	10. 学会使用常用的语文工具书。初步具备搜集和处理信息的能力,积极尝试运用新技术和多种媒体学习语文。

2.“总体目标与内容”的具体条款的修订撮要

修订后的语文课程标准提出的目标很鲜明,就是打好“三个基础”:为学好其他课程打好基础;为学生形成正确的人生观、形成健康的个性与人格打好基础;为学生的终身发展打好基础。第1条修改为“在语文学习过程中,培养爱国主义、集体主义、社会主义思想道德和健康的审美情趣,发展个性,培养创新精神和合作精神,逐步形成积极的人生态度和正确的世界观、价值观”,强调“培养创新精神和合作精神”;第2条增加了“提高文化品位”;第7条增加了“发展感受和理解的能力”;第8条增加了“发展书面语言运用能力”;第10条增加了“积极尝试运用新技术和多种媒体学习语文”。

3.“总体目标与内容”的具体条款修订的回应问题

社会反映,总目标的高度理想化,个别目标定得过于高远,显得大而空。

四、关于小学学段的五项教学内容

五项教学内容指的是“识字与写字、阅读、写话(习作、写作)、口语交际、综合性学习”。下面,我们将分“学段目标与内容”、“教学建议”、“评价建议”三个方面,比对分析每项具体内容(其中,“教学建议”、“评价建议”都有几条共同的原则性建议条款,这里不作比对与研究)。

在“学段目标与内容”、“教学建议”、“评价建议”三个方面,修订后的2011年版语文课程标准,阶段性目标具体了,关键性要求突出了,表述层次清楚了,达成梯度清晰了、坡度减缓了,实施难度降低了,因而课程目标的适切性和教学实施的可操作性更强了,更接近了学生语言文字运用能力发展的实际水平,也就更有利于指导语文课程的实施了。

(一)关于识字与写字

1. 识字与写字“学段目标与内容”

(1)识字与写字“学段目标与内容”的文本比对

年级	2001年实验稿课程标准	2011年版课程标准
第一学段	1. 喜欢学习汉字,有主动识字的愿望。 2. 认识常用汉字1600~1800个,其中800~1000个会写。 3. 掌握汉字的基本笔画和常用的偏旁部首,能按笔顺规则用硬笔写字,注意间架结构。初步感受汉字的形体美。	1. 喜欢学习汉字,有主动识字、写字的愿望。 2. 认识常用汉字1600个左右,其中800个左右会写。 3. 掌握汉字的基本笔画和常用的偏旁部首,能按笔顺规则用硬笔写字,注意间架结构。初步感受汉字的形体美。

年级	2001 年实验稿课程标准	2011 年版课程标准
第一学段	4. 养成正确的写字姿势和良好的写字习惯,书写规范、端正、整洁。 5. 学会汉语拼音。能读准声母、韵母、声调和整体认读音节。能准确地拼读音节,正确书写声母、韵母和音节。认识大写字母,熟记《汉语拼音字母表》。 6. 能借助汉语拼音认读汉字。能用音序和部首检字法查字典,学习独立识字。	4. 努力养成良好的写字习惯,写字姿势正确,书写规范、端正、整洁。 5. 学会汉语拼音。能读准声母、韵母、声调和整体认读音节。能准确地拼读音节,正确书写声母、韵母和音节。认识大写字母,熟记《汉语拼音字母表》。 6. 学习独立识字。能借助汉语拼音认读汉字,学会用音序检字法和部首检字法查字典。
第二学段	1. 对学习汉字有浓厚的兴趣,养成主动识字的习惯。 2. 累计认识常用汉字 2500 个,其中 2000 个左右会写。 3. 会使用字典、词典,有初步的独立识字能力。 4. 能使用硬笔熟练地书写正楷字,做到规范、端正、整洁。用毛笔临摹正楷字帖。 5. 有条件的地方,可学习使用键盘输入汉字。	1. 对学习汉字有浓厚的兴趣,养成主动识字的习惯。 2. 累计认识常用汉字 2500 个左右,其中 1600 个左右会写。 3. 有初步的独立识字能力。会运用音序检字法和部首检字法查字典、词典。 4. 能使用硬笔熟练地书写正楷字,做到规范、端正、整洁。用毛笔临摹正楷字帖。 5. 写字姿势正确,有良好的书写习惯。
第三学段	1. 有较强的独立识字能力。累计认识常用汉字 3000 个,其中 2500 个左右会写。 2. 硬笔书写楷书,行款整齐,有一定的速度。 3. 能用毛笔书写楷书,在书写中体会汉字的美感。	1. 有较强的独立识字能力。累计认识常用汉字 3000 个左右,其中 2500 个左右会写。 2. 硬笔书写楷书,行款整齐,力求美观,有一定的速度。 3. 能用毛笔书写楷书,在书写中体会汉字的优美。 4. 写字姿势正确,有良好的书写习惯。

（2）识字与写字"学段目标与内容"的修订撮要

在实验稿的 14 条要求的基础上,添加 1 条,并做字句的修改。第一学段保留原 6 条,第 2 条要求"800 个左右会写";第二学段第 2 条要求"1600 个左右会写",第 5 条改为"写字姿势正确,有良好的书写习惯";第三学段添加为 4 条,其中第 2 条添加硬笔书写要"力求美观",新添第 4 条"写字姿势正确,有良好的书写习惯"。

2. 识字与写字"教学建议"

（1）识字与写字"教学建议"的文本比对

2001年实验稿课程标准	2011年版课程标准
识字写字是阅读和写作的基础,是1～2年级的教学重点。	识字、写字是阅读和写作的基础,是第一学段的教学重点,也是贯串整个义务教育阶段的重要教学内容。
识字与写字的要求应有所不同,1～2年级要多认少写。	低年级阶段学生"会认"与"会写"的字量要求有所不同。在教学过程中要"多认少写",要求学生会认的字不一定同时要求会写。本标准附有"识字、写字教学基本字表",建议先认先写"字表"中的300个字,逐步发展识字写字能力。
识字教学要将儿童熟识的语言因素作为主要材料,同时充分利用儿童的生活经验,注重教给识字方法;力求识用结合。运用多种形象直观的教学手段,创设丰富多彩的教学情境。	识字教学要注意儿童心理特点,将学生熟识的语言因素作为主要材料,结合学生的生活经验,引导他们利用各种机会主动识字,力求识用结合。要运用多种识字教学方法和形象直观的教学手段,创设丰富多彩的教学情境,提高识字教学效率。
写字教学要重视对学生写字姿势的指导,引导学生掌握基本的书写技能,养成良好的书写习惯。	按照规范要求认真写好汉字是教学的基本要求,练字的过程也是学生性情、态度、审美趣味养成的过程。每个学段都要指导学生写好汉字。要求学生写字姿势正确,指导学生掌握基本的书写技能,养成良好的书写习惯,提高书写质量。第一、第二、第三学段,要在每天的语文课中安排10分钟,在教师指导下随堂练习,做到天天练。要在日常书写中增强练字意识,讲究练字效果。
汉语拼音教学尽可能有趣味性,宜以活动和游戏为主,与学说普通话、识字教学相结合。	汉语拼音教学要尽可能有趣味性,宜多采用活动和游戏的形式,应与学说普通话、识字教学相结合,注意汉语拼音在现实语言生活中的运用。

（2）识字与写字"教学建议"的修订撮要

将实验稿5条教学建议添加为6条,并做较大的修改。其中,第1条,在实验稿的第1条的基础上添加了"也是贯串整个义务教育阶段的重要教学内容",强调识字写字教学的重要性。第2条,改写为"低年级阶段学生'会认'与'会写'的字量要求有所不同。在教学过程中要'多认少写',要求学生会认的字不一定同时要求会写。本标准附有'识字、写字教学基本字表',建议先认先写'字表'中的 300 个字,逐步发展识字写字能力"。第 3 条和第 4 条,是实验稿的第 3 条的改写,强调"识字教学要注意儿童心理特点"和"提高识字教学效率"。第 5 条改写为"按照规范要求认真写好汉字是教学的基本要求,练字的过程也是学生性情、态度、审美趣味养成的过程。每个学段都要指导学生写好汉字。要求学生写字姿势正确,指导学生掌握基本的书写技能,养成良好的书写习惯,提高书写质量。第一、第二、第三学段,要在每天的语文课中安排 10 分钟,在教师指导下随堂练习,做到天天练。要在日常书写中增强练字意识,讲究练字效果"。第 6 条添加了"注意汉语拼音在现实语言生活中的运用"。

3. 识字与写字"评价建议"

(1) 识字与写字"评价建议"的文本比对

2001 年实验稿课程标准	2011 年版课程标准
1. 汉语拼音能力的评价,重在考察学生认读和拼读的能力,以及借助汉语拼音认读汉字、纠正地方音的情况。 2. 评价识字要考察学生认清字形、读准字音、掌握汉字基本意义的情况,以及在具体语言环境中运用汉字的能力,借助字典、词典等工具书识字的能力。不同的学段应有不同的侧重。 3. 关注学生日常识字的兴趣,关注学生写字的姿势与习惯,重视书写的正确、端正、整洁,激发学生识字写字的积极性,不能简单地用罚抄的方式来达到纠正错别字的目的。	汉语拼音学习的评价,重在考察学生认读和拼读的能力,以及借助汉语拼音认读汉字、说普通话、纠正地方音的情况。 识字的评价,要考察学生认清字形、读准字音、掌握汉字基本意义的情况,以及在具体语言环境中运用汉字的能力,借助字典、词典等工具书查检字词的能力。第一、第二学段应多关注学生主动识字的兴趣,第三、第四学段要重视考察学生独立识字的能力。 写字的评价,要考察学生对于要求"会写"的字的掌握情况,重视书写的正确、端正、整洁,在此基础上,逐步要求书写流利。第一学段要关注学生写好基本笔画、基本结构和基本字,第二、第三学段还要关注学生的毛笔书写,第四学段还要关注学生基本行楷字的书写和对名家书法作品的临摹。义务教育的各个学段的写字评价都要关注学生写字的姿势与习惯,引导学生提高书写质量。第三学段要求学生会写 2500 个字。对学生写字学习情况的评价,当以本标准附录 5"义务教育语文课程常用字表·字表一"为依据。 评价要有利于激发学生识字、写字的兴趣,帮助学生养成写规范字的习惯,减少错别字。

(2) 识字与写字"评价建议"的修订撮要

实验稿为 3 条,修订版为 4 段。修订版第 1 段,基本保留实验稿原样。第 2 段,将实验稿的"不同的学段应有不同的侧重"一句话,具体化为"第一、第二学段应多关注学生主动识字的兴趣,第三、第四学段要重视考察学生独立识字的能力"。第 3 段,添加了"在此基础上,逐步要求书写流利。第一学段要关注学生写好基本笔画、基本结构和基本字,第二、第三学段还要关注学生的毛笔书写,第四学段还要关注学生基本行楷字的书写和对名家书法作品的临摹。义务教育的各个学段的写字评价都要关注学生写字的姿势与习惯,引导学生提高书写质量。第三学段要求学生会写 2500 个字。对学生写字学习情况的评价,当以本标准附录 5'义务教育语文课程常用字表·字表一'为依据"。第 4 段,将实验稿第 3 条部分内容改写为"评价要有利于激发学生识字、写字的兴趣,帮助学生养成写规范字的习惯,减少错别字"。

4. 识字与写字修订的回应问题

识字与写字,急切需要解决的问题主要有:错别字严重;书写质量偏低;学习负担过重。

(二)关于阅读

1. 阅读"学段目标与内容"

(1) 阅读"学段目标与内容"的文本比对

年级	2001 年实验稿课程标准	2011 年版课程标准
第一学段	1. 喜欢阅读,感受阅读的乐趣。 2. 学习用普通话正确、流利、有感情地朗读课文。 3. 学习默读,做到不出声,不指读。 4. 借助读物中的图画阅读。 5. 结合上下文和生活实际了解课文中词句的意思,在阅读中积累词语。 6. 阅读浅近的童话、寓言、故事,向往美好的情境,关心自然和生命,对感兴趣的人物和事件有自己的感受和想法,并乐于与人交流。 7. 诵读儿歌、童谣和浅近的古诗,展开想象,获得初步的情感体验,感受语言的优美。 8. 认识课文中出现的常用标点符号。在阅读中,体会句号、问号、感叹号所表达的不同语气。 9. 积累自己喜欢的成语和格言警句。背诵优秀诗文 50 篇(段)。课外阅读总量不少于 5 万字。 10. 喜爱图书,爱护图书。	1. 喜欢阅读,感受阅读的乐趣。养成爱护图书的习惯。 2. 学习用普通话正确、流利、有感情地朗读课文。学习默读。 3. 结合上下文和生活实际了解课文中词句的意思,在阅读中积累词语。借助读物中的图画阅读。 4. 阅读浅近的童话、寓言、故事,向往美好的情境,关心自然和生命,对感兴趣的人物和事件有自己的感受和想法,并乐于与人交流。 5. 诵读儿歌、儿童诗和浅近的古诗,展开想象,获得初步的情感体验,感受语言的优美。 6. 认识课文中出现的常用标点符号。在阅读中体会句号、问号、感叹号所表达的不同语气。 7. 积累自己喜欢的成语和格言警句。背诵优秀诗文 50 篇(段)。课外阅读总量不少于 5 万字。

第二学段	1. 用普通话正确、流利、有感情地朗读课文。 2. 初步学会默读。能对课文中不理解的地方提出疑问。 3. 能联系上下文，理解词句的意思，体会课文中关键词句在表情达意方面的作用。能借助字典、词典和生活积累，理解生词的意义。 4. 能初步把握文章的主要内容，体会文章表达的思想感情。 5. 能复述叙事性作品的大意，初步感受作品中生动的形象和优美的语言，关心作品中人物的命运和喜怒哀乐，与他人交流自己的阅读感受。 6. 在理解语句的过程中，体会句号与逗号的不同用法，了解冒号、引号的一般用法。 7. 学习略读，粗知文章大意。 8. 积累课文中的优美词语、精彩句段，以及在课外阅读和生活中获得的语言材料。 9. 诵读优秀诗文，注意在诵读过程中体验情感，背诵优秀诗文50篇（段）。 10. 养成读书看报的习惯，领悟内容。收藏并与同学交流图书资料。课外阅读总量不少于40万字。	1. 用普通话正确、流利、有感情地朗读课文。 2. 初步学会默读，做到不出声，不指读。学习略读，粗知文章大意。 3. 能联系上下文，理解词句的意思，体会课文中关键词句表达情意的作用。能借助字典、词典和生活积累，理解生词的意义。 4. 能初步把握文章的主要内容，体会文章表达的思想感情。能对课文中不理解的地方提出疑问。 5. 能复述叙事性作品的大意，初步感受作品中生动的形象和优美的语言，关心作品中人物的命运和喜怒哀乐，与他人交流自己的阅读感受。 6. 诵读优秀诗文，注意在诵读过程中体验情感，展开想象，领悟诗文大意。 7. 在理解语句的过程中，体会句号与逗号的不同用法，了解冒号、引号的一般用法。 8. 积累课文中的优美词语、精彩句段，以及在课外阅读和生活中获得的语言材料。背诵优秀诗文50篇（段）。 9. 养成读书看报的习惯，收藏图书资料，乐于与同学交流。课外阅读总量不少于40万字。
第三学段	1. 能用普通话正确、流利、有感情地朗读课文。 2. 默读有一定的速度，默读一般读物每分钟不少于300字。 3. 能借助词典阅读，理解词语在语言环境中的恰当意义，辨别词语的感情色彩。 4. 联系上下文和自己的积累，推想课文中有关词句的意思，体会其表达效果。 5. 在阅读中揣摩文章的表达顺序，体会作者的思想感情，初步领悟文章基本的表达方法。在交流和讨论中，敢于提出自己的看法，作出自己的判断。	1. 能用普通话正确、流利、有感情地朗读课文。 2. 默读有一定的速度，默读一般读物每分钟不少于300字。学习浏览，扩大知识面，根据需要搜集信息。 3. 能联系上下文和自己的积累，推想课文中有关词句的意思，辨别词语的感情色彩，体会其表达效果。 4. 在阅读中了解文章的表达顺序，体会作者的思想感情，初步领悟文章的基本表达方法。在交流和讨论中，敢于提出看法，作出自己的判断。

第三学段	6. 阅读说明性文章,能抓住要点,了解文章的基本说明方法。 7. 阅读叙事性作品,了解事件梗概,简单描述自己印象最深的场景、人物、细节,说出自己的喜欢、憎恶、崇敬、向往、同情等感受。阅读诗歌,大体把握诗意,想象诗歌描述的情境,体会诗人的情感。受到优秀作品的感染和激励,向往和追求美好的理想。 8. 学习浏览,扩大知识面,根据需要搜集信息。 9. 在理解课文的过程中,体会顿号与逗号、分号与句号的不同用法。 10. 诵读优秀诗文,注意通过诗文的声调、节奏等体味作品的内容和情感。背诵优秀诗文60篇(段)。 11. 利用图书馆、网络等信息渠道尝试进行探究性阅读。扩展自己的阅读面,课外阅读总量不少于100万字。	5. 阅读叙事性作品,了解事件梗概,能简单描述自己印象最深的场景、人物、细节,说出自己的喜爱、憎恶、崇敬、向往、同情等感受。阅读诗歌,大体把握诗意,想象诗歌描述的情境,体会作品的情感。受到优秀作品的感染和激励,向往和追求美好的理想。阅读说明性文章,能抓住要点,了解文章的基本说明方法。阅读简单的非连续性文本,能从图文等组合材料中找出有价值的信息。 6. 在理解课文的过程中,体会顿号与逗号、分号与句号的不同用法。 7. 诵读优秀诗文,注意通过语调、韵律、节奏等体味作品的内容和情感。背诵优秀诗文60篇(段)。 8. 扩展阅读面。课外阅读总量不少于100万字。

(2)阅读"学段目标与内容"的修订撮要

第一学段将实验稿的10条删改调整为7条。其中,第1条由实验稿最后一条"喜爱图书,爱护图书"改为"养成爱护图书的习惯"。第二学段将实验稿的10条删改调整为9条。其中,第4条添加了"能对课文中不理解的地方提出疑问"。第9条改为"乐于与同学交流"。第三学段将实验稿的11条删改调整为8条。其中第5条,添加了"阅读简单的非连续性文本,能从图文等组合材料中找出有价值的信息"等。删除了"利用图书馆、网络等信息渠道尝试进行探究性阅读"等内容。

2. 阅读"教学建议"

(1)阅读"教学建议"的文本比对

2001年实验稿课程标准	2011年版课程标准
阅读是搜集处理信息、认识世界、发展思维、获得审美体验的重要途径。阅读教学是学生、教师、文本之间对话的过程。	阅读是运用语言文字获取信息、认识世界、发展思维、获得审美体验的重要途径。阅读教学是学生、教师、教科书编者、文本之间对话的过程。

2001 年实验稿课程标准	2011 年版课程标准
阅读是学生的个性化行为,不应以教师的分析来代替学生的阅读实践。应让学生在主动积极的思维和情感活动中,加深理解和体验,有所感悟和思考,受到情感熏陶,获得思想启迪,享受审美乐趣。要珍视学生独特的感受、体验和理解。	阅读是学生的个性化行为。阅读教学应引导学生钻研文本,在主动积极的思维和情感活动中,加深理解和体验,有所感悟和思考,受到情感熏陶,获得思想启迪,享受审美乐趣。要珍视学生独特的感受、体验和理解。教师应加强对学生阅读的指导、引领和点拨,但不应以教师的分析来代替学生的阅读实践,不应以模式化的解读来代替学生的体验和思考;要善于通过合作学习解决阅读中的问题,但也要防止用集体讨论来代替个人阅读。
阅读教学的重点是培养学生具有感受、理解、欣赏和评价的能力。这种综合能力的培养,各学段可以有所侧重,但不应把它们机械地割裂开来。
逐步培养学生探究性阅读和创造性阅读的能力,提倡多角度的、有创意的阅读,利用阅读期待、阅读反思和批判等环节,拓展思维空间,提高阅读质量。
各个学段的阅读教学都要重视朗读和默读。加强对阅读方法的指导,让学生逐步学会精读、略读和浏览。有些诗文还应要求学生诵读,以利于积累、体验、培养语感。	阅读教学应注重培养学生感受、理解、欣赏和评价的能力。这种综合能力的培养,各学段可以有所侧重,但不应把它们机械地割裂开来。
在理解课文的基础上,提倡多角度、有创意的阅读,利用阅读期待、阅读反思和批判等环节,拓展思维空间,提高阅读质量。但要防止逐字逐句的过深分析和远离文本的过度发挥。
各个学段的阅读教学都要重视朗读和默读。各学段关于朗读的目标中都要求"有感情地朗读",这是指,要让学生在朗读中通过品味语言,体会作者及作品中的情感态度,学习用恰当的语气语调朗读,表现自己对作者及其作品情感态度的理解。朗读要提倡自然,要摒弃矫情做作的腔调。
应加强对阅读方法的指导,让学生逐步学会精读、略读和浏览。有些诗文应要求学生诵读,以利于丰富积累,增强体验,培养语感。
在阅读教学中,为了帮助理解课文,可以引导学生随文学习必要的语法和修辞知识,但不必进行系统、集中的语法修辞知识教学。
培养学生广泛的阅读兴趣,扩大阅读面,增加阅读量,提倡少做题,多读书,好读书,读好书,读整本的书。鼓励学生自主选择阅读材料。
还应注意学主阅读时的心理卫生和用眼卫生。	在阅读教学中,为了帮助理解课文,可以引导学生随文学习必要的语文知识,但不能脱离语文运用的实际去进行"系统"的讲授和操练,更不应要求学生死记硬背概念、定义。
要重视培养学生广泛的阅读兴趣,扩大阅读面,增加阅读量,提高阅读品位。提倡少做题,多读书,好读书,读好书,读整本的书。关注学生通过多种媒介的阅读,鼓励学生自主选择优秀的阅读材料。加强对课外阅读的指导,开展各种课外阅读活动,创造展示与交流的机会,营造人人爱读书的良好氛围。

（2）阅读"教学建议"的修订撮要

第 1 段将原来的阅读教学是"学生、教师、文本"三方对话的过程改为是"学生、教师、教科书编者、文本"四方的对话过程。第 2 段，添加了"阅读教学应引导学生钻研文本"，"教师应加强对学生阅读的指导、引领和点拨，但不应以教师的分析来代替学生的阅读实践，不应以模式化的解读来代替学生的体验和思考；要善于通过合作学习解决阅读中的问题，但也要防止用集体讨论来代替个人阅读"。第 4 段添加了"要防止逐字逐句的过深分析和远离文本的过度发挥"。第 5 段添加了"各学段关于朗读的目标中都要求'有感情地朗读'，这是指，要让学生在朗读中通过品味语言，体会作者及作品中的情感态度，学习用恰当的语气语调朗读，表现自己对作者及其作品情感态度的理解。朗读要提倡自然，要摒弃矫情做作的腔调"。第 7 段修改为"在阅读教学中，为了帮助理解课文，可以引导学生随文学习必要的语文知识，但不能脱离语文运用的实际去进行'系统'的讲授和操练，更不应要求学生死记硬背概念、定义"。第 8 段是在实验稿的第 7 段的基础上，添加了"关注学生通过多种媒介的阅读，鼓励学生自主选择优秀的阅读材料。加强对课外阅读的指导，开展各种课外阅读活动，创造展示与交流的机会，营造人人爱读书的良好氛围"。删去了"还应注意学生阅读时的心理卫生和用眼卫生"。

3. 阅读"评价建议"

（1）阅读"评价建议"的文本比对

2001 年实验稿课程标准	2011 年版课程标准
1. 阅读评价要综合考察学生阅读过程中的感受、体验、理解和价值取向，考察其阅读的兴趣、方法与习惯以及阅读材料的选择和阅读量。重视对学生多角度、有创意阅读的评价。语法、修辞知识不作为考试内容。 2. 朗读、默读的评价。 能用普通话正确、流利、有感情地朗读课文，是朗读的总要求。根据阶段目标，各学段可以有所侧重。评价学生的朗读，可从语音、语调和感情等方面进行综合考察，还应注意考察对内容的理解和文体的把握。 注意加强对学生平日诵读的评价，鼓励学生多诵读，在诵读实践中增加积累，发展语感，加深体验与领悟。 评价默读，应根据各学段目标，从学生默读的方法、速度、效果和习惯等方面进行综合考察。	阅读的评价，要综合考察学生阅读过程中的感受、体验和理解，要关注其阅读兴趣与价值取向、阅读方法与习惯，也要关注其阅读面和阅读量，以及选择阅读材料的能力。重视对学生多角度、有创意阅读的评价。语文知识的学习重在运用，其概念不作为考试内容。 能用普通话正确、流利、有感情地朗读课文，是朗读评价的总要求。根据阶段目标，各学段的要求可以有所侧重。评价学生的朗读，可从语音、语调和语气等方面进行综合考察，评价"有感情地朗读"，要以对内容的理解与把握为基础，要防止矫情做作。 诵读的评价，重在提高学生的诵读兴趣，增加积累，发展语感，加深体验和领悟。在不同学段，可在诵读材料的内容、范围、数量、篇幅、类型等方面逐渐增加难度。 默读的评价，应从学生默读的方法、速度、效果和习惯等方面进行综合考察。

456

2001 年实验稿课程标准	2011 年版课程标准
3. 精读的评价。 重点评价学生对读物的综合理解能力，要重视评价学生的情感体验和创造性的理解。根据各学段的目标，具体考察学生在词句理解、文意把握、要点概括、内容探究、作品感受等方面的表现。	精读的评价，重点评价学生对阅读材料的综合理解能力，要重视评价学生的情感体验和创造性的理解。第一学段可侧重考察对文章内容的初步感知和文中重要词句的理解、积累；第二学段侧重考察通过重要词句帮助理解文章，体会其表情达意的作用，以及对文章大意的把握；第三学段侧重考察对文章表达顺序和基本表达方法的了解领悟；第四学段侧重考察理清思路、概括要点、探究内容等方面的情况，以及读懂不同文体文章的能力。
4. 略读、浏览的评价。 评价略读，重在考察能否把握阅读材料的大意；评价浏览能力，重在考察能否从阅读材料中捕捉重要信息。	略读的评价，重在考察学生能否把握阅读材料的大意。浏览的评价，重在考察学生能否从阅读材料中捕捉有用信息。
5. 文学作品阅读的评价。 根据文学作品形象性、情感性强的特点，可着重考察学生对形象的感受和情感的体验，对学生独特的感受和体验应加以鼓励。 在 7~9 年级，可通过考察学生对形象、情感、语言的领悟程度，来评价学生初步鉴赏文学作品的水平。	文学作品阅读的评价，着重考察学生感受形象、体验情感、品味语言的水平，对学生独特的感受和体验应加以鼓励。第一学段侧重考察学生能通过朗读和想象等手段，大体感受作品的情境、节奏和韵味；第二学段侧重考察在阅读全文基础上对重要段落和语句的细致阅读，具体感受作品的形象和语言；第三、第四学段，可通过考察学生对形象、情感、语言的领悟程度，以及自己的体验，来评价学生初步鉴赏文学作品的水平。
6. 古诗文阅读的评价。 评价学生阅读古代诗词和浅易文言文，重点在于考察学生记诵积累的过程，考察他们能否凭借注释和工具书理解诗文大意，而不应考察对词法、句法等知识的掌握程度。	评价学生阅读古代诗词和浅易文言文，重点考察学生的记诵积累，考察他们能否凭借注释和工具书理解诗文大意。词法、句法等方面的概念不作为考试内容。 要重视学生课外阅读的评价。应根据各学段的要求，通过小组和班级交流、学习成果展示等方式，了解学生的阅读量和阅读面，进而考察其阅读的兴趣、习惯、品位、方法和能力。

（2）阅读"评价建议"的修订撮要

将实验稿的 6 条调整补充为 9 段。第 1 段，添加了关注"选择阅读材料的能力"，最后一句修改为"语文知识的学习重在运用，其概念不作为考试内容"。第 2 段，是实验稿第 2 条中的朗读评价，添加了"评价'有感情地朗读'，要以对内容的理解与把握为基础，要防止矫情做作"。第 3 段是原第 2 条中的诵读评价，添加了"在不同学段，可在诵读材料的内容、范围、数量、篇幅、类型等方面逐渐增加难度"。第 5 段是原第 3 条讲的精读评价，添加了"第一学段可侧重考察对文章内容的初步感知和文中重要词句的理解、积累；第二学段侧重考察通过重要词句帮助理解文章，体会其表情达意的作用，以及对文章大意的把握；第三学段侧重考察对文章表达顺序和基本表达方法的了解领悟；第四学段侧重考察理清思路、概括要点、探究内容等方面的情况，以及读懂不同文体文章的能力"。第 7 段是原第 5 条讲"文学作品阅读的评价"，添加了"品味语言的水平"，"第一学段侧重考察学生能通过朗读和想象等手段，大体感受作品的情境、节奏和韵味；第二学段侧重考察在阅读全文基础上对重要段落和语句的细致阅读，具体感受作品的形象和语言；第三、第四学段，可通过考察学生对形象、情感、语言的领悟程度，以及自己的体验，来评价学生初步鉴赏文学作品的水平"。第 9 段是新添加的，内容为"要重视学生课外阅读的评价。应根据各学段的要求，通过小组和班级交流、学习成果展示等方式，了解学生的阅读量和阅读面，进而考察其阅读的兴趣、习惯、品位、方法和能力"。

4. 阅读修订的回应问题

课程改革中出现的问题有：阅读的教学和评价按实施建议进行难以操作；阅读教学以教师的分析代替学生的阅读实践、用集体讨论代替个人阅读、远离文本进行过度发挥；语言文字运用能力的培养得不到落实等。

（三）关于"写话（习作、写作）"

1. 写话（习作、写作）"学段目标与内容"

（1）写话（习作、写作）"学段目标与内容"的文本比对

年级	2001 年实验稿课程标准	2011 年版课程标准
第一学段	1. 对写话有兴趣，写自己想说的话，写想象中的事物，写出自己对周围事物的认识和感想。 2. 在写话中乐于运用阅读和生活中学到的词语。 3. 根据表达的需要，学习使用逗号、句号、问号、感叹号。	1. 对写话有兴趣，留心周围事物，写自己想说的话，写想象中的事物。 2. 在写话中乐于运用阅读和生活中学到的词语。 3. 根据表达的需要，学习使用逗号、句号、问号、感叹号。

年级	2001 年实验稿课程标准	2011 年版课程标准
第 二 学 段	1. 留心周围事物,乐于书面表达,增强习作的自信心。 2. 能不拘形式地写下见闻、感受和想象,注意表现自己觉得新奇有趣的或印象最深、最受感动的内容。 3. 愿意将自己的习作读给人听,与他人分享习作的快乐。 4. 能用简短的书信便条进行书面交际。 5. 尝试在习作中运用自己平时积累的语言材料,特别是有新鲜感的词句。 6. 根据表达的需要,使用冒号、引号。 7. 学习修改习作中有明显错误的词句。 8. 课内习作每学年 16 次左右。	1. 乐于书面表达,增强习作的自信心。愿意与他人分享习作的快乐。 2. 观察周围世界,能不拘形式地写下自己的见闻、感受和想象,注意把自己觉得新奇有趣或印象最深、最受感动的内容写清楚。 3. 能用简短的书信、便条进行交流。 4. 尝试在习作中运用自己平时积累的语言材料,特别是有新鲜感的词句。 5. 学习修改习作中有明显错误的词句。根据表达的需要,正确使用冒号、引号等标点符号。 6. 课内习作每学年 16 次左右。
第 三 学 段	1. 懂得写作是为了自我表达和与人交流。 2. 养成留心观察周围事物的习惯,有意识地丰富自己的见闻,珍视个人的独特感受,积累习作素材。 3. 能写简单的纪实作文和想象作文,内容具体,感情真实。能根据习作内容表达的需要,分段表述。 4. 学写读书笔记和常见应用文。 5. 能根据表达需要,使用常用的标点符号。 6. 修改自己的习作,并主动与他人交换修改,做到语句通顺,行款正确,书写规范、整洁。 7. 课内习作每学年 16 次左右。40 分钟能完成不少于 400 字的习作。	1. 懂得写作是为了自我表达和与人交流。 2. 养成留心观察周围事物的习惯,有意识地丰富自己的见闻,珍视个人的独特感受,积累习作素材。 3. 能写简单的记实作文和想象作文,内容具体,感情真实。能根据内容表达的需要,分段表述。学写读书笔记,学写常见应用文。 4. 修改自己的习作,并主动与他人交换修改,做到语句通顺,行款正确,书写规范、整洁。根据表达需要,正确使用常用的标点符号。 5. 习作要有一定速度。课内习作每学年 16 次左右。

(2) 写话(习作、写作)"学段目标与内容"的修订撮要

写话(习作、写作)"学段目标与内容"(三个学段)实验稿为 18 条,修订版调

整为 14 条。第一学段"写话"保留了实验稿的 3 条,第 1 条将原来的"对写话有兴趣,写自己想说的话,写想象中的事物,写出自己对周围事物的认识和感想"修改为"对写话有兴趣,留心周围事物,写自己想说的话,写想象中的事物"。第二学段"习作"将原来的 8 条调整为 6 条。第三学段"习作"将原来的 7 条调整为 5 条,第 5 条添加了"习作要有一定速度"。

2. 写话(习作、写作)"教学建议"
(1) 写话(习作、写作)"教学建议"的文本比对

2001 年实验稿课程标准	2011 年版课程标准
写作是运用语言文字进行表达和交流的重要方式,是认识世界、认识自我、进行创造性表述的过程。写作能力是语文素养的综合体现。写作教学应贴近学生实际,让学生易于动笔,乐于表达,应引导学生关注现实,热爱生活,表达真情实感。 1~4 年级从写话、习作入手,是为了降低起始阶段的难度,重在培养学生的写作兴趣和自信心。 在写作教学中,应注重培养观察、思考、表现、评价的能力。要求学生说真话、实话、心里话,不说假话、空话、套话。鼓励学生写想象中的事物,激发他们展开想象和幻想。 为学生的自主写作提供有利条件和广阔空间,减少对学生写作的束缚,鼓励自由表达和有创意的表达。提倡学生自主拟题,少写命题作文。 写作知识的教学力求精要有用。应抓住取材、构思、起草、加工等环节,让学生在写作实践中学会写作。重视引导学生在自我修改和相互修改的过程中提高写作能力。	写作是运用语言文字进行表达和交流的重要方式,是认识世界、认识自我、创造性表述的过程。写作能力是语文素养的综合体现。写作教学应贴近学生实际,让学生易于动笔,乐于表达,应引导学生关注现实,热爱生活,积极向上,表达真情实感。 关于"写作"的目标,第一学段定位于"写话",第二学段开始"习作",这是为了降低学生写作起始阶段的难度,重在培养学生的写作兴趣和自信心。 在写作教学中,应注重培养学生观察、思考、表达和创造的能力。要求学生说真话、实话、心里话,不说假话、空话、套话,并且抵制抄袭行为。 为学生的自主写作提供有利条件和广阔空间,减少对学生写作的束缚,鼓励自由表达和有创意的表达,鼓励写想象中的事物。加强平时练笔指导,改进作文命题方式,提倡学生自主选题。 写作教学应抓住取材、立意、构思、起草、加工等环节,指导学生在写作实践中学会写作。重视引导学生在自我修改和相互修改的过程中提高写作能力。 要重视写作教学与阅读教学、口语交际教学之间的联系,善于将读与写、说与写有机结合,相互促进。要关注作文的书写质量,要使学生把作文的书写也当作练字的过程。 积极合理利用信息技术与网络的优势,丰富写作形式,激发写作兴趣,增加学生创造性表达、展示交流与互相评改的机会。

460

（2）写话（习作、写作）"教学建议"的修订撮要

写话（习作、写作）"教学建议"实验稿为5段，修订版补充修改为7段。第2段，将原表述具体化为"关于'写作'的目标，第一学段定位于'写话'，第二学段开始'习作'，这是为了降低学生写作起始阶段的难度，重在培养学生的写作兴趣和自信心"。第3段，在原来的基础上添加了"并且抵制抄袭行为"。第4段将部分内容调整为"鼓励写想象中的事物"，"加强平时练笔指导，改进作文命题方式，提倡学生自主选题"。第6段是新添加的，内容为"要重视写作教学与阅读教学、口语交际教学之间的联系，善于将读与写、说与写有机结合，相互促进。要关注作文的书写质量，要使学生把作文的书写也当作练字的过程"。第7段也是新添加的，内容为"积极合理利用信息技术与网络的优势，丰富写作形式，激发写作兴趣，增加学生创造性表达、展示交流与互相评改的机会"。

3. 写话（习作、写作）"评价建议"

（1）写话（习作、写作）"评价建议"的文本比对

2001年实验稿课程标准	2011年版课程标准
1. 写作评价要根据各学段的目标，综合考察学生作文水平的发展状况，应重视对写作的过程与方法、情感与态度的评价，如是否有写作的兴趣和良好的习惯，是否表达了真情实感，对有创意的表达应予鼓励。 2. 重视对写作材料准备过程的评价。 不同学段学生的写作都需要占有真实、丰富的材料，评价要重视写作材料的准备过程。不仅要具体考察学生占有什么材料，更要考察他们占有各种材料的方法。要用积极的评价，引导和促使学生通过观察、调查、访谈、阅读、思考等多种途径，运用各种方法搜集生活中的材料。 3. 重视对作文修改的评价。 不仅要注意考察学生修改作文内容的情况，而且要关注学生修改作文的态度、过程、内容和方法。要引导通过学生的自改和互改，取长补短，促进相互了解和合作，共同提高写作水平。	写作的评价，应按照不同学段的目标要求，综合考察学生写作水平的发展状况。第一学段主要评价学生的写话兴趣；第二学段是习作的起始阶段，要鼓励学生大胆习作；第三、第四学段要通过多种评价，促进学生具体明确、文从字顺地表达自己的见闻、体验和想法。对于作文的评价还须关注学生汉字书写的情况。 写作的评价，要重视学生的写作兴趣和习惯，鼓励表达真情实感，鼓励有创意的表达，引导学生热爱生活，亲近自然，关注社会。 写作材料准备过程的评价，不仅要具体考察学生占有材料的丰富性、真实性，也要考察他们获取材料的方法。要引导学生通过观察、调查、访谈、阅读等途径，运用多种方法搜集材料。 重视对作文修改的评价。要考察学生对文内容、文字表达的修改，也要关注学生修改作文的态度、过程和方法。要引导学生通过自改和互改，取长补短，促进相互了解和合作，共同提高写作水平。

2001 年实验稿课程标准	2011 年版课程标准
4. 采用多种评价方式。 提倡为学生建立写作档案。写作档案除了存留学生有代表性的课内外作文外，还应有关于学生写作态度、主要优缺点以及典型案例分析的记录，以全面反映学生的写作实际情况和发展过程。 对学生作文评价结果的呈现方式，根据实际需要，可以是书面的，可以是口头的；可以用等第表示，也可以用评语表示；还可以综合采用多种形式评价。	评价结果的呈现方式，根据实际需要，可以是书面的，可以是口头的；可以用等级表示，也可以用评语表示；还可以采用展示、交流等多种方式。 提倡学生在成长记录中收存有代表性的课内外作文和有价值的典型案例分析，以反映写作的实际情况和发展过程。

（2）写话（习作、写作）"评价建议"的修订撮要

写话（习作、写作）"评价建议"，实验稿为 4 条，修订版充实调整为 6 段。第 1 段在实验稿第 1 条的基础上添加了"第一学段主要评价学生的写话兴趣；第二学段是习作的起始阶段，要鼓励学生大胆习作；第三、第四学段要通过多种评价，促进学生具体明确、文从字顺地表达自己的见闻、体验和想法。对于作文的评价还须关注学生汉字书写的情况"。第 2 段是新添加的，内容为"写作的评价，要重视学生的写作兴趣和习惯，鼓励表达真情实感，鼓励有创意的表达，引导学生热爱生活，亲近自然，关注社会"。

4. 写话（习作、写作）修订的回应问题

课程改革中，仍存有"提前量"，小学一二年级就布置写作文；忽视写作教学与阅读教学、口语交际教学的联系；写作教学完全面向考试，只教套题作文、"馅饼作文"、虚构作文的做法；作文假大空、文艺腔；写作教学忽视学生存在、无视人的价值、忽视语言积累；教师以自己的动机替代目的；写作教学内容缺失，写作指导缺位；学生作文主题歌颂化、构思公式化、语言成人化；写作评语无的放矢，偏否定化、格式化、雷同化、复杂化、简单化、不规范等。

（四）关于"口语交际"

1. 口语交际"学段目标与内容"

（1）口语交际"学段目标与内容"的文本比对

年级	2001年实验稿课程标准	2011年版课程标准
第一学段	1. 学讲普通话,逐步养成讲普通话的习惯。 2. 能认真听别人讲话,努力了解讲话的主要内容。 3. 听故事、看音像作品,能复述大意和精彩情节。 4. 能较完整地讲述小故事,能简要讲述自己感兴趣的见闻。 5. 与别人交谈,态度自然大方,有礼貌。 6. 有表达的自信心。积极参加讨论,对感兴趣的话题发表自己的意见。	1. 学说普通话,逐步养成说普通话的习惯。 2. 能认真听别人讲话,努力了解讲话的主要内容。 3. 听故事、看音像作品,能复述大意和自己感兴趣的情节。 4. 能较完整地讲述小故事,能简要讲述自己感兴趣的见闻。 5. 与别人交谈,态度自然大方,有礼貌。 6. 有表达的自信心。积极参加讨论,敢于发表自己的意见。
第二学段	1. 能用普通话与人交谈。在交谈中能认真倾听,并能就不理解的地方向对方请教,就不同的意见与人商讨。 2. 听人说话能把握主要内容,并能简要转述。 3. 能清楚明白地讲述见闻,并说出自己的感受和想法。 4. 能具体主动地讲述故事,努力用语言打动他人。	1. 能用普通话交谈。学会认真倾听,能就不理解的地方向人请教,就不同的意见与人商讨。 2. 听人说话能把握主要内容,并能简要转述。 3. 能清楚明白地讲述见闻,说出自己的感受和想法。讲述故事力求具体生动。
第三学段	1. 与人交流能尊重、理解对方。 2. 乐于参与讨论,敢于发表自己的意见。 3. 听他人说话认真耐心,能抓住要点,并能简要转述。 4. 表达要有条理,语气、语调适当。 5. 能根据交流的对象和场合,稍作准备,做简单的发言。 6. 在交际中注意语言美,抵制不文明的语言。	1. 与人交流能尊重和理解对方。 2. 乐于参与讨论,敢于发表自己的意见。 3. 听人说话认真、耐心,能抓住要点,并能简要转述。 4. 表达有条理,语气、语调适当。 5. 能根据对象和场合,稍作准备,作简单的发言。 6. 注意语言美,抵制不文明的语言。

（2）口语交际"学段目标与内容"的修订撮要

实验稿三个学段分别为6、4、6条,修订版第二学段改为3条。修订版仅个别字句进行了修改。例如,"能复述大意和精彩情节"改为"能复述大意和自己感兴趣的情节","对感兴趣的话题发表自己的意见"改为"敢于发表自己的意见","能具体主动地讲述故事,努力用语言打动他人"改为"讲述故事力求具体生动"等。修订后,更贴近学生实际。

2. 口语交际"教学建议"

（1）口语交际"教学建议"的文本比对

2001年实验稿课程标准	2011年版课程标准
口语交际能力是现代公民的必备能力。应培养学生倾听、表达和应对的能力,使学生具有文明和谐地进行人际交流的素养。 口语交际是听与说双方的互动过程。教学活动主要应在具体的交际情境中进行。 重视口语交际的文明态度和语言修养。 努力选择贴近生活的话题、采用灵活的形式组织教学,不必过多传授口语交际知识。 鼓励学生在各科教学活动以及日常生活中锻炼口语交际能力。	口语交际能力是现代公民的必备能力。应培养学生倾听、表达和应对的能力,使学生具有文明和谐地进行人际交流的素养。 口语交际是听与说双方的互动过程。教学活动主要应在具体的交际情境中进行,不宜采用大量讲授口语交际原则、要领的方式。应努力选择贴近生活的话题,采用灵活的形式组织教学。 重视在语文课堂教学中培养口语交际的能力,鼓励学生在各科教学活动以及日常生活中锻炼口语交际能力。

（2）口语交际"教学建议"的修订撮要

口语交际的"教学建议"共3段,删除了实验稿的第3段,即"重视口语交际的文明态度和语言修养"。修订版的第1段,保留了实验稿的原样。第2段,将实验稿的第2段和第4段的一部分内容,改写为"口语交际是听与说双方的互动过程。教学活动主要应在具体的交际情境中进行,不宜采用大量讲授口语交际原则、要领的方式。应努力选择贴近生活的话题,采用灵活的形式组织教学"。第3段,是实验稿第5段的改写,着重强调"重视在语文课堂教学中培养口语交际的能力"。

464

3．口语交际"评价建议"

（1）口语交际"评价建议"的文本比对

2001 年实验稿课程标准	2011 年版课程标准
评价学生的口语交际能力，应重视考察学生的参与意识和情意态度。评价必须在具体的交际情境中进行，让学生承担有实际意义的交际任务，以反映学生真实的口语交际水平。	口语交际的评价，须注重提高学生对口语交际的认识和表达沟通的水平。考察口语交际水平的基本项目可以有讲述、应对、复述、转述、即席讲话、主题演讲、问题讨论等。 口语交际的评价，应按照不同学段的要求，综合考察学生的参与意识、情意态度和表达能力。第一学段主要评价学生口语交际的态度与习惯，重在鼓励学生自信地表达；第二、第三学段主要评价学生日常口语交际的基本能力，学会倾听、表达与交流；第四学段要通过多种评价方式，促进学生根据不同的对象和内容，文明地进行人际沟通和社会交往。评价宜在具体的交际情境中进行，让学生承担有实际意义的交际任务，并结合学生在日常生活和学习活动中的表现，综合考察学生真实的口语交际水平。

（2）口语交际"评价建议"的修订撮要

重新编写了两段。第 1 段，首先添加了"口语交际的评价，须注重提高学生对口语交际的认识和表达沟通的水平"。同时，提出考察口语交际水平的基本项目（"讲述"、"应对"、"复述"、"转述"、"即席讲话"、"主题演讲"、"问题讨论"等）。第 2 段，首先，提出口语交际的评价重点是"综合考察学生的参与意识、情意态度和表达能力"。接着，提出各学段的考察要求。其中，第一学段"主要评价学生口语交际的态度与习惯，重在鼓励学生自信地表达"，第二、第三学段"主要评价学生日常口语交际的基本能力，学会倾听、表达与交流"。最后，强调口语交际评价"宜在具体的交际情境中进行"。

4．口语交际修订的回应问题

口语交际是我国中小学教学中的一个薄弱环节。目前口语交际的课程取向、目标设定、内容框架、实施措施等尚属于探索时期。

（五）关于"综合性学习"

1. 综合性学习"学段目标与内容"

（1）综合性学习"学段目标与内容"的文本比对

年级	2001 年实验稿课程标准	2011 年版课程标准
第一学段	1. 对周围事物有好奇心，能就感兴趣的内容提出问题，结合课内外阅读，共同讨论。 2. 结合语文学习，观察大自然，用口头或图文等方式表达自己的观察所得。 3. 热心参加校园、社区活动。结合活动，用口头或图文等方式表达自己的见闻和想法。	1. 对周围事物有好奇心，能就感兴趣的内容提出问题，结合课内外阅读共同讨论。 2. 结合语文学习，观察大自然，用口头或图文等方式表达自己的观察所得。 3. 热心参加校园、社区活动。结合活动，用口头或图文等方式表达自己的见闻和想法。
第二学段	1. 能提出学习和生活中的问题，有目的地搜集资料，共同讨论。 2. 结合语文学习，观察大自然，观察社会，书面与口头结合表达自己的观察所得。 3. 能在老师的指导下组织有趣味的语文活动，在活动中学习语文，学会合作。 4. 在家庭生活、学校生活中，尝试运用语文知识和能力解决简单问题。	1. 能提出学习和生活中的问题，有目的地搜集资料，共同讨论。 2. 结合语文学习，观察大自然，观察社会，用书面或口头方式表达自己的观察所得。 3. 能在教师的指导下组织有趣味的语文活动，在活动中学习语文，学会合作。 4. 在家庭生活、学校生活中，尝试运用语文知识和能力解决简单问题。
第三学段	1. 为解决与学习和生活相关的问题，利用图书馆、网络等信息渠道获取资料，尝试写简单的研究报告。 2. 策划简单的校园活动和社会活动，对所策划的主题进行讨论和分析，学写活动计划和活动总结。 3. 对自己身边的、大家共同关注的问题，或电视、电影中的故事和形象，组织讨论、专题演讲，学习辨别是非善恶。 4. 初步了解查找资料、运用资料的基本方法。	1. 为解决与学习和生活相关的问题，利用图书馆、网络等信息渠道获取资料，尝试写简单的研究报告。 2. 策划简单的校园活动和社会活动，对所策划的主题进行讨论和分析，学写活动计划和活动总结。 3. 对自己身边的、大家共同关注的问题，或电视、电影中的故事和形象，组织讨论、专题演讲，学习辨别是非、善恶、美丑。 4. 初步了解查找资料、运用资料的基本方法。

（2）综合性学习"学段目标与内容"的修订撮要

保留了原来的 11 条，个别字句有调整。

2. 综合性学习"教学建议"

（1）综合性学习"教学建议"的文本比对

2001 年实验稿课程标准	2011 年版课程标准
综合性学习主要体现为语文知识的综合运用、听说读写能力整体的发展、语文课程与其他课程的沟通、书本学习与实践活动的紧密结合。 综合性学习应强调合作精神，注意培养学生策划、组织、协调和实施的能力。 综合性学习应突出自主性，重视学生主动积极的参与精神，主要由学生自行设计和组织活动，特别注重探索和研究的过程。 提倡跨领域学习，与其他课程相配合。	综合性学习主要体现为语文知识的综合运用、听说读写能力的整体发展、语文课程与其他课程的沟通、书本学习与生活实践的紧密结合。 综合性学习应贴近现实生活。联系生活中的实际问题开展学习活动，在实现语文学习目标的同时，提高对自然、社会现象与问题的认识，追求积极、健康、和谐的生活方式，增强抵御风险和侵害的意识，增强在与自然、社会和他人互动中的应对能力。 综合性学习应突出学生的自主性，重视学生主动积极的参与精神，主要由学生自行设计和组织活动，特别注重探索和研究的过程，要加强教师在各环节中的指导作用。 综合性学习应强调合作精神，注意培养学生策划、组织、协调和实施的能力。 综合性学习的设计应开放、多元，提倡与其他课程相结合，开展跨领域学习。跨学科学习，也应以提高学生语文素养为目的。 积极构建网络环境下的学习平台，拓展学生学习和创造的空间，支持和丰富语文综合性学习。

（2）综合性学习"教学建议"的修订撮要

重写。一是强调"综合性学习应贴近现实生活"，要"联系生活中的实际问题开展学习活动"。在实现语文学习目标的同时，"提高对自然、社会现象与问题的认识，追求积极、健康、和谐的生活方式，增强抵御风险和侵害的意识，增强在与自然、社会和他人互动中的应对能力"。二是倡导"积极构建网络环境下的学习平台，拓展学生学习和创造的空间，支持和丰富语文综合性学习"。

3. 综合性学习"评价建议"

（1）综合性学习"评价建议"的文本比对

2001 年实验稿课程标准	2011 年版课程标准
综合性学习的评价应着重于学生的探究精神和创新意识。尤其要尊重和保护学生学习的自主性和积极性，鼓励学生运用多种方法，从不同的角度，进行多样化的探究。这种探究，既有学生个体的独立钻研，也有学生群体的讨论切磋，所以除了教师的评价之外，要多让学生开展自我评价和相互评价。评价的着眼点主要在： ——在活动中的合作态度和参与程度。 ——能否在活动中主动地发现问题和探索问题。 ——能否积极地为解决问题去搜集信息和整理资料。 ——能否根据占有的课内外材料，形成自己的假设或观点。 ——语文知识和能力综合运用的表现。 ——学习成果的展示与交流。 在评价时，要充分注意学生在解决问题的过程中所采用的思路和方法，及时发现差异。对不同于常规的思路和方法，尤其要给予足够的重视和积极的评价。	综合性学习的评价，应着重考察学生的语文综合运用能力、探究精神与合作态度。主要着眼于学生在综合性学习过程中的表现，如是否能积极参与活动，是否能主动提出问题，还有搜集整理材料、综合运用语文知识探究问题、展示与交流学习成果等方面的情况。第一、第二学段要较多地关注学生参与语文学习活动的兴趣与态度。第三、第四学段要多关注学生在语文活动中提出问题、探究问题以及展示学习活动成果的能力。各个学段综合性学习的评价都要着眼于促进学生提高语文水平的效率，并有助于他们扩大视野，更好地掌握学习语文的方法。 评价要尊重和保护学生学习的自主性和积极性，鼓励学生运用多种方法，从不同的角度进行探究。要充分注意学生解决问题的思路和方法。对有新意的思路和表达以及有特点的展示方式，尤其要给予足够的重视。除了教师的评价之外，要多让学生开展自我评价和相互评价。

（2）综合性学习"评价建议"的修订撮要

重写。一是强调评价"着重考察学生的语文综合运用能力、探究精神与合作态度"，第一、第二学段要较多地"关注学生参与语文学习活动的兴趣与态度"。二是提出"主要着眼于学生在综合性学习过程中的表现"，"着眼于促进学生提高语文水平的效率，并有助于他们扩大视野，更好地掌握学习语文的方法"。另外，要"多让学生开展自我评价和相互评价"。

4. 综合性学习修订的回应问题

实验稿首次将"综合性学习"列为课程目标，引起语文教育界热烈讨论。此次修订，着力回应的几个问题：一是语文综合性学习的活动类别单一，"趣味语文"、"家乡语文"比重偏大，学生体味的生活味道严重不全。二是语文综合性学习的选题方向保守，选题偏空偏冷。另外，还有强调形式，忽视语言内核，"语文味"的弱化与异化;学习手段、方式的"单一化"倾向;教学资源利用的教条化倾向;学习过程中娱乐化的倾向;把综合性学习当作语文教学的附属,当作课堂作业来完成,上成了阅读课,当作课文来讲,过分语文化,或异化为科学课,教师成为幕后操纵者,以及忽视综合性学习的评价机制。

　　总之,这次语文课标修订,尽量摆脱应试教育的束缚,往素质教育靠拢,遵循语文教学规律,为学生打好三个基础:那就是培养学生语文素养,为学好其他课程打好基础;为学生形成正确的人生观、形成健康的个性与人格打好基础;为学生的终身发展打好基础。

主要参考资料

[1] 义务教育语文课程标准修订工作组.《全日制义务教育语文课程标准》修订工作说明. 2010 – 08 – 30.

[2] 义务教育语文课程标准修订工作组. 近年来关于义务教育课程标准的讨论及意见. 2010 – 08 – 30.

[3] 语文课程标准修订组. 2011 版语文新课标,变在哪儿. 光明日报,2012 – 02 – 23.

[4] 唐建新. 语文课标里最重要的一句话. http://www.pep.com.cn/xiaoyu/jiaoshi/tbjx/kbjd/2011/201202/t20120223_1102936.htm.

[5] 温儒敏. 关于学习语文新课标的若干问题. http://www.pep.com.cn/xiaoyu/jiaoshi/tbjx/kbjd/2011/201202/t20120223_1102920.htm.

[6] 温儒敏. 新的语文课程标准有哪些重要的修订?. http://www.pep.com.cn/xiaoyu/jiaoshi/tbjx/kbjd/2011/201202/t20120223_1102926.htm.

主要参考资料

［1］杨再隋,夏家发,刘中林等.语文课程建设的理论与实践——《全日制义务教育语文课程标准》学习与辅导.北京:首都师范大学出版社,2001.

［2］崔峦.《语文课程标准》问答.人民教育出版社网站.

［3］巢宗祺,雷实,陆志平.全日制义务教育语文课程标准(实验稿)解读.武汉:湖北教育出版社,2002.

［4］林治金.语文课程研究.济南:山东人民出版社,2002.

［5］秦训刚,晏渝生.语文课程标准教师读本.武汉:华中师范大学出版社,2002.

［6］温儒敏.新的语文课程标准有哪些重要的修订.http://www.pep.com.cn/xiaoyu/jiaoshi/tbjx/kbjd/2011/201202/t20120223_1102926.htm.

［7］温儒敏:关于学习语文新课标的若干问题.http://www.pep.com.cn/xiaoyu/jiaoshi/tbjx/kbjd/2011/201202/t20120223_1102920.htm.

［8］肖川,吴亚西.义务教育语文课程标准(2011版)解读.武汉:湖北教育出版社,2012.

［9］雷实.关于《义务教育语文课程标准》(2011年版)的几点说明.http://www.vastman.com/Article/jiaoxue/zonghe/10655.html.

［10］2011年版《义务教育语文课程标准(实验稿)》修订解读.http://blog.sina.com.cn/s/blog_94762510010129il.html.

再版后记

本次修订的原版是 2004 年版《小学语文课程标准研究与实施》,系《新课程标准研究与实施丛书》的小学语文卷。

2001 年《全日制义务教育语文课程标准(实验稿)》颁布不久,有幸参加了山东省潍坊市教育学会小学语文教学研究专业委员会的年会。会议期间,曾与刘恩德先生由年会的主题议论起,是否结合着语文教学的实际,做点关于语文课程标准的学习与研究工作。2002 年 7 月的教科书编辑会议期间,与杨士孟、孙敬东和山东教育出版社小学编辑室刘进军先生在一起,又谈论起了这个话题,大家觉得这个话题很有意义,于是提出了"课标解读与实施案例"的研究设想,着重学习研究语文新课程标准提出的课程理念、教学理念和评价理念。出版社刘进军先生同意了我们的选题。我们便从语文课程标准中提出了近 70 个研究题目,并拟定了编辑意见,形成了编写方案。后来,小学编辑室乔友福先生审阅我们的编写方案时,提出将数学、品德与生活、科学等其他学科一起进行设计,编辑一套《新课程标准研究与实施丛书》。此时,我的同事,负责小学品德与生活、小学科学等学科教学研究的张茂聪先生,也在策划编写一套有关课程标准的研究性丛书。于是,《新课程标准研究与实施丛书》的编写方案便形成了。2002 年 10 月,山东教育出版社选题会议通过了我们的《新课程标准研究与实施丛书》的选题和编写方案。接着,我们便分头安排丛书的编写工作。小学语文学科将研究题目和编写意见发给了同行们。大家本着自愿的原则参与编写,并且根据自己正在学习研究的课题和实验研究的情况,从 70 个研究题目中自行圈定选题。而后,各自组织编写。2003 年 1 月,初稿完成后,刘恩德、杨士孟、孙敬东等我们几个又用了一段时间加工修改。同时,还得到了福建省李冰霖先生的帮助。

本次修订,从 2011 年 2 月就开始了。时过多年,当年参加编写的同行,工作多有变动。几经多方联络,方才沟通信息。于是,大家又聚在一起,一边研究当时我们所见到的语文课程标准修订稿,一边总结自己近十年来的教学经验,学习语文教育界近些年来对有关问题的研究新成果。2011 年版语文课程标准正式公布以后,我们又依据新版语文课程标准,对我们撰写的文章进行了修改。而后,各地的文稿开始汇总。林磊、刘延臣、韩方罡、肖殿水等先生参加了后期的汇总与编辑工作。

在修订的过程中,我们得到了山东教育出版社的大力支持和帮助,在此表示感谢!

现在呈给大家的修订后的语文卷,肯定会有不妥之处,甚至存在谬误,而选用的实施案例也一定会有需要改进的地方。在此,恳请大家批评指正。

林治金